SKANDI CHIC

Das große
Kreativbuch
im Nature Look

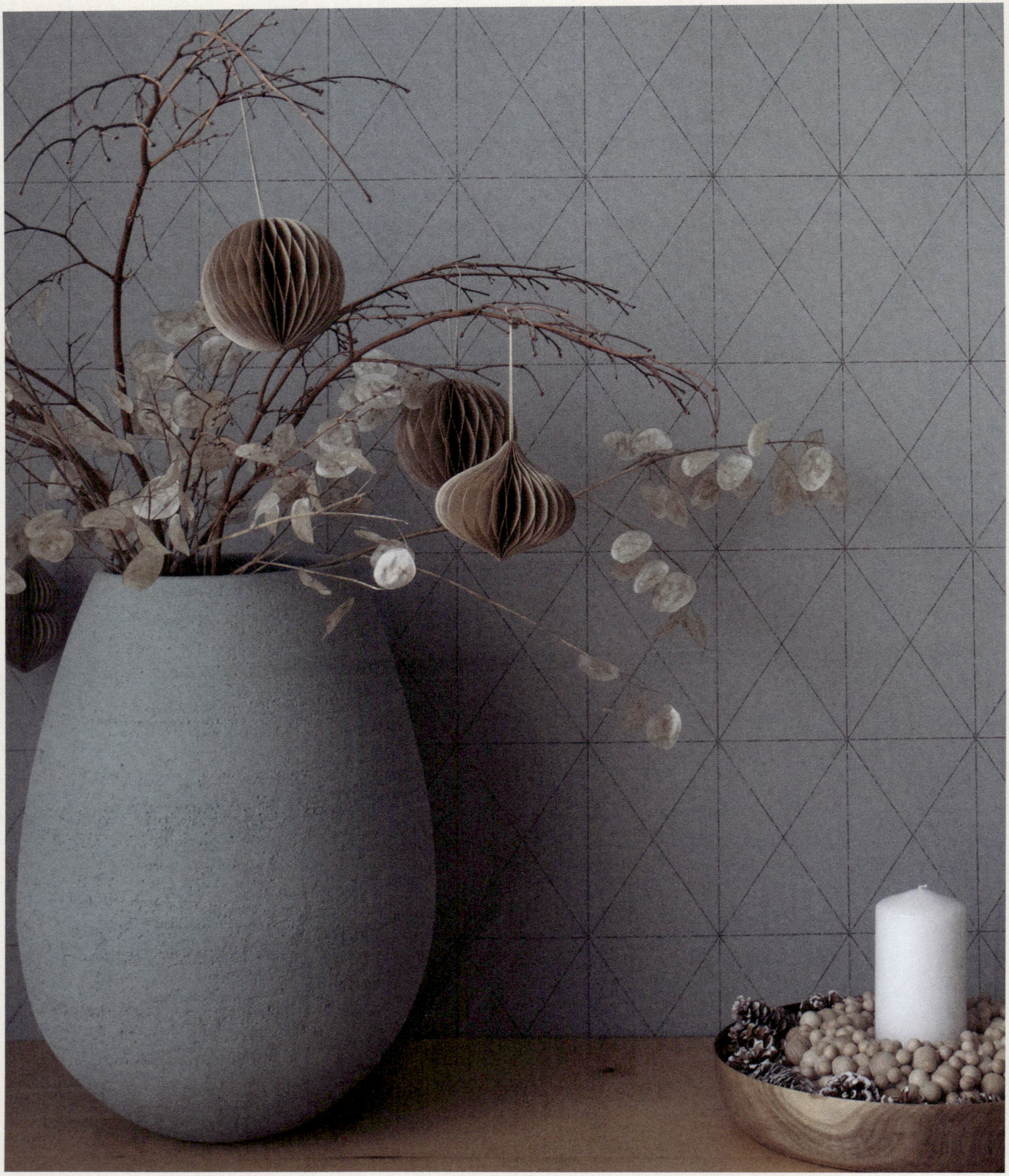

Angelika Putz

SKANDI CHIC

Das große Kreativbuch im Nature Look

DIE SCHÖNSTEN PROJEKTE

aus Papier, Holz, Trockenblumen und vielem mehr

EMF

EIN BUCH DER EDITION MICHAEL FISCHER

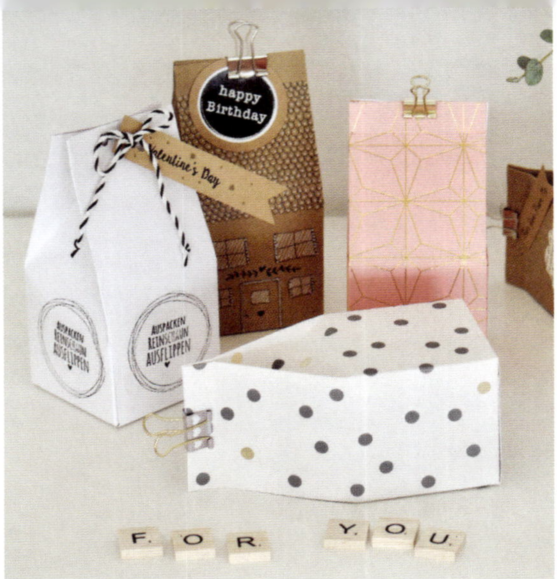

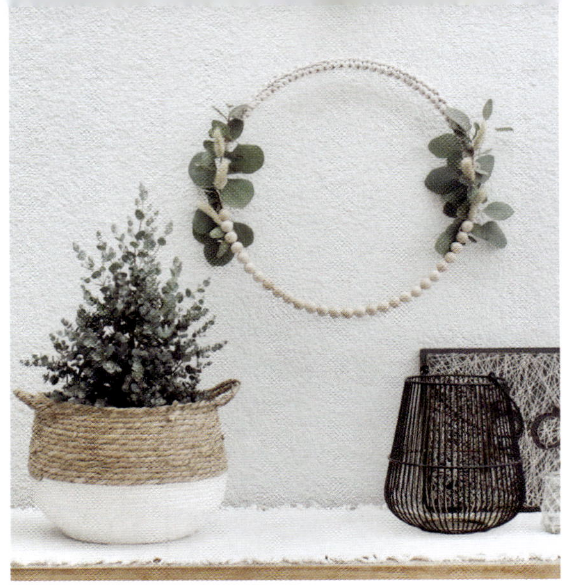

INHALT

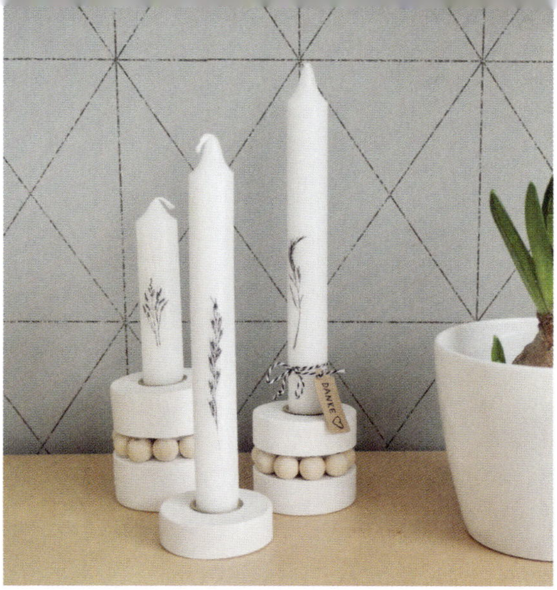

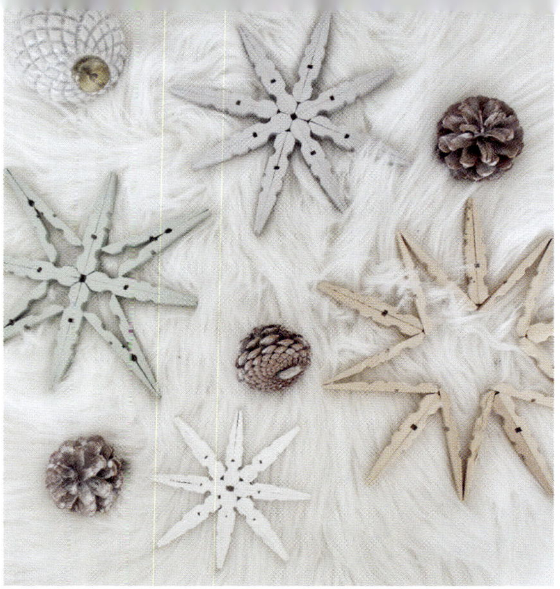

VORWORT

Basteln bedeutet für mich pure Kreativität und Freude. Welche Idee auch am Anfang steht, am Ende halte ich immer ein individuelles kleines Kunstwerk – passend für einen lieben Menschen oder einen bestimmten Anlass – in den Händen. Aus vielen Alltagsdingen oder einfachen Gegenständen lassen sich im Handumdrehen wunderschöne Projekte schaffen, ohne viel Geld auszugeben.

Ich bastle schon mein ganzes Leben gerne und probiere immer wieder andere Techniken und Materialien aus. Das hat mich zu meinem Instagram-Blog @aufgeputzt, inspiriert und nun sogar zu diesem Buch geführt. Dabei bin ich in keiner DIY-Disziplin eine ausgewiesene Spezialistin. Dir gefällt Makramee? Okay! Es reichen genau ein bis zwei Knoten, um ein schickes DIY-Projekt zu erschaffen. Das Schöne am Basteln ist ja gerade, dass es einlädt, auch Techniken auszuprobieren, die wir nicht perfekt beherrschen. Mein bevorzugter Stil: natürlich, dezent und zeitlos.

In diesem Buch findest du schöne Kreativideen aus verschiedenen Materialien, die auch für nicht so geübte Bastler*innen leicht umsetzbar sind und – versprochen – immer ihre Wirkung erzielen und den Skandi-Style garantiert in dein Zuhause bringen. Lass dich inspirieren!

Deine Angelika

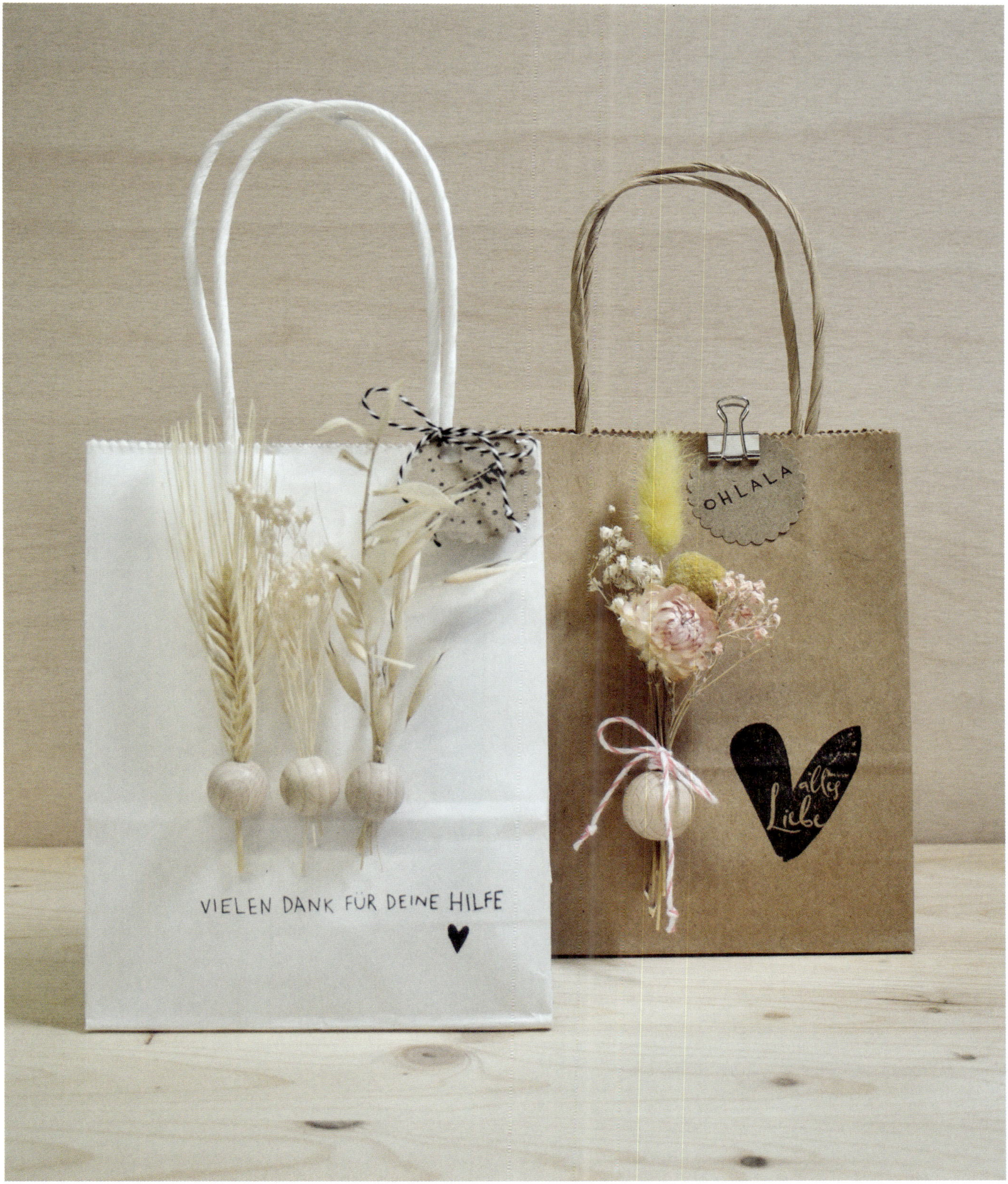
VIELEN DANK FÜR DEINE HILFE
OHLALA
alles Liebe

GRUNDAUSRÜSTUNG

Bevor du mit den Projekten in diesem Buch startest, möchte ich dir eine kleine Übersicht mit den wichtigsten Basics, die ich zum Basteln verwende, an die Hand geben. Vieles davon hast du bestimmt bereits zu Hause, einiges kannst du dir optional oder je nach Bedarf zulegen.

BASTELKLEBER

Ich arbeite grundsätzlich mit ganz normalen Bastelklebern, für manche Projekte eignet sich auch ein Stick besser als ein flüssiger Kleber. Nicht fehlen darf die Heißklebepistole, da Heißkleber sofort und gut hält. Bei Holz arbeite ich auch gern mit Expressleim, mit dem man weniger Klebespuren hat und der auch super hält. Außerdem empfehle ich dir, doppelseitiges Klebeband zu Hause zu haben.

KLAMMERN

Klammern oder Clips können einem Geschenk einen hübschen Look verpassen und gleichzeitig ein Namensschild oder eine kleine Botschaft überbringen. Ich besitze einen kleinen Vorrat aus Foldback- oder anderen Metallklammern, aber auch kleinen und großen Wäscheklammern. Diese kann man mit Farbe oder einem Stempel verziert in einen echten Hingucker verwandeln.

STEMPEL UND KISSEN

Ich bin eine Stempelsammlerin und kann ihnen ganz schwer widerstehen. Stempel sind natürlich kein Muss, du kannst stattdessen auch zum Stift greifen, um deine Werke zu verzieren und zu beschriften. Wenn du Lust hast zu stempeln, lege dir am besten ein oder zwei weihnachtliche oder österliche Exemplare zu sowie einen „Happy Birthday"-, „Alles Liebe"- und einen „Danke"-Stempel. Mit Buchstaben- oder Zahlenstempeln kann man sich auch eine individuelle Botschaft selbst zusammenstellen.

Stempelkissen gibt es viele verschiedene. Ich empfehle eines, das für alle Oberflächen funktioniert, wie zum Beispiel das StazOn-Stempelkissen von Tsukineko. Damit ist man für (fast) alles gut aufgestellt.

CUTTER UND SCHERE

Eine richtig gute Schere ist unerlässlich. Verwende deine Stoffschere wirklich nur für Stoff und lege dir zudem eine Papierschere zu. Eine kleine Schere, mit der man Rundungen gut schneiden kann, ist auch von Vorteil und außerdem ein gutes Cuttermesser.

LINEAL UND SCHNEIDUNTERLAGE

Zum Cuttermesser empfiehlt sich eine Unterlage, auf der man gut schneiden kann. Eine solche Schneidematte hält ewig und es gibt sie in unterschiedlichen Größen. Außerdem braucht es für den geraden Schnitt ein Geodreieck und möglichst auch ein Metalllineal, da mit dem Cutter ein Kunsstofflineal leicht beschädigt werden kann.

PAPIER

Es gibt natürlich tolles Geschenkpapier. Für meine individuellen Verpackungen verwende ich aber meist einfach braunes Packpapier oder die weiße Rückseite von altem Geschenkpapier, da sich das besser gestalten lässt. Fix im Repertoire sind bei mir auch Papierblöcke aus stärkeren Papieren in Weiß, Braun und Schwarz. Gerne verwende ich auch dezent gemusterte Papiere.

RAYSIN

Für meine Modellier-Projekte verwende ich das Gießpulver von Rayer. Im Gegensatz zum klassischen Resin, einem durchsichtigen Gießharz, hat Raysin eher die Optik von Gips. Daraus lassen sich wunderschöne Deko-Elemente, wie zum Beispiel Dekosteine (siehe Seite 80), anfertigen.

BÄNDER

Juteschnur und Bäckergarn habe ich ebenfalls immer in verschiedenen Stärken zu Hause. Verschiedene Makramee-Garne sowie dünnes Baumwollgarn schaden auch auf keinen Fall.

STANZEN

Schön, wenn man eine Stanzmaschine oder einen Plotter zur Verfügung hat. Für die meisten Projekte reichen aber zwei, drei Papierstanzer aus. Am häufigsten verwende ich meinen für Herzen, den für Sterne oder den für Papierrosetten. Auch mein Stanzer für Anhängertags ist oft im Einsatz. So lassen sich viele Anhänger selber machen und man kann sie beschriften oder bestempeln, wie man möchte.

FARBEN UND STIFTE

Bei mir hat sich über die Zeit ein großes Repertoire an Stiften und Farben angesammelt. Meist benötige ich nur ein paar wenige davon. Wichtig sind einige gute Fineliner in Schwarz und Weiß in verschiedenen Stärken. Zudem sind Acrylfarben in zwei, drei Farben sinnvoll. Ab und zu lackiere ich meine DIYs zum Schutz, deshalb habe ich immer einen matten, transparenten Lack im Schrank.

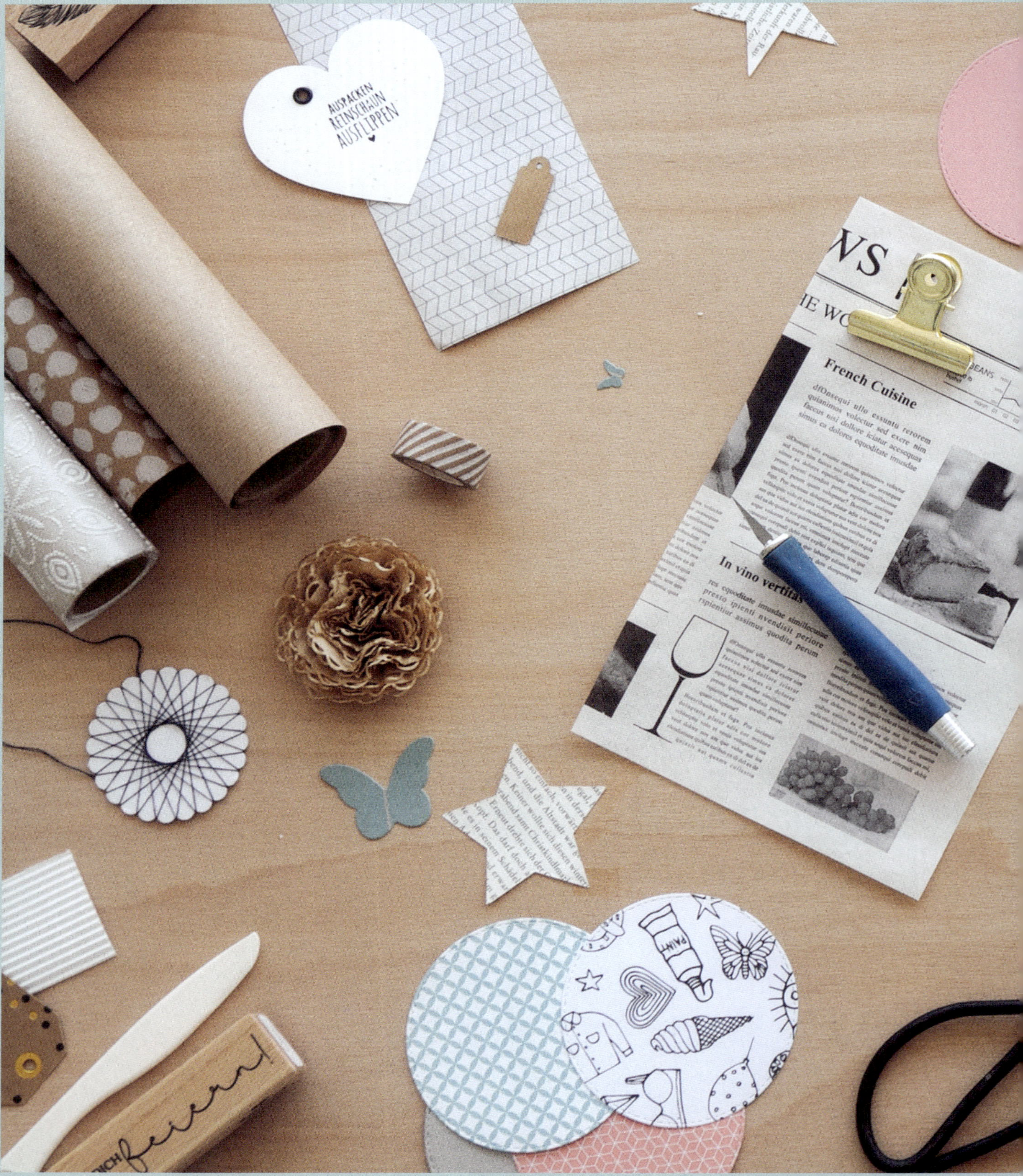
AUSPACKEN
REINSCHAUN
AUSFLIPPEN
French Cuisine
In vino veritas
feiern!

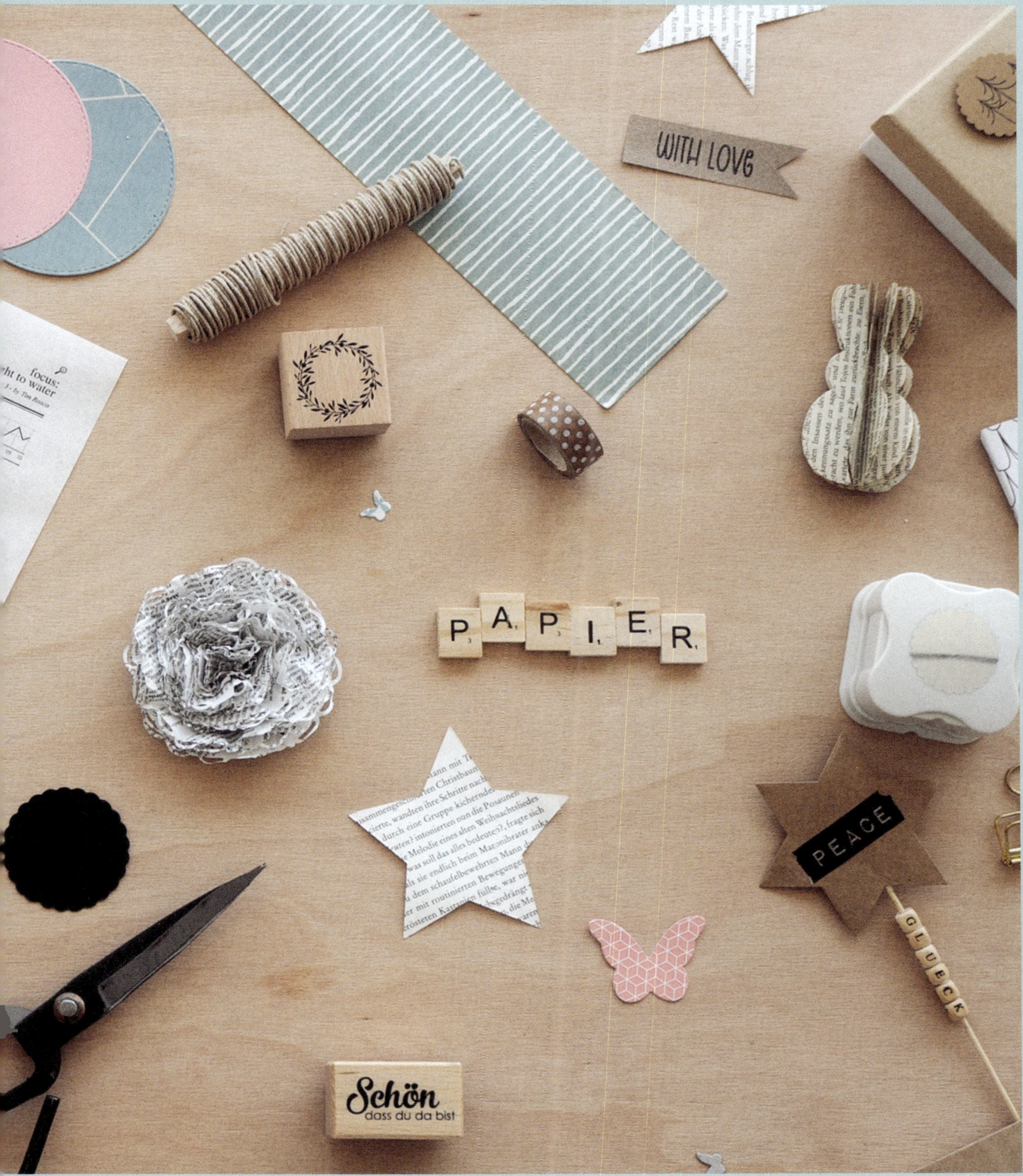
WITH LOVE
PAPIER
PEACE
GLÜCK
Schön
dass du da bist

PLISSEEKUGELN

Für den Christbaum oder einfach an einem Ast, als kleines Mitbringsel für eine Weihnachtseinladung oder weil es einfach Spaß macht, aus Papier hübsche Kugeln zu basteln.

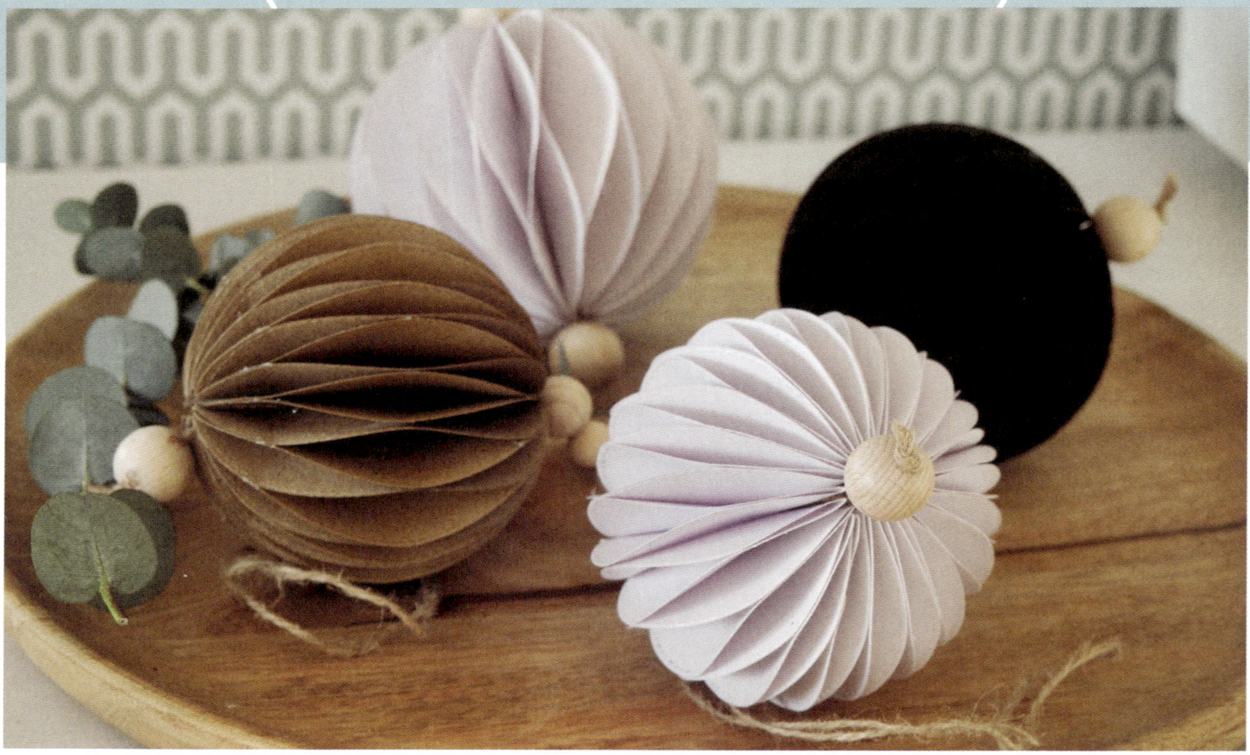

MATERIAL

- Karton, natur, 160 g/m² (ca. 4 x DIN A4)
- Papier, weiß (1 x DIN A4)
- Juteschnur
- Holzkugeln in 3 Größen (ca. 1 x 20 mm + 1 x 15 mm + 2 x 10 mm)

WERKZEUG

- Zirkel oder runder Gegenstand
- Bleistift
- Schere oder Stanzer
- Bastelkleber oder Heißklebepistole
- Klammern zum Zusammenhalten
- Stempel und Stempelkissen oder Stift (zum Verzieren)

SO GEHT'S

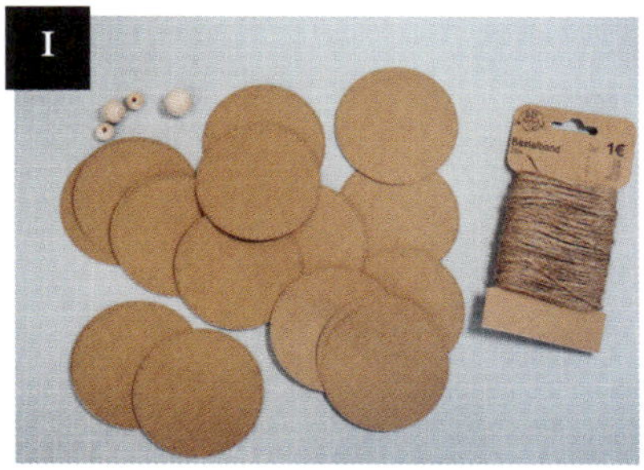

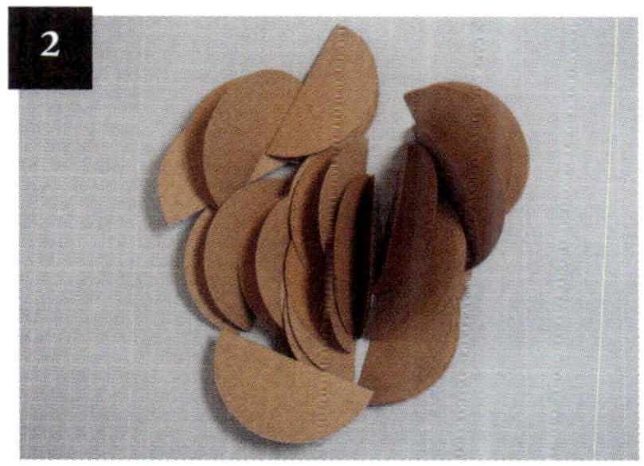

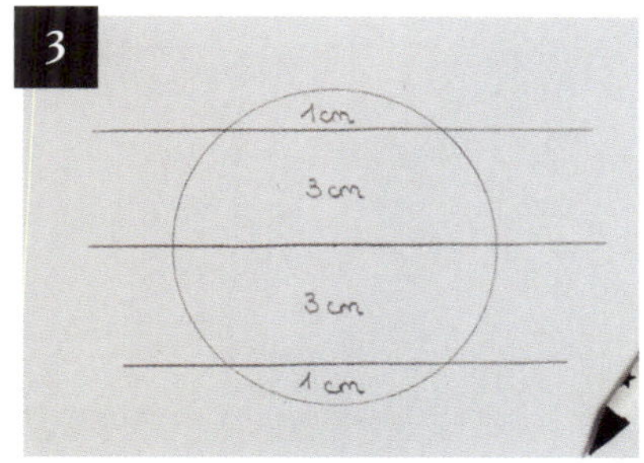

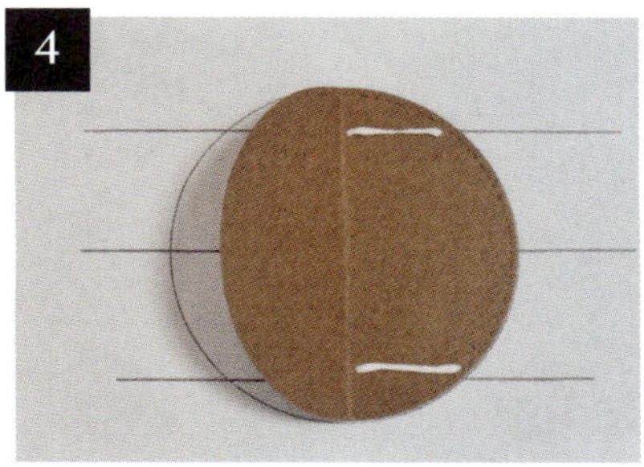

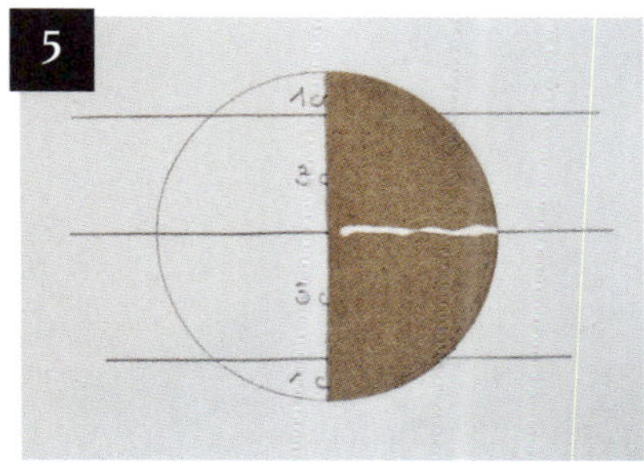

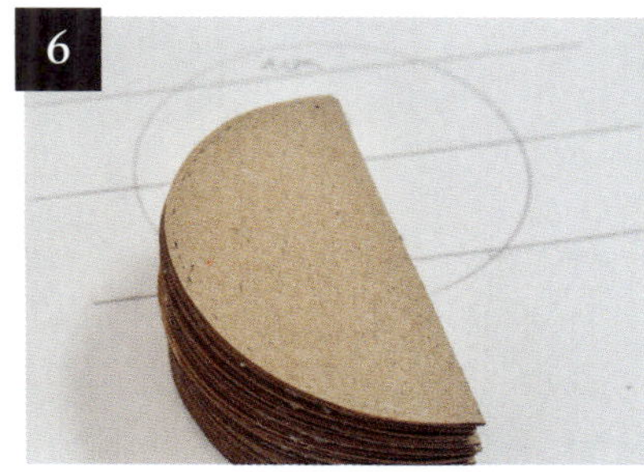

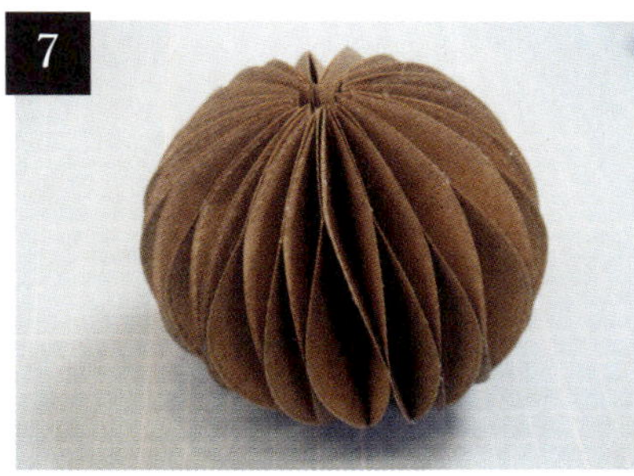

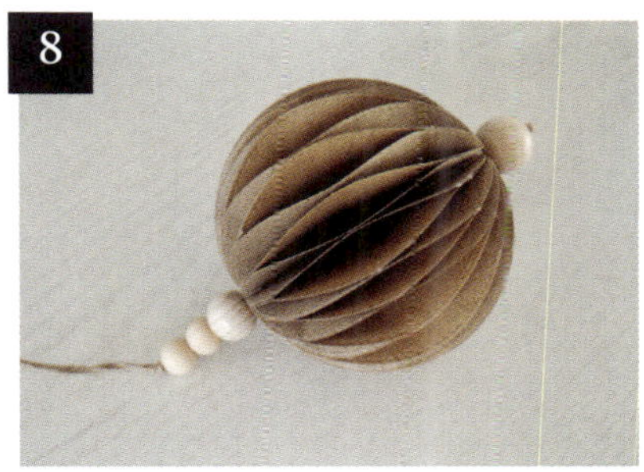

1. Schneide oder stanze aus dem Karton 22 Papierkreise mit je einem Durchmesser von 8 cm aus. Als Schablone eignet sich ein Glas.

2. Falte nun alle zur Mitte.

3. Zeichne dir als Klebeschablone einen Kreis mit 8 cm Durchmesser auf das weiße Blatt und markiere dir Hilfslinien zum Kleben. Eine Klebelinie sollte genau durch die Mitte gehen, eine am oberen und eine am unteren Rand verlaufen.

4. Klebe zunächst alle Kreise an der oberen und unteren Linie zu Halbkreisen zusammen.

5. Klebe dann alle Halbkreise entlang der Mittellinie zusammen.

6. Lass das Ganze trocknen.

7. Nun fächere die Kugel vorsichtig auf und verklebe die beiden Seiten an der Mittellinie zur Kugel.

8. Nimm die Juteschnur doppelt in der gewünschten Länge, fädle sie mit den offenen Enden durch die Kugel, fädle die Holzkugel auf und verknote den Faden darunter. Ziehe die Schnur straff, verknote sie am oberen Ende der Kugel und fädle erst dann die drei weiteren Kugeln der Größe nach auf. Nun verknote sie wieder. Zum Fixieren kannst du etwas Heißkleber an den Öffnungen anbringen.

Tipp

Du kannst diese Kugeln auch aus Kaffeefiltertüten herstellen, dafür benötigst du mehr Kreise. Die Kugeln werden dann etwas filigraner und leichter. Die Größe kannst du selbstverständlich variieren. Auch andere symmetrische Formen lassen sich so anfertigen.

ÜBERTÖPFE AUS PAPIER

Alte Übertöpfe, die farblich nicht mehr passen, müssen nicht zwingend weg, man kann sie auch einfach in ein neues Kleidchen aus Papier stecken.

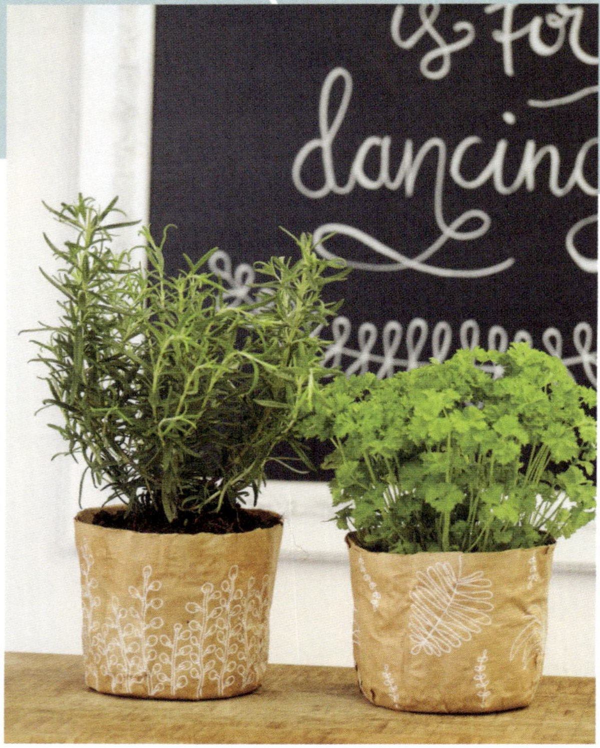

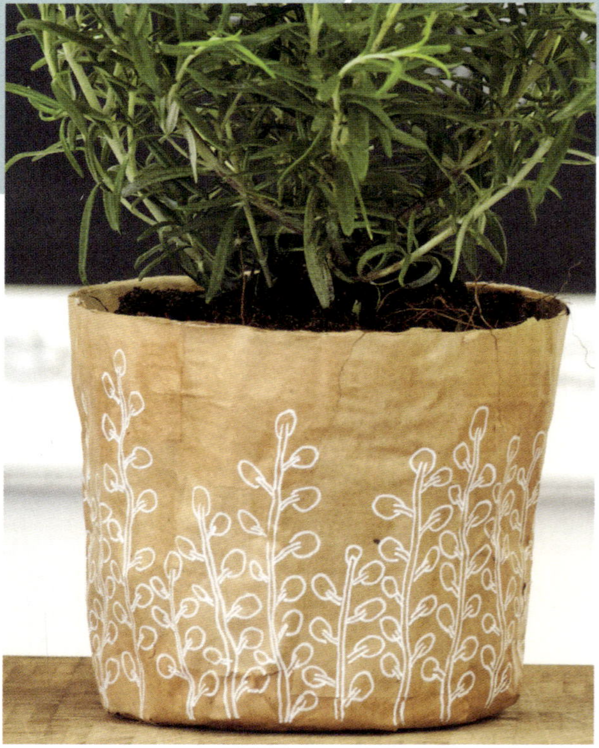

MATERIAL

- Plastikpflanztopf
- 1 Rolle Packpapier
- Bastelkleister

WERKZEUG

- Schere
- Frischhaltefolie
- Glas
- Breiter Pinsel
- weißer (Lack)Stift

SO GEHT'S

1
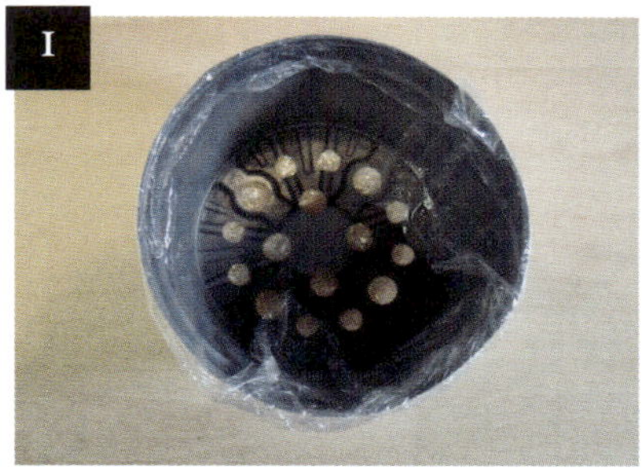

2
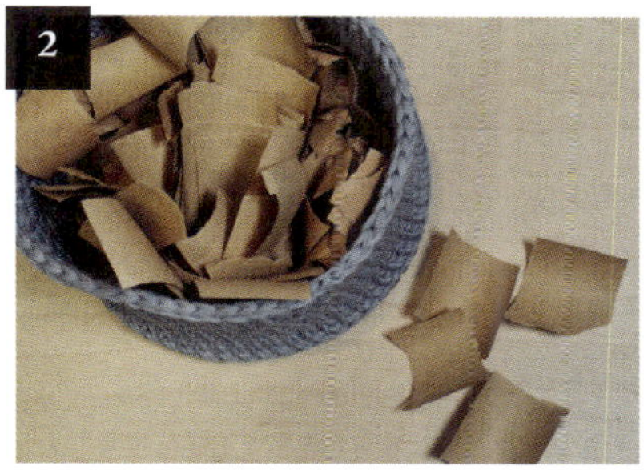

3
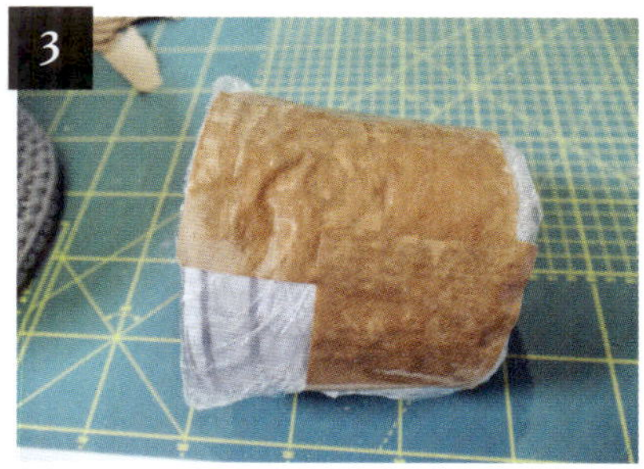

4
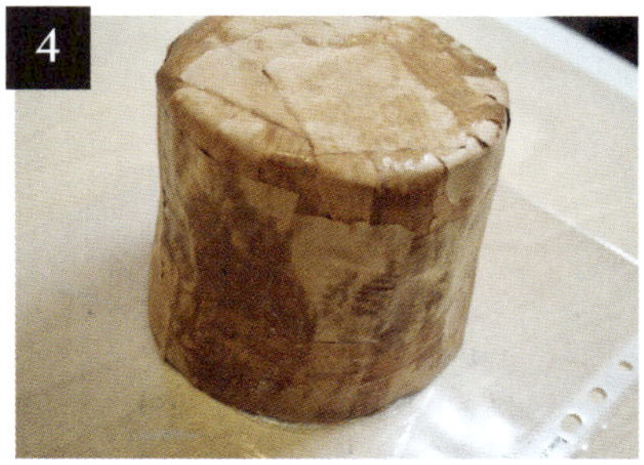

5
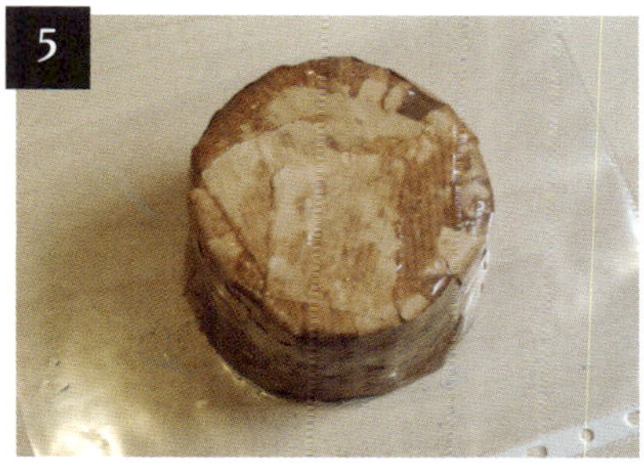

6
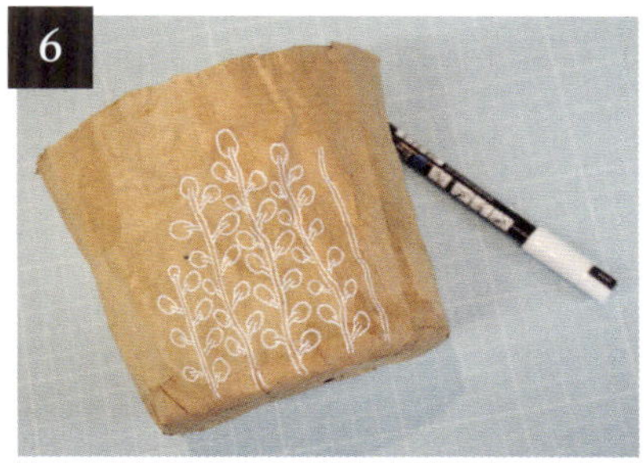

1. Den Pflanztopf locker mit Frischhaltefolie einwickeln. Achte darauf, dass du oben ein wenig Überstand hast, den du in den Topf einschlagen kannst. Auch den Boden sollte die Folie ganz umschließen.

2. Das Packpapier in ca. 5–6 cm breite Streifen und diese nochmals in Stücke reißen. Je nach Größe deines Plastiktopfes können die Schnipsel etwas größer oder kleiner sein.

3. Den Bastelkleister nach Anleitung in einem Glas anrühren und die Schnipsel rund um den Topf und am Boden anbringen, indem du sie mit dem Pinsel richtig einkleisterst. Achte am oberen Rand auf eine gerade Kante.

4. Trage mehrere Schichten auf damit dein Topf genug Stabilität bekommt. Besonders am Boden müssen mehrere Schichten aufgetragen werden.

5. Lass das Ganze über Nacht trocknen und löse am nächsten Tag den Topf sowie die Folie aus dem Papier. Später löst er sich nicht mehr so leicht heraus, da sich der Kleister immer mehr zusammenzieht. Lass dann den Topf über mehrere Tage ganz durchtrocknen.

6. Am Schluss kannst du das Ergebnis noch mit einem floralen Muster verzieren. Deine Pflanze kann nun mitsamt Plastiktopf in ihren neuen Übertopf einziehen.

Tipp

Achte beim Gießen darauf, dass die Papiertöpfe nicht mit Wasser in Berührung kommen. Am besten nimmst du das Plastiktöpfchen mit der Pflanze zum Gießen heraus.

EINFACHE PAPIERTÜTCHEN

Ob für kleine Ostergeschenke, als Gastgeschenk auf dem Teller, für Halloween-Süßigkeiten oder den Kindergeburtstag: Diese Tütchen sind schnell gemacht und individuell verzierbar.

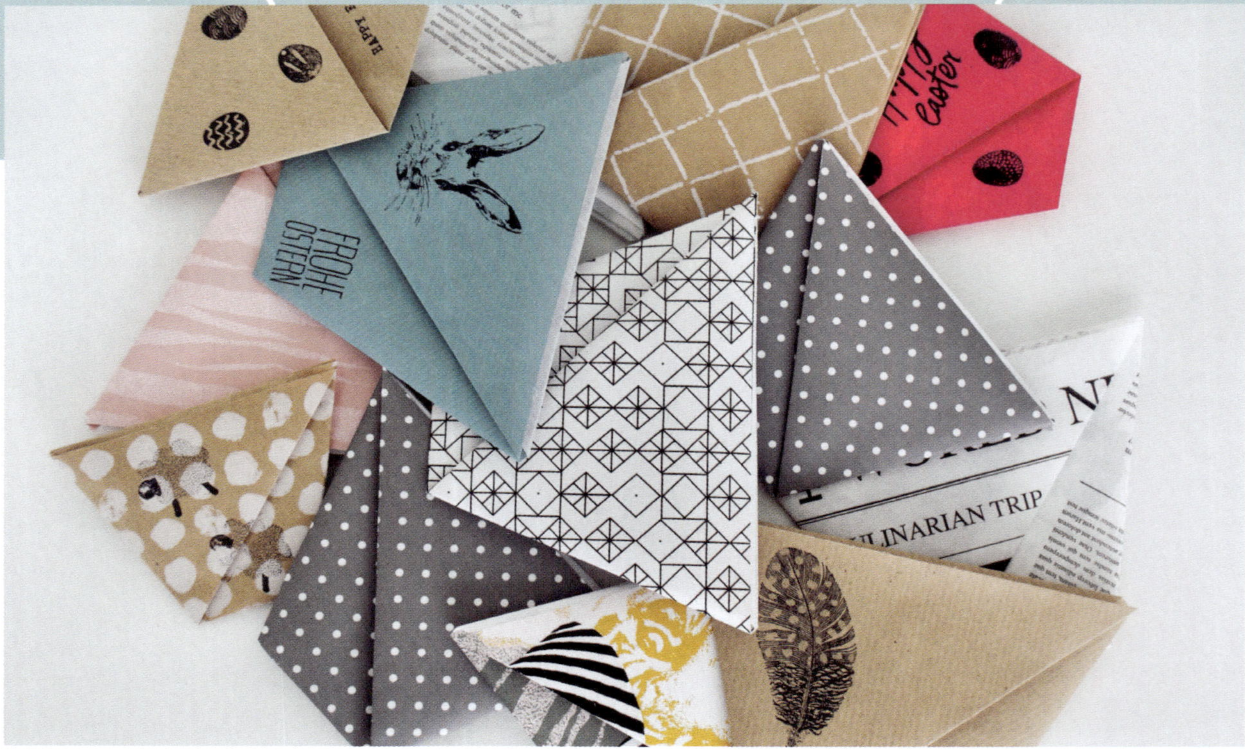

MATERIAL

- Pack- oder Geschenkpapier

WERKZEUG

- Schere
- Lineal
- Stempel und Stempelkissen oder Stift

SO GEHT'S

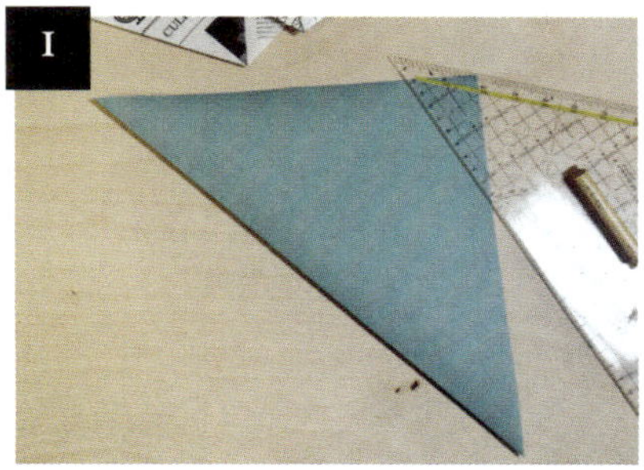

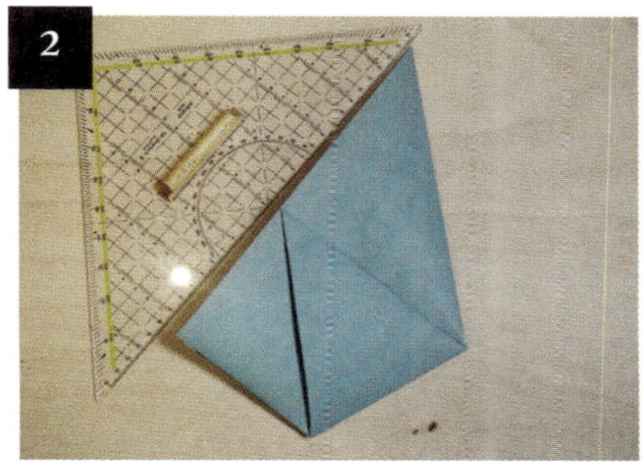

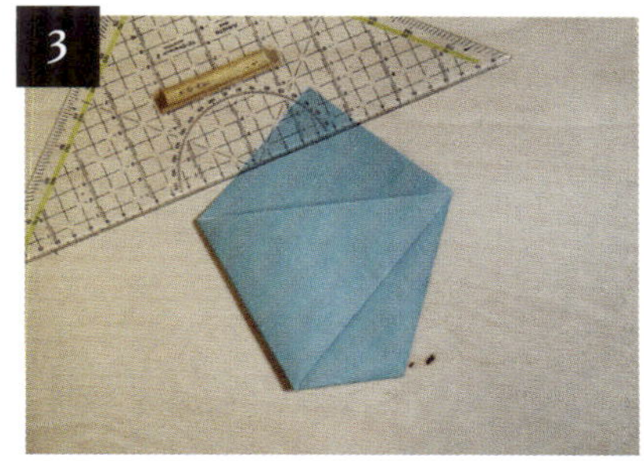

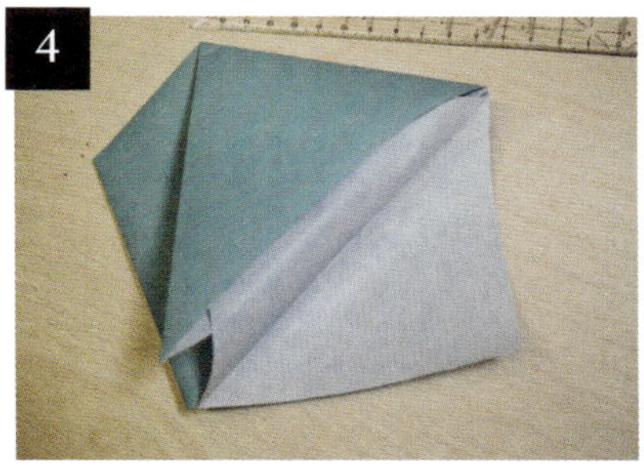

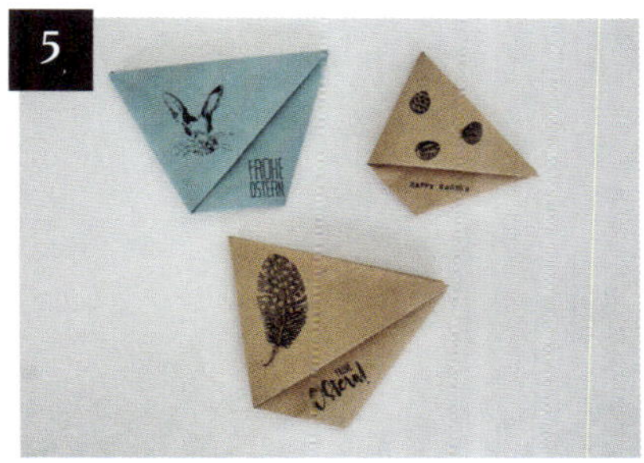

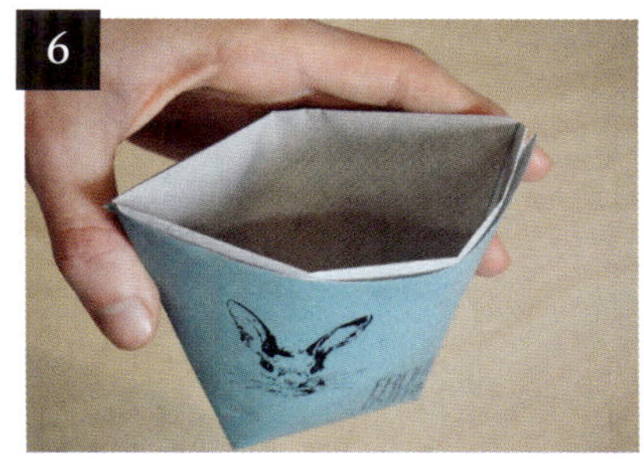

1. Schneide ein beliebig großes Quadrat aus deinem Papier und falte es zum Dreieck. Das Quadrat auf den Bildern ist 25 x 25 cm groß.

2. Falte eine Ecke auf die gegenüberliegende Dreiecksseite – in diesem Fall bei ca. 12,5 cm.

3. Wende das Faltwerk und falte die andere Spitze genauso.

4. Nun hast du oben ein Dreieck, das du zur Fixierung in die Dreieckstasche schiebst. Wende es und verfahre auf der Rückseite genauso.

5. Wenn du magst, kannst du es noch dem Anlass entsprechend verzieren oder einfach direkt befüllen.

6. So sollte das Tütchen am Schluss aussehen.

Tipp

Solche Tütchen kann man auch gut mit Kindern basteln. Verwende dann am besten weißes Druckerpapier – die Kinder können die Tütchen dann selbst bemalen.

MANDALA-ANHÄNGER

Schlicht und filigran sind diese Anhänger ein schöner Aufputz für ein Geschenk. Mit ein paar Zweigen in einer schönen Vase machen sie auch auf jedem Tisch einen guten Eindruck.

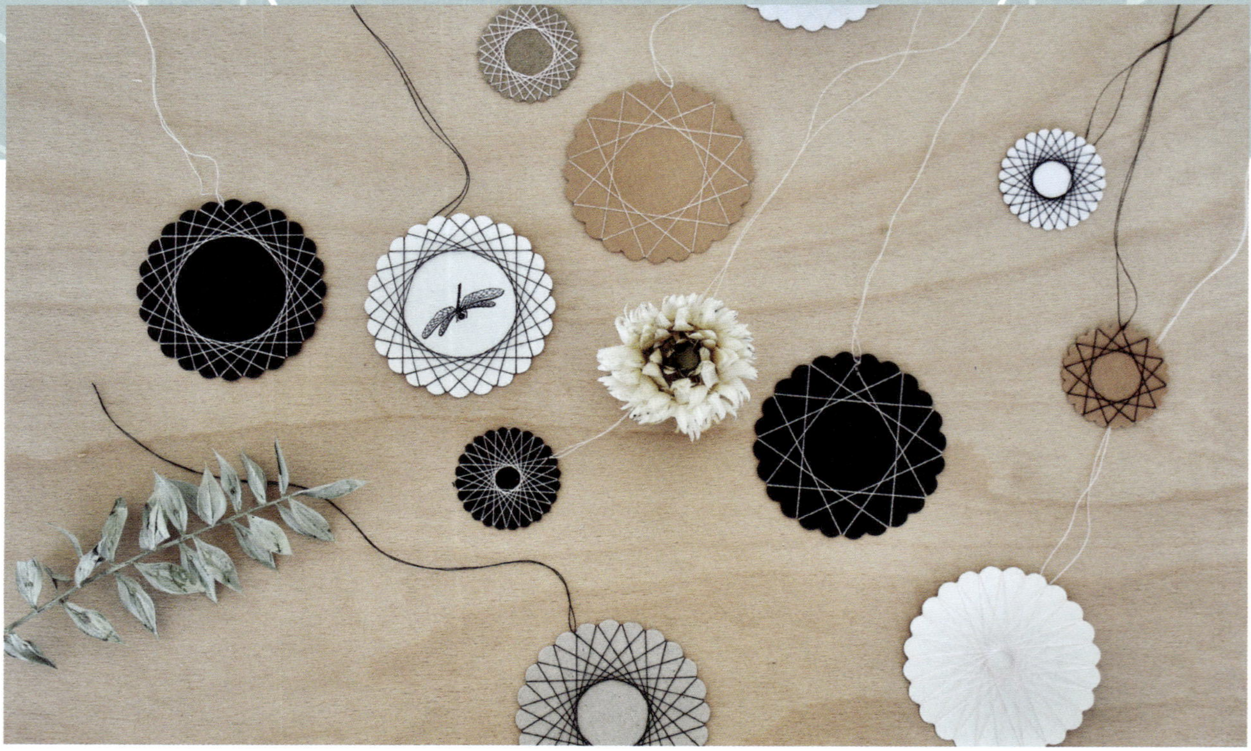

MATERIAL

- Karton (mindestens 300 g)
- Nähseide oder ganz dünnes Garn

WERKZEUG

- Rosettenstanzer
- Bleistift
- Schere
- Nadel
- Stift oder Stempel und Stempelkissen (optional)

SO GEHT'S

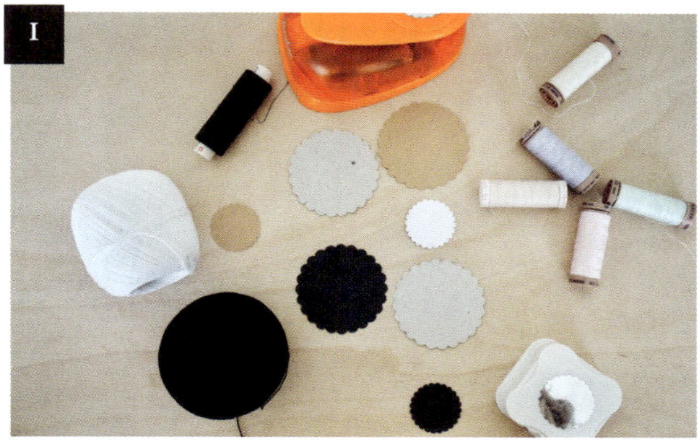

1

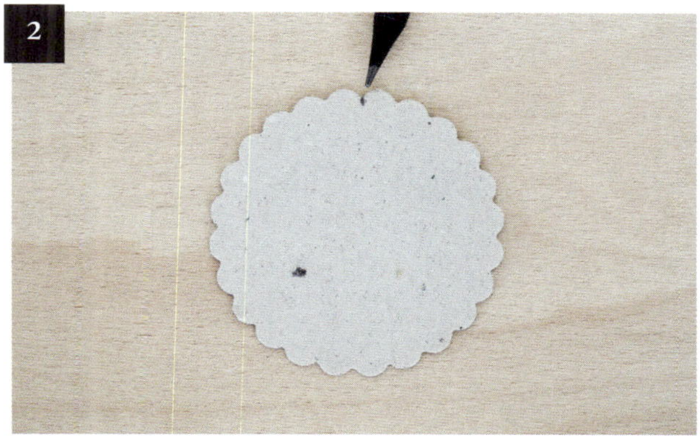

2

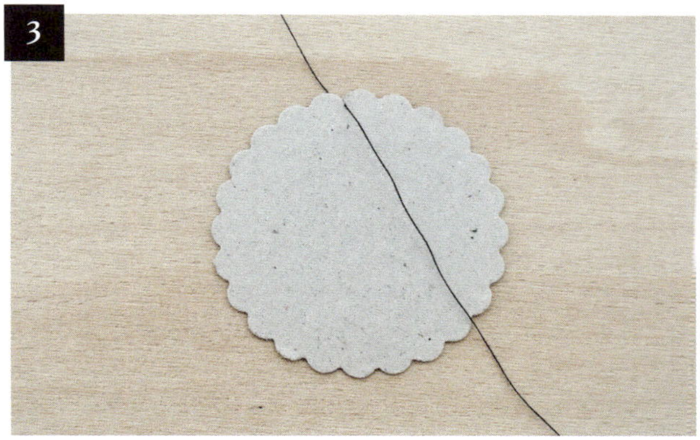

3

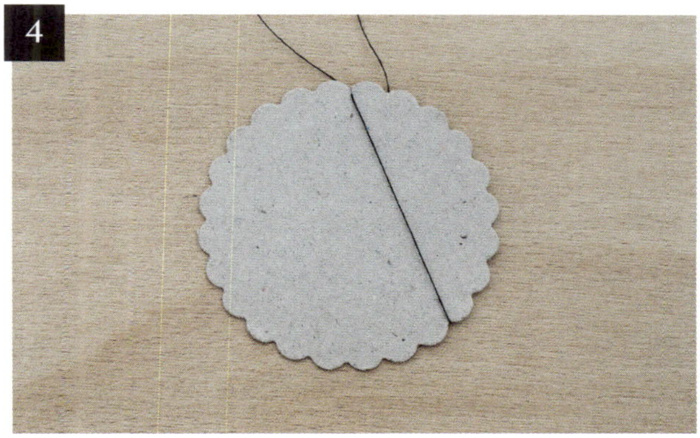

4

Muster 1

1. Stanze mit dem Rosettenstanzer zunächst ein paar Rosetten aus. Wenn du mehrere Anhänger basteln möchtest, ist es schön, wenn die Rosetten verschiedene Größen haben und du Karton und Garn in verschiedenen Farben verwendest.

2. Mache mit der Schere einen ganz kleinen Minischlitz an eine Stelle der Rosette (maximal 2 mm).

3. Nun nimmst du eine Garnrolle und hängst sie in dem kleinen Schlitz ein, sodass das Garn vorne über der Rosette liegt. Achte darauf, dass der überstehende Teil lang genug ist. Das wird später der Aufhänger, deshalb lieber ein wenig zu lang lassen.

4. Suche dir nun schräg gegenüber einen Bogen und wickle den Faden hinten um die Rosette. →

SO GEHT'S WEITER

5

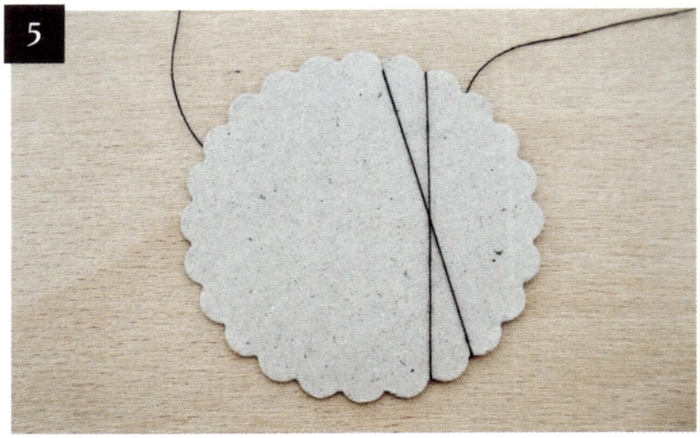

6

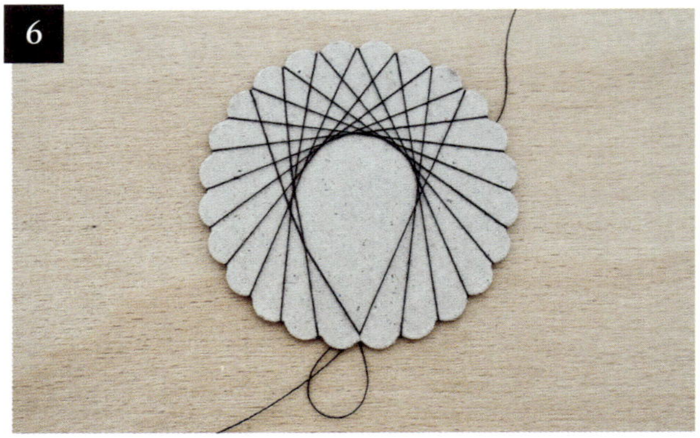

7

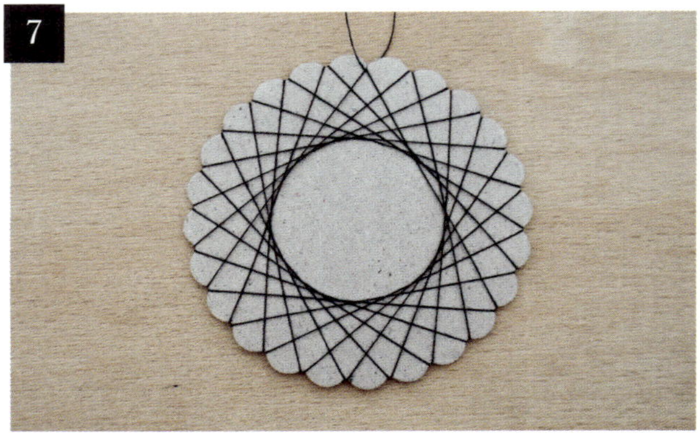

Tipp

Lege dir zur Sicherheit eine Nadel bereit. Manchmal verwickelt sich der Anfangsfaden ein wenig. Mit der Nadel kannst du ihn leicht herauslösen und dann mit dem anderen Ende zusammenbinden. Wenn du die Rosette an ein Päckchen hängst, kannst du sie noch mittig stempeln oder mit einem Namen beschriften.

5. Oben kommst du einen Bogen neben der geschlitzten Stelle heraus und wickelst wieder nach unten. Verrutsche dann auch hier um einen Bogen nach links.

6. So machst du immer weiter, immer oben und unten jeweils um einen Bogen versetzen. Wickle auch weiter, wenn du zum ersten Mal bei der geschlitzten Stelle ankommst.

7. Erst wenn du wieder beim Schlitz ankommst, bist du fertig. Du hast jetzt ein regelmäßiges Muster. Verknote deinen Wickelfaden mit dem Anfangsfaden. Damit es nicht mehr aufgeht, halte den Faden dazu gespannt, klemme ihn ebenfalls in den Schlitz und platziere den Knoten direkt an der Oberkante.

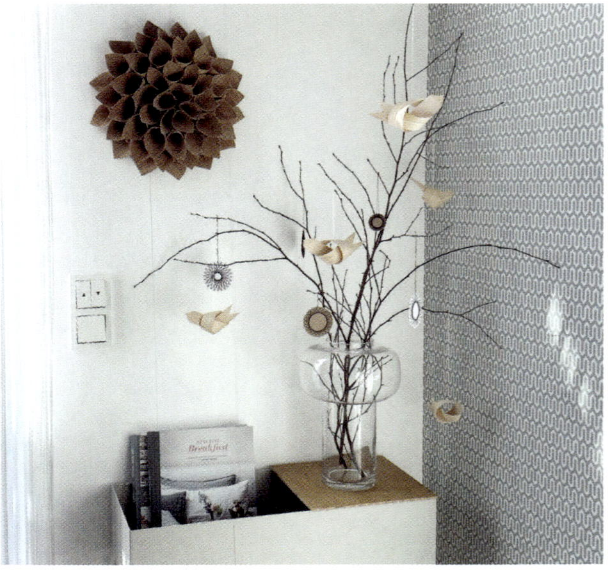

1

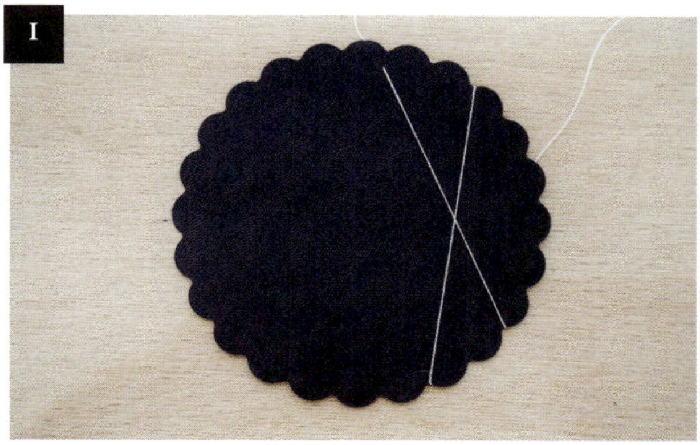

2

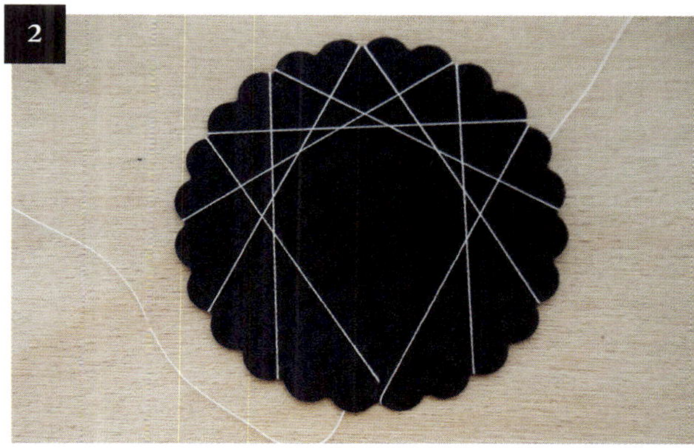

3

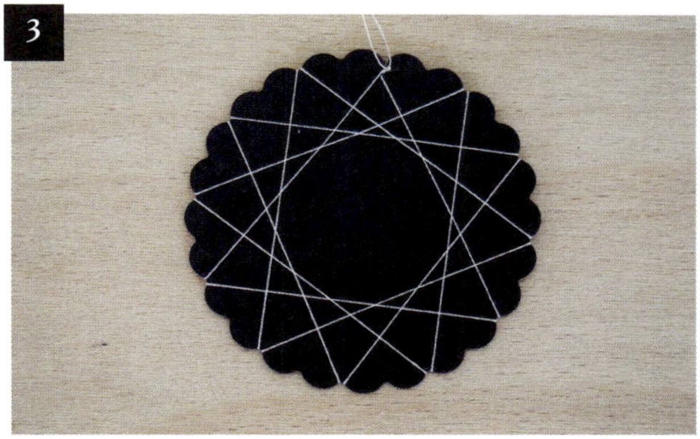

Tipp

Wenn du den Abstand zwischen dem Anfangsfaden und dem ersten Bogen veränderst, verändert sich das Muster bzw. wird der Mittelkreis kleiner oder größer.

Muster 2

1. Wenn du nicht jeden Bogen umwickelst, erhältst du ein anderes Muster. Starte wieder gleich mit dem Schlitz und suche dir unten einen Bogen, um den du herumwickelst.

2. Beim Heraufwickeln lässt du aber einen Bogen aus und springst auch beim Weiterwickeln um zwei Bögen.

3. Mache so weiter, bis du wieder zum zweiten Mal beim Anfangsfaden bist. Verknote dann die beiden Enden.

SCHICKE WINDLICHTER

Stickrahmen kann man nicht nur an die Wand hängen, sie eignen sich auch ausgezeichnet zum Basteln individueller Windlichter. Beschriftet oder bemalt sehen sie sowohl im Hellen als auch im Dunkeln wunderschön aus.

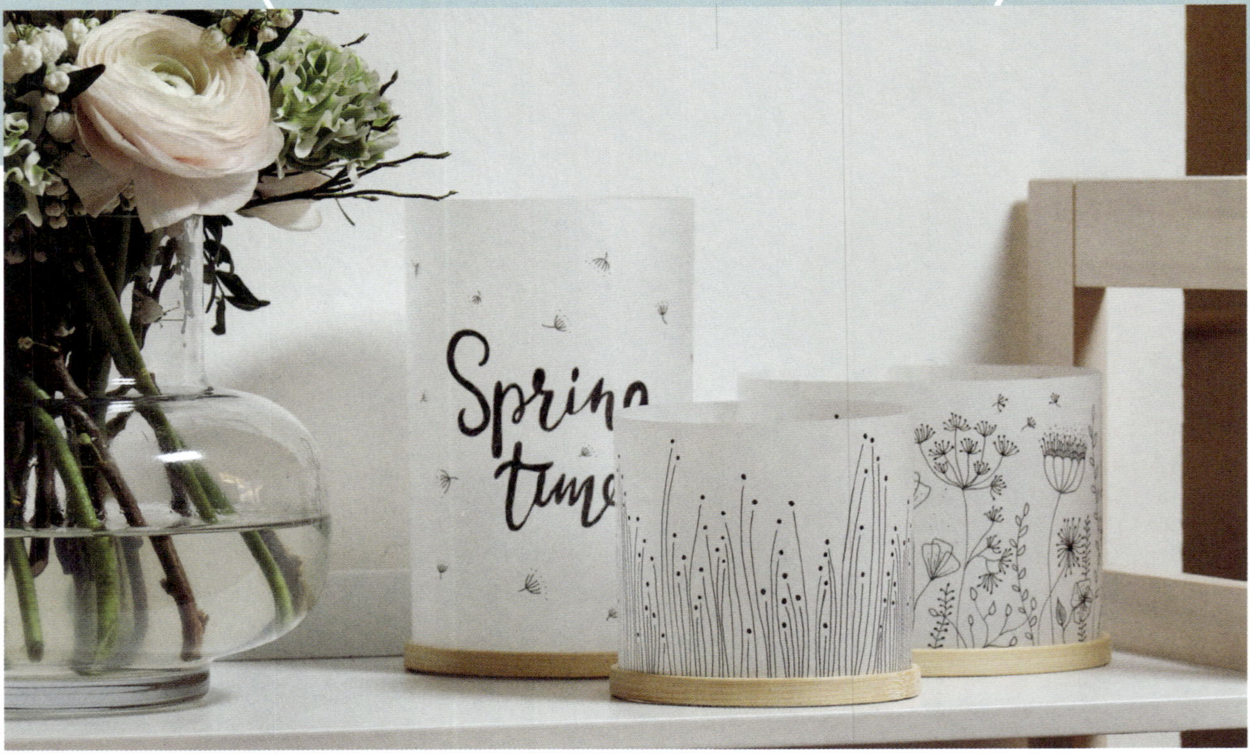

MATERIAL

- Transparentpapierbögen (DIN A3)
- Schriftvorlage (Seite 170)
- Doppelseitiges Klebeband
- Stickrahmen (hier 10 cm und 13 cm)

WERKZEUG

- Cutter
- Fineliner, schwarz

SO GEHT'S

1

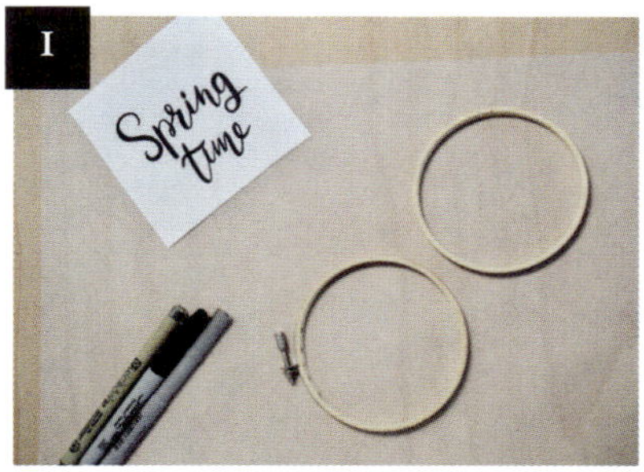

2

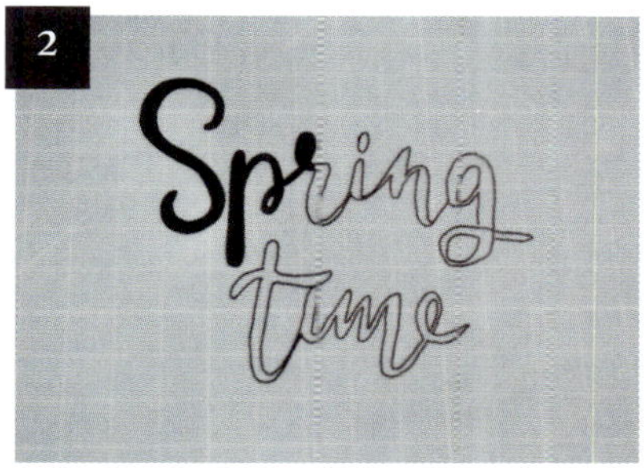

3

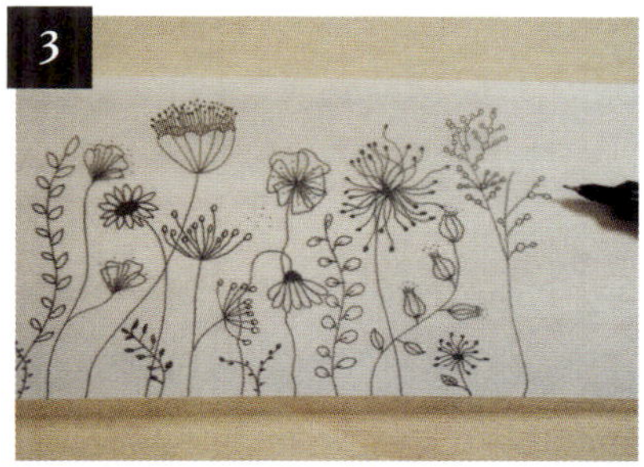

4

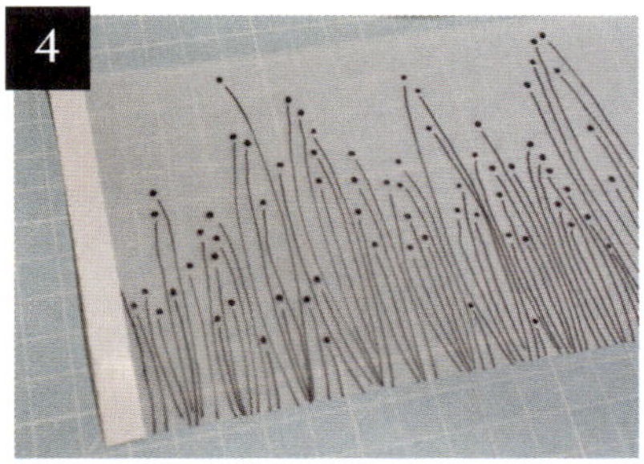

5

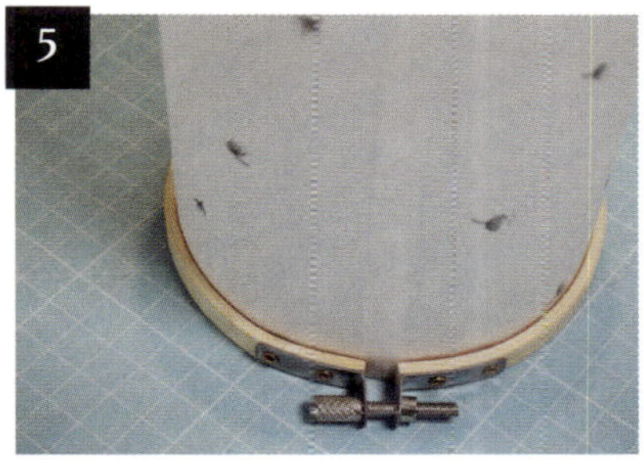

6

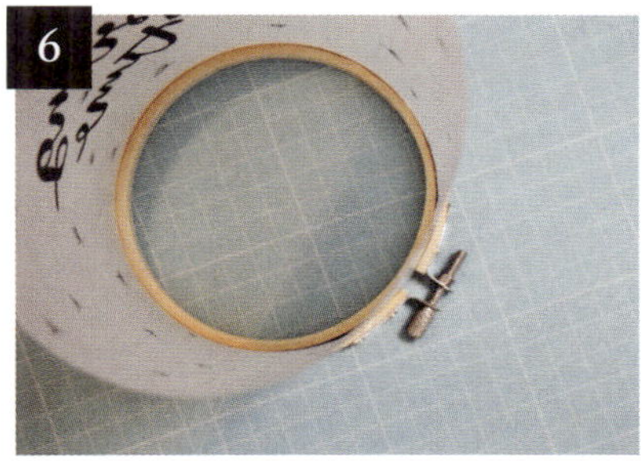

1. Schneide das Transparentpapier auf den Umfang deines Stickrahmens und die gewünschte Höhe des Windlichtes zu. Addiere ca. 5 mm für das Klebeband, da es an der Klebestelle überlappen muss. Für die 10-cm-Rahmen habe ich das Papier auf 33 x 10 cm und 33 x 18 cm und für den 13-cm-Rahmen auf 41 x 12,5 cm zugeschnitten.

2. Wenn du gut im Handlettering bist, beschrifte das Transparentpapier ganz nach deiner Vorstellung. Wenn du noch ungeübt bist, drucke dir ein Motiv aus und pause es durch. Auf Seite 170 findest du die Vorlage zu meinem Schriftzug.

3. Natürlich kannst du auch nach Lust und Laune drauflos malen.

4. Lass am Ende auf einer Seite ein wenig frei, da das Papier dort überlappt. Befestige hier das doppelseitige Klebeband. Damit kannst du das Windlicht nun schließen.

5. Jetzt stellst du es zwischen den inneren und den äußeren Stickrahmen. Platziere die Klebekante direkt am Schraubverschluss.

6. Dann schraubst du den Verschluss zu, bis das Transparentpapier gut hält.

Tipp

Mit der richtigen Stempelfarbe kannst du das Papier auch sehr schön bestempeln. Wenn du einen Drucker hast, der auf Transparentpapier druckt, kannst du es auch bedrucken. Echte Kerzen solltest du unbedingt in einem Glas in dein Windlicht stellen.

VON HERZEN

Geldgeschenke müssen nicht langweilig sein. Mit ein wenig Faltkunst wird ein kreatives Päckchen daraus. Zunächst einmal eine Kleinigkeit verpacken, vielleicht ein Buch, ein wenig Schokolade, irgendetwas, das sich gut als Träger für die Moneten eignet.

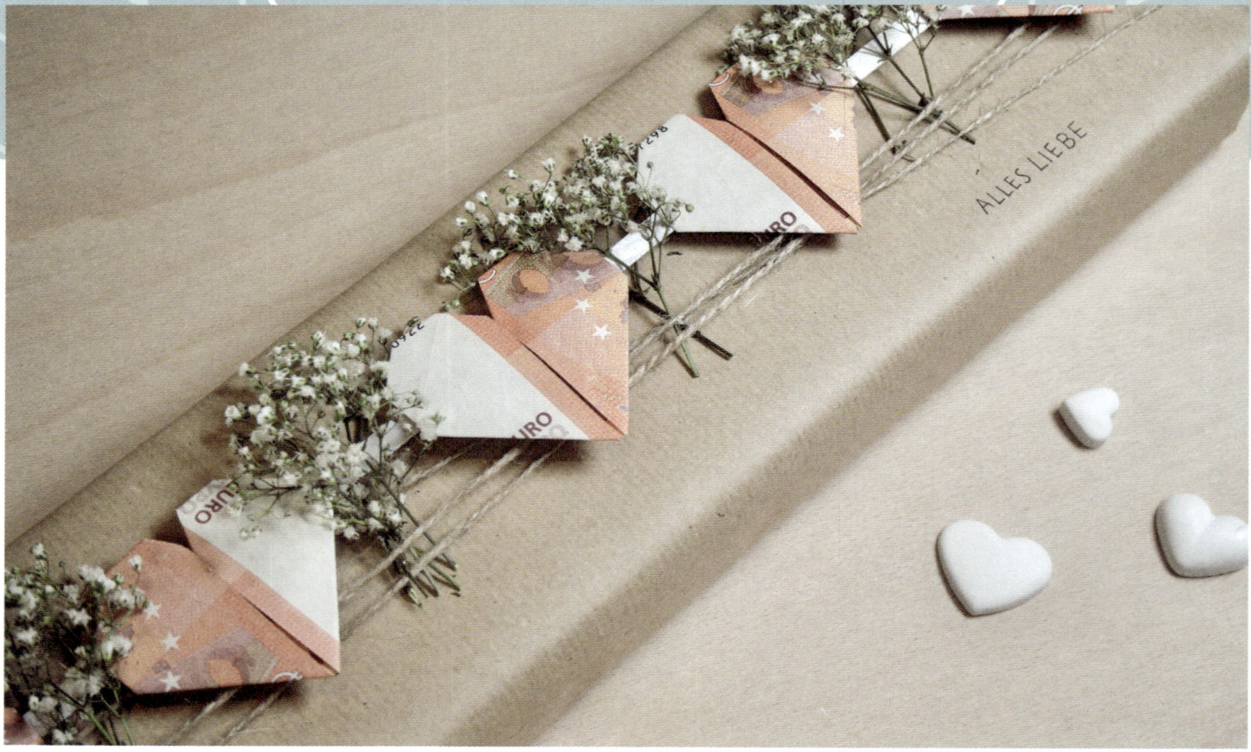

MATERIAL

- 10-Euro-Scheine (Anzahl je nach Größe des Päckchens und des Budgets)
- Masking Tape
- Geschenkband
- Geschenk (verpackt in einem neutralen Papier)
- Jutegarn
- Schleierkraut oder andere schön trocknende Blümchen

WERKZEUG

- Falzbein (optional)
- Schere
- Heißkleber

SO GEHT'S

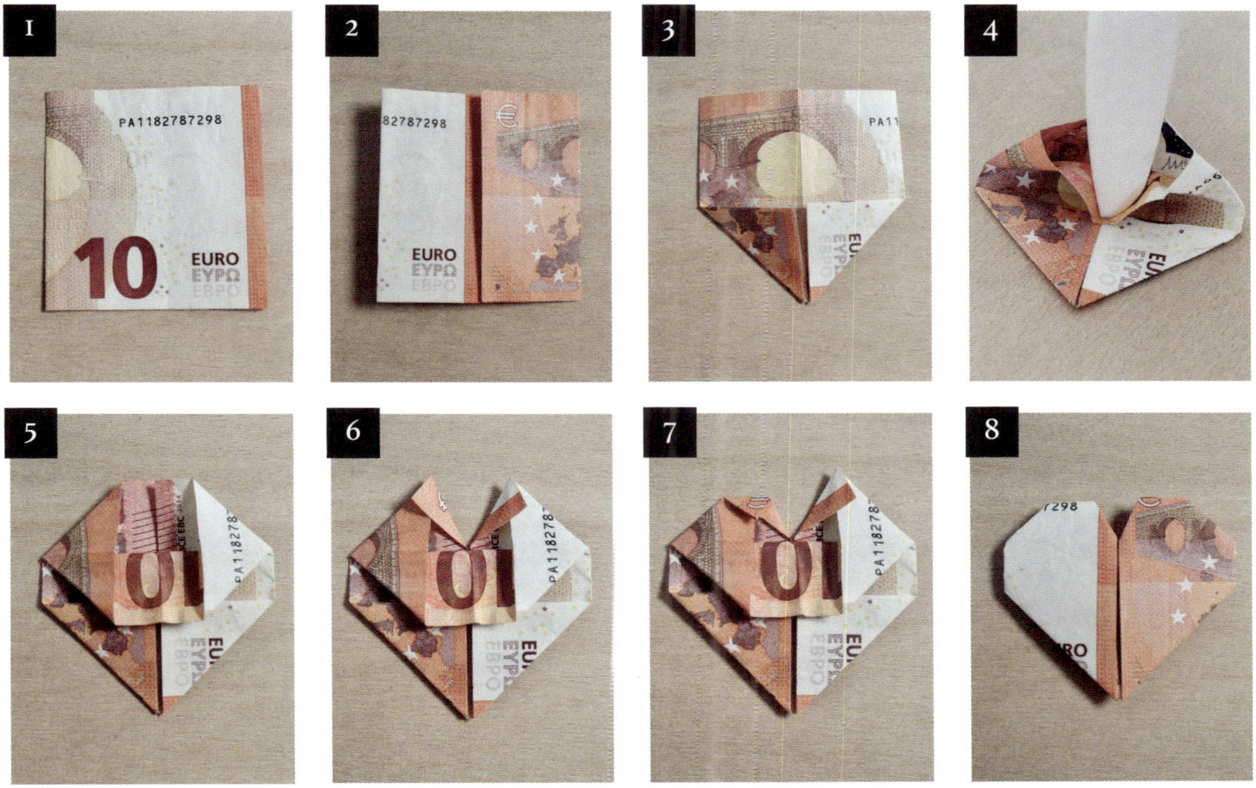

Die Herzen

1. Falte den ersten 10-Euro-Schein in der Mitte und öffne ihn wieder.

2. Danach faltest du die beiden Außenseiten zur Mitte.

3. Wende den Schein und falte von der geschlossenen Unterkante links und rechts jeweils ein Dreieck nach oben.

4. Falte nun das obere Papier in der Mitte der oben offenen Seite zur Mitte der beiden Dreiecke. Fahre dazu mit einem schmalen Gegenstand in die Spitze des Dreiecks.

5. Dadurch ergeben sich seitlich zwei Dreiecke. Diese flach andrücken.

6. Nun am Spalt die beiden Seiten zum Dreieck Richtung Spitze falten.

7. Am Schluss die Spitzen des Herzens ein wenig nach unten klappen.

8. Wende das Ergebnis – nun hälst du dein erstes Geldherz in den Händen. →

SO WIRD EIN GESCHENK DRAUS

9

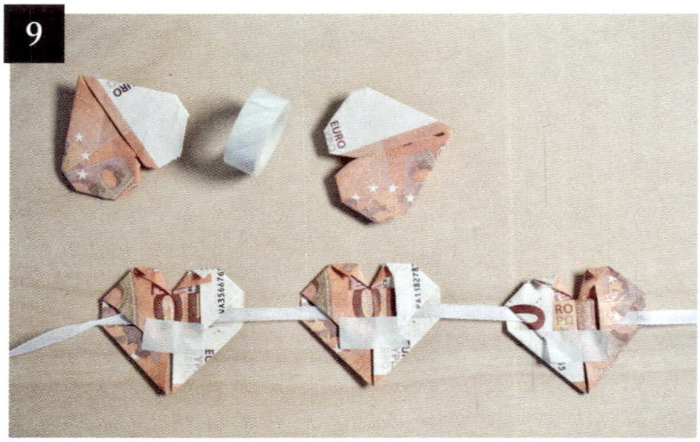

10

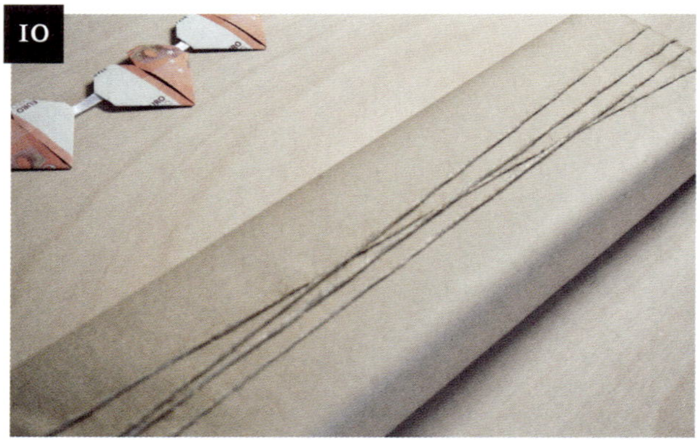

11

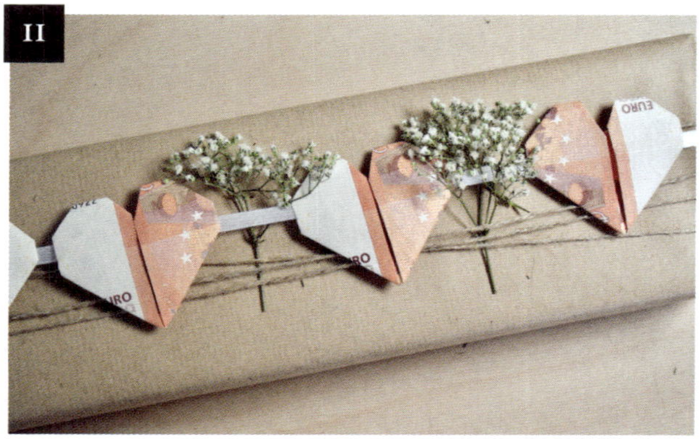

Tipp

Wenn du ausschließlich Geld schenken möchtest, kannst du auch ein schönes Stück Karton mit dem Jutegarn umwickeln und die Geldscheingirlande daran befestigen. Am besten klebst du auf die Rückseite dann noch ein gleich großes Stück Karton, damit man die Knoten unten nicht sieht, und verwendest es wie eine Glückwunschkarte.

9. Fädele auf der Rückseite der Herzen das Geschenkband durch und sichere die Herzen mit einem kleinen Streifen Masking Tape. Dieses lässt sich später rückstandslos wieder entfernen.

10. Wickle nun die Juteschnur mehrmals um dein Paket und verknote sie unten. Danach legst du die Herzchengirlande auf und bindest diese ebenfalls unten zu. Die Herzchen kannst du jetzt noch ausrichten.

11. Zum Schluss kannst du noch einige Stiele Schleierkraut durch die Jutebänder stecken – einmal ganz oben und einmal so, dass das Band ein wenig abgedeckt wird. Das Schleierkraut kann man mit einem ganz kleinen Klecks Kleber noch ein wenig fixieren. Wenn du magst, kannst du auch noch einen Glückwunsch auf dein Päckchen schreiben.

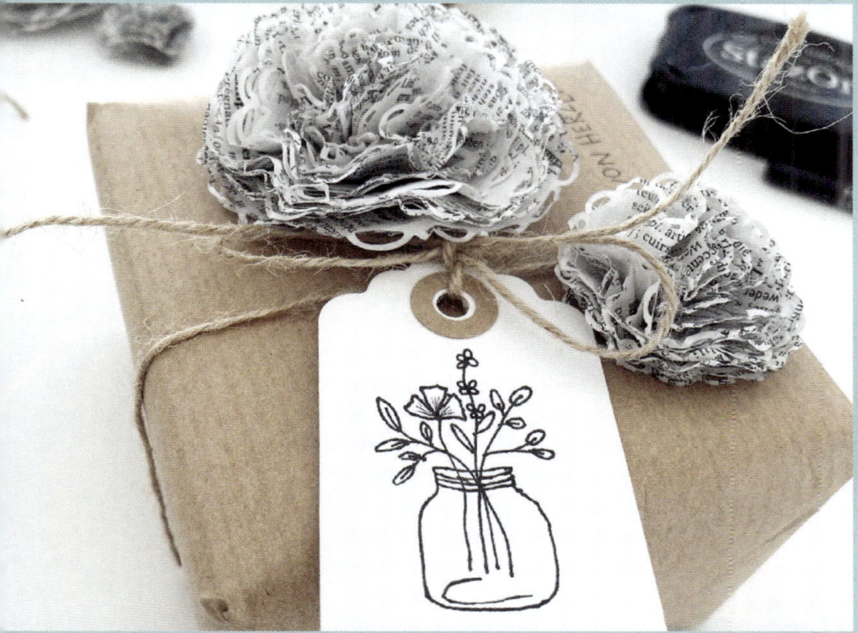

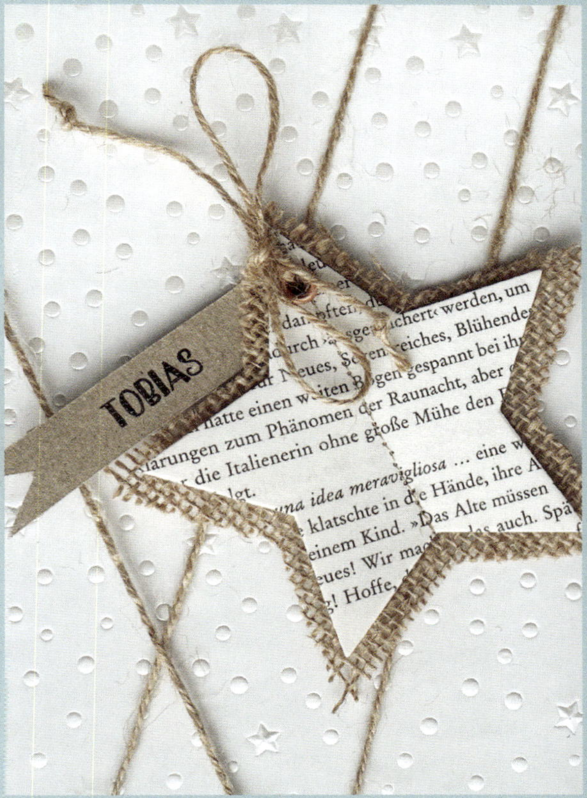

PAPIER INSPIRATION

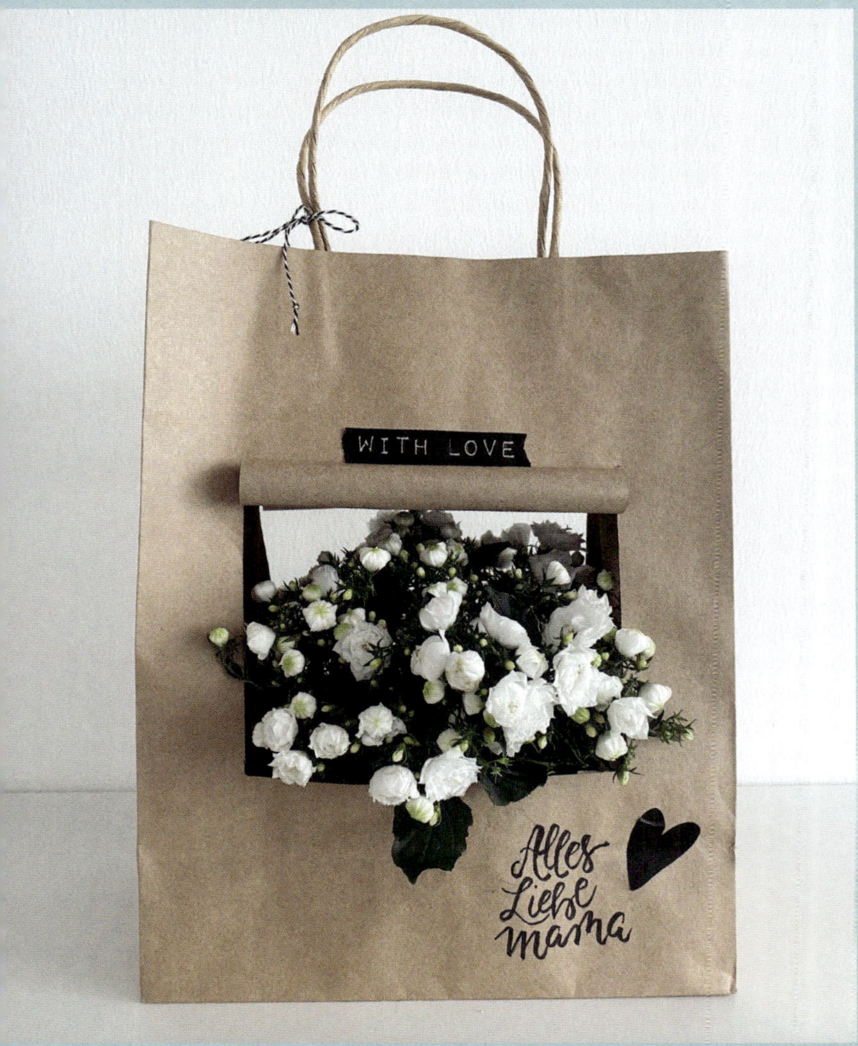

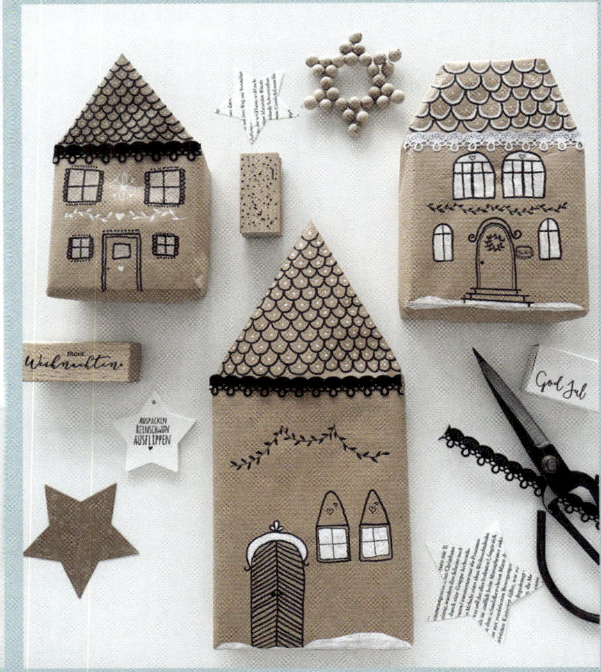

GESCHENKTÜTCHEN MIT TROCKENBLUMEN

Trockenblumen sind ja seit geraumer Zeit wieder überall zu finden, warum also nicht auch mal auf einer Geschenkverpackung.

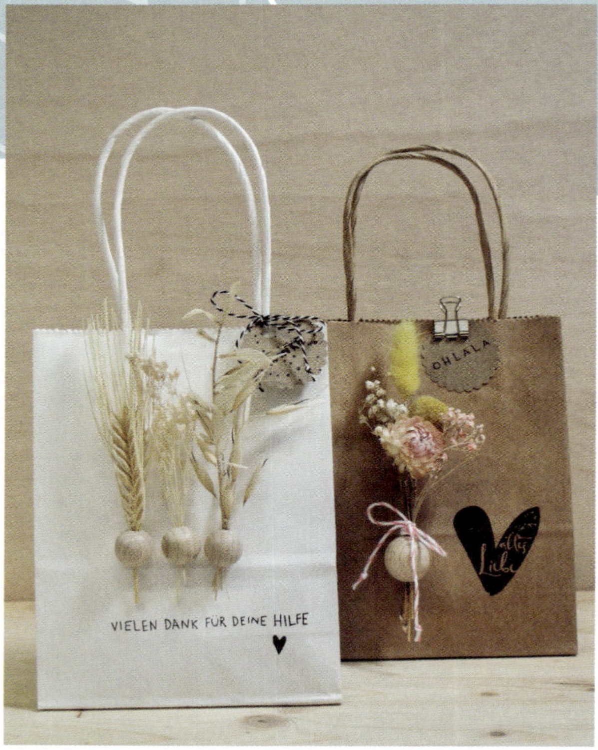

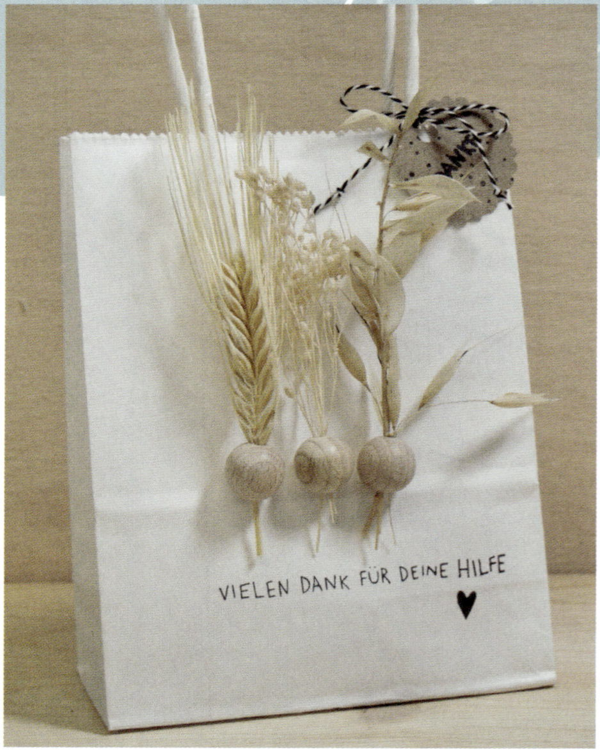

MATERIAL

- Geschenktütchen in Weiß oder Braun (12 x 15 cm)
- Karton zum Einstecken
- Holzkugeln, 15/20 mm (je nach gewünschter Anzahl)
- Trockenblumen
- Braunes Papier für die Anhänger
- Bäckergarn oder Jutebändchen
- Klammer (optional)

WERKZEUG

- Schere
- Stempel und Stempelkissen oder schwarzer Stift
- Heißklebepistole

SO GEHT'S

I

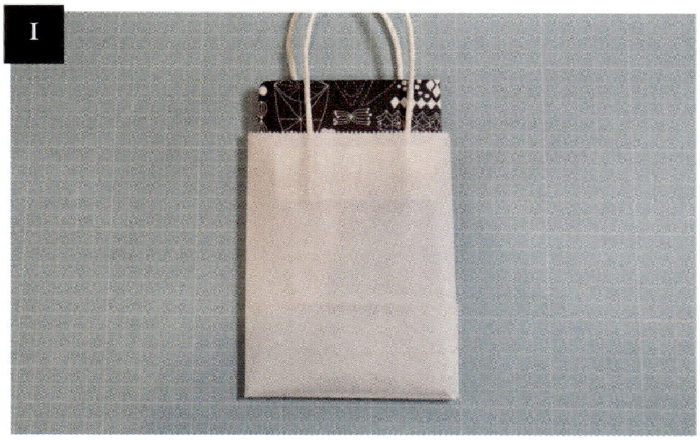

2

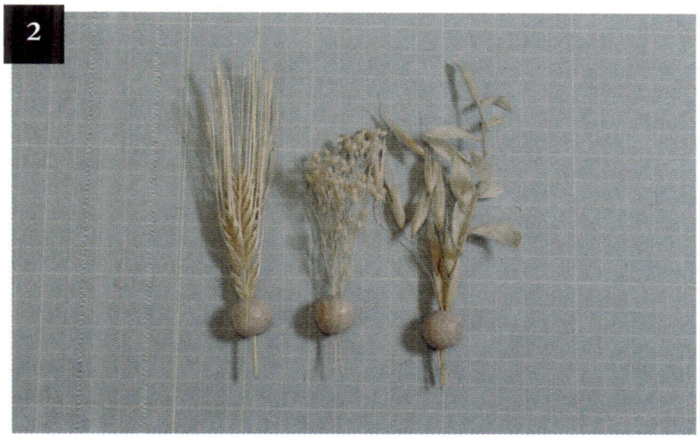

3

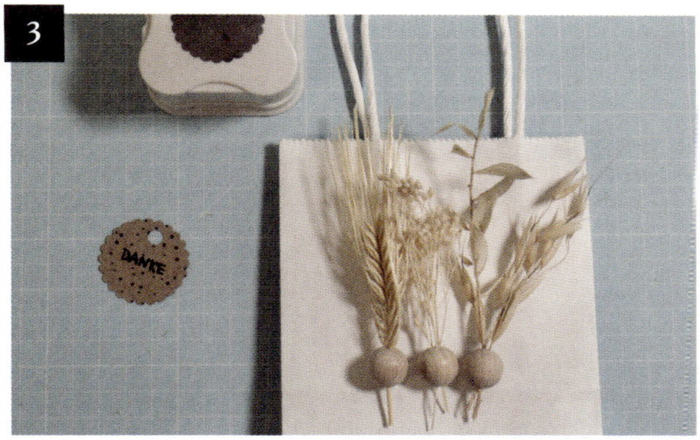

4

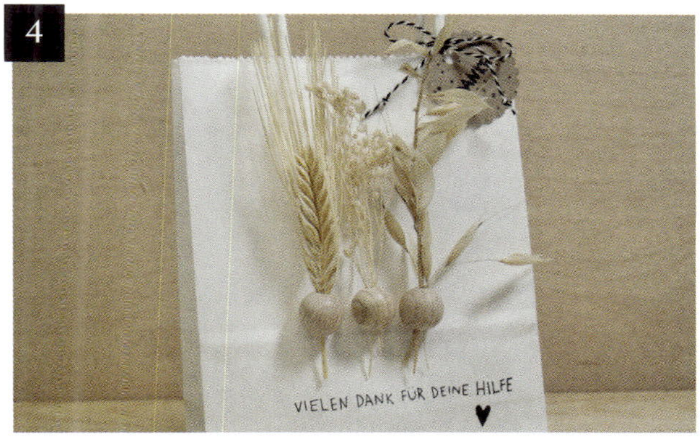

I. Stecke einen festen Karton oder ein Büchlein in deine Tüte und streiche sie zum Beschriften oder Bestempeln glatt. Nun kannst du dein Tütchen im unteren Drittel nach Lust und Laune bestempeln oder beschriften.

2. Stecke die Trockenblumen durch die Kugeln, und zwar so viele, dass sie gut halten. Du kannst sie auch mit Heißkleber fixieren.

3. Bringe nun die Holzkugeln mit Heißkleber an der gewünschten Position an. Das funktioniert am besten, wenn das Tütchen aufgerichtet steht.

4. Beschrifte den Anhänger und binde ihn mit dem Bäckergarn am Griff fest. Zum Befestigen kannst du auch die Klammer verwenden.

Tipp

Natürlich kannst du auch frische Blumen nehmen. Dann solltest du aber zunächst leere Kugeln an den Tütchen befestigen und die Blumen erst kurz vor Übergabe durchstecken.

GERAHMTES GLÜCK

Ein Geschenk für runde Geburtstage, Hochzeiten oder einfach aus Liebe. Es funktioniert auch gut als Gemeinschaftsgeschenk, so können alle Beteiligten ein Herzchen gestalten.

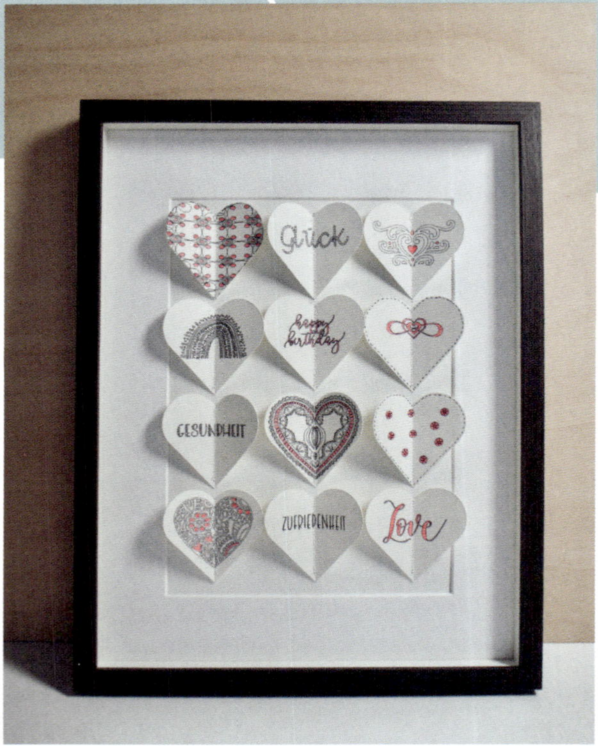

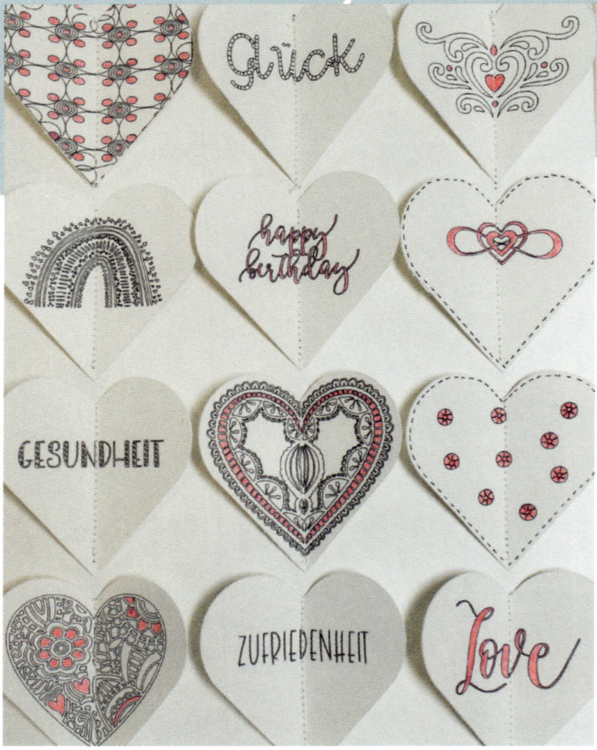

MATERIAL

- Papier, weiß, mind. 160 g/m² (ca. 5 x DIN A4)
- Bilderrahmen inkl. Passepartout (hier 30 x 40 cm mit DIN-A4-Bildausschnitt)

WERKZEUG

- Schere oder Stanzer
- Stifte zum Bemalen
- Stumpfe Nadel oder Falzbein
- Nähmaschine oder Papierkleber

SO GEHT'S

1

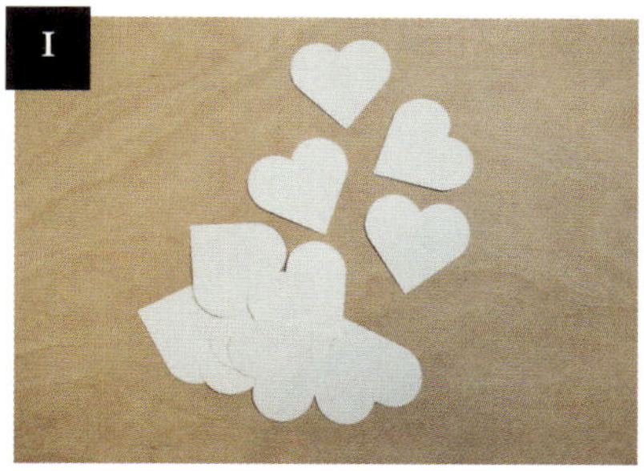

2

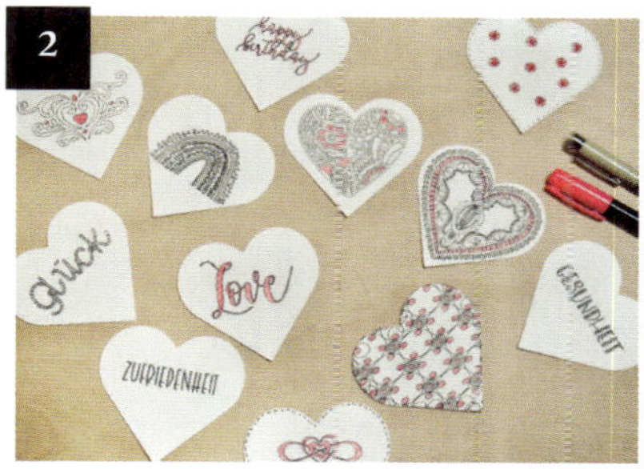

3

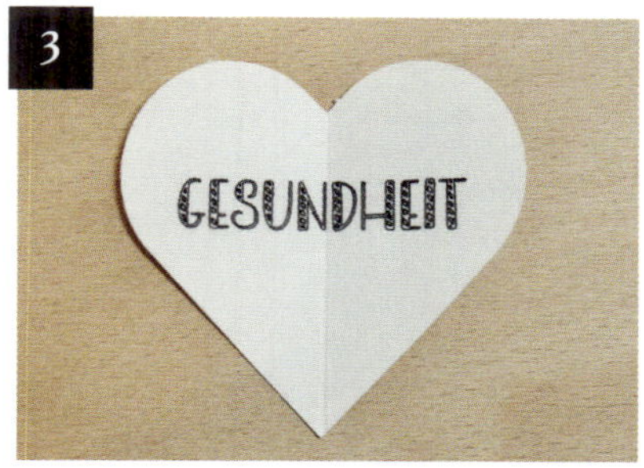

4

5

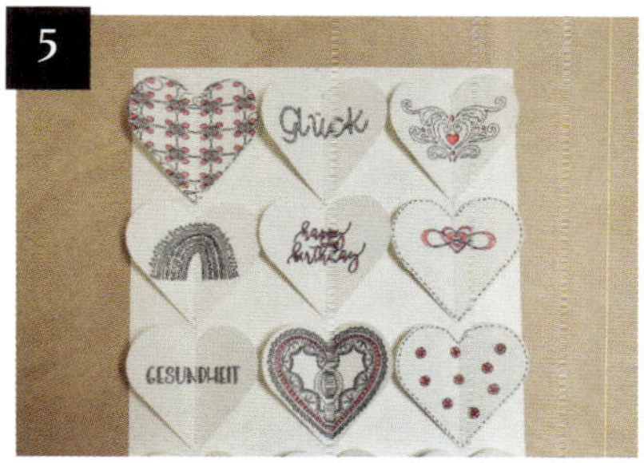

6

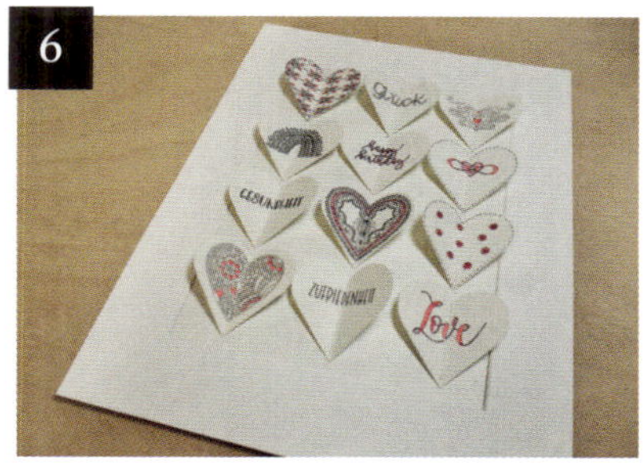

1. Schneide aus dem Papier deine Herzen aus. Alternativ kannst du sie auch ausstanzen oder fertige Herzchen kaufen. Meine Herzen sind ca. 7 x 7,5 cm (H x B) groß.

2. Gestalte deine Herzen mit Mustern, kleinen Botschaften oder Wünschen.

3. Rille die Herzchen im Anschluss mit der stumpfen Nadel oder dem Falzbein, damit sie beim Auffalten nicht brechen.

4. Markiere auf einem leeren DIN-A4-Papier die Positionen für deine Herzen. Hier ist es sinnvoll, das Blatt gleich in das Passepartout zu legen, damit man den Abstand zum Rand sieht. Die Herzen dürfen seitlich ein wenig überstehen. Markiere nur sehr fein, da du die Linien im Anschluss wieder wegradieren musst. Das Blatt dann wieder aus dem Passepartout nehmen.

5. Nun die Herzchen anordnen und fixieren. Ich habe das mit der Nähmaschine gemacht, weil mir die sichtbare Naht gefällt. Man kann die Herzchen aber auch festkleben.

6. Das fertige Blatt nun wieder unter das Passepartout legen und die Herzchen aufrichten. Am Schluss in den Rahmen stecken. Wenn du keinen so tiefen Rahmen zur Verfügung hast, dass die Herzen Platz haben abzustehen, kannst du das Glas einfach weglassen.

Tipp

Wenn du das Projekt mit Freunden oder Familie umsetzen möchtest, ist es sinnvoll, die Herzchen vorzubereiten und unbemalt zu verteilen. So haben alle sicher dieselbe Größe. Ob du auch eine Vorgabe bezüglich Farben machst oder es bunt und individuell gestalten möchtest, bleibt ganz dir überlassen.

FLASCHENPOST

Gutscheine verschenken muss nicht langweilig sein, wenn man den Gutschein zum Beispiel in eine Flaschenpost verwandelt. Diese Flasche kann man sogar ohne Risiko mit der Post verschicken.

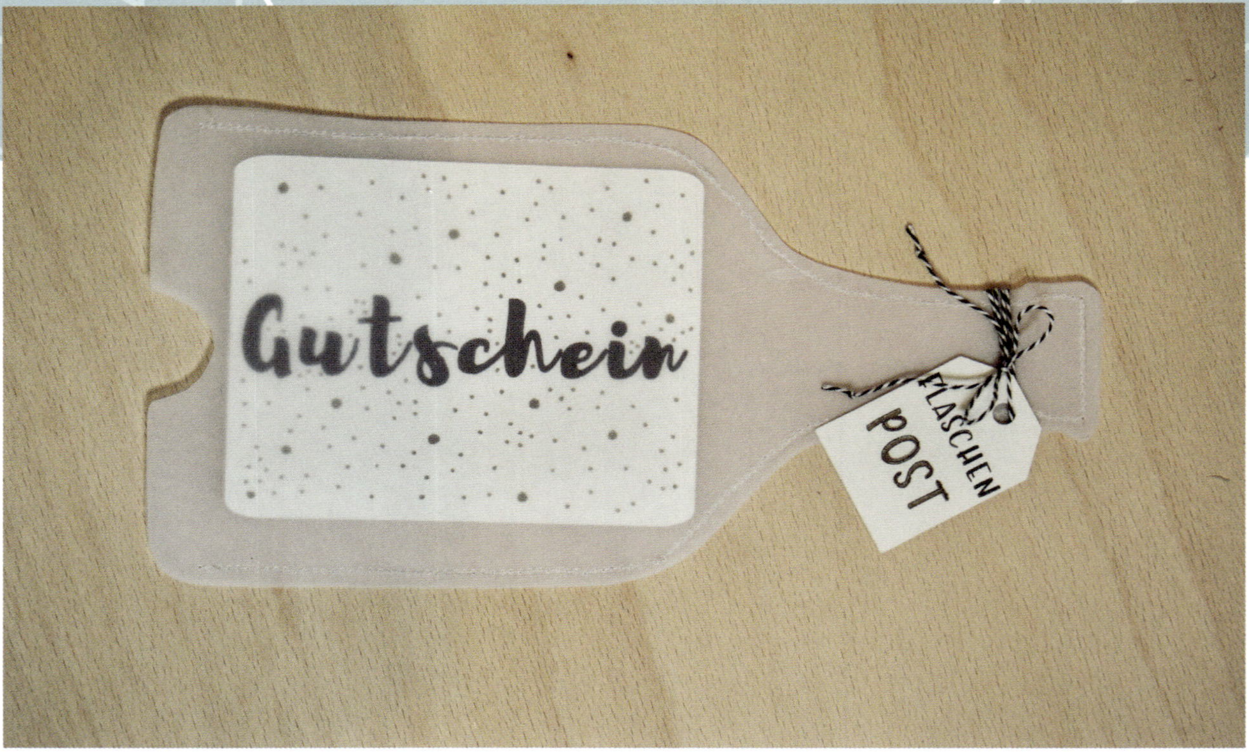

MATERIAL

- Papier, weiß (1 x DIN A4)
- Transparentpapier, (2 x DIN A4)
- Karton für die Karte und den Anhänger
- Bäckergarn oder anderes Geschenkbändchen

WERKZEUG

- Bleistift
- Schere
- Klammern zum Fixieren
- Nähmaschine
- Stifte
- Locher

SO GEHT'S

1
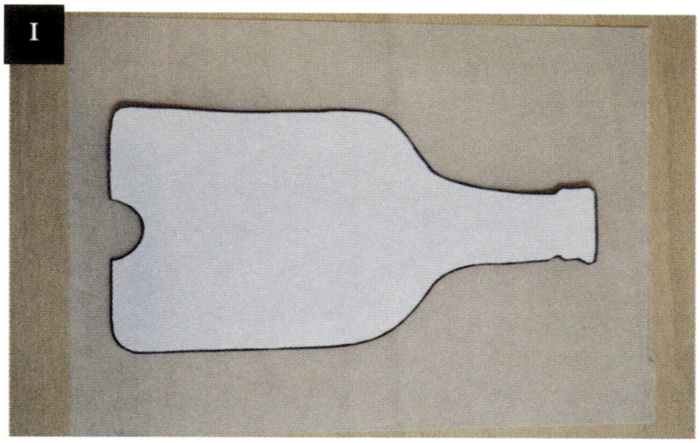

2
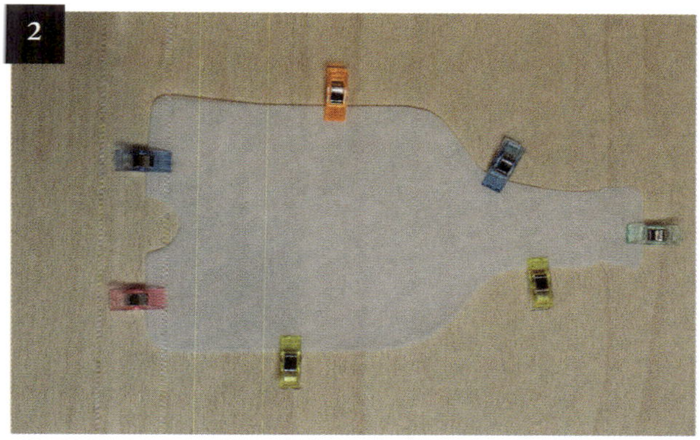

3
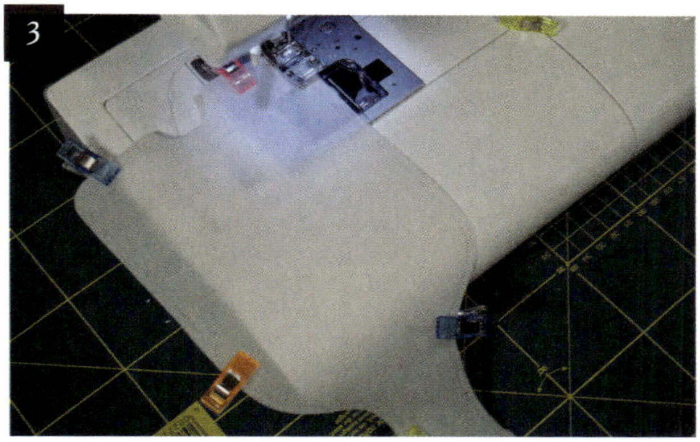

4
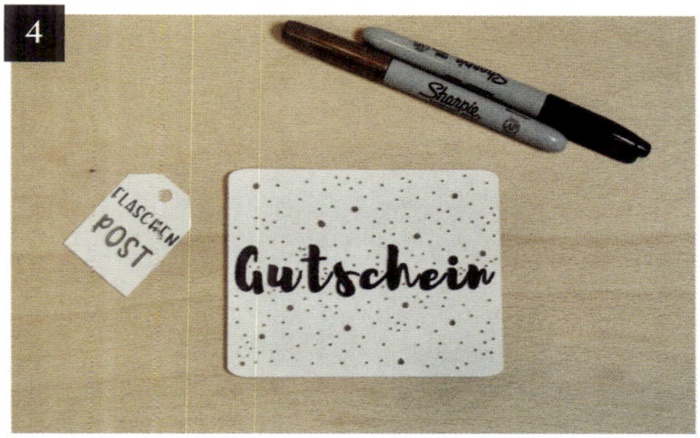

1. Zeichne dir eine Flasche auf, die für deinen gewünschten Gutschein passt, und schneide sie aus. Diese hier ist ca. 24 cm hoch und 12 cm breit – achte auf die Fingerausstanzung unten. Lege diese Flasche auf die beiden Blätter Transparentpapier und schneide sie zusammen aus, sodass sie die dieselbe Form haben.

2. Sichere die beiden Zuschnitte mit den Klammern, damit sie genau aufeinander liegen.

3. Nähe beide zusammen. Wenn du magst, kannst du dir eine Orientierungslinie aufzeichnen. Beginne und ende mit einem kurzen Zurücknähen.

4. Gestalte die Karte und den Anhänger ganz nach deinen Vorstellungen. Meine Karte ist 9,5 x 12 cm groß. Stecke den Gutschein in deine Flasche und binde den Anhänger fest.

Tipp

Runde die Ecken an deinem Gutschein ab, dadurch besteht nicht die Gefahr, dass die Flasche an der Naht beschädigt wird. Zudem kannst du die Öffnung unten mit einem kleinen Stück transparentem Klebestreifen versehen, der die Karte am Herausfallen hindert.

HÜBSCH VERPACKT

Diese kleinen bezaubernden Boxen können nicht nur als Geschenkverpackung gute Dienste leisten, sie sehen auch bezaubernd als Gastgeschenk auf einem schön gedeckten Tisch aus. Auch als Adventskalender eignen sie sich wunderbar.

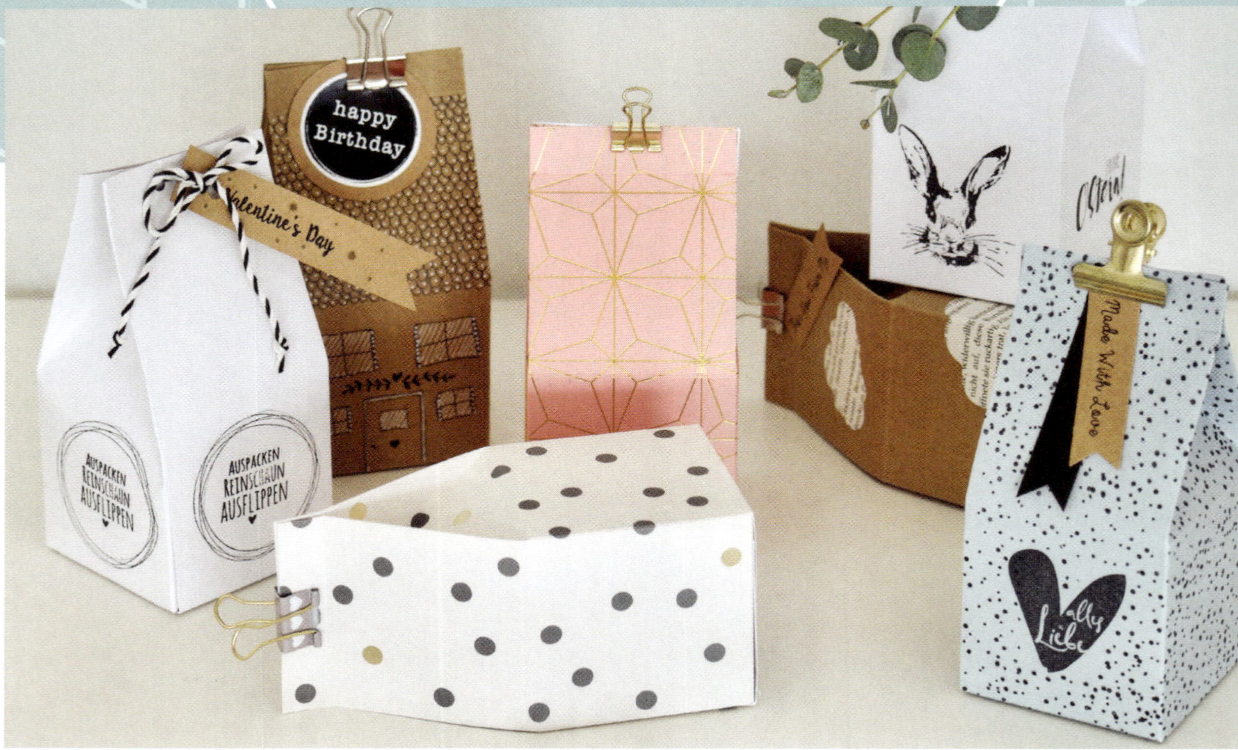

MATERIAL

- Karton, 250 g/m² (je Box 1 x DIN A4)
- Stifte oder Stempel und Stempelkissen
- doppelseitiges Klebeband
- Klammern
- Anhänger, Aufkleber, Tags (zum Verzieren)

WERKZEUG

- Falzbein
- Falzbrett (optional)
- Schere
- Bleistift
- Stempel und Stempelkissen oder Stift

SO GEHT'S

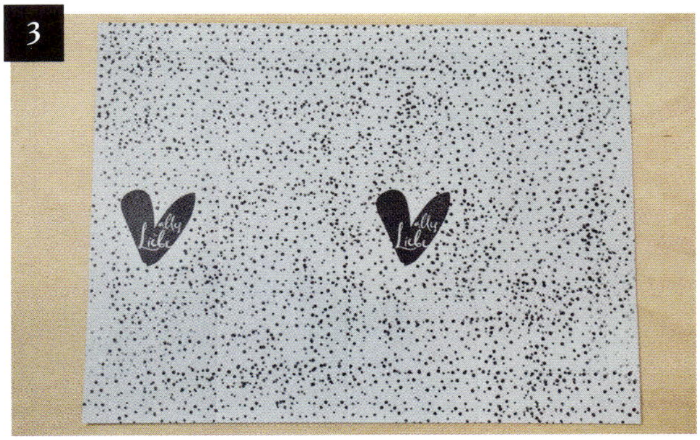

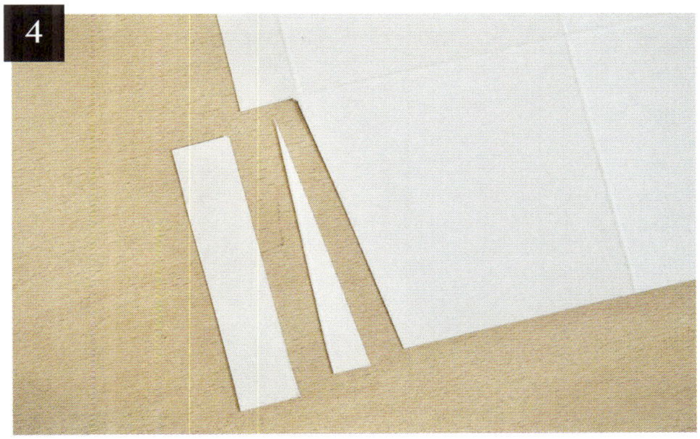

1. Rille in den Karton mit dem Falzbein Quadrate zu je 6,5 x 6,5 cm. Ziehe dafür zunächst der Breite nach alle 6,5 cm eine Linie nach unten und lass an der Seite eine Lasche mit 1,5 cm überstehen. Schneide den Rest des Papiers ab. Dann drehst du das Papier hochkant und wiederholst den Vorgang

2. Wende das Blatt und markiere im 1. und 3. Quadrat jeweils die Mitte (3,25 cm) und falze ein Dreieck in das Quadrat.

3. Bemale, bestemple oder beklebe nun deine Box ganz nach deinen Vorstellungen. Wenn du bunten Karton verwendet hast, kannst du diesen Schritt auslassen.

4. Schneide nun beim untersten Quadrat die Lasche und einen kleinen Keil ab. →

SO GEHT'S WEITER

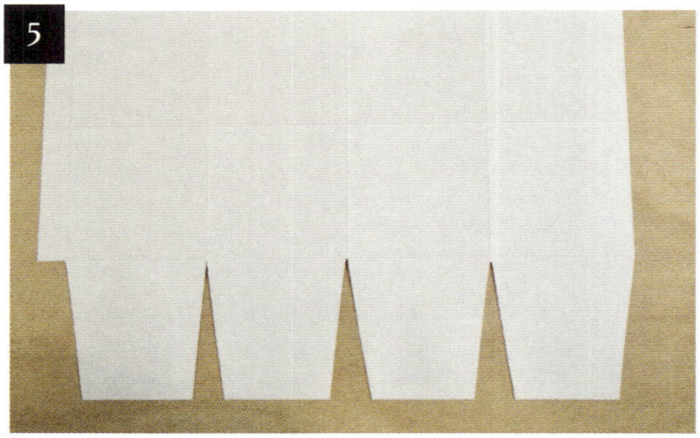
5

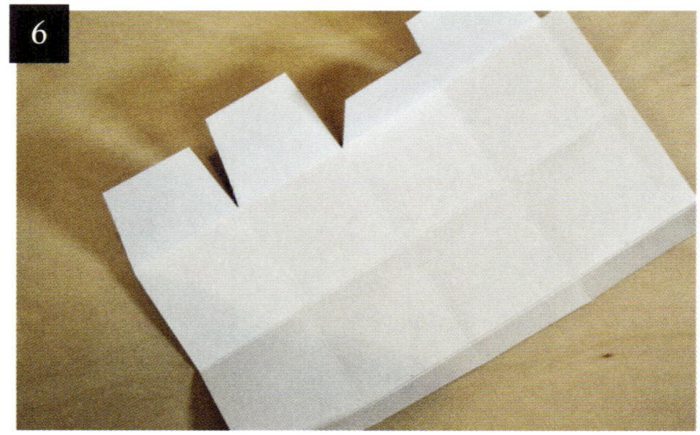
6

7

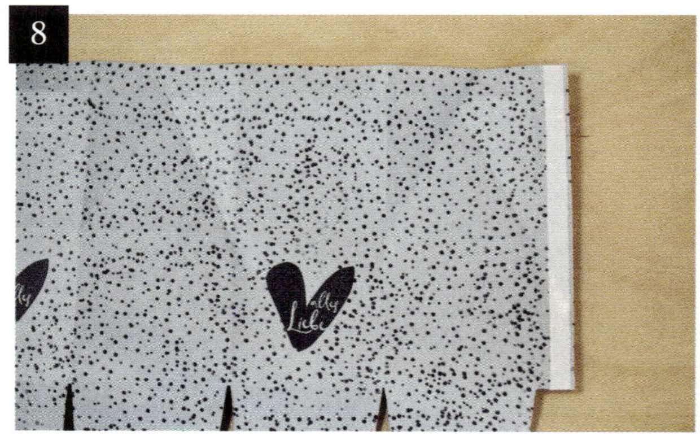
8

5. Schneide dann bei allen weiteren Quadraten ebenfalls einen kleinen dreieckigen Keil heraus. Dieser sollte an der Unterkante des Blattes ca. 1 cm breit sein.

6. Falte nun alle Linien nach.

7. Achte darauf, dass du die zwei Dreiecke in die entgegengesetzte Richtung zur Außenseite faltest.

8. Bringe nun an der Lasche auf der Sichtseite einen doppelseitigen Klebestreifen an.

9. Schließe nun die Seiten.

10. Klappe die zwei abgeschrägten Laschen links und rechts auf der Unterseite ein und die obere Lasche nach unten. Auf der verbleibenden Lasche bringst du ebenfalls zwei oder drei Streifen doppelseitiges Klebeband an.

11. Verklebe nun den Boden.

12. Jetzt musst du nur noch oben die zwei Dreiecke nach innen drücken und das Päckchen ähnlich einer Milchpackung schließen. Verwende dazu eine Klammer.

9

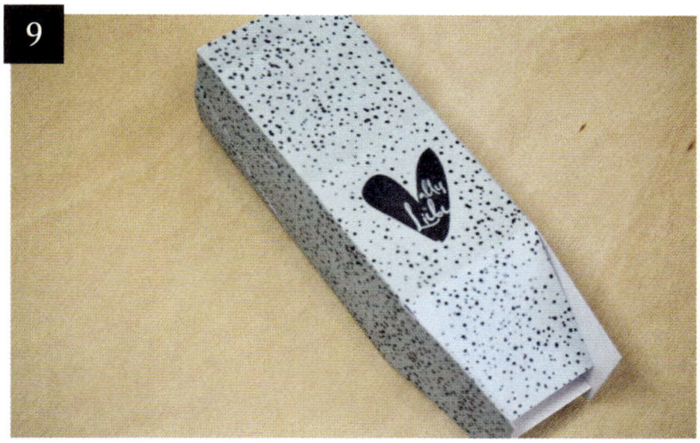

10

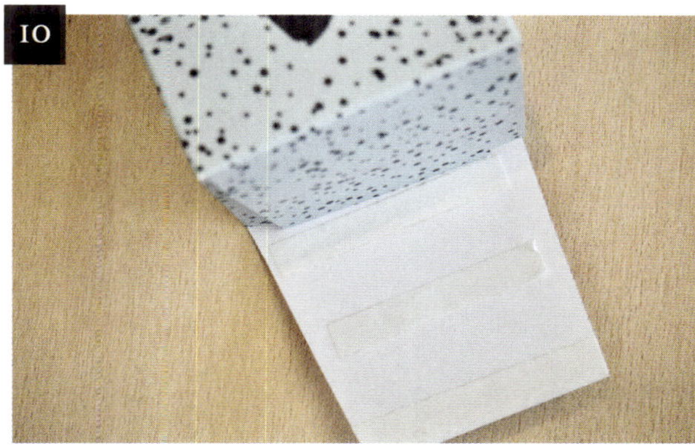

11

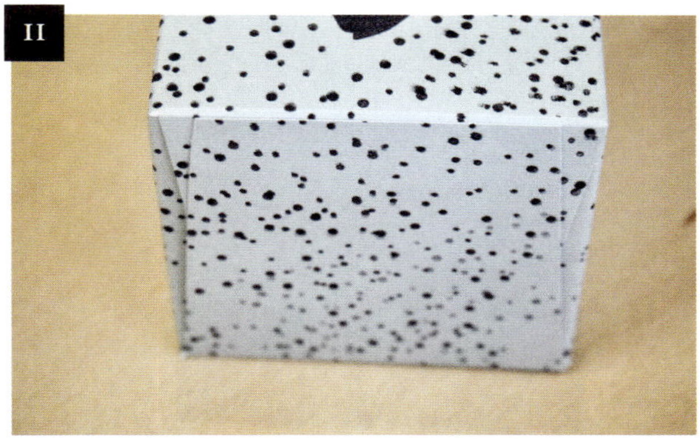

12

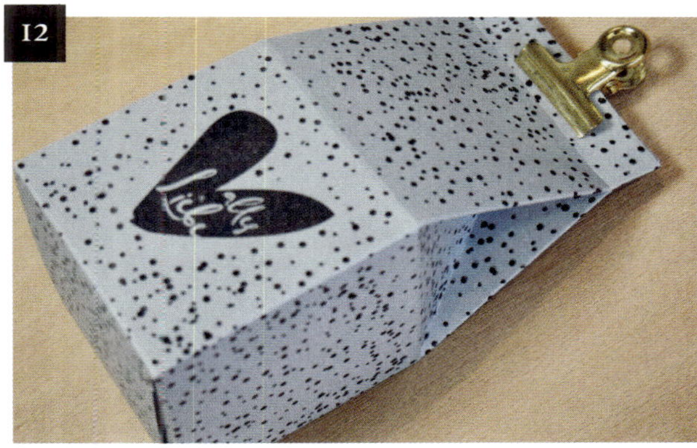

Tipp

Wenn du keine Klammer hast, kannst du die Box auch an der Oberkante lochen und mit einer Schleife zusammenhalten. Für alle meine Projekte verwende ich gerne Papieranhänger oder Tags. Ich habe immer ein paar auf Lager, die ich dann je nach Anlass beschriften, bestempeln oder bekleben kann.

GLÜCKWUNSCH ZUM EIGENHEIM

Was könnte passender für ein Richtfest sein als eine Karte mit einem Zollstock. Ob ganz simpel mit ein paar lieben Wünschen auf der Rückseite oder in einen Bilderrahmen gesteckt, ist es auf jeden Fall ein hübsches Mitbringsel.

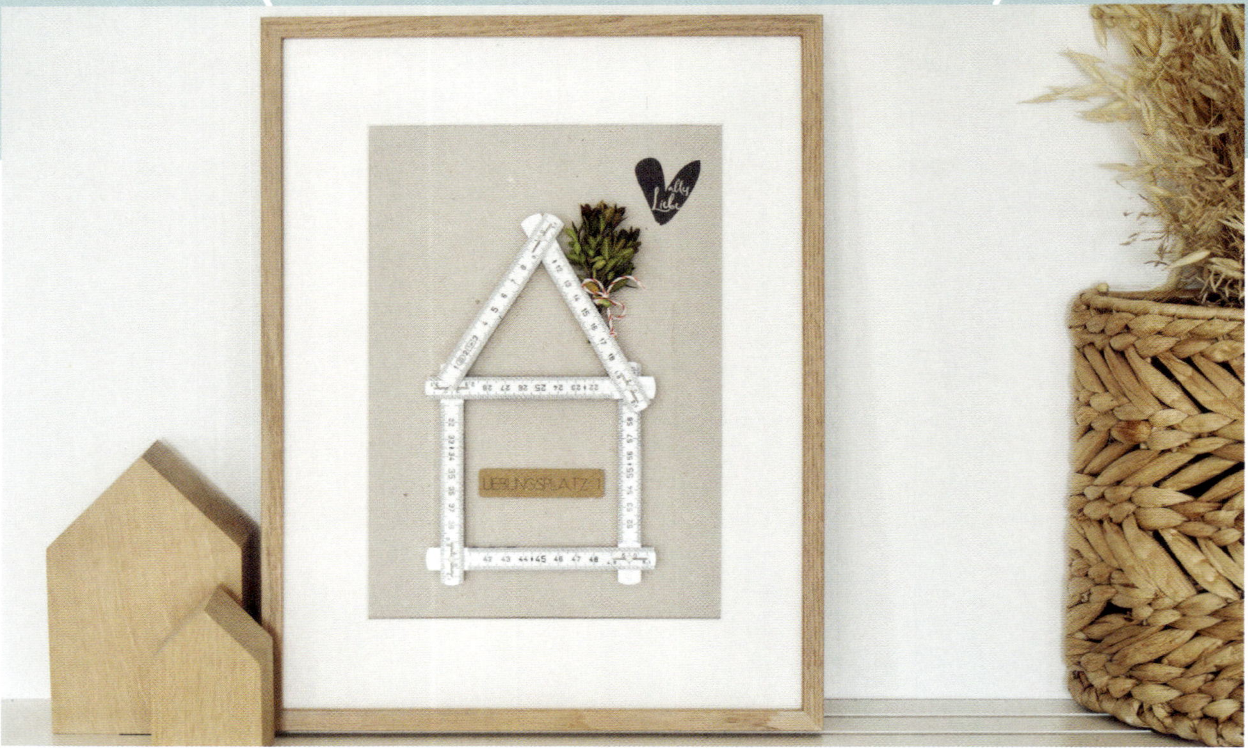

MATERIAL

- Karton, mind. 400 g/m² (1 x DIN A4)
- Zollstock, 1 m
- Kärtchen, 7 x 1,5 cm (als Adressschild)
- kleines Buchsbaum-Büschel
- Bändchen, 20 cm
- 2 Klebepunkte (als Abstandhalter)
- doppelseitiges Klebeband
- Bilder- oder Objektrahmen (optional)

WERKZEUG

- Stempel und Stempelkissen (optional)
- Stift
- Schere
- Heißklebepistole
- Lineal

SO GEHT'S

1

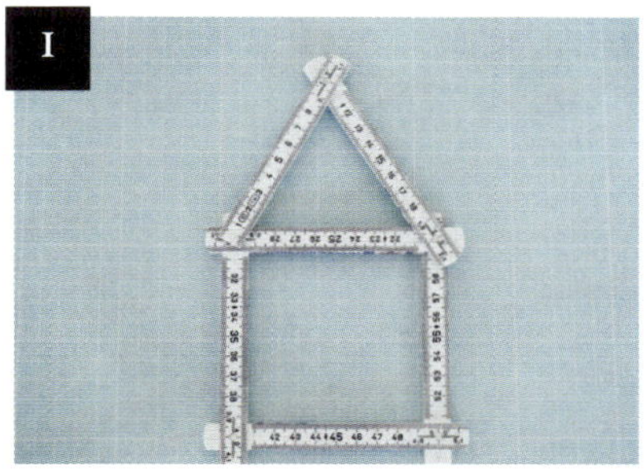

2

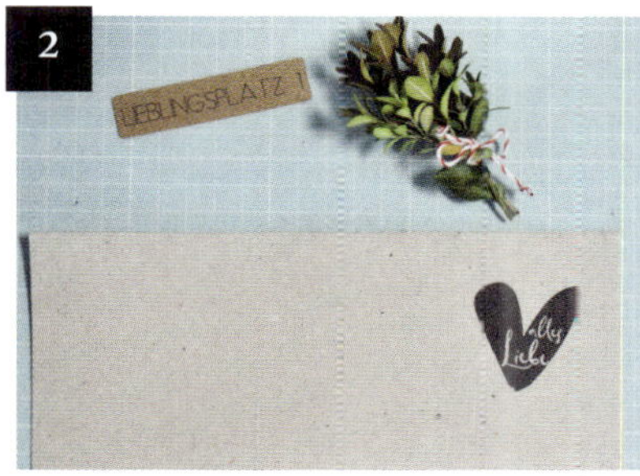

3

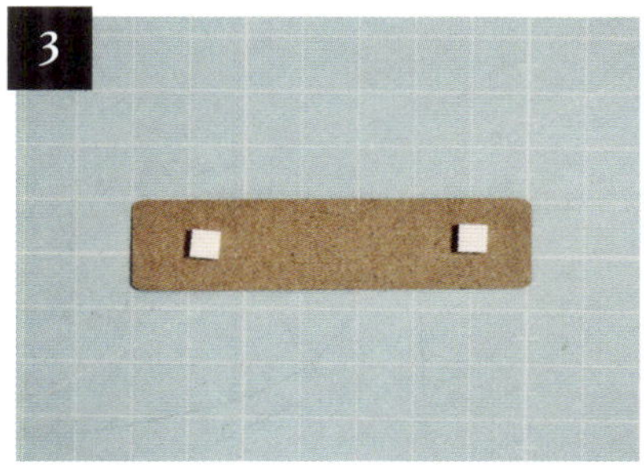

4

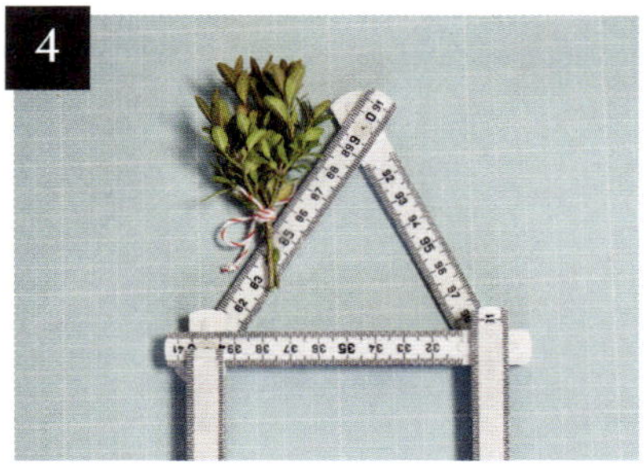

5

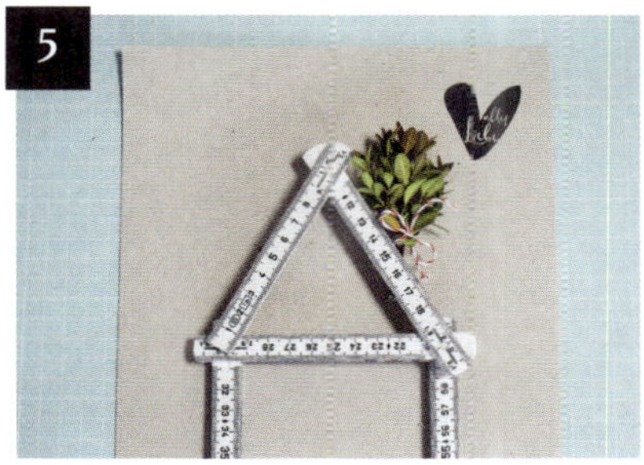

6

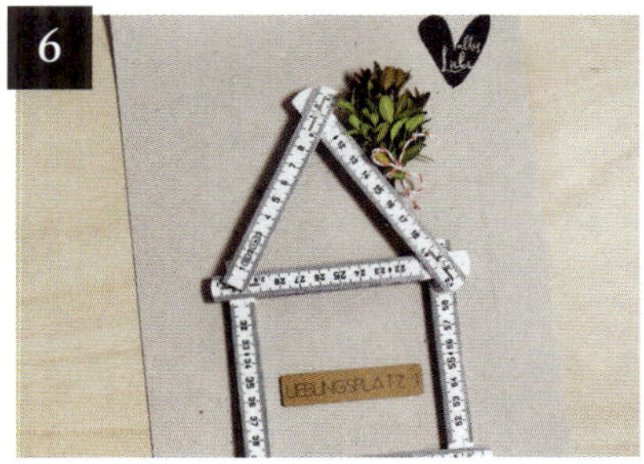

1. Forme aus dem Zollstock ein Haus. Starte mit dem Dach und fahre unten mit einem Quadrat fort. Mit dem Rest doppelst du das Quadrat.

2. Bestemple nun deinen Karton oder schreibe eine nette Botschaft darauf. Beschrifte außerdem dein Adressschildchen und binde eine Schleife um das Büschel.

3. Klebe die Abstandhalter auf die Rückseite des Adresschildes.

4. Drehe das Haus auf die Rückseite und bringe unten sowie links und rechts am Quadrat das doppelseitige Klebeband an. Klebe das Buchsbaum-Büschel so an, dass das Schleifchen nach vorne zeigt.

5. Klebe nun das Haus ca 2 cm vom unteren Rand mittig auf den Karton.

6. Zum Schluss klebst du noch das Adressschild mittig in das Haus.

Tipp

Auf der Rückseite kannst du dann deine Wünsche verewigen oder alle Gäste des Richtfestes unterschreiben lassen.

BELESENE BLÜTEN

Ich mag es sehr, aus alten Buchseiten etwas Neues zu basteln. Diese Blümchen sind sehr schnell gemacht – auf einem Geschenk zaubern sie dem oder der Beschenkten bestimmt ein Lächeln ins Gesicht.

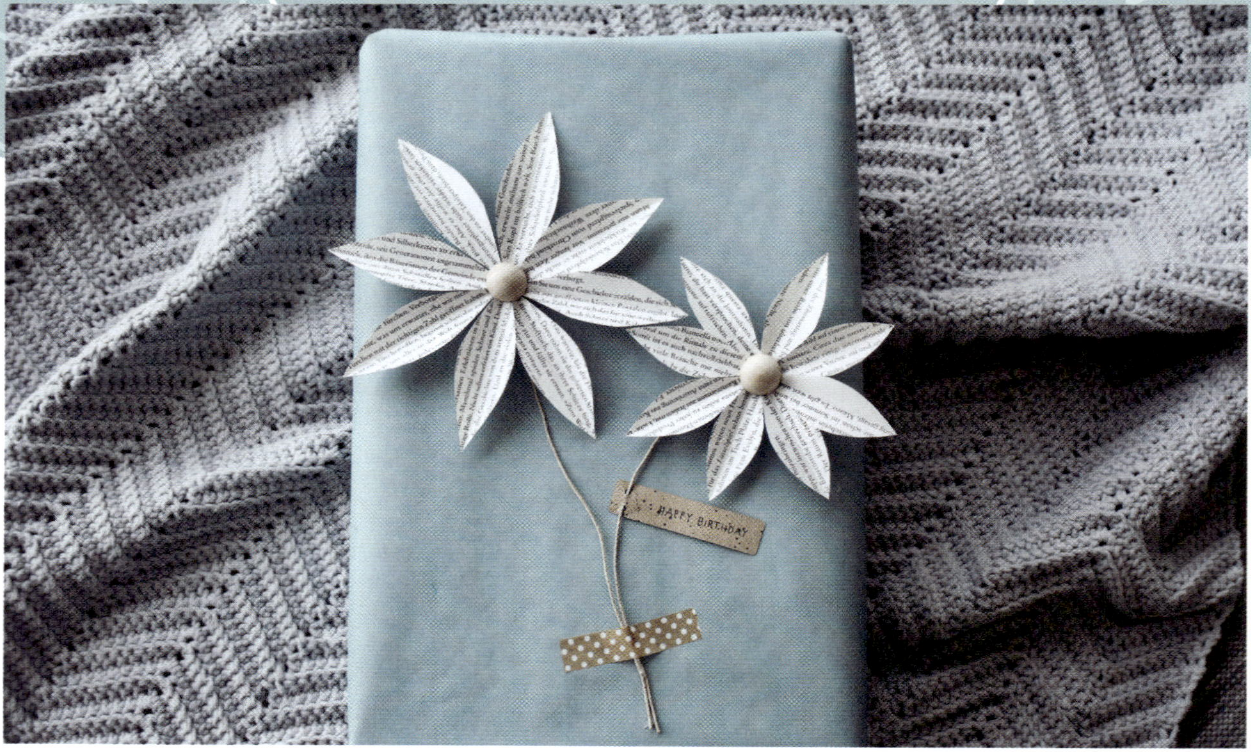

MATERIAL

- Geschenkpapier (einfarbig oder dezent gemustert)
- Karton, kleines Stück (als Schablone)
- 4–5 Buchseiten
- 2 halbe Holzkugeln (ca. 2 cm Durchmesser)
- Papierdraht
- Masking Tape (optional)

WERKZEUG

- Schere
- Klebestreifen
- Bastelkleber und Heißklebepistole
- Stift oder Stempel und Stempelkissen

SO GEHT'S

1
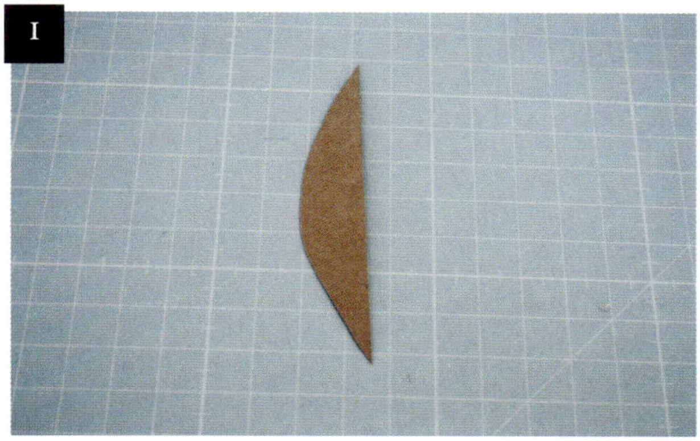

2
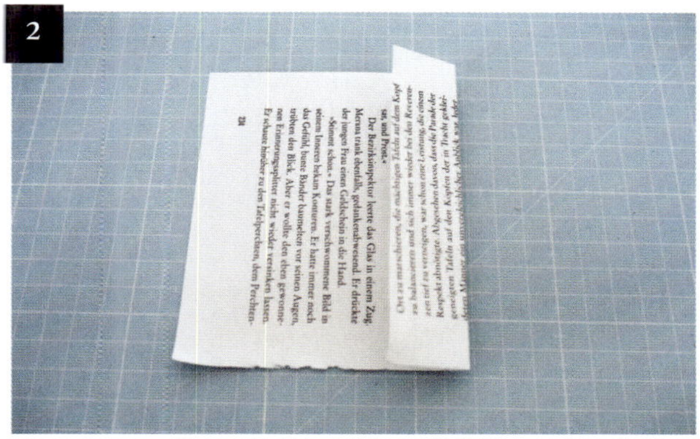

3
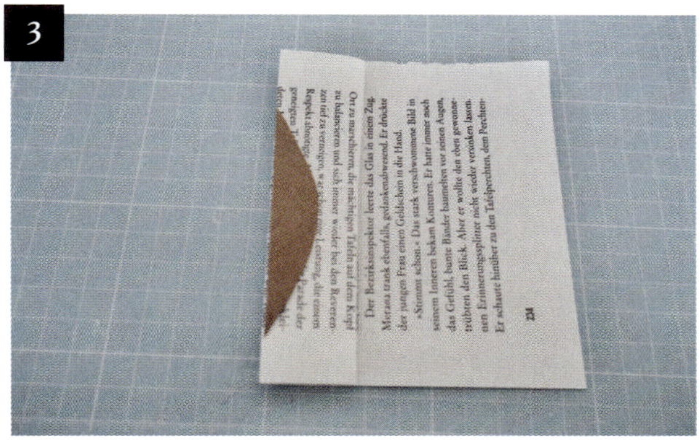

4
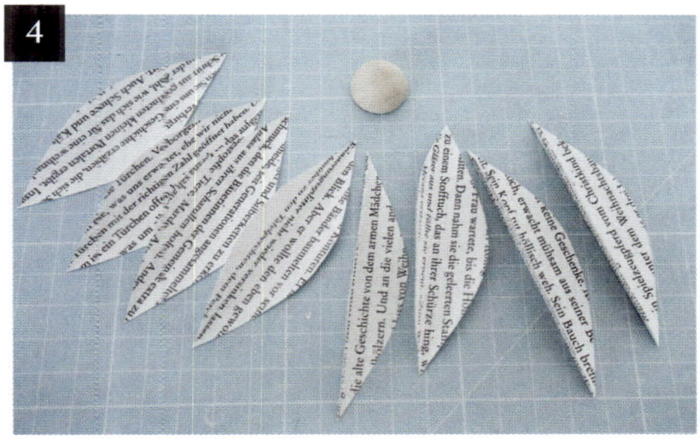

1. Verpacke zunächst dein Geschenk, denn danach richtet sich die Größe der Blumen. Schneide dir aus dem Karton ein halbes Blütenblatt aus. Dieses sollte eher schmal sein und auf beiden Seiten spitz zulaufen. Das ist die Schablone für deine Blütenblätter.

2. Falte deine Buchseite parallel zur kurzen Seite.

3. Lege deine Schablone auf die gefaltete Stelle und schneide sie nach. Somit hast du dein erstes Blütenblatt. Wiederhole dies acht Mal und lege eine halbe Holzkugel bereit.

4. Klebe nun auf die Rückseite der Perle die ersten 4 Blütenblätter kreuzförmig mit dem Bastelkleber fest. →

SO GEHT'S WEITER

5

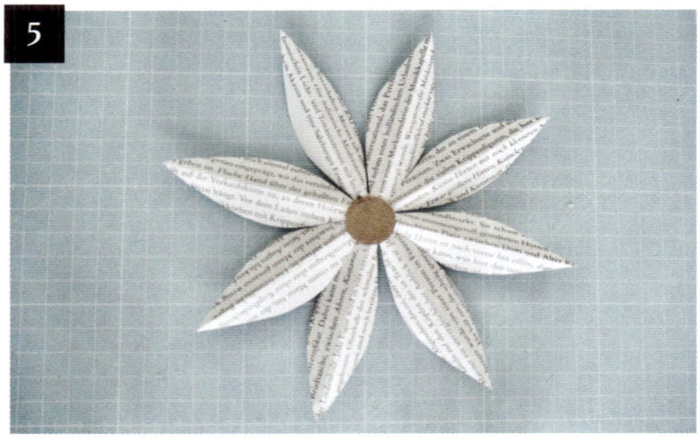

6

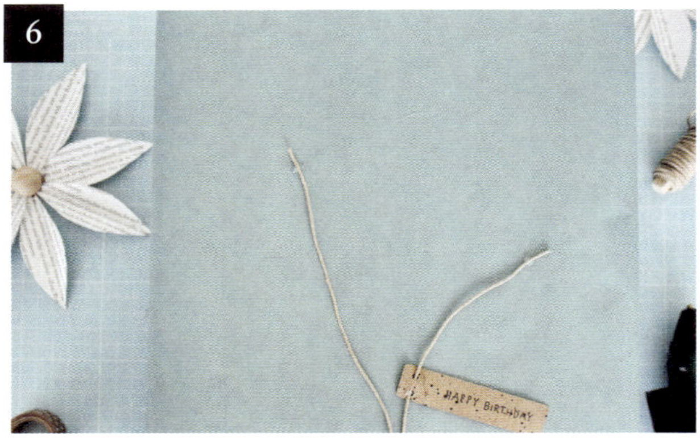

7

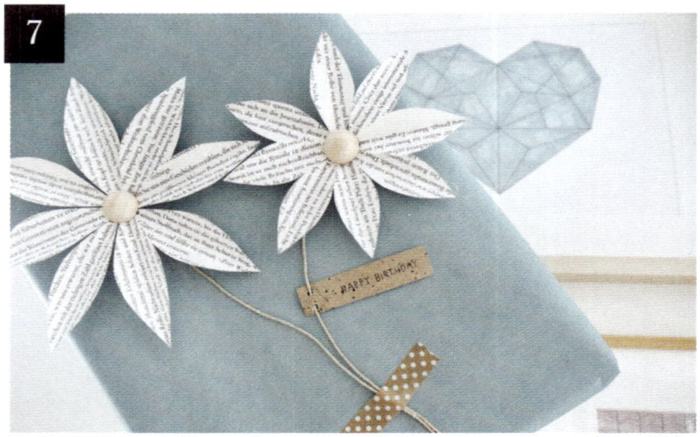

Tipp

Du kannst die Blüten auch auf einen dünnen Ast kleben. Klebe aus einem Stück Papier eine Lasche aufs Paket und stecke deine Blume durch die Lasche. So kann man die Blume auch wiederverwenden oder sogar in eine Vase stecken.

5. Nun kommen die restlichen Blütenblätter in die Zwischenräume. Lass es ein wenig antrocknen. Schneide dann einen kleinen Kreis aus dem restlichen Karton aus und klebe ihn zur Sicherheit auf die Rückseite.

6. Schneide zwei unterschiedlich lange Stücke vom Papierdraht ab. Diese werden die Stängel deiner Blumen, achte darauf, dass sie von der Länge her gut auf das Päckchen passen, und biege sie ein wenig in Form. Ich habe sie ganz unten mit einem Tropfen Heißkleber zusammengeklebt. Nun schneidest du dir ein kleines Kärtchen aus dem Kartonrest und schreibst einen Namen oder eine Botschaft darauf. Loche das Kärtchen zweimal und fädle es auf den Kürzeren der beiden Papierdrähte. Klebe den Stängel unten und an der Stelle, an der die Blüten platziert werden, mit einem kleinen Tropfen Heißkleber fest.

7. Nun klebst du über die beiden anderen Enden die zwei Blüten. Wenn du möchtest, kannst du noch ein Stück Masking Tape über die Stängel kleben.

PAPIER INSPIRATION

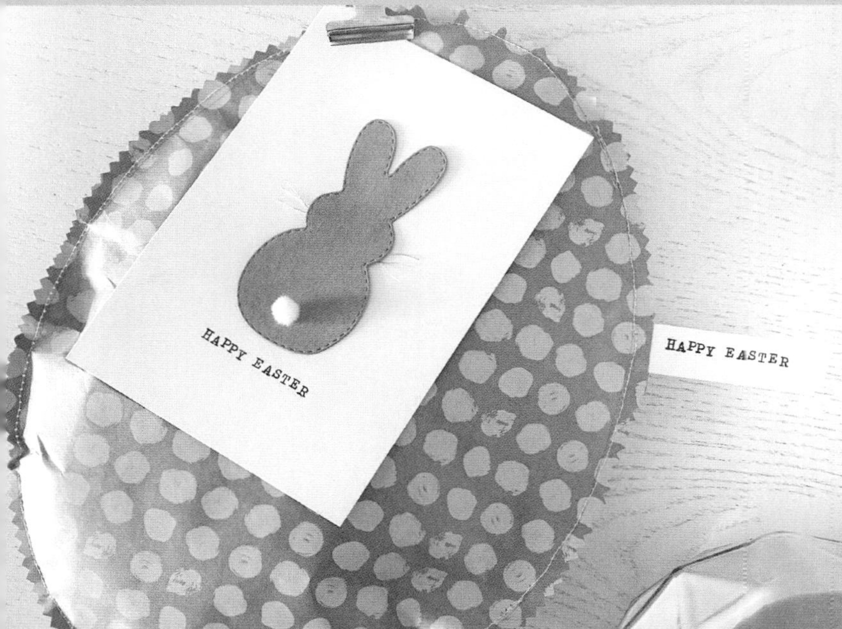

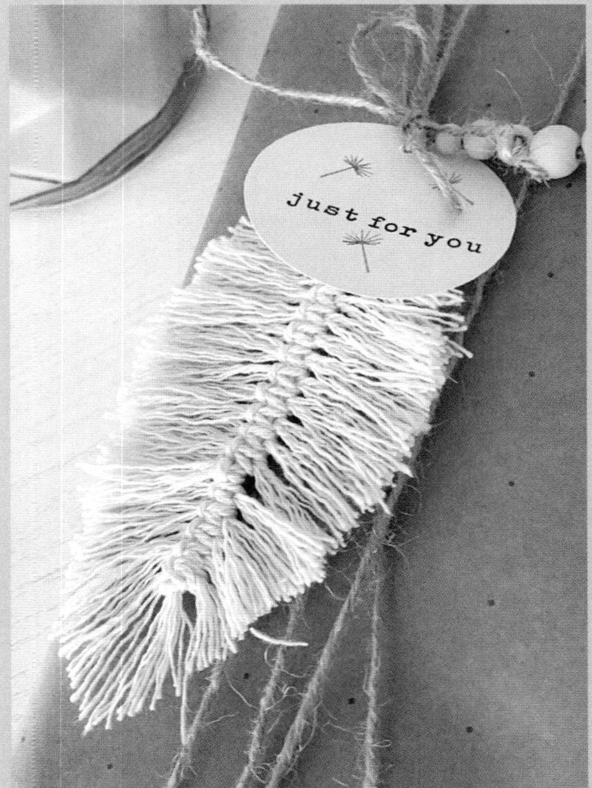

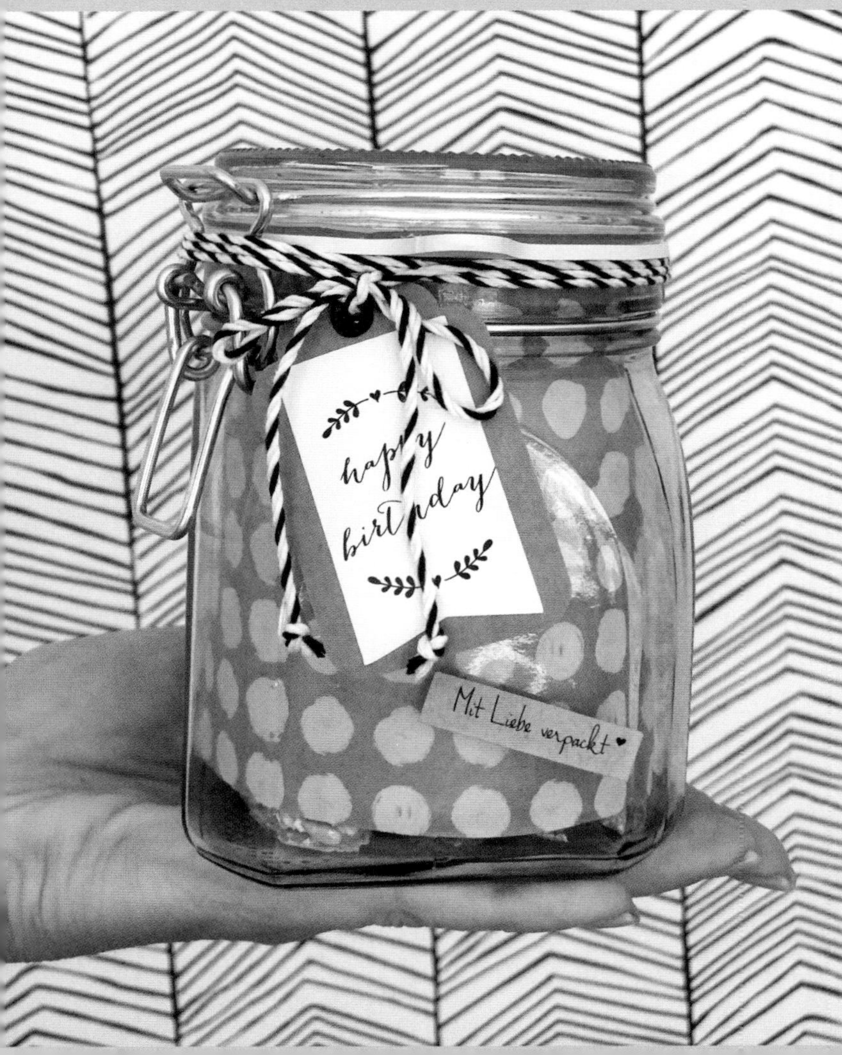

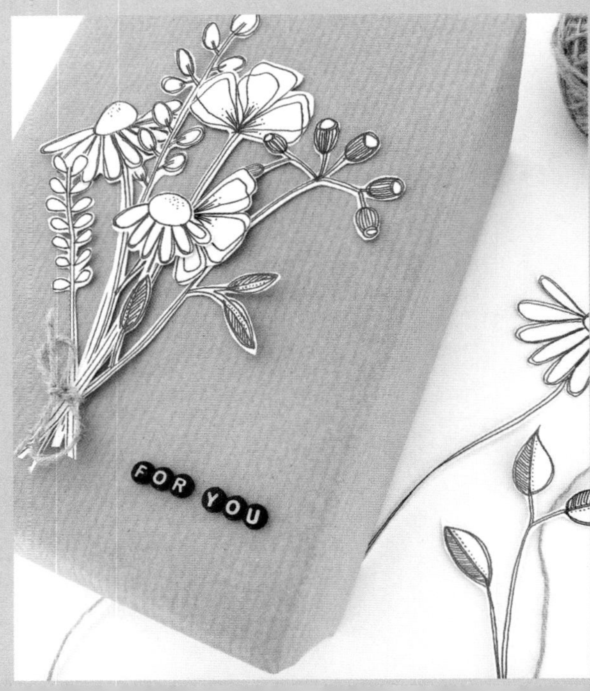

MERRY XMAS

Kleine Mitbringsel kann man durch eine liebevolle Verpackung toll aufwerten. Etwas Süßes oder ein weihnachtliches Gewürz kommen in diesen hübschen Tütchen besonders gut an.

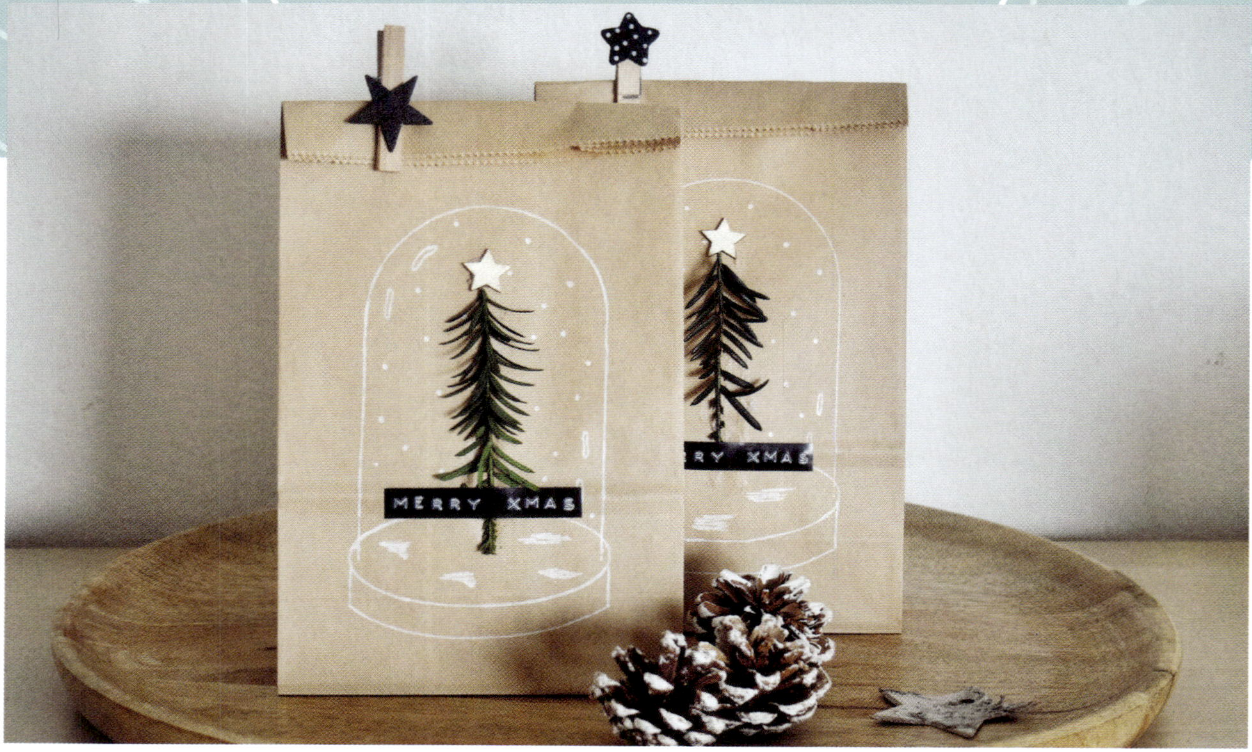

MATERIAL

- Tütchen aus Kraftpapier oder in Weiß
- Karton, kleines Stück (als Schablone, optional)
- Tannenzweig
- Stern für die Spitze
- Holz- oder Metallklammer

WERKZEUG

- Stift, weiß
- Schere
- Klebstoff

SO GEHT'S

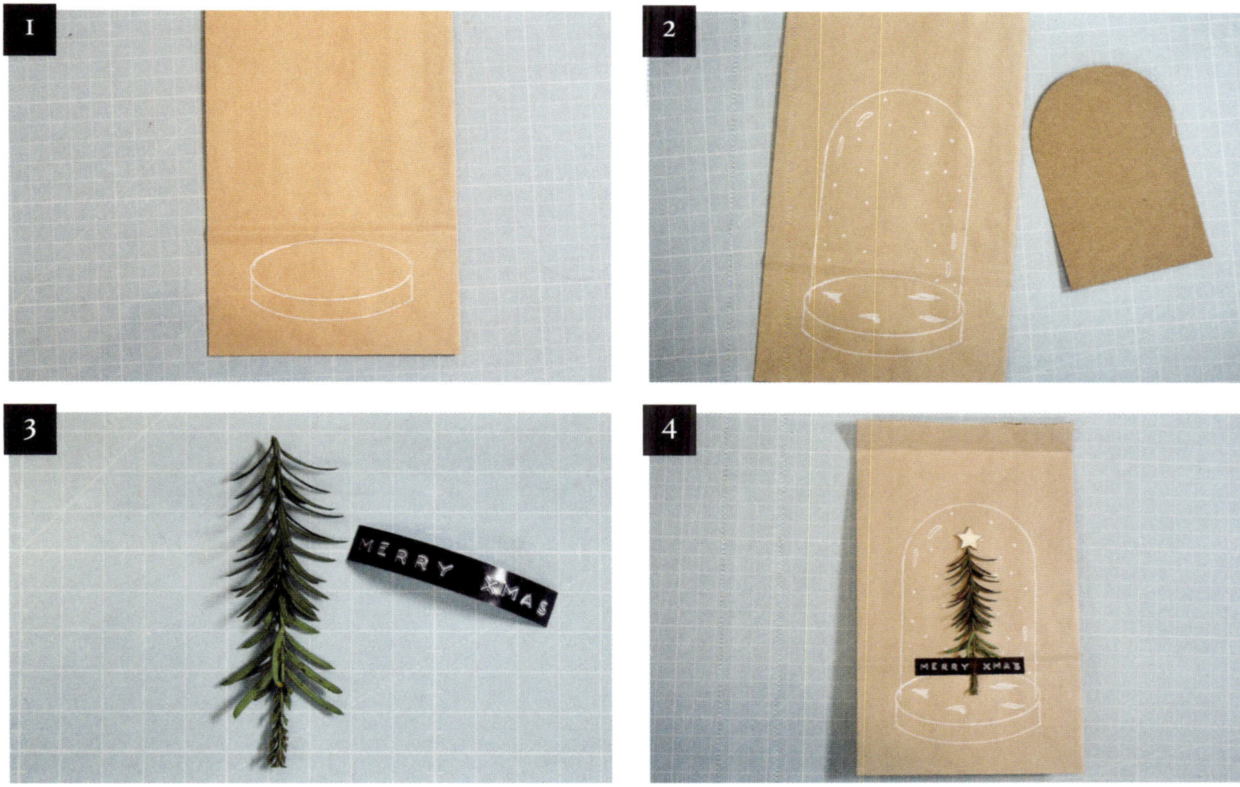

1. Zeichne zunächst die Schneekugel auf dein Tütchen, beginne mit dem Sockel. Ich zeichne hier nicht mit dem Bleistift vor, da man das nach dem wegradieren immer noch sehen könnte.

2. Jetzt ist die Glaskuppel an der Reihe. Damit sie eine schöne regelmäßige Form bekommt, kannst du dir zunächst eine Schablone zurechtschneiden und diese auf dein Tütchen übertragen. Ergänze, wenn du möchtest, ein paar Glaseinschlüsse, um die Glasoptik darzustellen, und verteile die Schneeflocken in der Kuppel.

3. Nun nimmst du dein Tannenzweiglein und stellst es auf den Kopf. Entferne vom unteren Teil ein paar Nadeln, so entsteht die Optik eines kleinen Baums. Das Sprüchlein kannst du entweder mit einem Etikettendrucker oder einem gängigen Drucker ausdrucken.

4. Jetzt klebst du das Bäumchen in deine Schneekugel und befestigst das Sternchen an der Spitze. An den unteren Rand des Bäumchens klebst du deine Wünsche, dein Sprüchlein oder vielleicht auch den Namen des Beschenkten. Wenn du dein Tütchen befüllt hast, krempele den oberen Rand um und fixiere ihn mit einer Klammer.

Tipp

Du könntest auch 24 solcher Tütchen anfertigen und das Ganze in einen Adventskalender verwandeln. Klebe dann unterschiedliche Dinge in die Schneekugel und platziere statt des Wunsches die jeweilige Türchen-Zahl darauf.

PAPER FLOWERS

Ein Geschenk, das von Herzen kommt, sollte auch hübsch verpackt sein. Und weil es von Herzen kommt, sind die Blumen aus kleinen Papierherzchen gemacht.

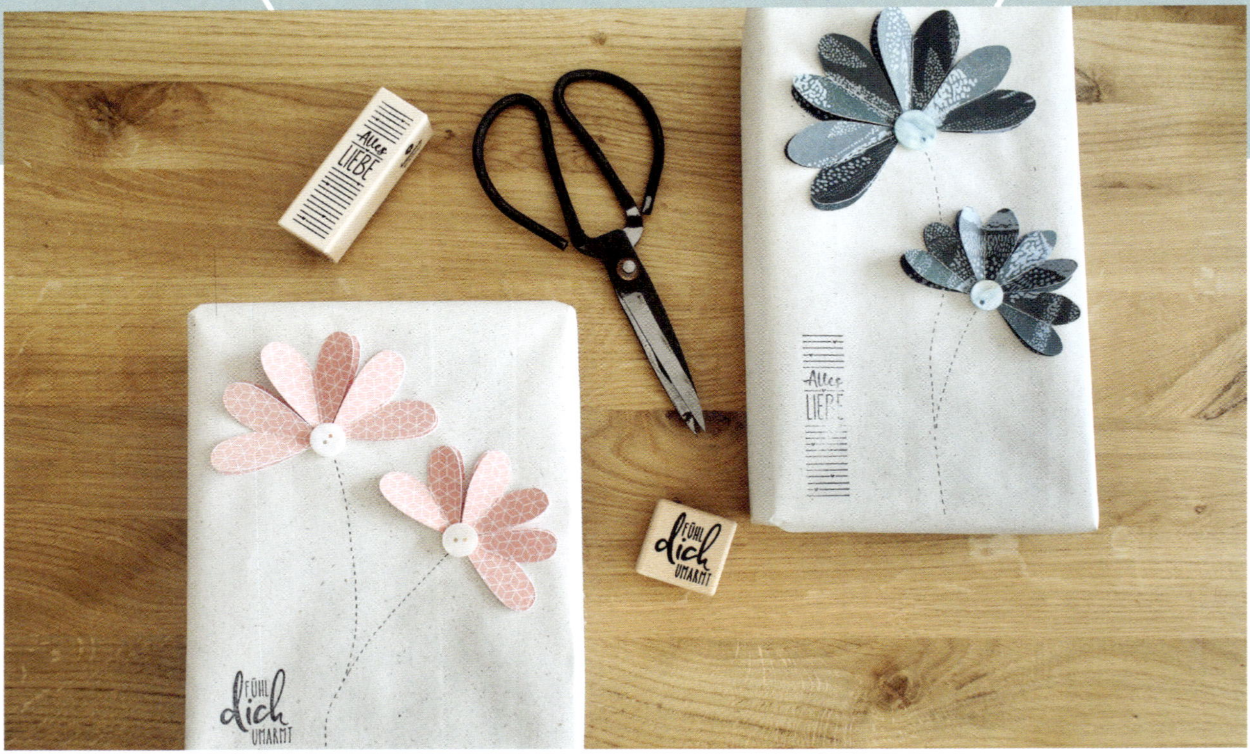

MATERIAL

- Geschenkpapier (einfarbig oder dezent gemustert)
- Klebeband
- Karton, gemustert (DIN A4)
- 2 Knöpfe
- Klebstoff

WERKZEUG

- Schere
- Nähmaschine oder Klebstoff
- Fineliner, schwarz
- Stempel und Stempelkissen (optional)
- Falzbein

SO GEHT'S

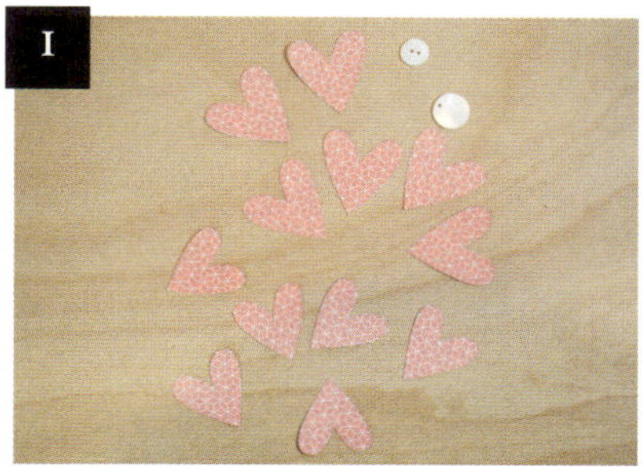

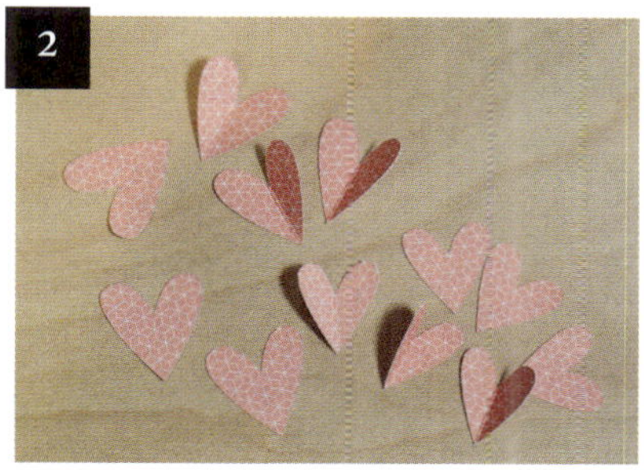

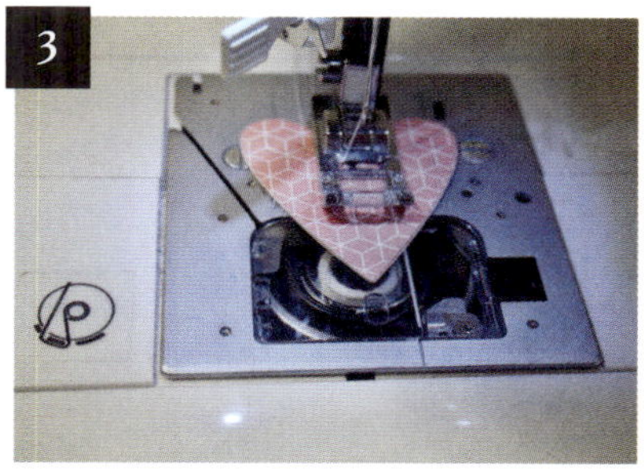

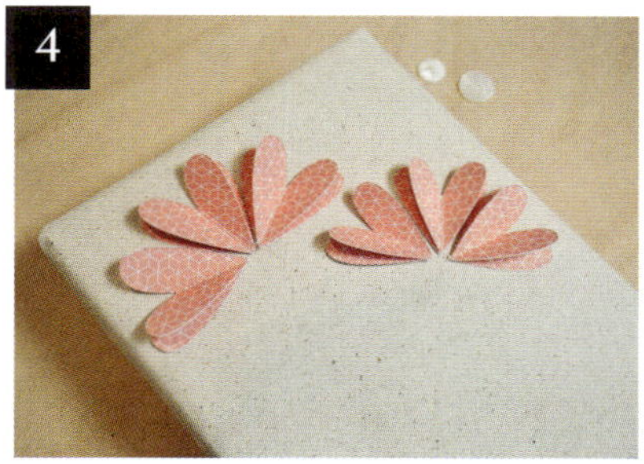

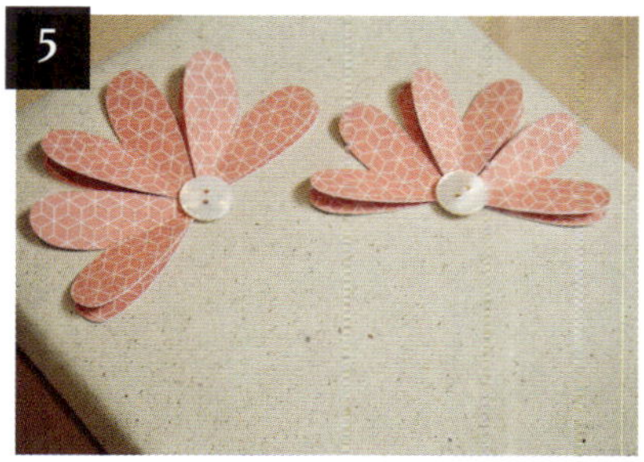

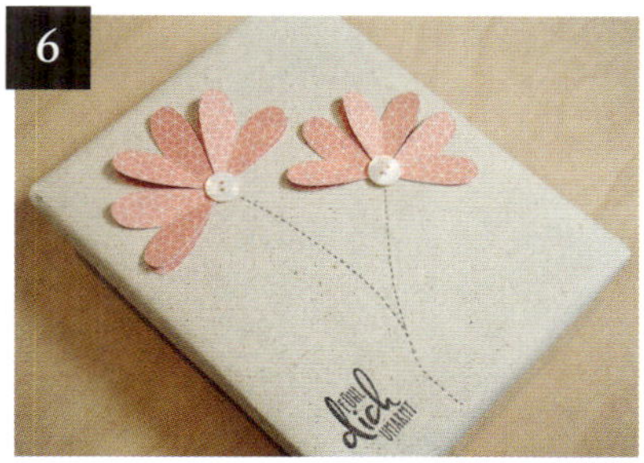

1. Packe zunächst dein Geschenk ein. Schneide dann je sechs Herzen in zwei Größen aus. Richte dich bei der Größe nach deinem Päckchen. Die Herzen sollten geradlinig sein, damit sie gut aneinander passen.

2. Rille die Hälfte der Herzen mit einem Falzbein oder falte sie mittig.

3. Nähe je ein gefalztes auf ein glattes Herz. Du kannst sie auch aneinander kleben. Den Klebstoff solltest du gut durchtrocknen lassen.

4. Richte nun jeweils das obere Herz ein wenig auf und klebe die Doppelherzen in Blumenform auf dein Päckchen.

5. Klebe die Knöpfe in die Mitte der Blüte. Wenn der Kleber trocken ist, kannst du die Blütenblätter wieder ein wenig aufstellen.

6. Jetzt fehlt nur noch der Stängel. Male ihn als gestrichelte Linie auf. Ergänze, wenn du magst, noch eine Botschaft auf dem Paket.

Tipp

Wenn du es noch bunter magst, kannst du auch noch ein Blütenblatt aus einem anderen Papier ausschneiden oder ebenfalls mit dem Stift aufmalen.

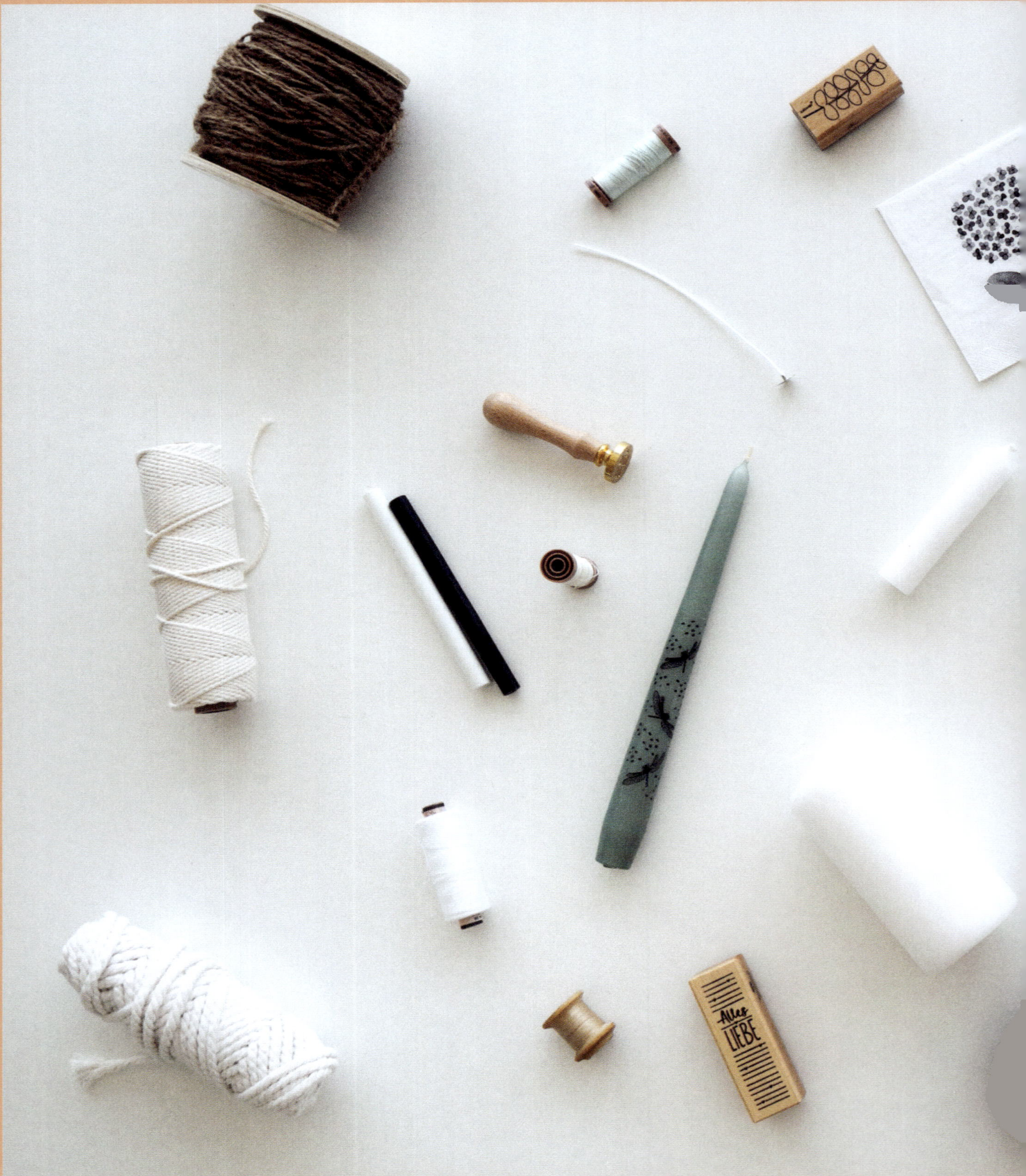
Alles
LIEBE

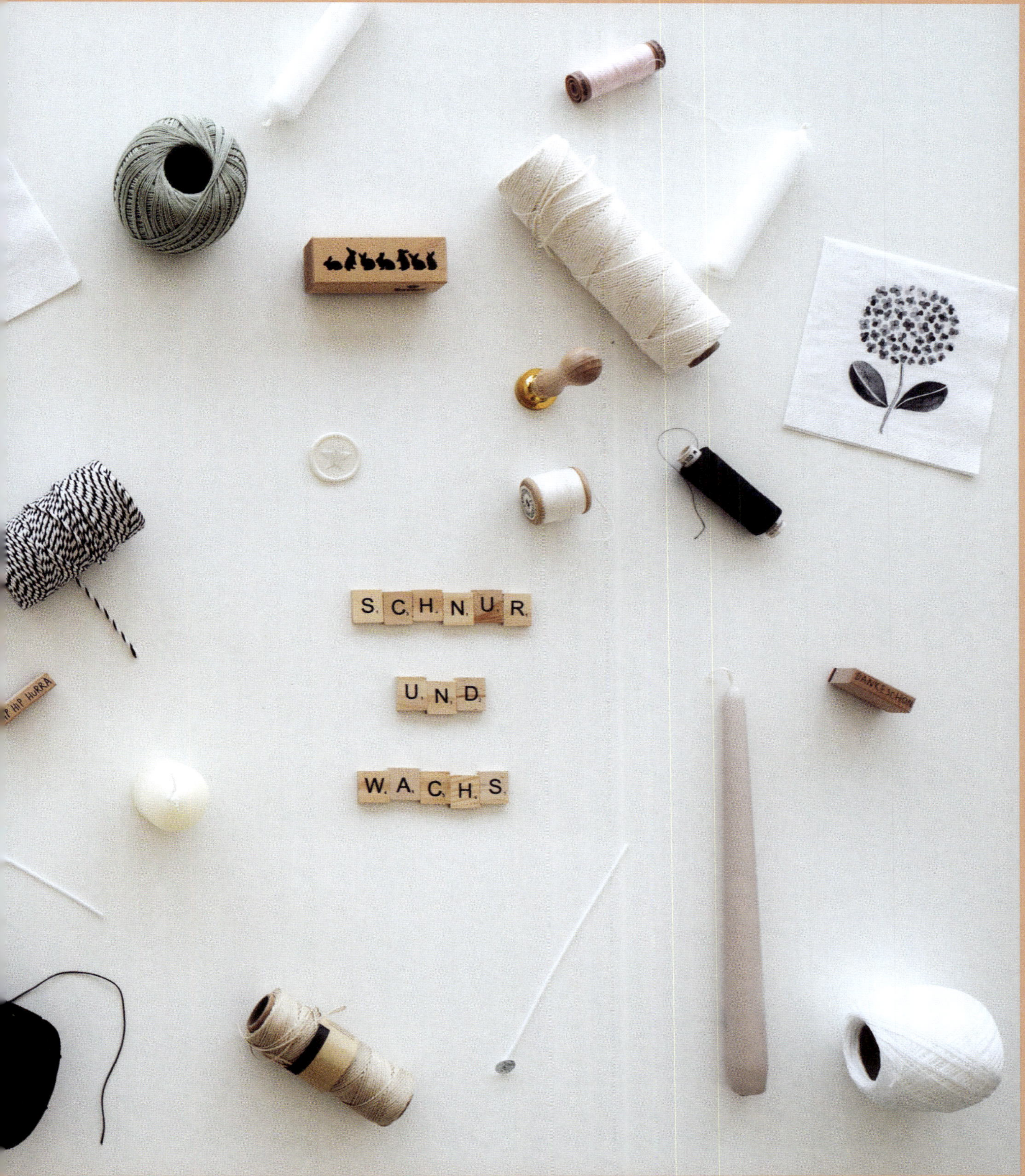
SCHNUR
UND
WACHS
DANKESCHÖN

GEHÄKELTE EIERBECHER

Für diese kleinen Körbchen aus Textilgarn braucht es keine großen Häkelkenntnisse. Ein schnelles Projekt, das auch für Häkelanfänger*innen geeignet ist.

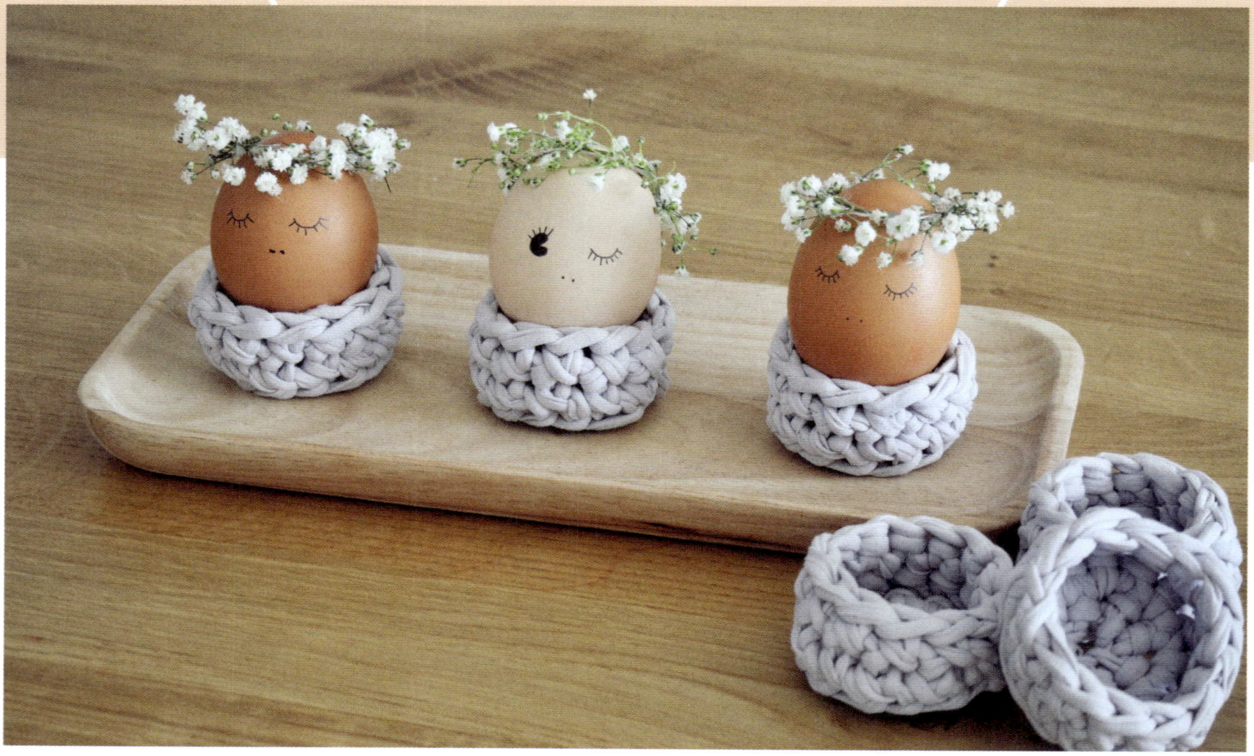

MATERIAL

- Textilgarn

WERKZEUG

- Häkelnadel (Stärke je nach Textilgarn)
- Schere
- Heißklebepistole

SO GEHT'S

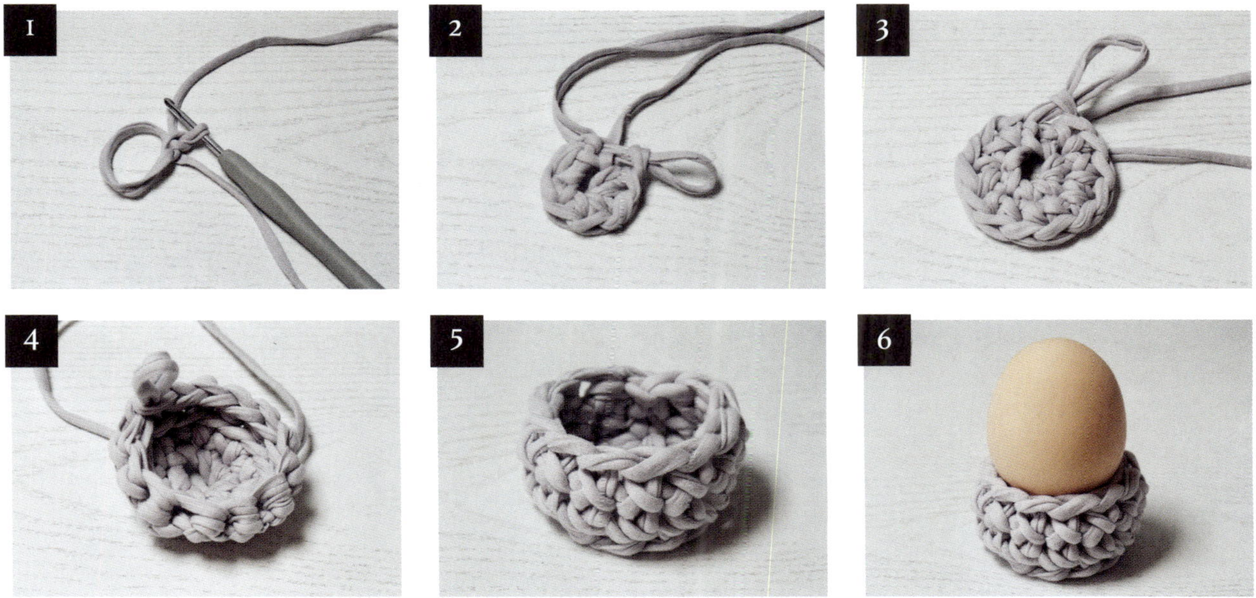

1. Starte mit einem magischen Ring und schlage eine Luftmasche an.

2. Häkle dann sechs feste Maschen in den Ring und ende mit einer Kettmasche.

3. In der nächsten Runde beginnst du mit einer Luftmasche und häkelst dann je zwei feste Maschen in eine der Vorrunde. Ende wieder mit einer Kettmasche. Es sind jetzt also 12 Maschen.

4. Beginne die dritte Runde wieder mit einer Luftmasche und häkle dann in jede feste Masche der Vorrunde eine feste Masche, stich dabei aber immer nur ins hintere Maschenglied. Schließe mit einer Kettmasche.

5. Starte wieder mit einer Luftmasche und häkle eine Runde fester Maschen, ende mit einer Kettmasche, schneide den Faden ab und ziehe ihn durch. Zieh den Anfangsfaden noch mal fest zu, damit kein Loch am Boden ist. Vernähe diesen und auch den Arbeitsfaden. Zur Sicherheit kannst du noch einen winzigen Tupfer Heißkleber auf die Anfangs- und Endstelle geben.

6. Nun wende das Körbchen. Durch die Runde im Schritt 3 hat sich ein kleiner Boden gebildet – dein Eierbecher ist nun fertig.

Tipp

Vom Grundprinzip her kannst du auf diese Weise auch ein größeres Körbchen häkeln. Du musst dafür nur manche Maschen verdoppeln. Gehe nach diesem Schema vor:

2. Runde: alle verdoppeln
3. Runde: jede 2. Masche verdoppeln
4. Runde: jede 3. Masche verdoppeln

und so weiter.

KERZEN FÜR DICH

Mit Wasserschiebefolie bestempelte Kerzen sind ein großartiges Projekt für Bastelanfänger. Es ist kinderleicht, geht schnell und man kann zu jedem Motto Kerzen individualisieren.

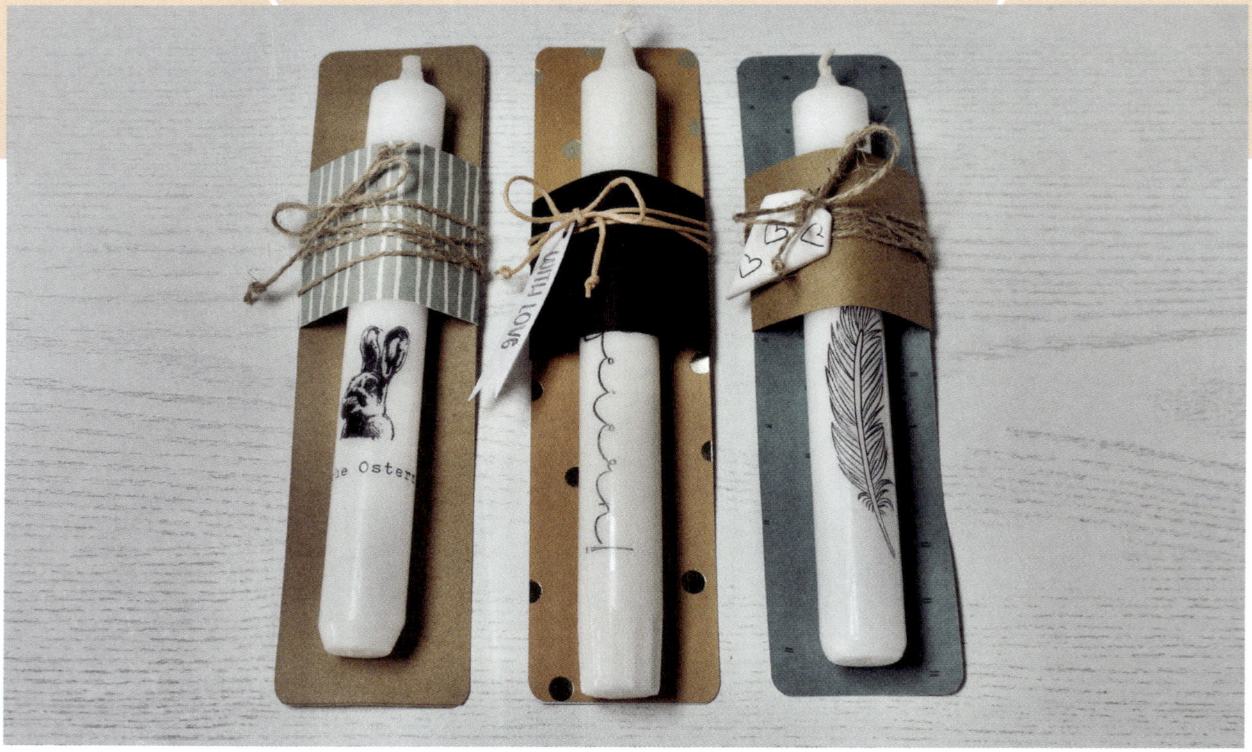

MATERIAL

- Kerzen, ca. 19 cm lang
- Wasserschiebefolie
- 1 Blatt Papier
- Behälter mit lauwarmem Wasser
- 2 Kartonstreifen, je ca. 5 x 20,5 cm
- 1 Kartonstreifen, 5 x 14 cm
- doppelseitiges Klebeband
- Bastelkleber
- Schnur

WERKZEUG

- Stempel und Stempelkissen (wasserfest)
- Schere
- Tuch
- Cutter
- Falzbein

SO GEHT'S

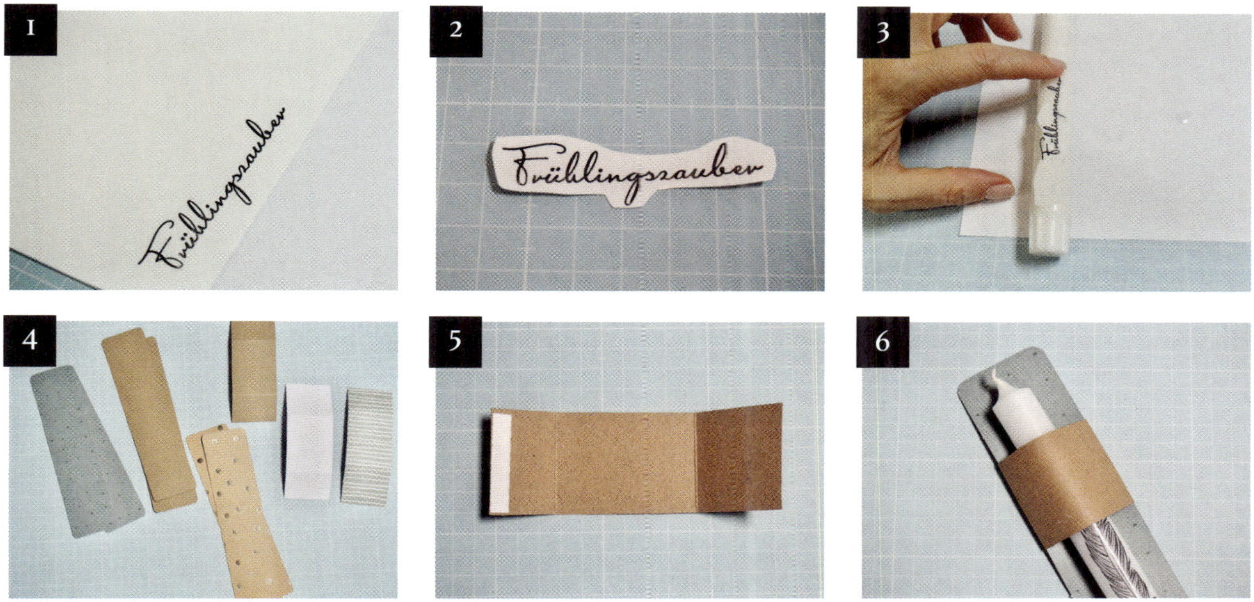

1. Suche dir ein Stempelmotiv für die Kerze und stemple es auf die Folie. Achte darauf, dass du den Stempel von unten nach oben von der Folie löst, dadurch ergibt sich ein gleichmäßiger Stempelabdruck.

2. Schneide den Abdruck grob an seiner Kontur aus und tauche das Papierstück für ca. 30 Sekunden in lauwarmes Wasser.

3. Nimm es vorsichtig heraus und lege es auf die gewünschte Stelle der Kerze, ziehe vorsichtig das Trägerpapier unten heraus und halte oben die Folie fest. Du kannst das Motiv, solange es nass ist, noch vorsichtig herumschieben. Streiche kleine Bläschen mit dem Tuch aus, bis du ein glattes Ergebnis hast, und lass die Kerze trocknen.

4. Schneide mit dem Cutter den einen Karton zweimal auf das Format 5 x 20,5 cm, den anderen einmal auf 5 x 14 cm zu. Beim größeren Stück rundest du die Ecken ab und klebst beide Teile aufeinander. So wird es ein wenig stabiler und du hast auf beiden Außenseiten eine Sichtseite. Das kleinere Stück falzt du bei 3,1 cm und bei 9,7 cm, damit du es nachher besser umlegen kannst.

5. Beklebe eine der beiden Laschen der Banderole rückseitig mit Klebeband.

6. Lege die Kerze auf und umschließe sie mit der Banderole. Verklebe diese auf der Rückseite straff. Zum Schluss kannst du deine Kerze noch mit der Juteschnur und einem kleinen Papieranhänger umwickeln.

Tipp

Beim Bestempeln bedenke immer, dass die Kerze später senkrecht im Kerzenleuchter steht, und richte das Motiv danach aus. Manchmal macht es Sinn, es vorher auf einem Stück Papier auszuprobieren und das Testmotiv an die Kerze zu halten.

KERZENBOX

Ein klein wenig aufwendiger, aber auch gar nicht so schwer nachzumachen, ist diese Kerzenbox. Sie eignet sich auch für ein Zweierset bzw. wenn du das Format änderst auch für noch mehr Kerzen.

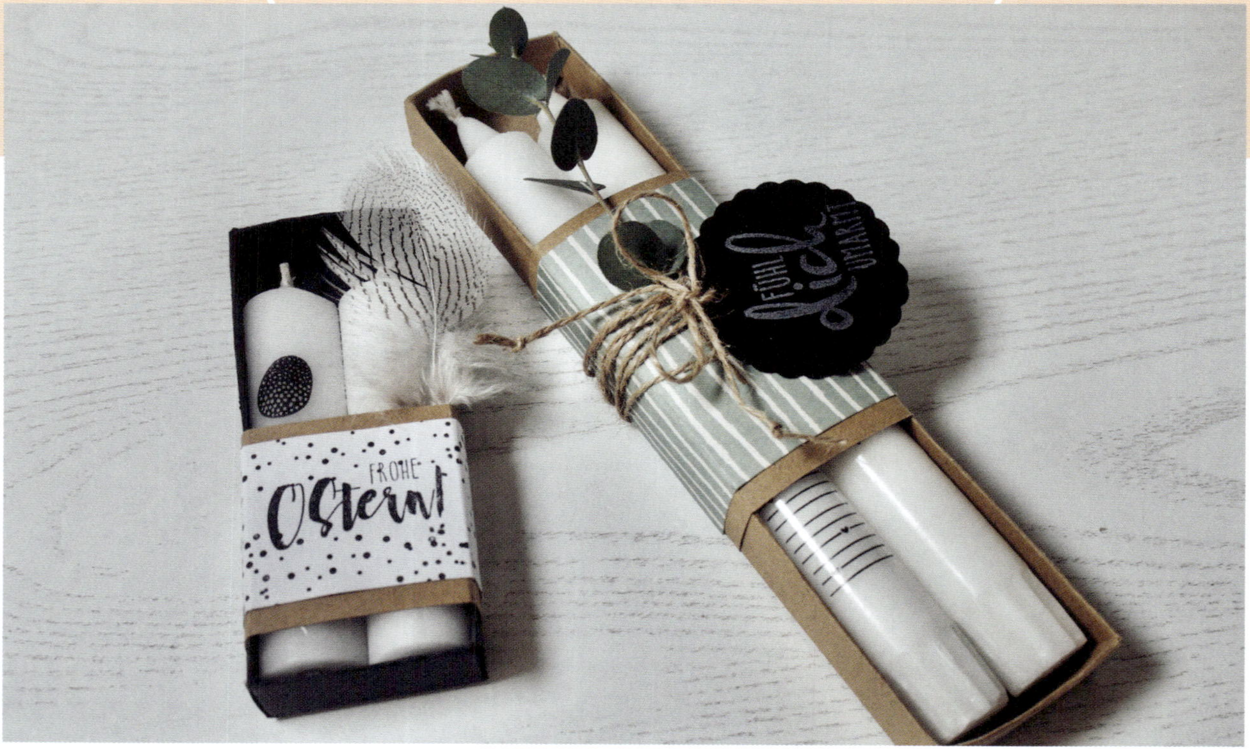

MATERIAL

- Karton für die Box, 11,5 x 28 cm (für 20 cm lange Kerzen)
- Karton für die Banderole, 14,8 x 8,7 cm
- Karton für die Zierbanderole, 8,2 x 15 cm
- doppelseitiges Klebeband
- Bastelkleber
- Juteschnur
- Anhänger zur Deko (optional)

WERKZEUG

- Cutter
- Falzbein
- Schere

SO GEHT'S

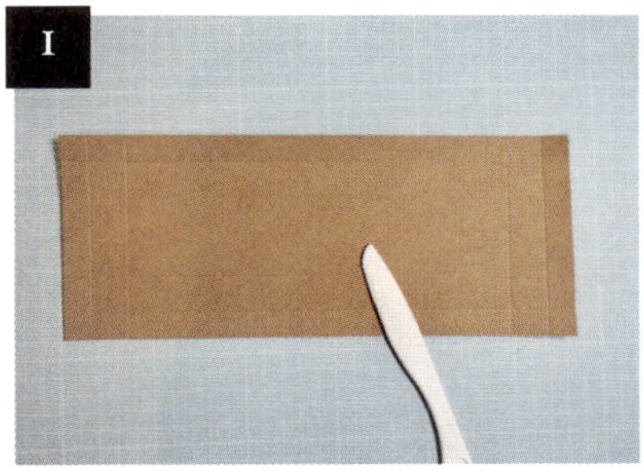

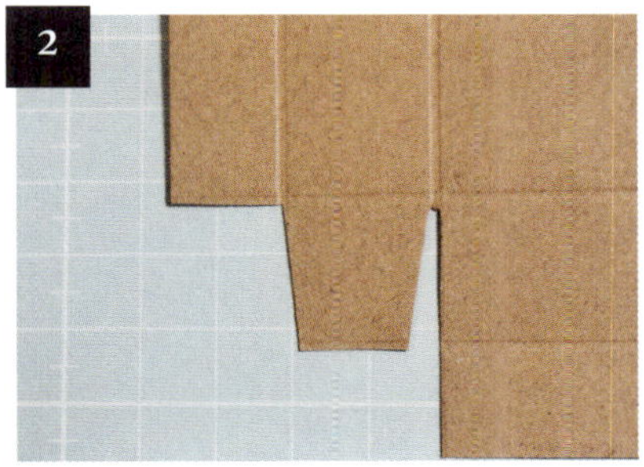

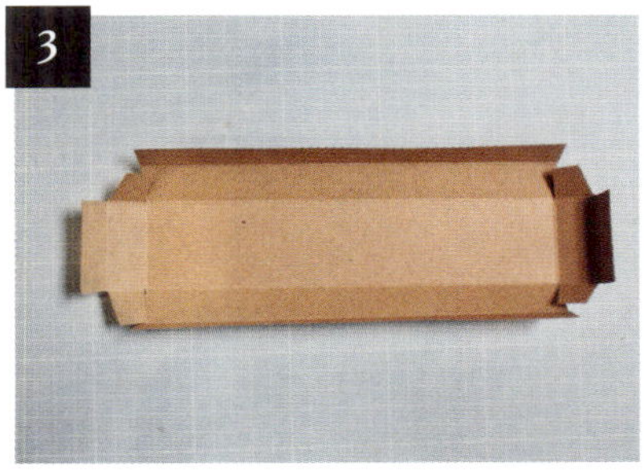

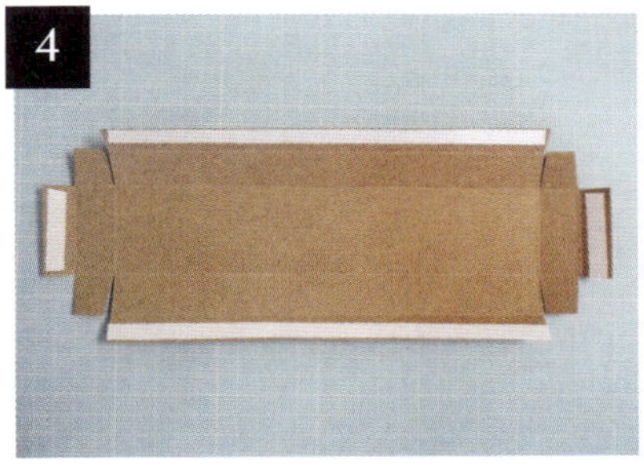

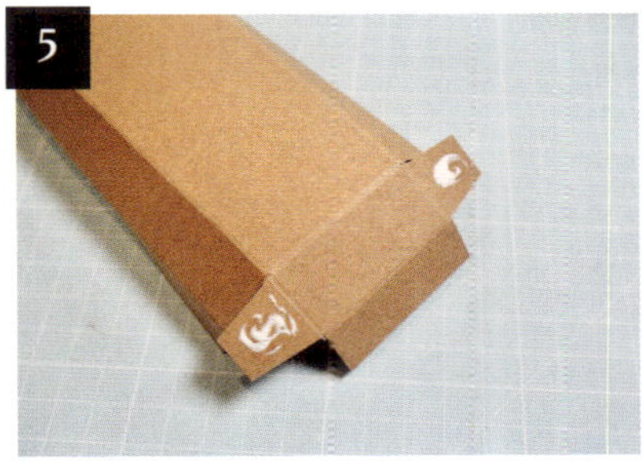

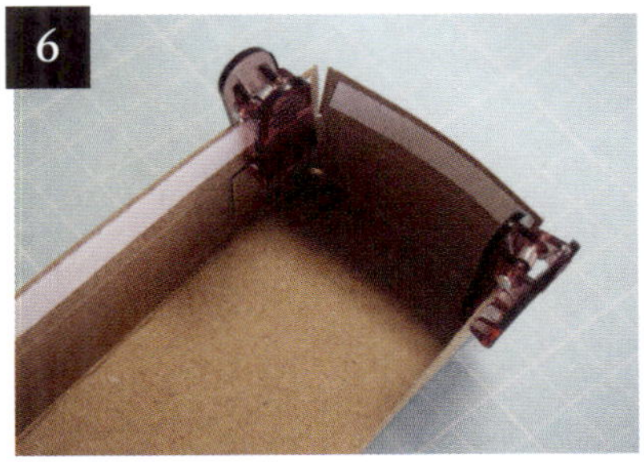

1. Nimm den Karton für die Box und falze jede Seite zunächst bei 1,5 cm und anschließend bei 3,5 cm.

2. Schneide nun auf allen 4 Seiten wie abgebildet eine Klebelasche aus.

3. Falze alle Konturen nach.

4. Beklebe die beiden langen und die beiden kurzen Kanten jeweils innenseitig mit doppelseitigem Klebeband.

5. Wende das Faltwerk und bring auf den 4 kleinen Klebelaschen Bastelkleber an.

6. Fixiere es kurz, damit es antrocknen kann. →

SO GEHT'S WEITER

7

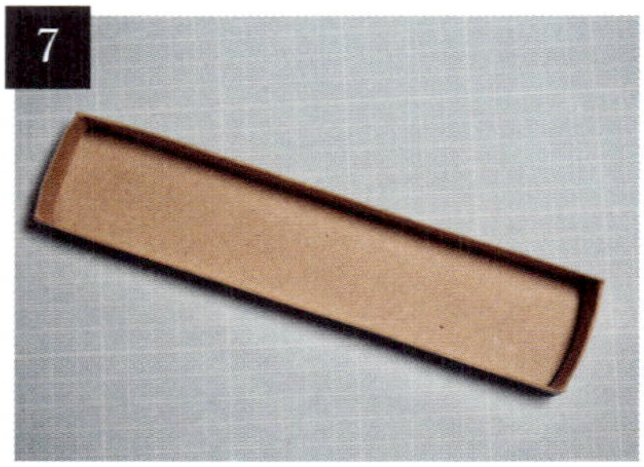

8

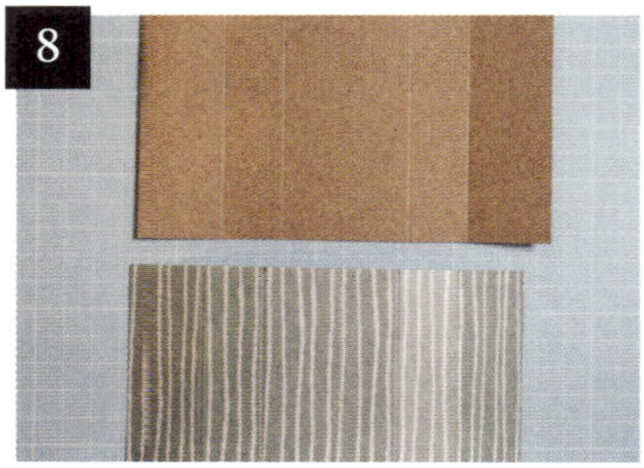

9

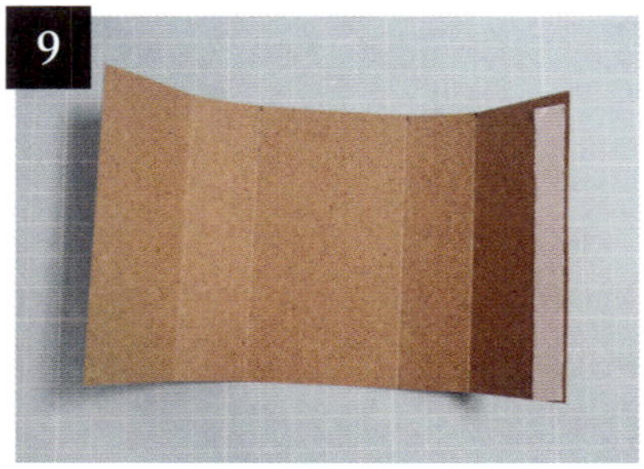

10

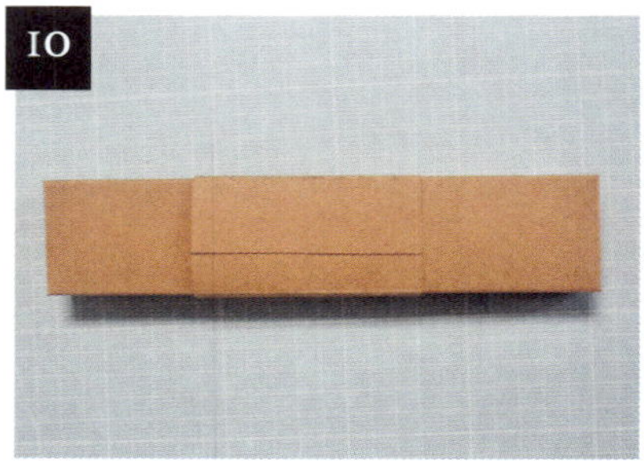

11

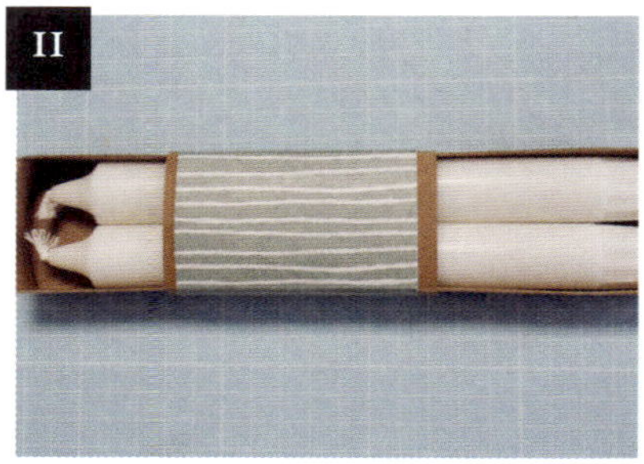

12

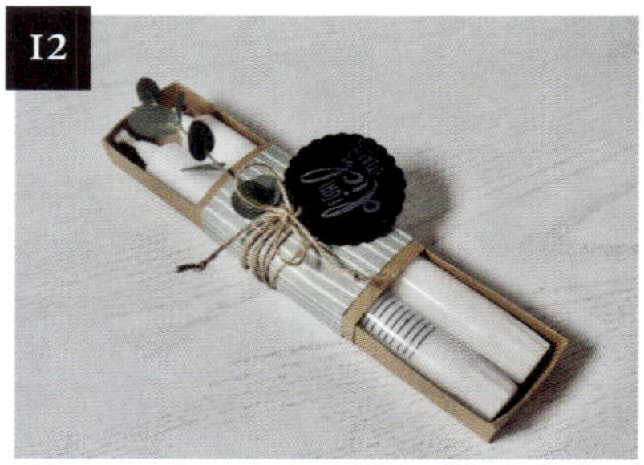

7. Verklebe nun zuerst die beiden langen Laschen und dann die beiden kurzen nach unten.

8. Nun falzt du die Banderole bei 3/5,1/9,7 und 11,8 cm und die Zierbanderole bei 3/5,2/9,8 und 12 cm (von der linken Kante aus gemessen).

9. Bringe an der Banderole auf einer Lasche einen Streifen doppelseitiges Klebeband an.

10. Lege die beiden Kerzen in die Box und umschließe sie mit der Banderole. Verklebe sie straff auf der Rückseite, du solltest sie aber noch hin- und herschieben können.

11. Streiche Bastelkleber auf die Zierbanderole und verklebe diese mittig um die Banderole.

12. Wickle die Juteschnur um die Box und verziere diese mit Anhängern, Eukalyptus und Federn.

Tipp

Wenn deine Stabkerzen eine andere Länge haben, nimm für das Format der Box einfach die Länge der Kerzen und addiere 8 cm.

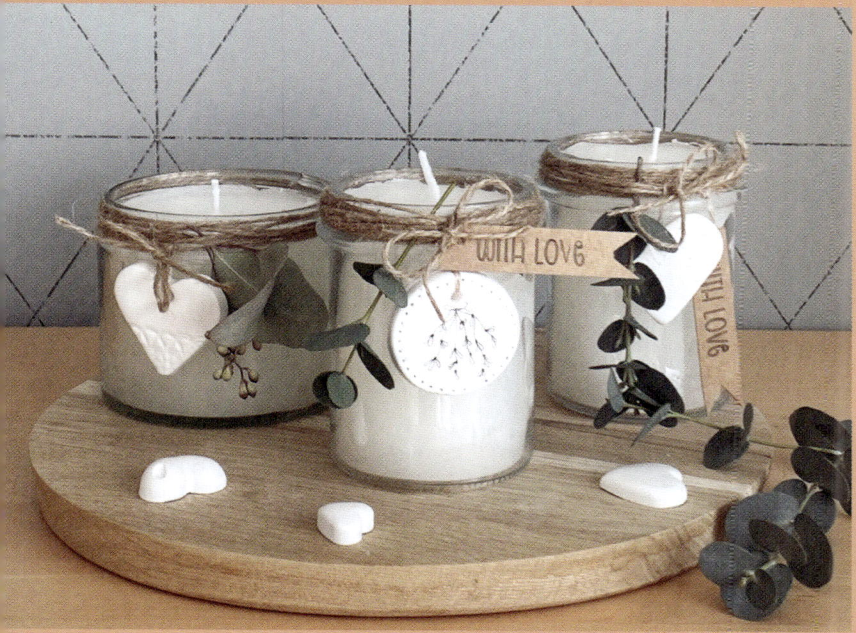

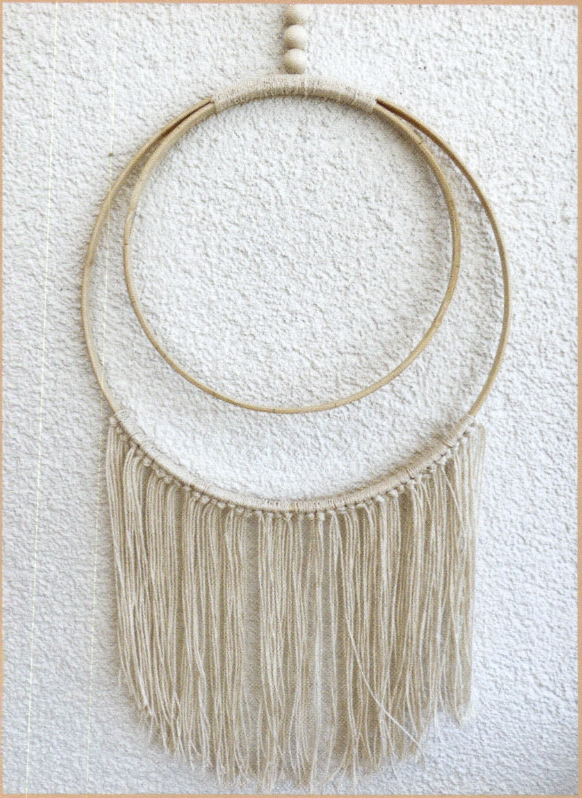

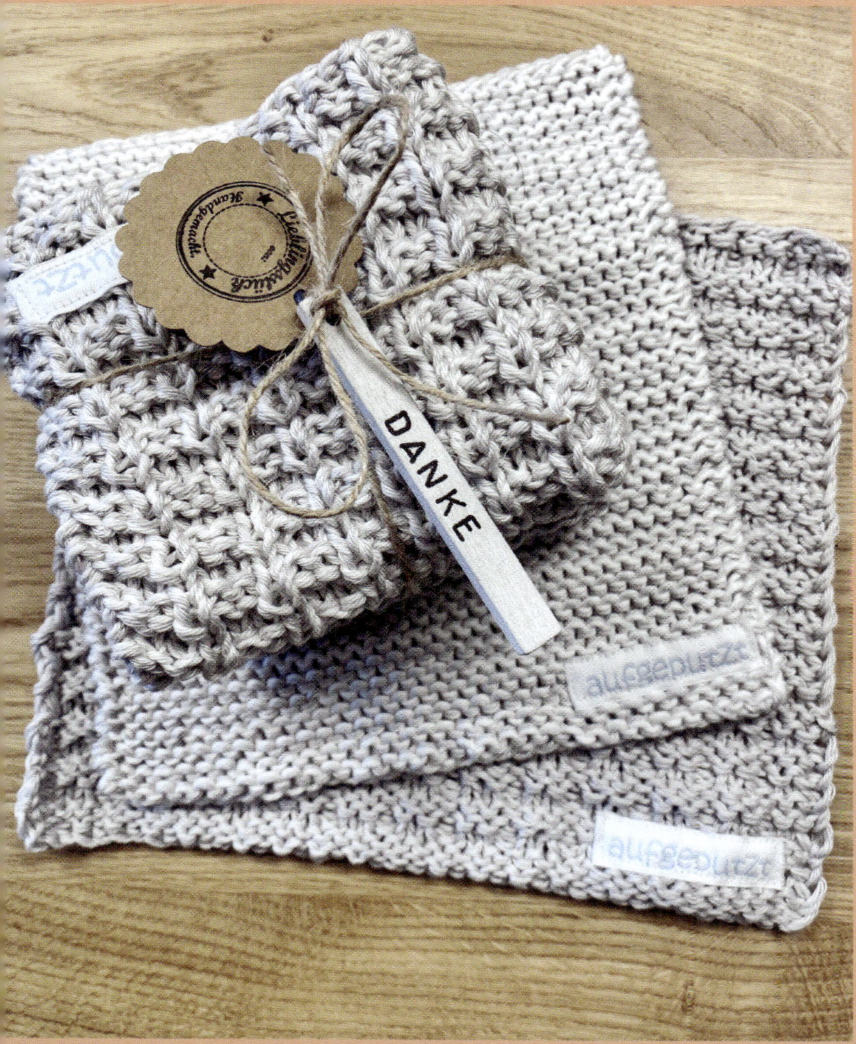

SCHNUR & WACHS INSPIRATION

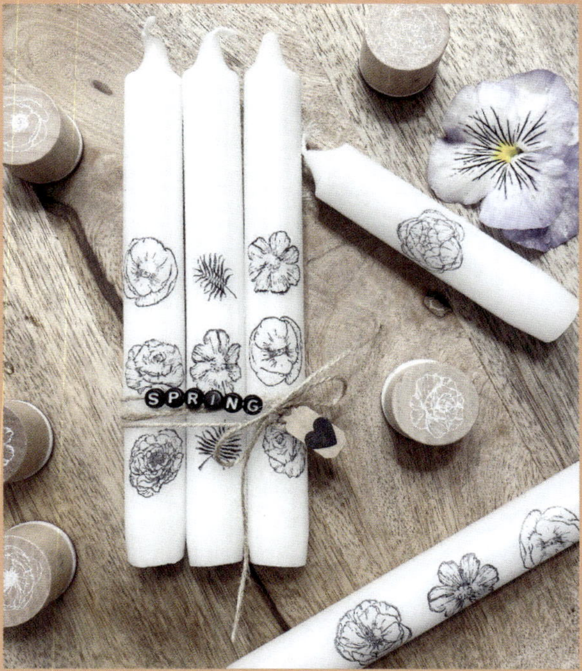

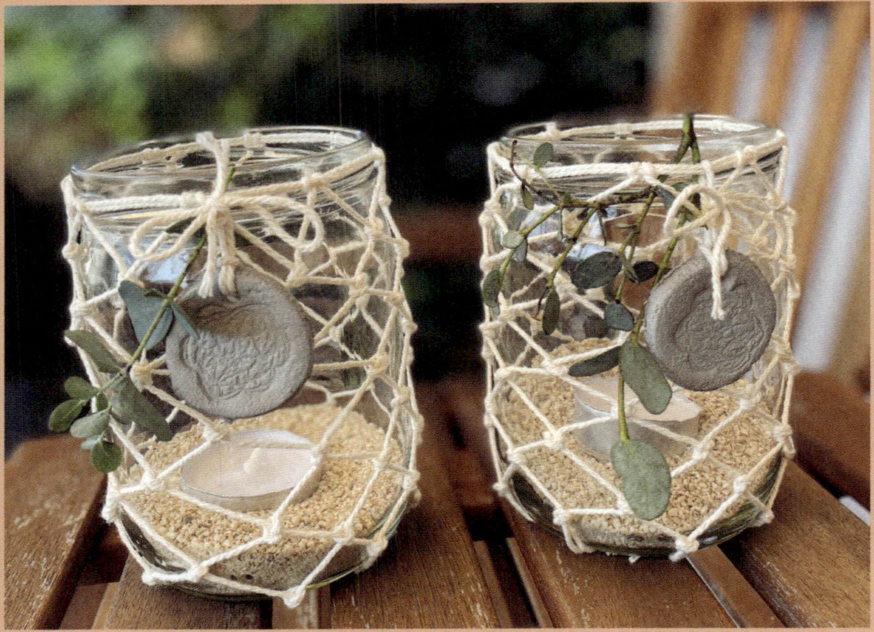

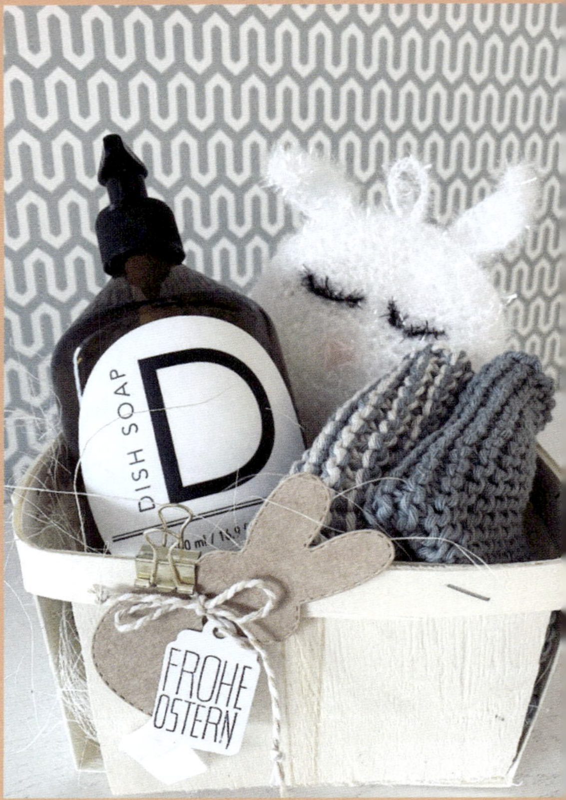
D
DISH SOAP
FROHE
OSTERN

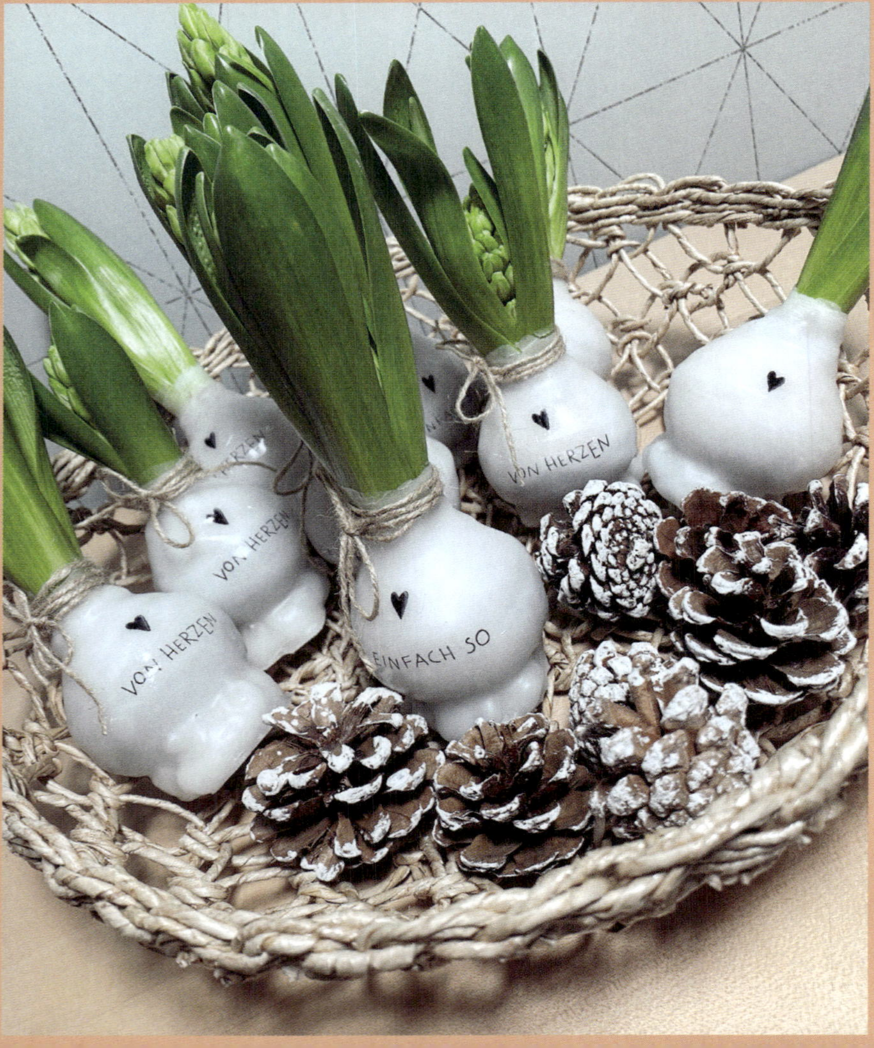
VON HERZEN
VON HERZEN
VON HERZEN
EINFACH SO

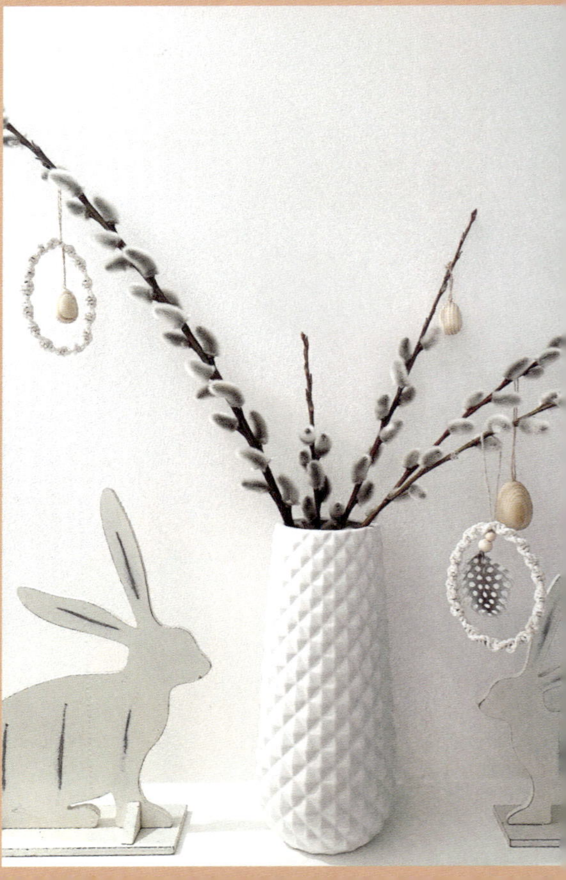

GEFLOCHTENES MÄNTELCHEN

Ein Windlicht, eine Blumenvase oder auch ein Gurkenglas wird mit dem Mäntelchen aus Makramee-Garn zum Hingucker.

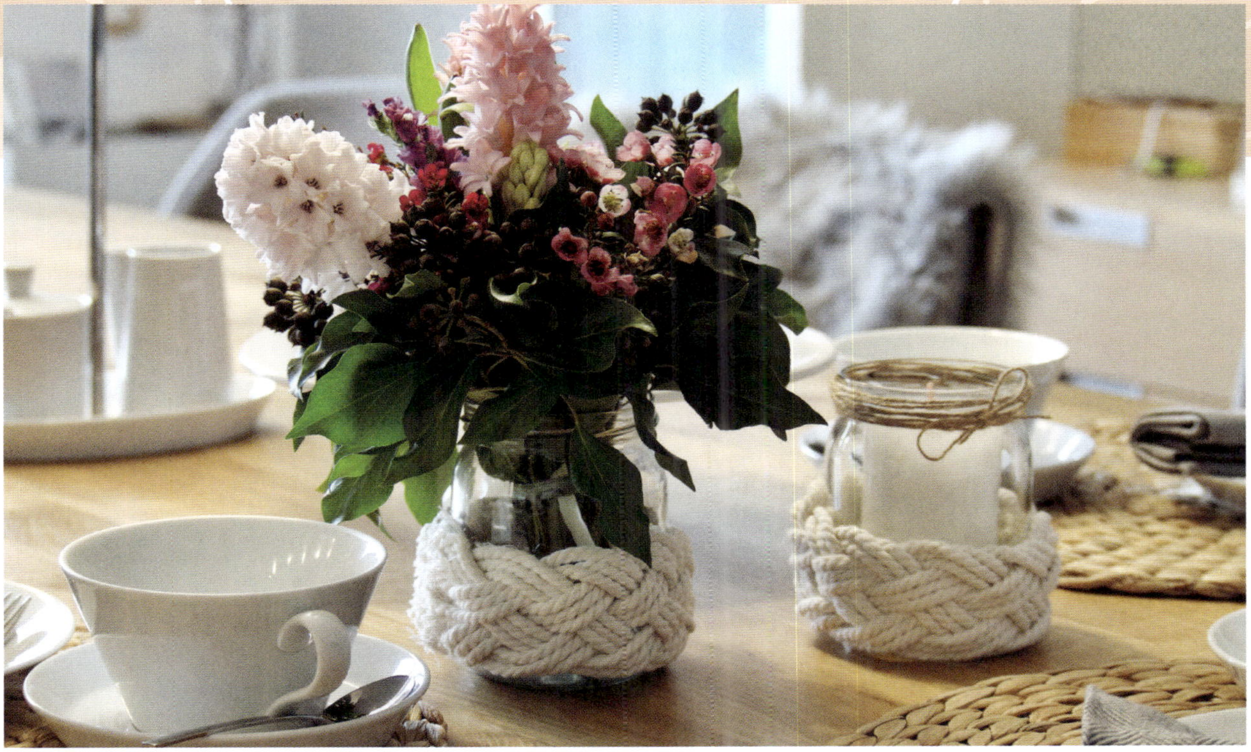

MATERIAL

- Glas, Vase oder Windlicht
- Makramee-Garn, 5 mm
- Papierklebeband

WERKZEUG

- Schere
- Heißklebepistole
- Tacker (optional)

SO GEHT'S

I

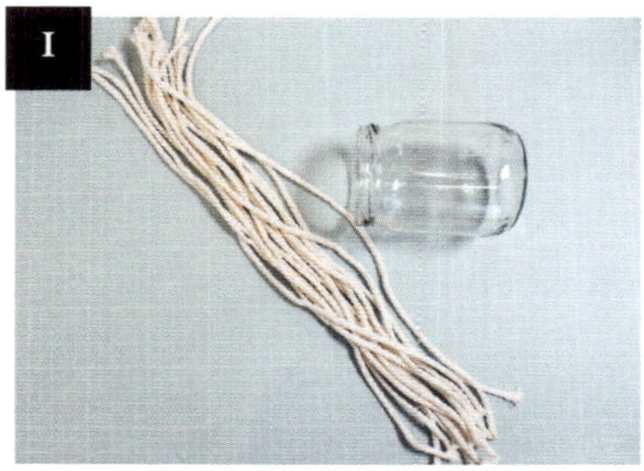

2

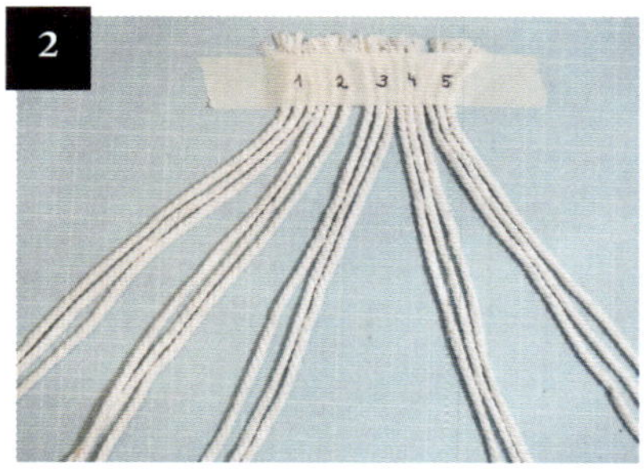

3

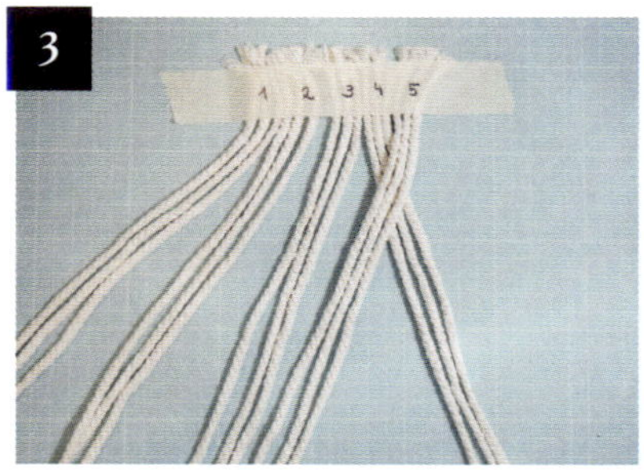

4

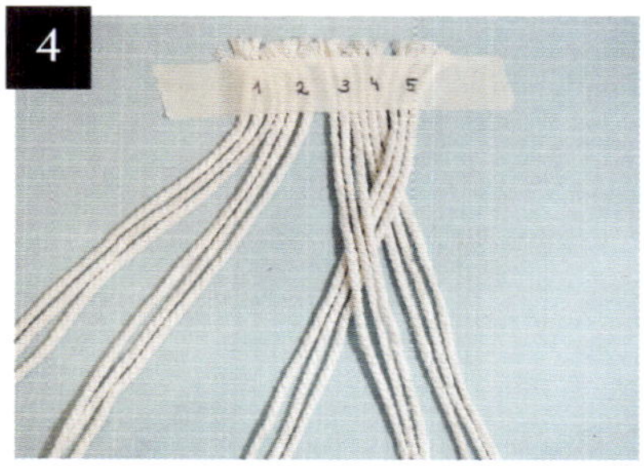

5

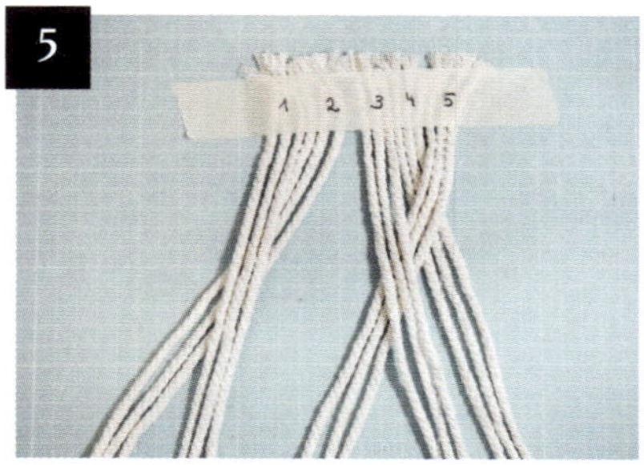

6

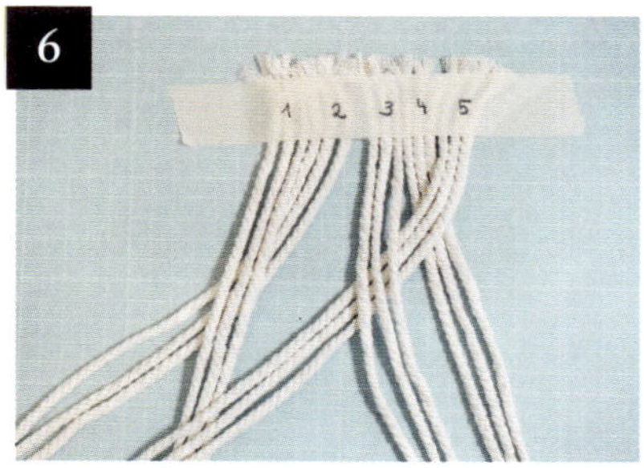

1. Schneide 15 Stränge deines Makramee-Garns zu. Die Stränge sollten ungefähr 50 % länger sein als der Umfang deines Gefäßes. Bei mir beträgt der Glasumfang 30 cm und die Stränge sind ca. 45 cm lang.

2. Lege die Stränge nebeneinander und klebe sie mit dem Papierklebeband auf der Unterlage fest. Teile sie dann in fünf Dreiergruppen.

3. Beginne nun mit dem Flechtmuster, indem du den Strang 5 (rechts außen) über den Strang 4 legst.

4. Als Nächstes legst du den Strang 3 über Strang 5 – dieser liegt also jetzt zwischen 4 und 5.

5. Im nächsten Schritt legst du Strang 1 über Strang 2.

6. Zum Schluss legst du Strang 5 über Strang 1 – dieser liegt jetzt zwischen 2 und 1.

7. Ab jetzt beginnst du wieder von vorne, wobei bezüglich der Nummern immer die Position und nicht mehr der Strang zählt. Also du beginnst wieder mit dem rechts außen liegenden Strang (dieser war ursprünglich 5 und entspricht nun 4 usw.). Am Ende der zweiten Reihe solltest du das Muster erkennen.

8. Achte darauf, dass die Schnüre immer flach nebeneinander liegen, und flechte so lange weiter, bis du das Mäntelchen fast um das Glas legen kannst.

9. Löse das Klebeband vorsichtig ab und verklebe die Stränge am Rand mit der Heißklebepistole. Das überstehende Garn schneidest du später ab.

7

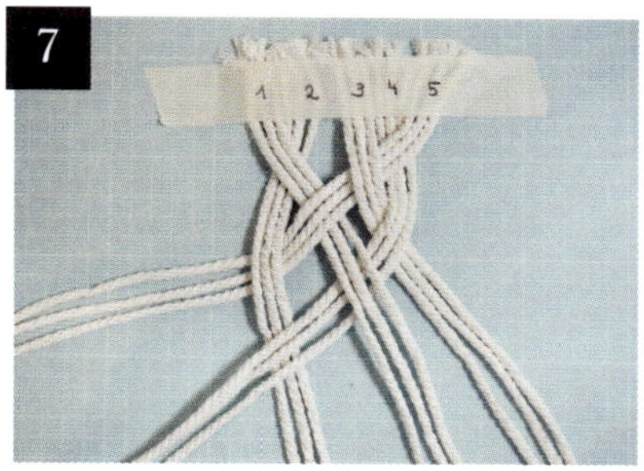

8

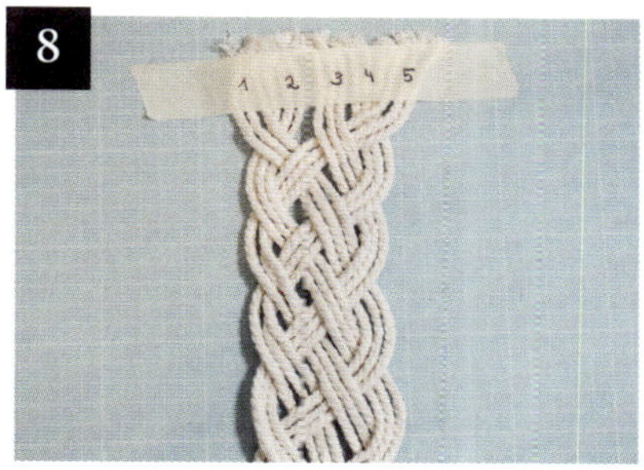

9

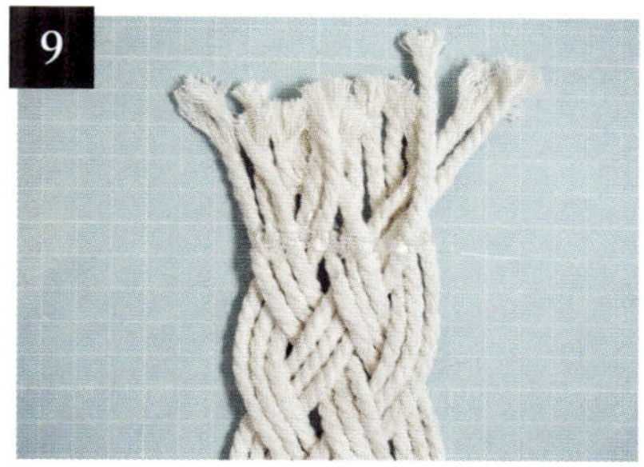

10

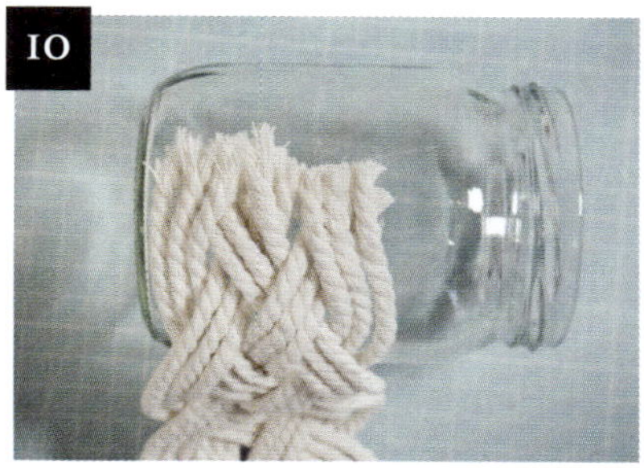

11

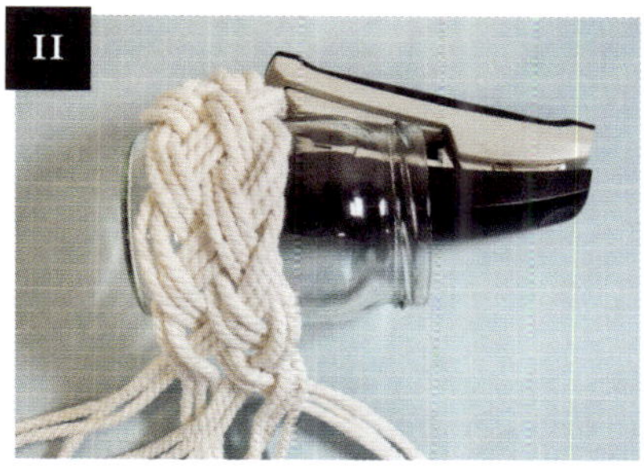

12

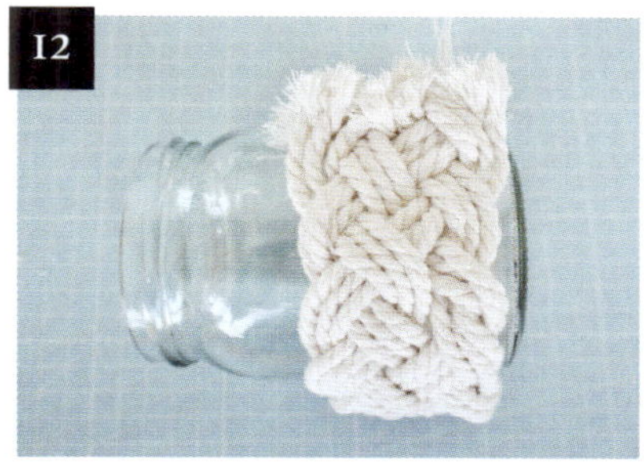

10. Befestige nun mit Heißkleber das Band auf deinem Glas. Klebe es an der Stelle an, wo das Muster anfängt. Schneide die überstehenden Fäden kurz ab.

11. Fixiere dein Glas (ich habe es in einen Tacker geklemmt) und flechte noch so weit, dass die Manschette sich schließen lässt. Verklebe nun auch dieses Ende mit Heißkleber und schneide die überstehenden Fäden ab. Du kannst auch das Flechtmuster noch ein wenig in Form ziehen.

12. Klebe nun auch diese Seite auf dem Glas fest, sodass dein Mäntelchen das Glas umschließt, und schneide am Schluss noch überstehende Fäden ab. Bei Bedarf kannst du noch lockere Fäden ein wenig mit Heißkleber befestigen.

Tipp

Wenn du die Banderole breiter haben möchtest, kannst du natürlich 4 oder mehr Fäden pro Strang verwenden. Für eine feinere Banderole nimm einfach ein dünneres Makramee-Garn.

PIMP DEIN LADEKABEL

Ich finde Technikkram zwar wichtig und praktisch, aber eher selten schön. Deshalb gefällt es mir, Kabel ein wenig aufzuhübschen, auch weil jeder zu Hause dann weiß, wem dieses Ladekabel gehört.

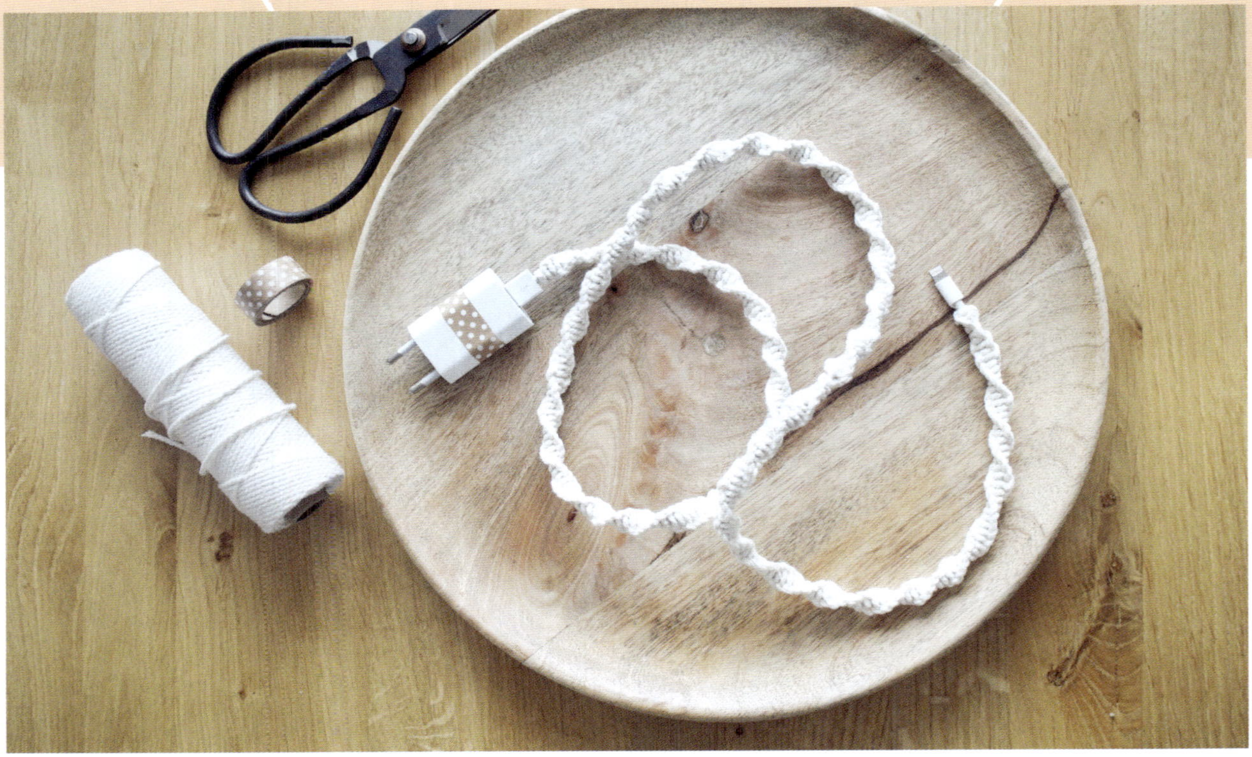

MATERIAL

- Ladekabel
- Makramee-Garn, 2 mm
- Masking Tape (optional)

WERKZEUG

- Schere

SO GEHT'S

1
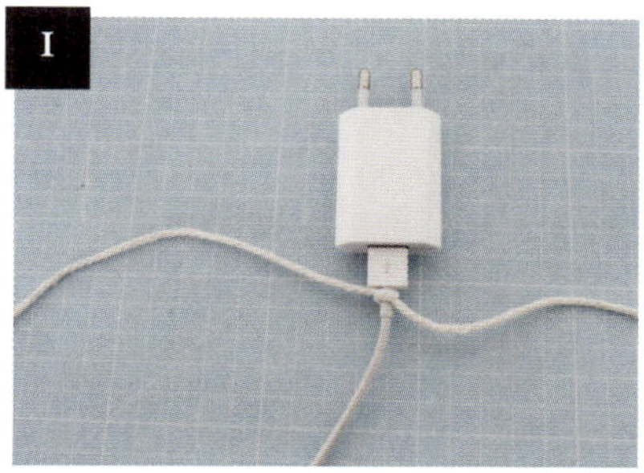

2
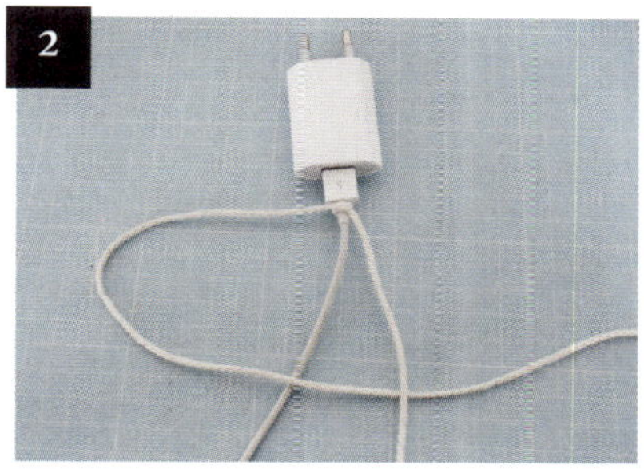

3
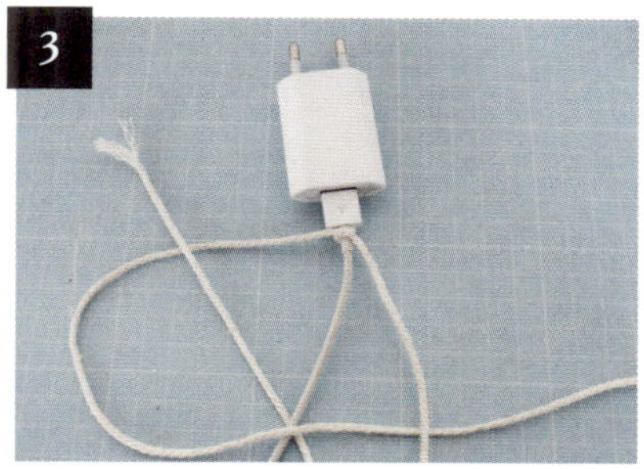

4
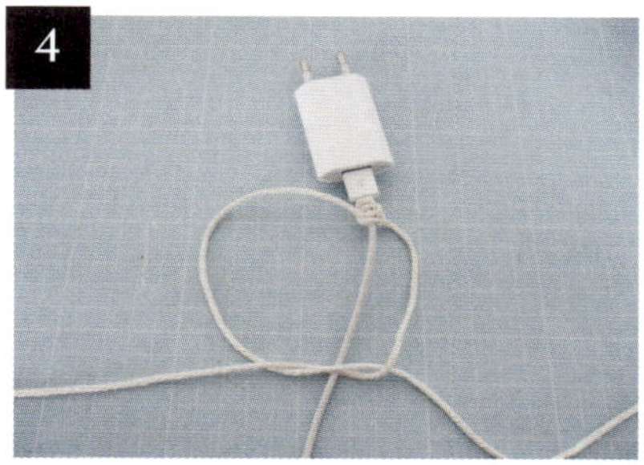

5
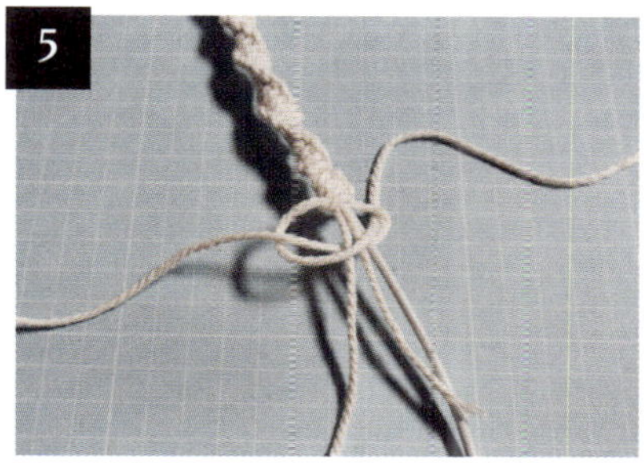

6
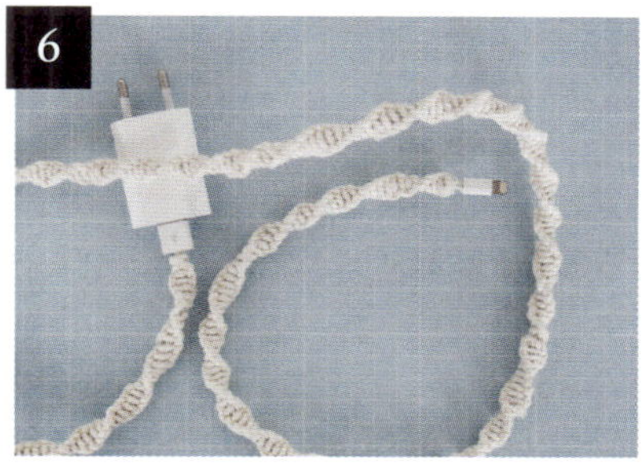

1. Schneide vom Makramee-Garn einen ca. 2 m langen Faden ab. Man kann auch direkt einen 4 m langen Faden verwenden, ich finde aber, dann knüpft es sich schwerer. Knüpfe diesen an einem der beiden Enden des Kabels an, sodass auf beiden Seiten die gleiche Länge Faden zur Verfügung steht.

2. Lege nun den linken Faden über das Kabel und bilde eine Schlaufe, den rechten Faden legst du über den linken.

3. Fädle den rechten Faden unter dem Kabel hindurch in die Schlaufe und ziehe den Knoten zu.

4. Mach genauso weiter – die gedrehte Optik ergibt sich von alleine.

5. Wenn du nur noch ca. 15 cm Faden übrig hast, streiche die beiden Enden eng an das Kabel und schneide einen neuen 2 m langen Faden zurecht. Diesen knüpfst du genauso wie am Anfang, nur dass dieses Mal nicht nur das Kabel, sondern auch die beiden Restfäden umknüpft werden. Du musst nicht den ganzen Restfaden umknüpfen – nach 6 oder 7 Knoten kannst du die beiden alten Fäden einfach abschneiden.

6. Fahre so bis zum Kabelende fort. Gib am Schluss vorsichtig einen Tropfen Heißkleber auf den letzten Knoten (wirklich nur auf das Garn), damit sich der Knoten nicht löst. Schneide das überstehende Garn ab. Den Stecker kannst du optional noch mit Masking Tape bekleben.

Tipp

Diese Technik kann man auch sehr schön an einem Lampenkabel anwenden, das macht das Ganze einfach wohnlicher.

GRÜNER HOLZKRANZ

Kränze und Holzreifen gehören natürlich zum Skandinavischen Stil. Ob an der Wand, an der Tür oder als Geschenk sind sie in ihrer Schlichtheit immer ein Gewinn.

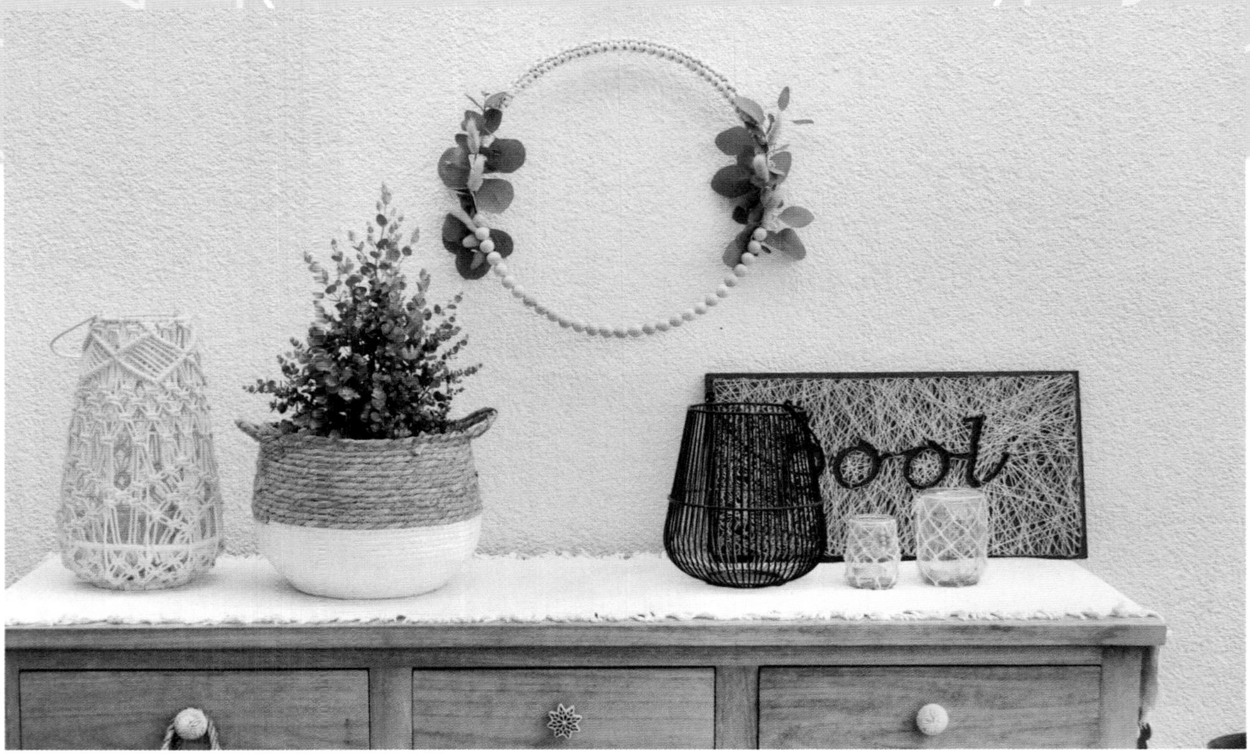

MATERIAL

- Holzreifen (hier ca. 40 cm)
- Makramee-Garn (5 mm)
- 28 halbe Holzperlen (2 cm)
- Eukalyptus und Gräser
- Silberdraht
- Aufhängeschnur (hierfür kann auch das Makramee-Garn verwendet werden)
- Holzleim

WERKZEUG

- Bleistift
- Häkelnadel (für das jeweilige Garn, hier 8)
- Schere

SO GEHT'S

I

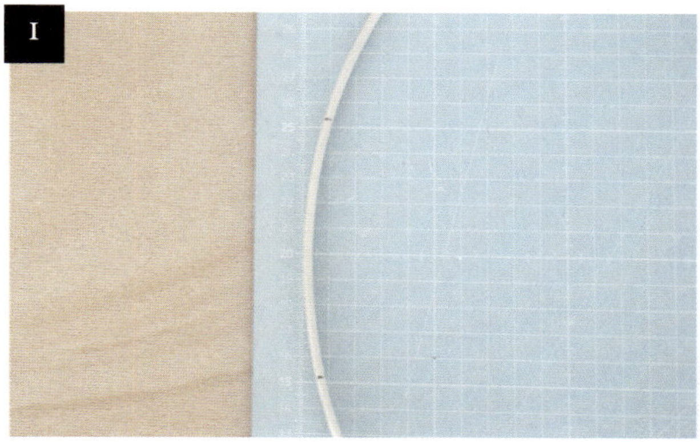

2

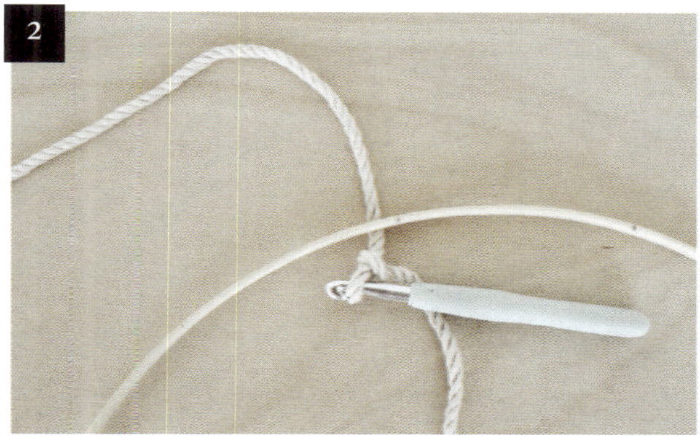

3

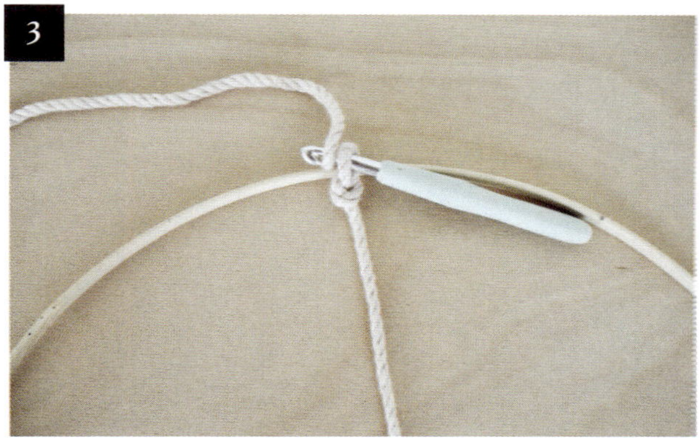

4

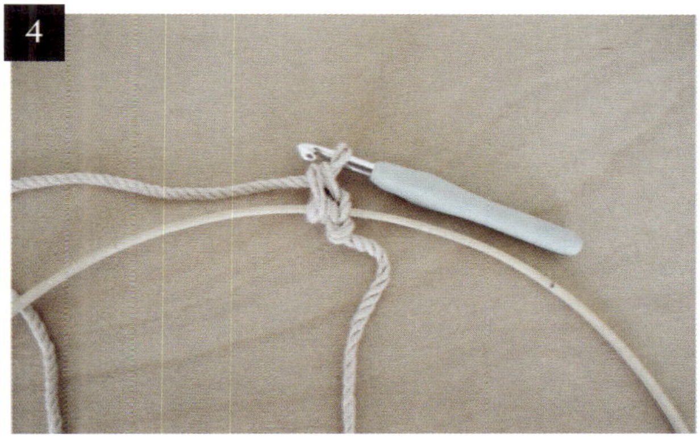

1. Zeichne an deinem Holzreifen auf beiden Seiten einen Bereich für den Eukalyptus an. Ich habe ca. 10 cm für ihn eingeplant.

2. Schlage mit dem Garn eine Luftmasche an und gehe unter dem Holzreifen hindurch.

3. Hol dir den Faden und ziehe ihn durch die Luftmasche. Schiebe diese an die obere der beiden Markierungen.

4. Fahre fort, indem du dir wieder den Faden holst und ihn im Anschluss durch die beiden Schlaufen ziehst. →

SO GEHT'S WEITER

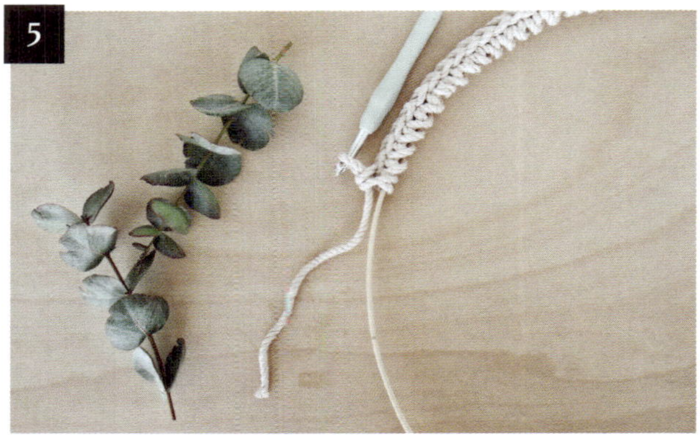

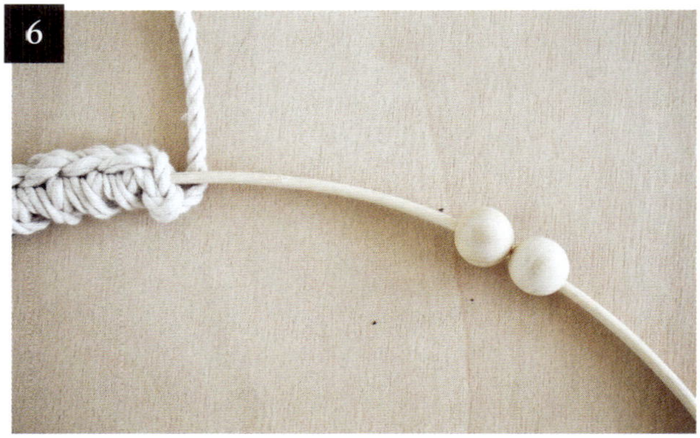

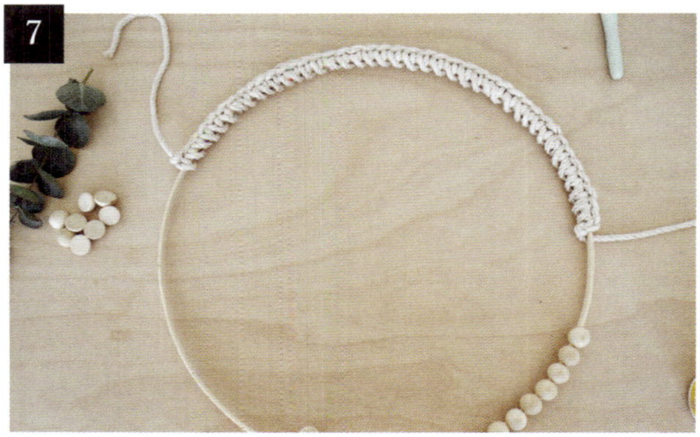

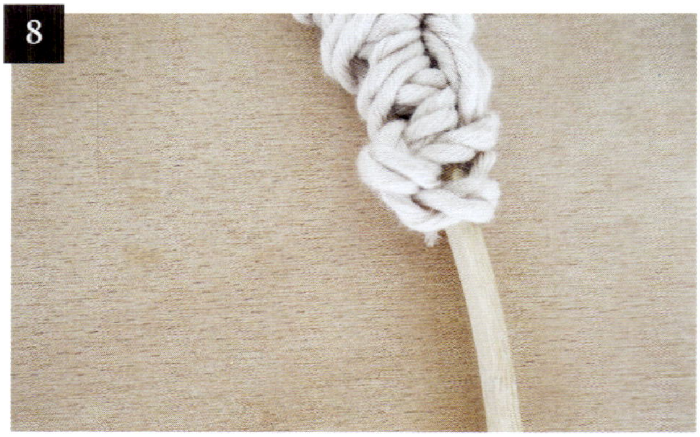

5. Häkle weiter, bis du zu der ersten Markierung auf der anderen Seite kommst. Schneide den Faden ab und ziehe ihn durch die Schlaufe.

6. Nun beginnst du bei der unteren Markierung, die halben Holzperlen jeweils mittig auf den Holzreifen zu leimen.

7. Fahre fort, bis du die Markierung auf der anderen Seite erreichst. Schneide den Faden knapp ab.

8. Fixiere das kleine Reststück auf der Rückseite mit einem Tropfen Heißkleber.

9

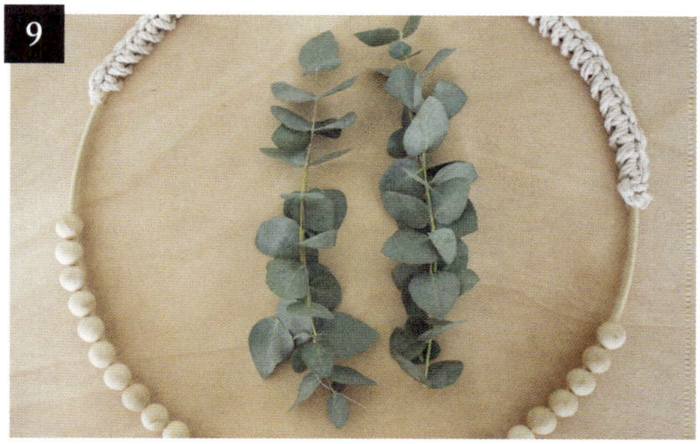

10

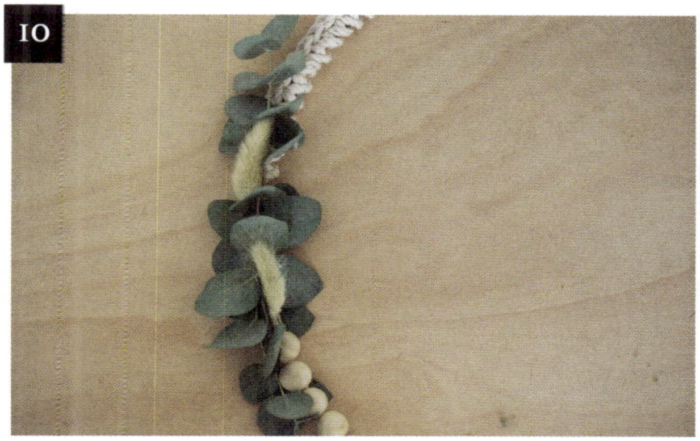

11

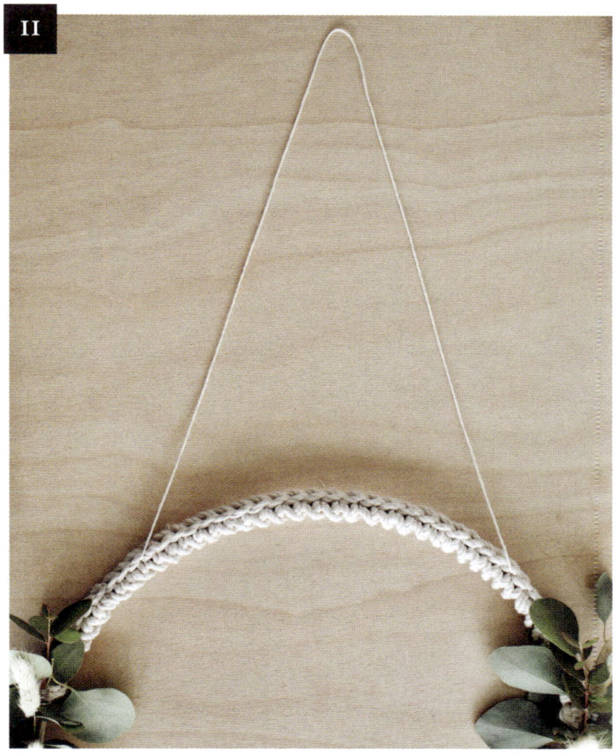

9. Nimm jeweils 2 Stängel Eukalyptus und verbinde sie mit dem Silberdraht.

10. Als Nächstes befestigst du den Eukalyptus, indem du den Silberdraht um Kranz und Eukalyptus wickelst. Es reicht, wenn du ihn an drei oder vier Stellen befestigst. Du kannst noch ein paar Gräser oder Ähnliches durch den Draht stecken.

11. Nun musst du nur noch den Aufhänger anbringen. Ziehe die Schnur einfach durch die Häkelmaschen.

Tipp

Ich mag es gerne schlicht. Wenn dir das zu wenig ist, kannst du, bevor du den Eukalyptus anbringst, Schnüre spannen und Trockenblumen durchstecken. Oder du beschriftest ein Stück Stoff und befestigst es links und rechts mit Klebstoff.

SERVIETTENTECHNIK EINMAL ANDERS

Wer mit wenig Aufwand und ohne Wasserschiebefolie und Stempel schöne Motive auf eine Kerze zaubern möchte, braucht nur Servietten, ein Teelicht und einen Löffel.

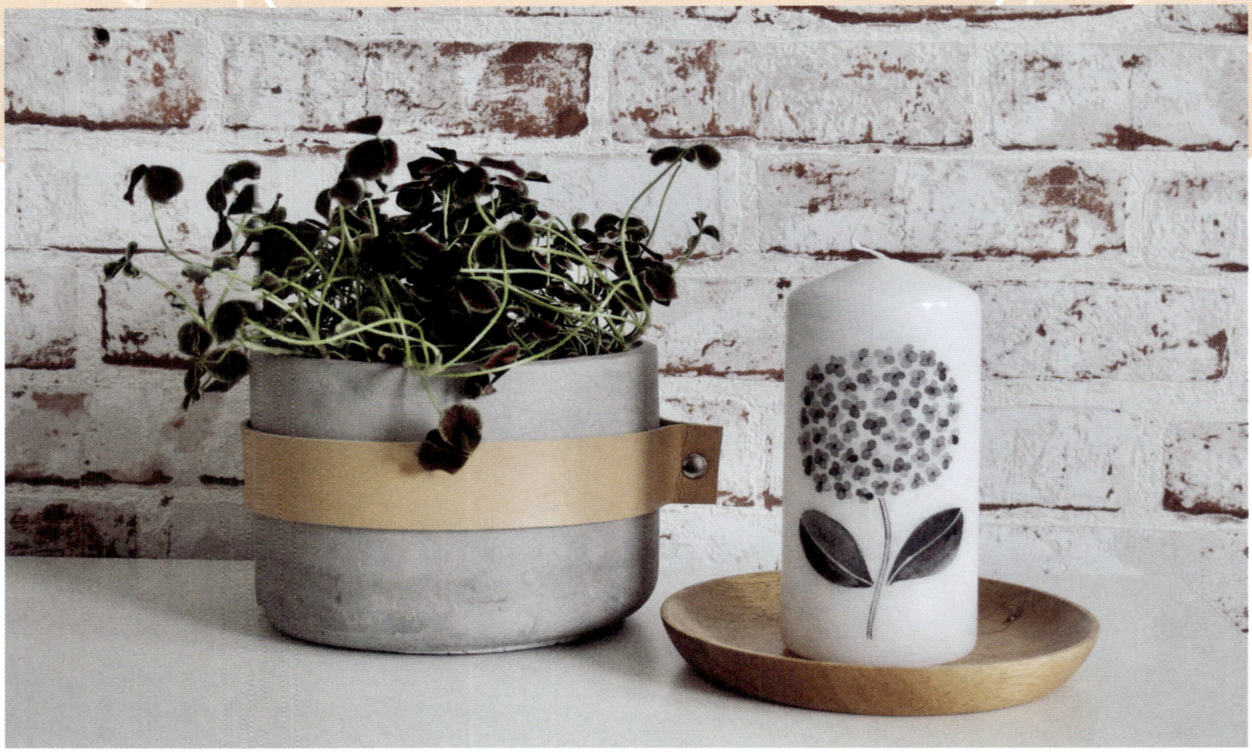

MATERIAL

- Kerze
- Serviette, gemustert
- Teelicht
- Juteschnur

WERKZEUG

- Schere
- Streichholz oder Feuerzeug
- Löffel

SO GEHT'S

1

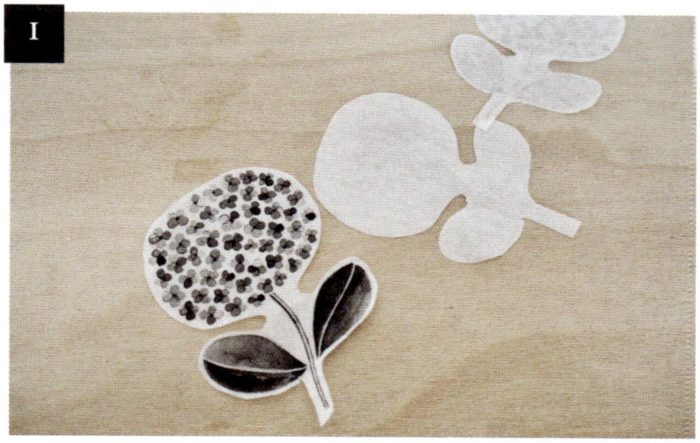

2

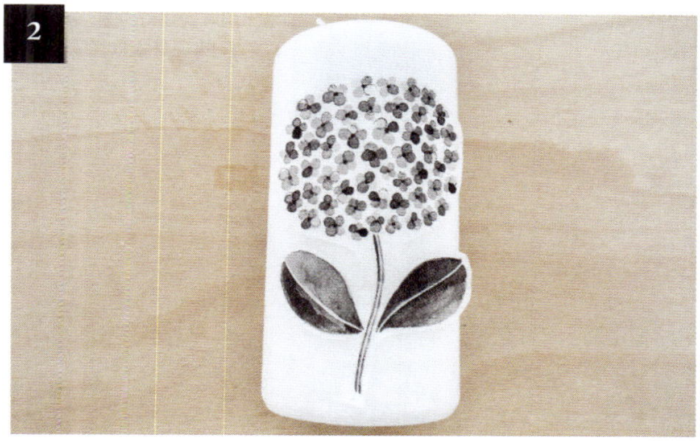

3

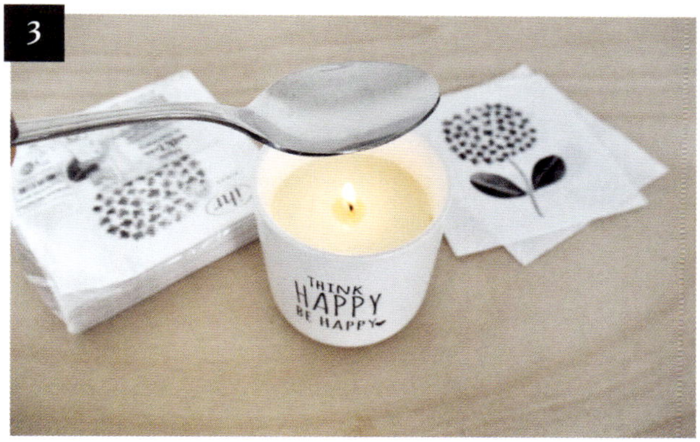

4

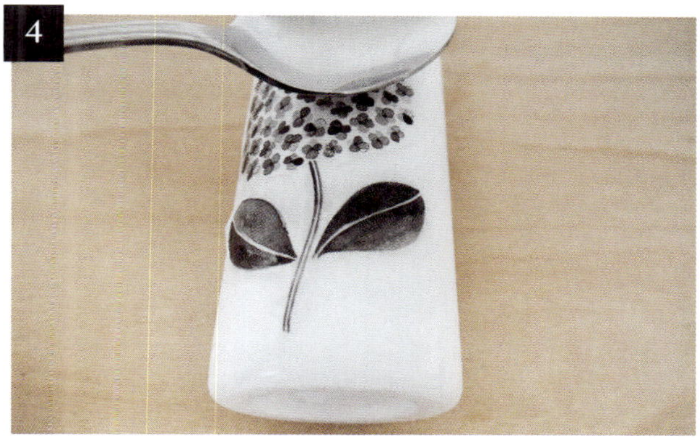

1. Schneide dein Motiv grob aus der Serviette aus und trenne anschließend die Schichten voneinander. Achte darauf, dass du wirklich nur die oberste bedruckte Schicht der Serviette verwendest.

2. Positioniere dein Motiv auf der Kerze.

3. Zünde das Teelicht an und halte den Löffel darüber, bis er an der Unterseite richtig heiß wird. Er darf aber nicht schwarz werden.

4. Nun gehe sanft mit dem Löffel über die Serviette und bewege ihn über deinem Motiv hin und her. Dazwischen musst du ihn immer wieder erhitzen. Durch die Hitze des Löffels verbindet sich die Serviette mit der Kerze.

Tipp

Der Löffel wird wirklich sehr heiß. Fasse ihn daher keinesfalls an der Unterseite an und leg ihn auf einer hitzebeständigen Unterlage ab.

MARMELADENGLAS IM FISCHERNETZ

Tolle Lichtstimmung für ein Gartenfest kann man mit Makramee-Garn oder auch Juteschnur und ein paar Marmeladen- oder Gurkengläsern easy herstellen.

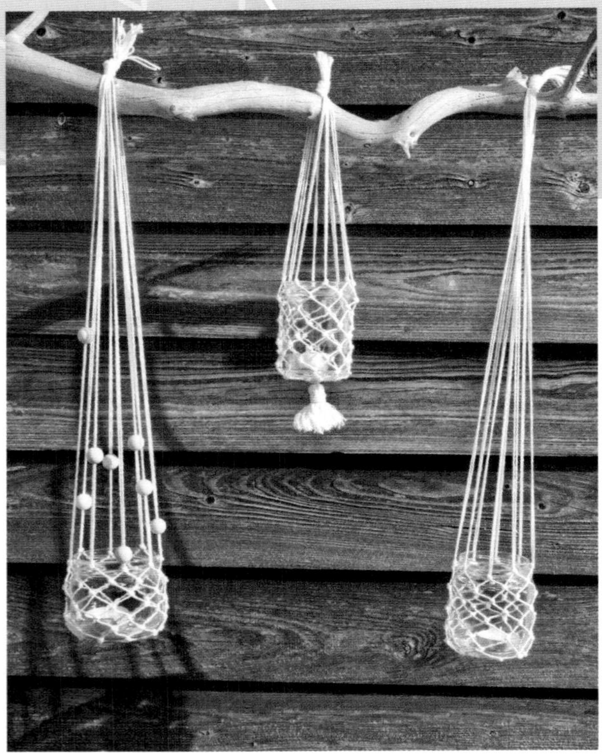

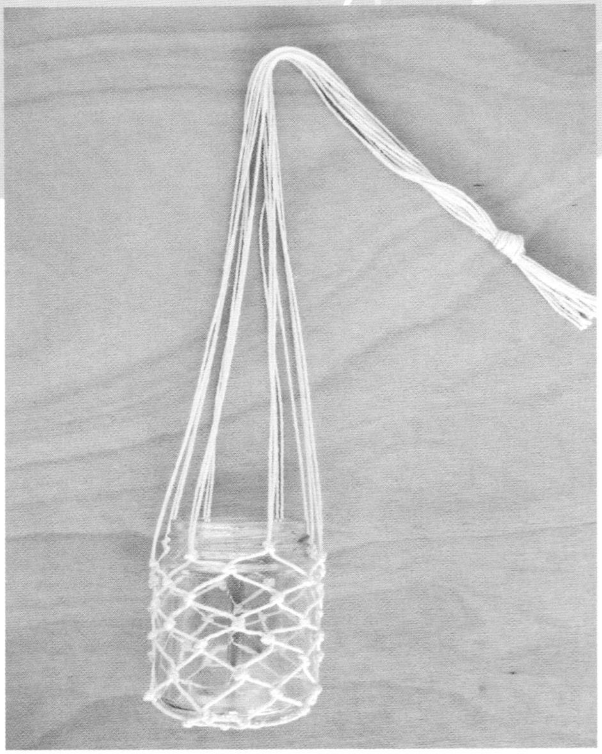

MATERIAL

- Marmeladen- oder Gurkengläser in verschiedenen Formen
- Makramee-Garn (1 oder 2 mm)
- Klebeband

WERKZEUG

- Maßband
- Schere

SO GEHT'S

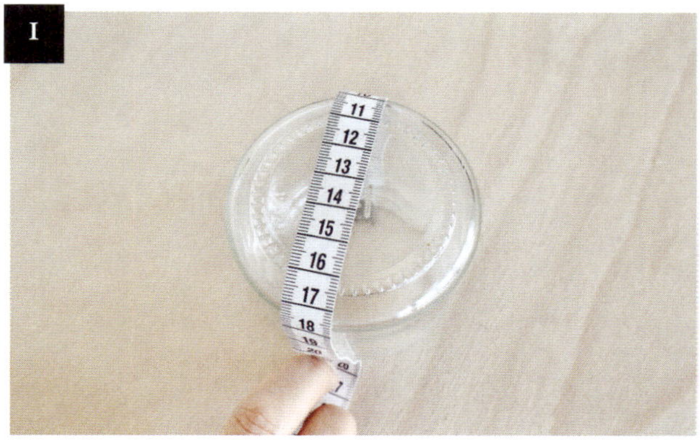

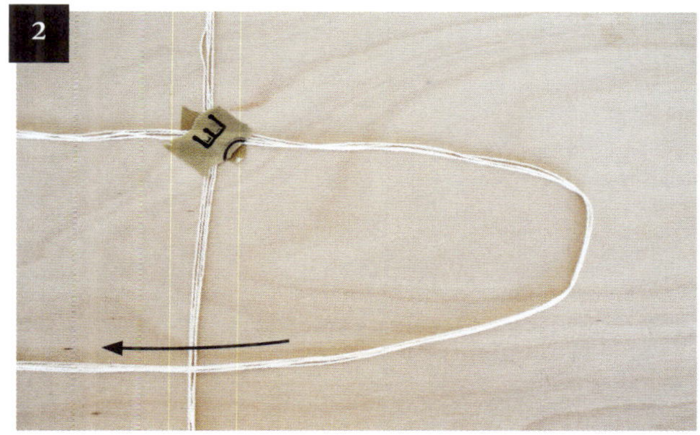

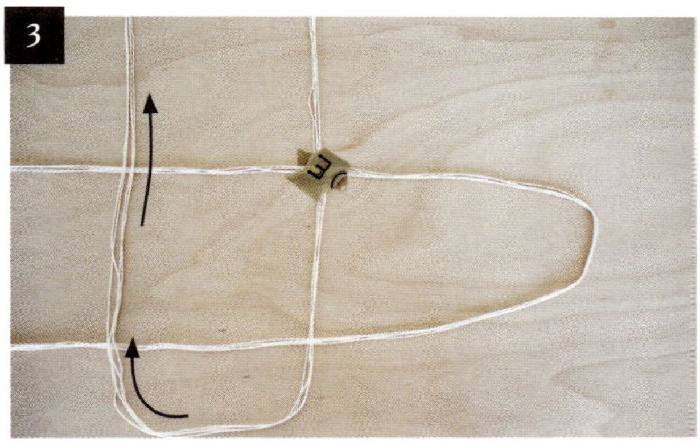

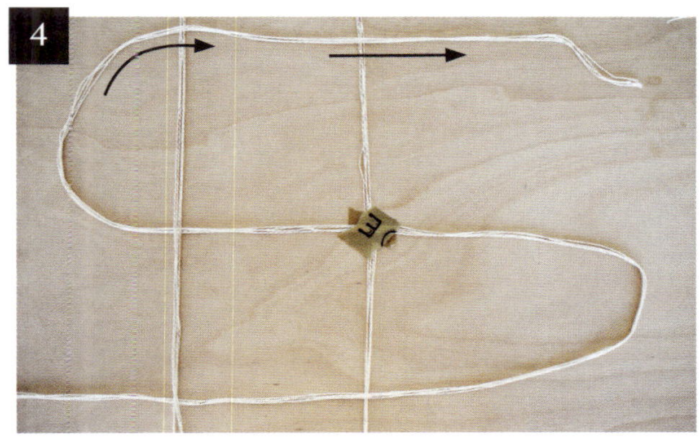

1. Miss als erstes dein Glas ab. Stelle es dazu auf den Kopf und miss einmal vom Gewinde über den Boden bis zur anderen Seite des Gewindes. Dieses Maß nimmst du ca. mal 10 – hier sind das ca. 2,50 m. Schneide 8 Fäden in dieser Länge.

2. Suche dir nun die Mitte von jeweils 4 Schnüren und fixiere sie kreuzförmig mit Klebeband auf der Arbeitsunterlage. Nun legst du die rechte Schnur in einem Bogen über die, die senkrecht nach unten zeigt.

3. Als Nächstes legst du die Schnur, die senkrecht nach unten zeigt, über die beiden Schnüre, die nach links zeigen.

4. Nun nimmst du die Schnur, die von deinem Kreuz nach links gezeigt hat, und legst sie über die beiden Schnüre, die nach oben zeigen. →

SO GEHT'S WEITER

5
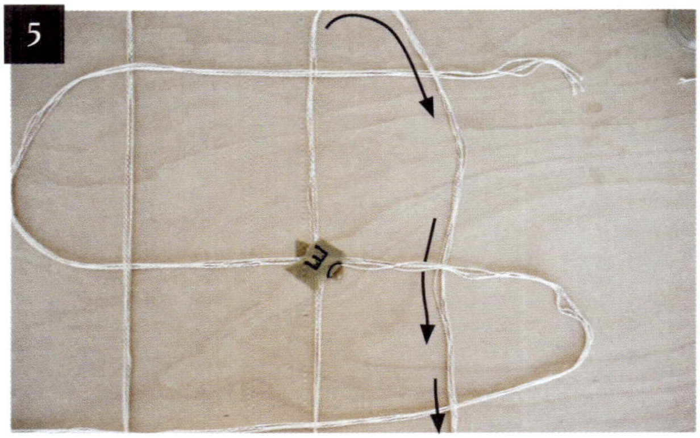

6
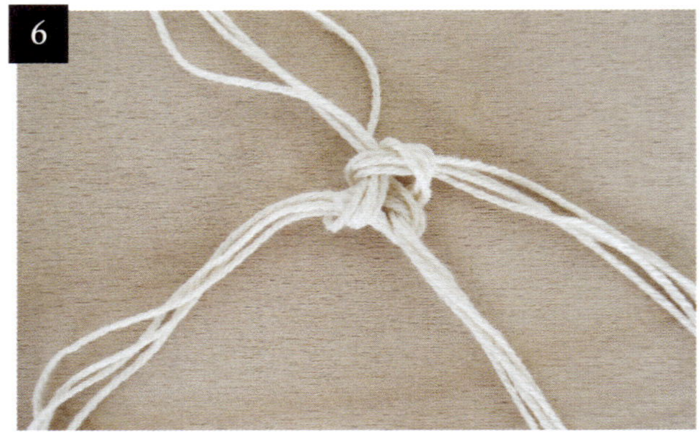

7
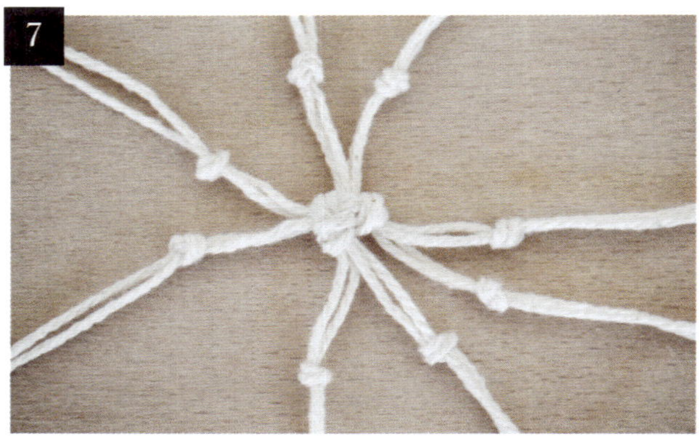

8
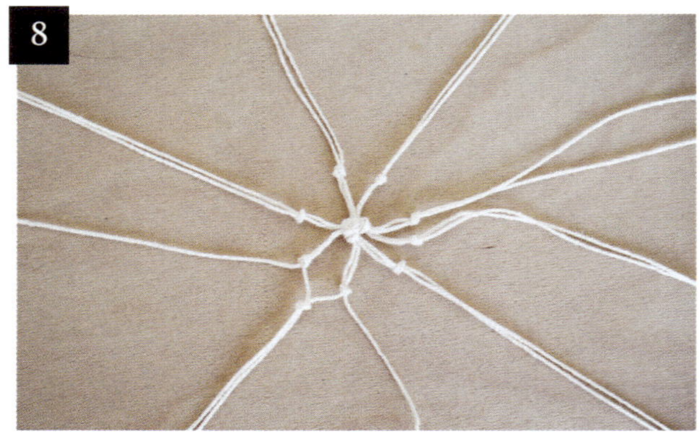

5. Am Schluss legst du die Schnur, die nach oben gezeigt hat, über die Schnur, die nach rechts zeigt, und schlüpfst damit von unten in die Schlaufe darunter.

6. Jetzt ziehst du abwechselnd an allen vier Enden immer ein wenig mehr zu, sodass sich die Mitte zuzieht. Entferne das Klebeband und zieh den Knoten zu. Somit erhältst du einen ganz flachen Knoten für die Glasunterseite.

7. Teile nun alle Stränge auf zwei Schnüre auf und verknote sie ca. 2 cm von der Mitte entfernt. Verfahre so mit allen 8 Strängen.

8. Verknüpfe eine der beiden Endschnüre im Abstand von ca. 1,5 bis 2 cm zum ersten Knoten mit einer der beiden Nachbarschnüre. Mache das reihum. Es entsteht eine Art Blume.

9. Starte in der nächsten Reihe wieder, indem du je eine Schnur eines Doppelstrangs mit der benachbarten verknüpfst. Die Netzstruktur ist jetzt schon sichtbar.

10. Nun stelle dein Glas mit der offenen Seite nach unten vor dich und lege dein geknüpftes Teil mittig auf den Glasboden. Klebe das Netz mit ein wenig Klebestreifen fest, damit es dir nicht verrutscht.

9

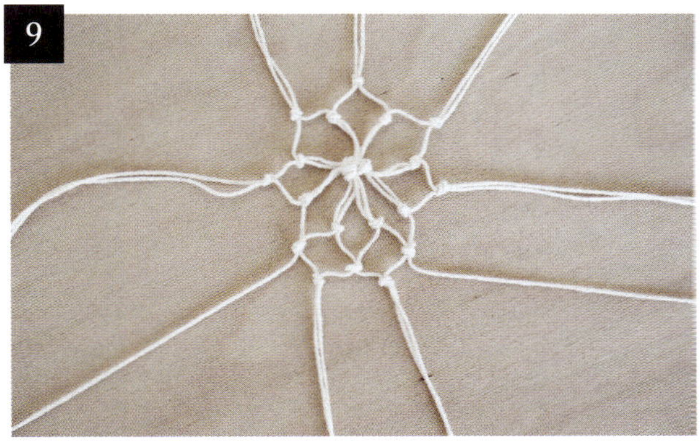

10

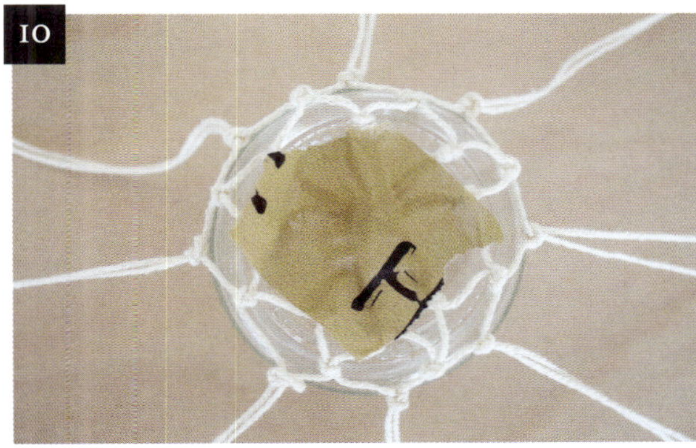

11

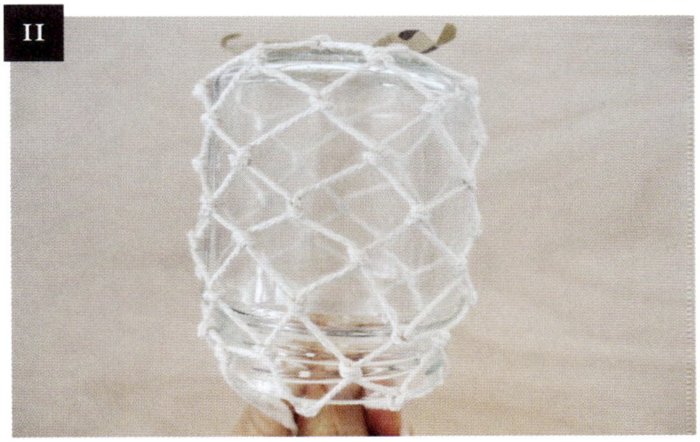

12

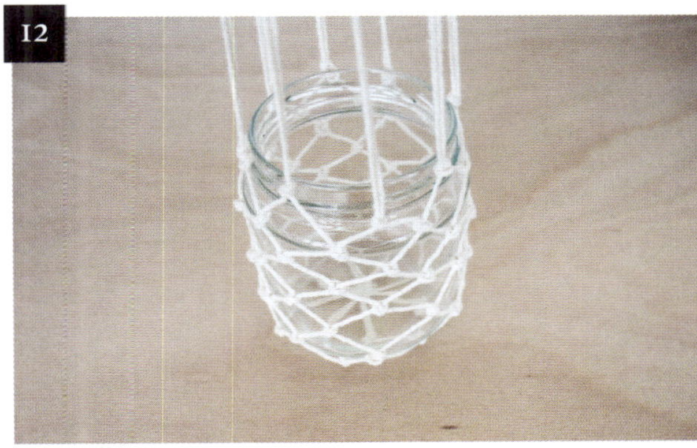

11. Nun knüpfe einfach in gleicher Weise rund um das Glas weiter, bis du den unteren Rand des Glases erreichst.

12. Dreh das Glas mitsamt des Netzes immer wieder um und lass das Glas dabei so tief wie möglich in das Netz sinken. Das Netz zieht sich durch das Gewicht ein wenig auseinander, so siehst du am besten, ob du schon am Rand bist. Zum Schluss entfernst du das Klebeband, streichst die einzelnen Stränge glatt und verknotest sie in der von dir gewünschten Länge. Den Rest schneidest du ab.

Tipp

Je nachdem, wie fest du die Knoten ziehst, wird die Knotenstruktur mehr oder weniger herauskommen. Achte darauf, dass die Abstände ungefähr gleich sind. Für ein feineres Netz musst du den Abstand zwischen den Knoten verringern. Wenn du Lust hast, kannst du die Windlichter noch mit Holzkugeln oder Quasten pimpen.

TANNENBAUM-GIRLANDE

Oh Tannenbaum, oh Tannenbaum wie grün sind deine Fäden. Eine Weihnachtsgirlande aus Wolle ist nicht so aufwendig und macht sich richtig gut am Fenster, am Treppengeländer oder einfach an der Wand.

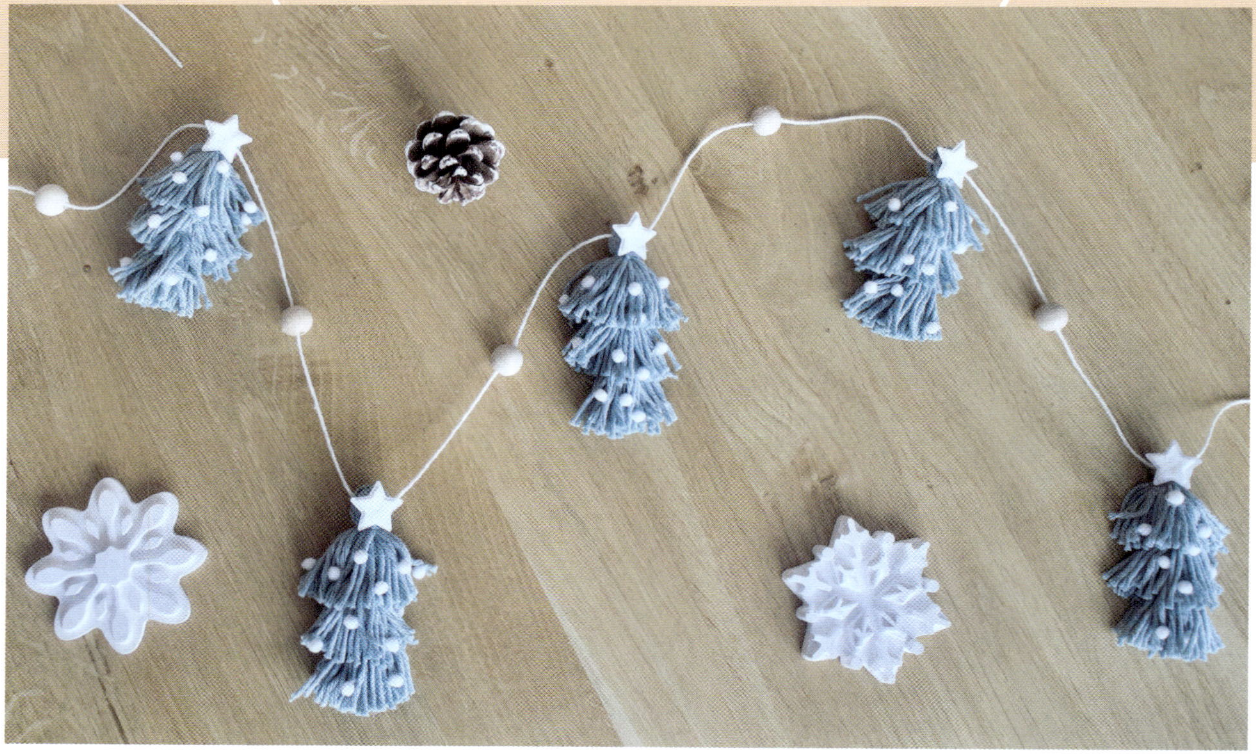

MATERIAL

- Karton, ca. 6 x 6 cm
- 1 Knäuel Wolle, 50 g (für 6–8 Bäumchen)
- Mini-Pompons, ca. 0,5 mm
- Streufilzsternchen in Weiß
- Papier, weiß
- Holzperlen, ca. 1,5 cm
- Schnur zum Auffädeln

WERKZEUG

- Schere
- Heißklebepistole oder Bastelkleber
- Sternstanzer

SO GEHT'S

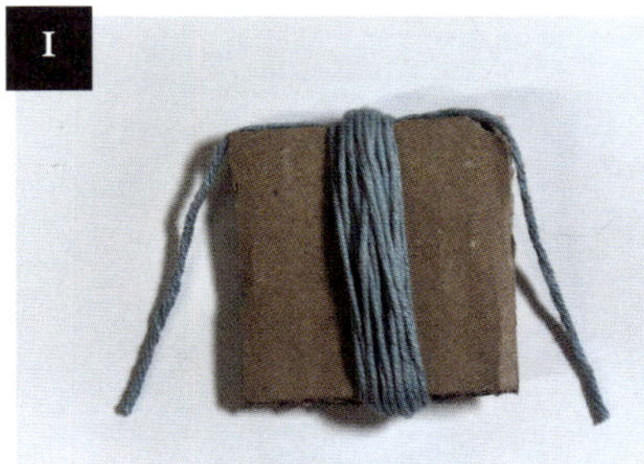

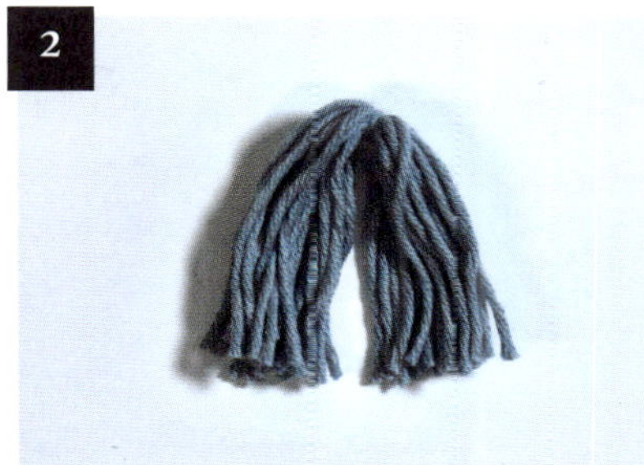

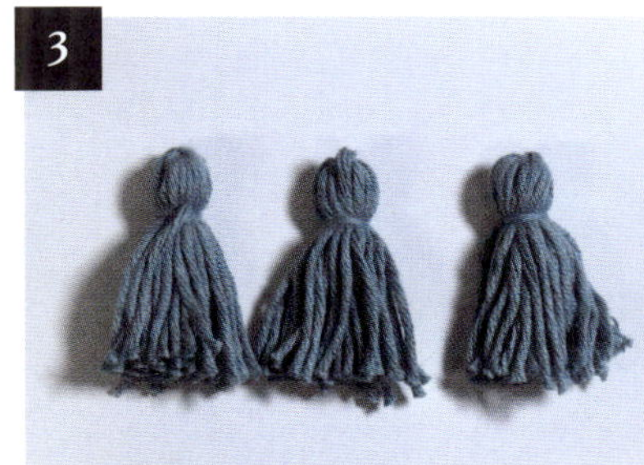

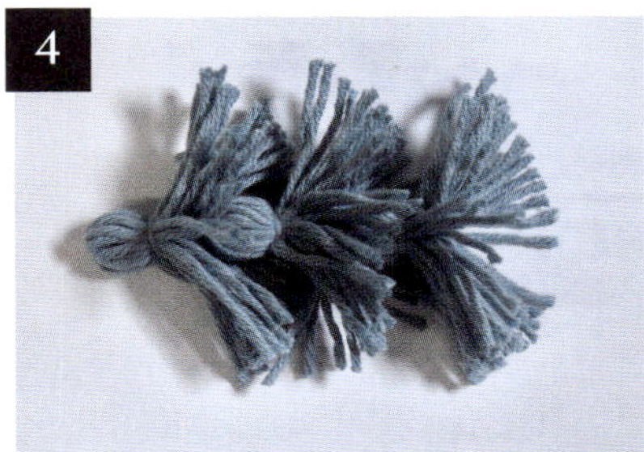

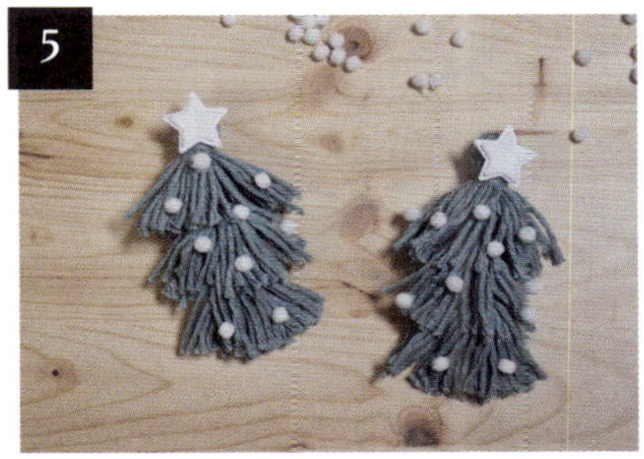

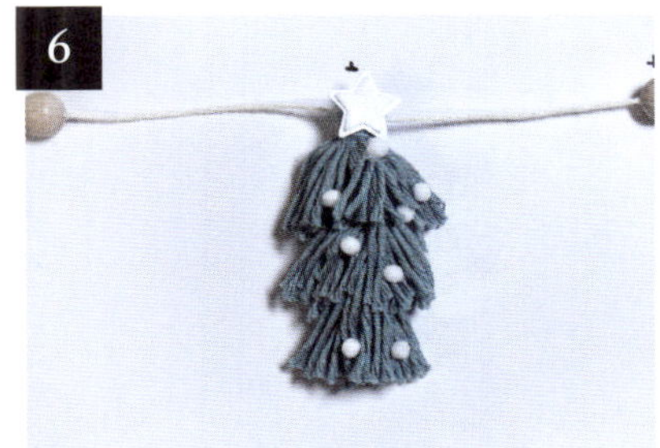

1. Lege einen Faden um 3 Seiten deines Kartonstücks. Umwickle den Karton dann mehrmals mit dem zweiten Faden.

2. Verknote das obere Bändchen und schneide das Fadenbündel dann unten auf.

3. Binde nun ein Köpfchen ab. Binde auch die beiden oben abstehenden Fäden mit ein. Drei solcher Quasten ergeben ein Bäumchen.

4. Fächere die Bäumchen auf und klebe jeweils einen auf die Unterseite des anderen.

5. Für den Stern habe ich mit dem Motivstanzer Papiersterne gestanzt und die kleinen Filzsterne aufgeklebt. Wenn du einen festen Filz hast, brauchst du ihn aber nicht mit Papier zu verstärken. Klebe nun je einen Stern an die Spitze und die Pompons wie Schneeflocken auf den Baum.

6. Fädle nun immer eine Kugel und einen Baum abwechselnd auf die Schnur. Befestige die Kugeln mit etwas Heißkleber. Erstelle dir eine Vorlage für einen einheitlichen Abstand.

Tipp

Die Bäumchen klebe ich nicht an der Schnur fest, da man sie dann besser ausrichten kann und sie auf der Schnur ohnehin nicht rutschen.

EASY MAKRAMEESTERN

Makramee passt aufgrund seiner Natürlichkeit super zum reduzierten skandinavischen Stil. Für diesen Stern sind keine besonderen Kenntnisse, dafür aber ein wenig Geduld erforderlich.

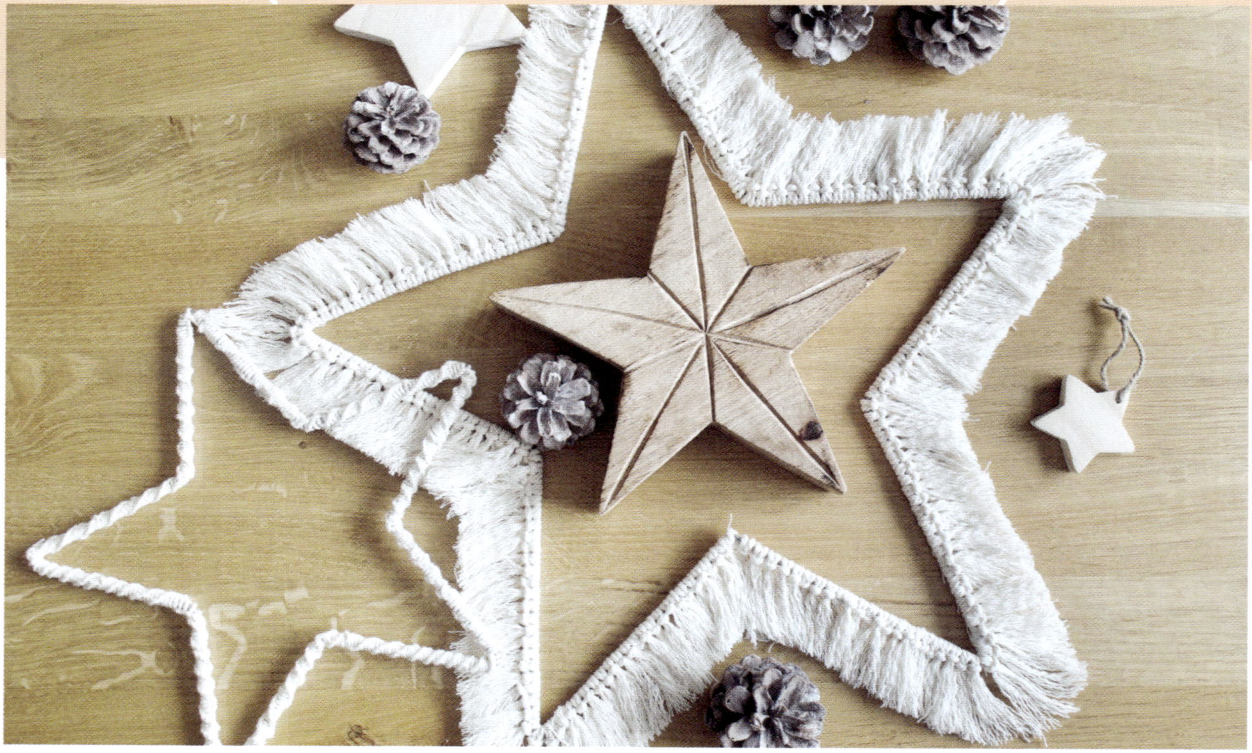

MATERIAL

- Drahtstern in beliebiger Größe (hier ca. 40 cm)
- Makramee-Garn, ca. 2 mm
- 2 Papierstreifen mit ca. 15 x 3,5 cm (B x H)

WERKZEUG

- Schere
- Kamm oder Bürste
- Haarspray

SO GEHT'S

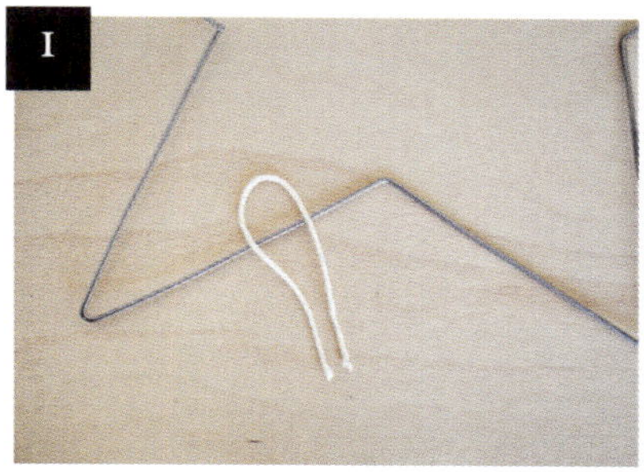

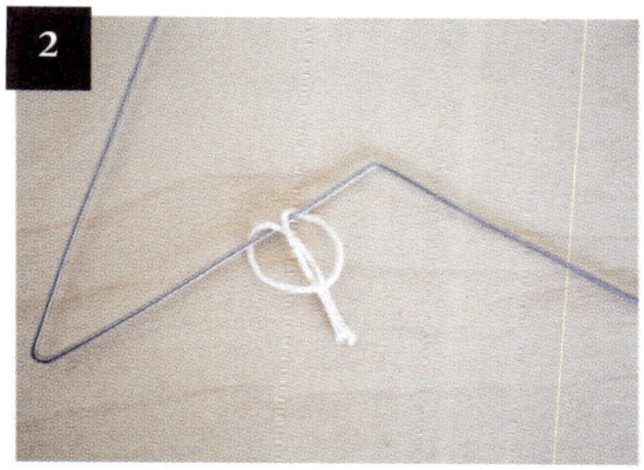

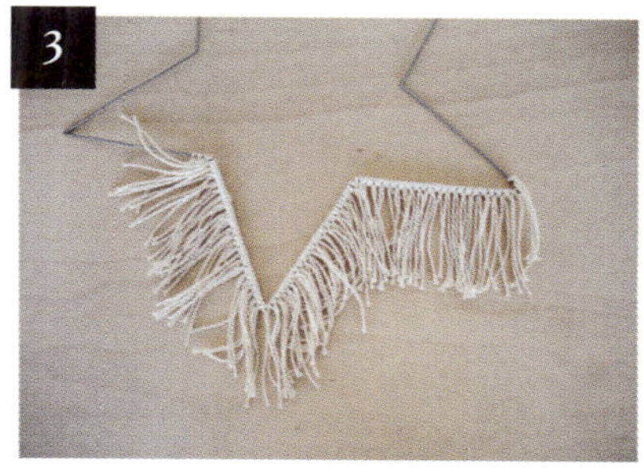

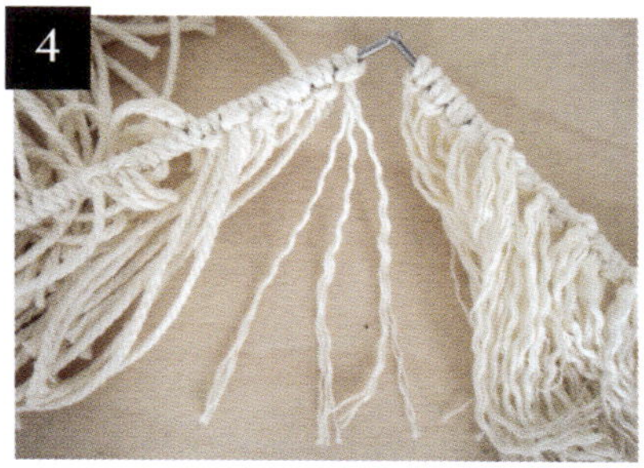

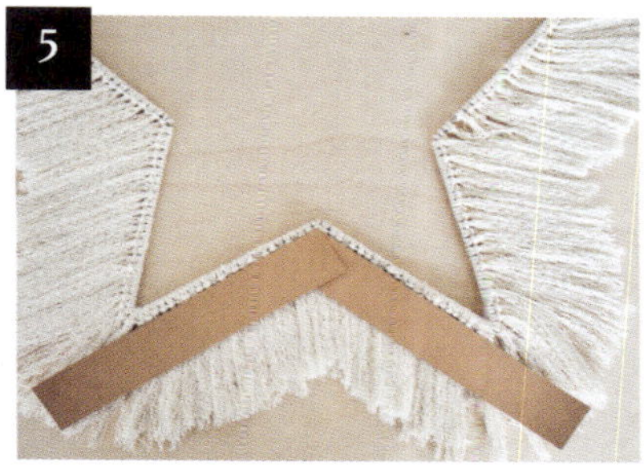

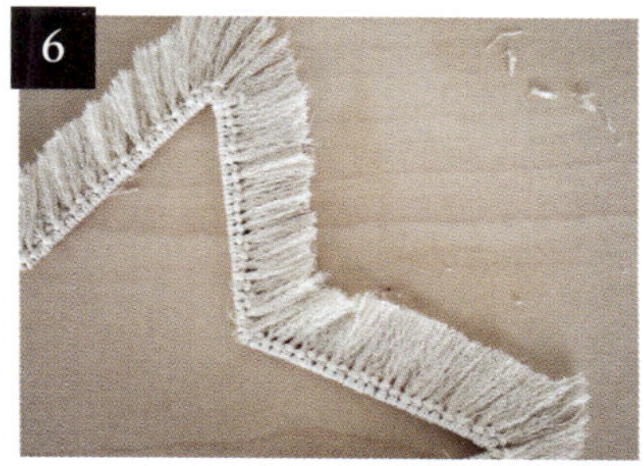

1. Schneide aus dem Makramee-Garn ca. 20 cm lange Teile zurecht. Da du den ganzen Stern mit Knoten füllen musst, brauchst du, je nach Sterngröße, sehr viele. Für meinen Stern habe ich ca. 225 Fäden benötigt. Nimm dir einen der Fäden, teile ihn in der Mitte und lege ihn über den Drahtstern.

2. Ziehe die beiden Enden durch die Schlaufe zwischen Faden und Draht straff. Der erste Knoten ist geschafft.

3. Knote die Fäden nun reihum, dicht an dicht um den ganzen Stern.

4. Jetzt kommt die Fleißarbeit: Zwirble die einzelnen Fäden auseinander, sodass du anschließend besser mit dem Kamm durchkommst.

5. Lege den fertigen Stern auf deine Arbeitsfläche, kämme alle Fransen zurecht und sprühe sie mit Haarspray ein. Lege nun die beiden Papierstreifen wie abgebildet als Schablone in ein Segment des Sterns und beginne die Fransen zu kürzen.

6. Zum Schluss kannst du noch einmal alles zurechtkämmen und übrige Fäden abschneiden. Wenn du den Stern aufhängen möchtest, sprühe ihn nochmals mit Haarspray ein.

Tipp

Wenn du einen schnelleren Weg zu deinem Makrameestern suchst, kannst du ihn auch mit dem Knoten von den Drahtkleiderbügeln (Seite 144) umknoten. Geht schneller und sieht ebenfalls schön aus. Hier empfiehlt sich ein etwas dickeres Garn.

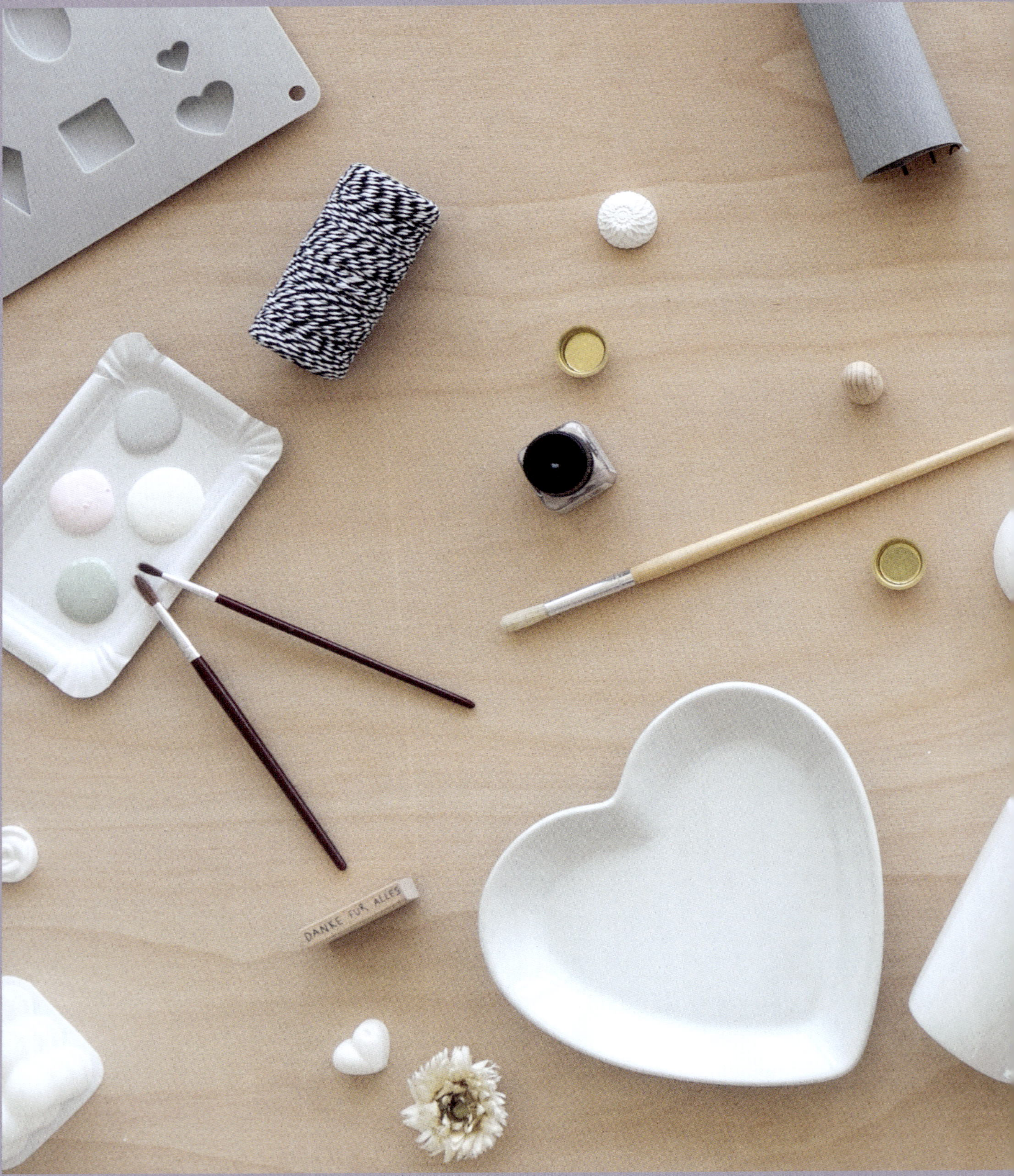
DANKE FÜR ALLES

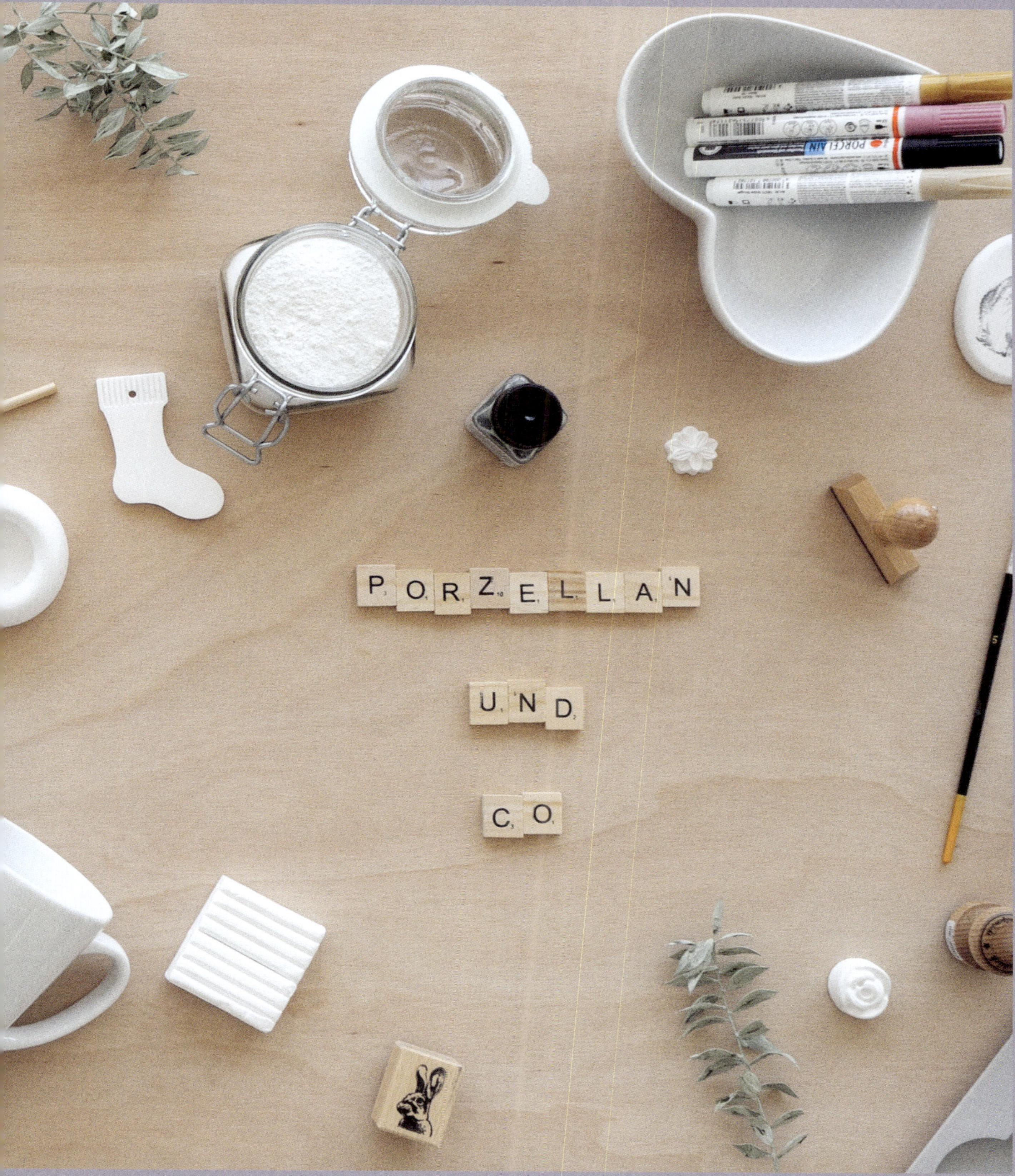
PORZELLAN
UND
CO

DEKOSTEINE AUS RAYSIN

Ich habe immer gerne Steine bemalt, allerdings ist es oft gar nicht so einfach, schöne flache Steine zu finden, die eine gute glatte Oberfläche haben. Anders ist dies bei Steinen aus Raysin, die Oberfläche lädt geradezu zum Bemalen oder Bestempeln ein.

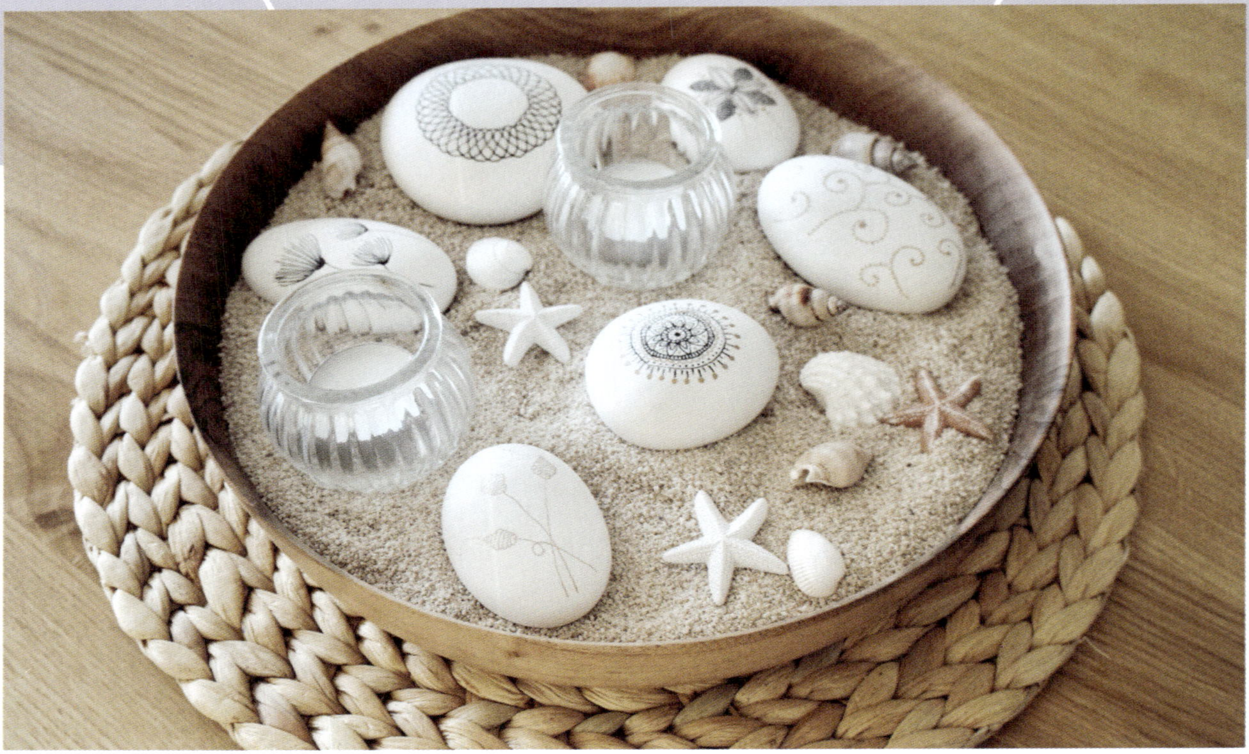

MATERIAL

- Gießpulver Raysin 100 von Rayher (Menge lt. Angabe auf der Silikonform)
- Silikonform Steine
- Teelichter
- Schale
- Deko- oder Vogelsand
- Muscheln

WERKZEUG

- Schleifpapier
- Fineliner, schwarz und kupfer
- Radiergummi

SO GEHT'S

1
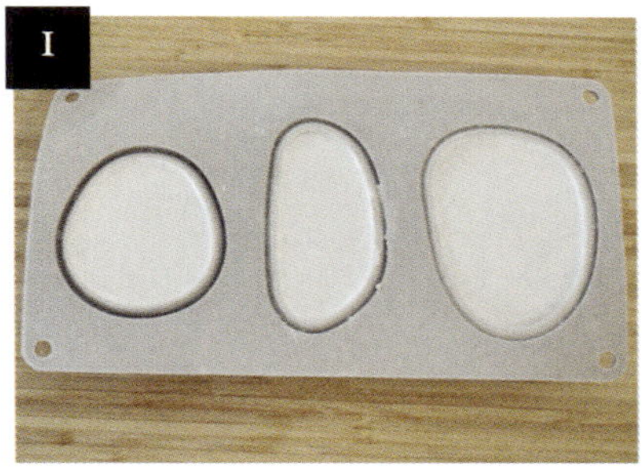

2
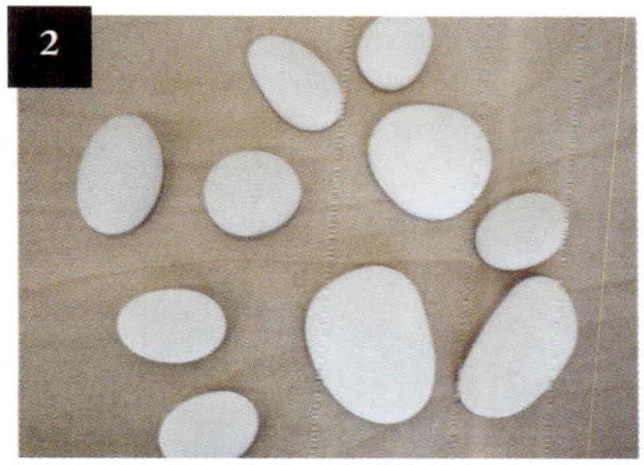

3
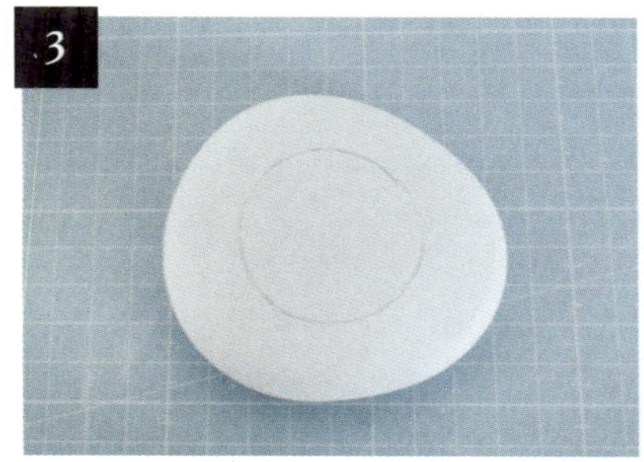

4
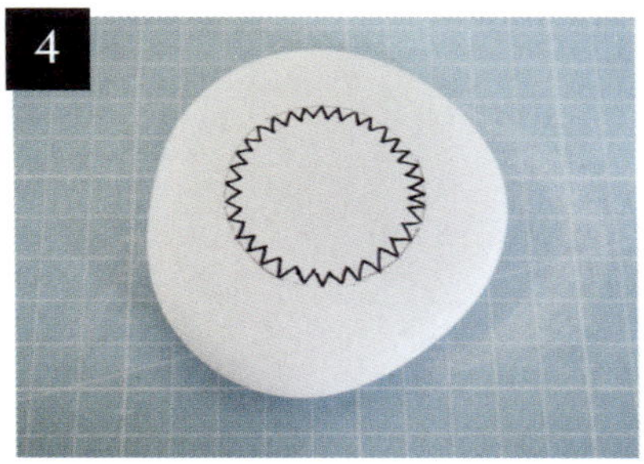

5
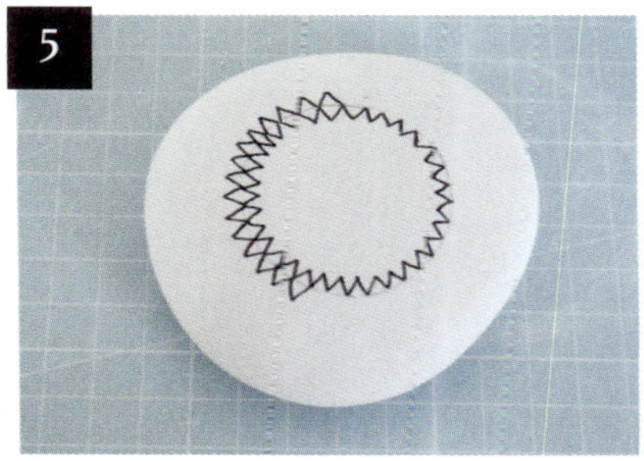

6
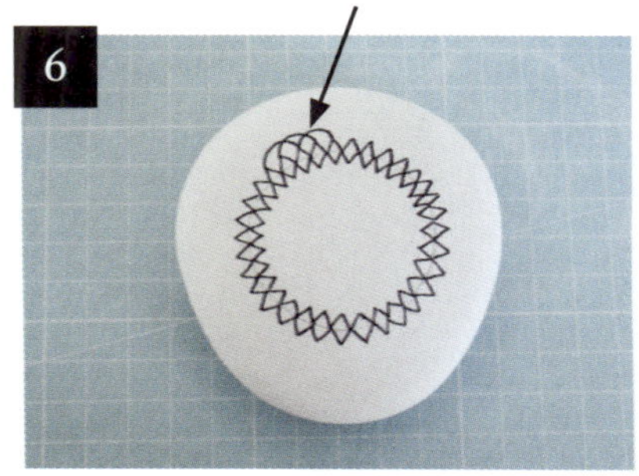

1. Rühre das Pulver nach Herstellerangaben mit Wasser an und gieße es in die Form.

2. Die Steine nach 30 Minuten aus der Form lösen und durchtrocknen lassen. Falls notwendig, die Rückseite ein wenig glattschleifen.

3. Nun kannst du mit dem Bemalen beginnen. Suche dir ein schönes Muster oder einen Schriftzug. Ich habe mich für ein Zentangle-Muster entschieden, das sich besonders gut für runde Steine eignet. Male dafür mit dem Bleistift einen kleinen Kreis in die Mitte (dieser wird später ausradiert).

4. Nun zeichnest du innen um den Rand herum lauter Zacken.

5. Dasselbe machst du auf der Außenseite des Kreises, gegengleich zur Innenseite.

6. Nun zeichnest du außen von Spitze zu Spitze Bögen, wobei du immer eine Spitze auslässt. Wiederhole dies auf der Innenseite des Kreises und schon ist dein Muster fertig.

Tipp

Wenn ich etwas aus Raysin anfertige, sehe ich immer zu, dass ich eine zusätzliche Form zur Hand habe, z. B. kleine Anhänger. Sollte ein wenig Raysin übrig bleiben, gieße ich mir immer ein paar Dinge auf Vorrat. Wenn ihr gern graue Steine haben möchtet, könnt ihr auch Bastelbeton verwenden und mit weißen Lackstiften arbeiten.

KERZENLEUCHTER AUS RAYSIN

Schöne schlichte Kerzenleuchter aus Raysin zieren jedes Regal oder auch die Kaffeetafel. Durch das Gießen kann man die Höhe der Leuchter ganz unterschiedlich gestalten. Die Holzkugeln bilden eine hübsche Unterbrechung.

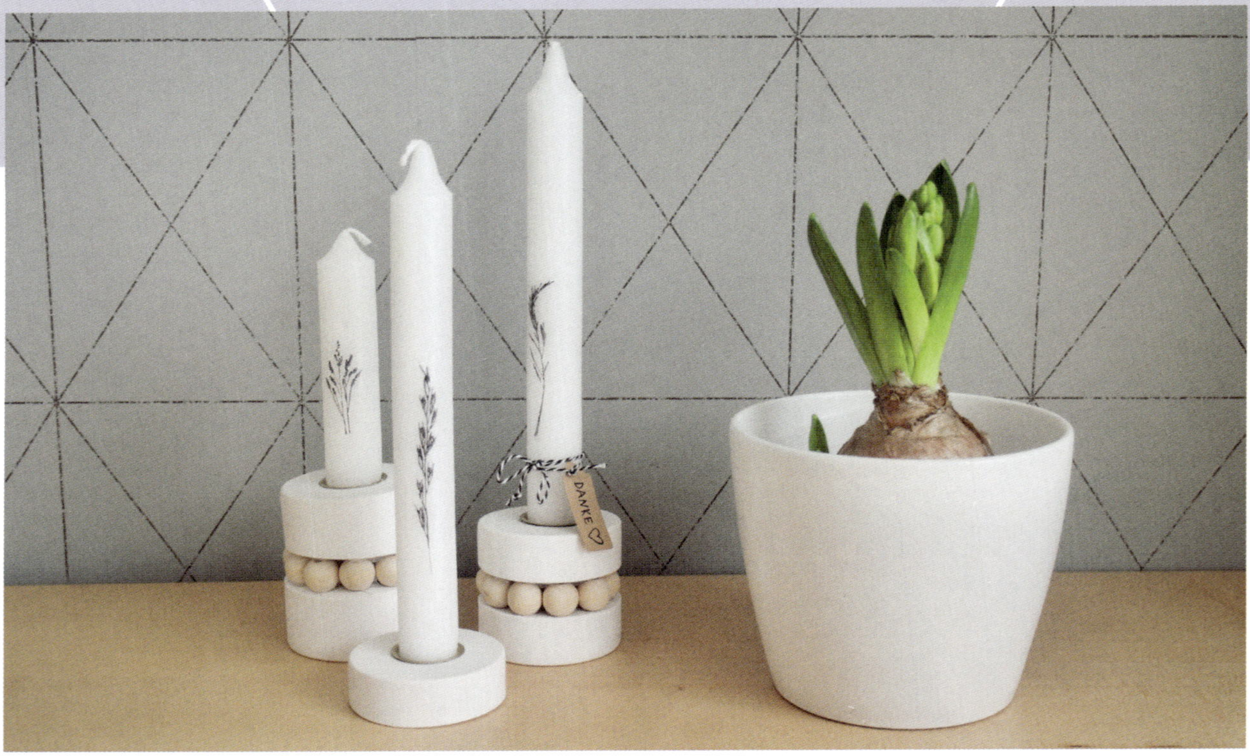

MATERIAL

- Kerzentülle und passende alte Kerze
- Gießpulver Raysin 100 von Rayher, 500 g
- Holzkugeln 10 mm (für Durchmesser 5,5 cm ca. 11 Stück pro Leuchter)
- Bäckergarn oder Jutebändchen
- Karton, braun (für Minianhänger)

WERKZEUG

- Muffinform aus Silikon
- Heißklebepistole
- Gefäß und Rührlöffel
- Messer oder spitzer Gegenstand
- Schleifpapier, feinkörnig
- Stempel und Stempelkissen oder schwarzer Stift

SO GEHT'S

1
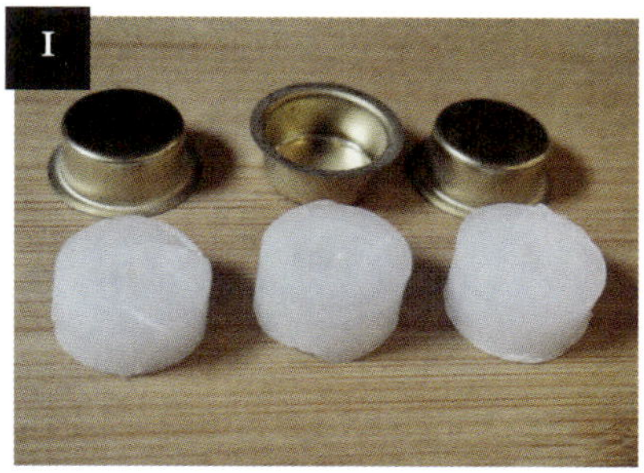

2
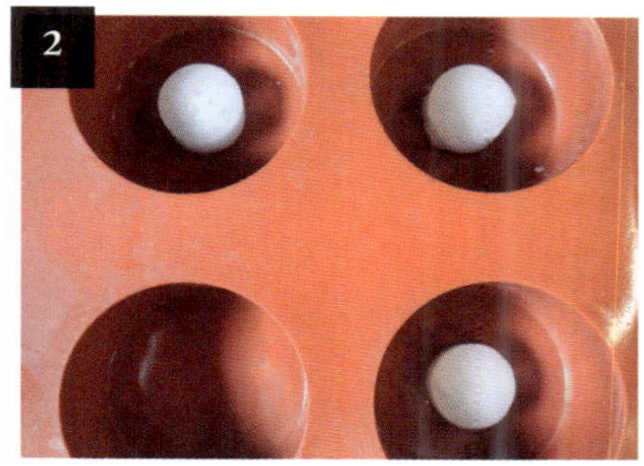

3
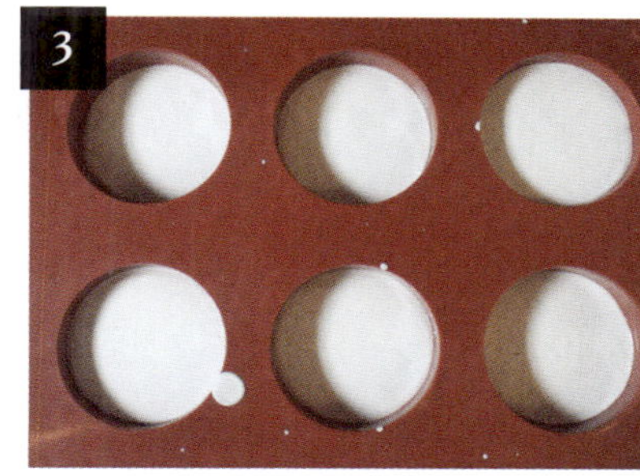

4
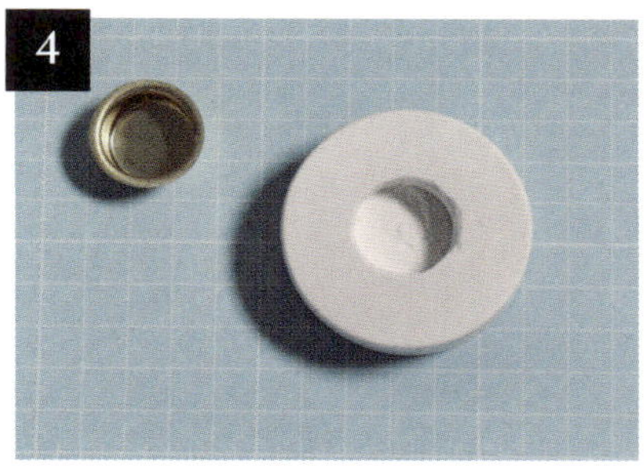

5
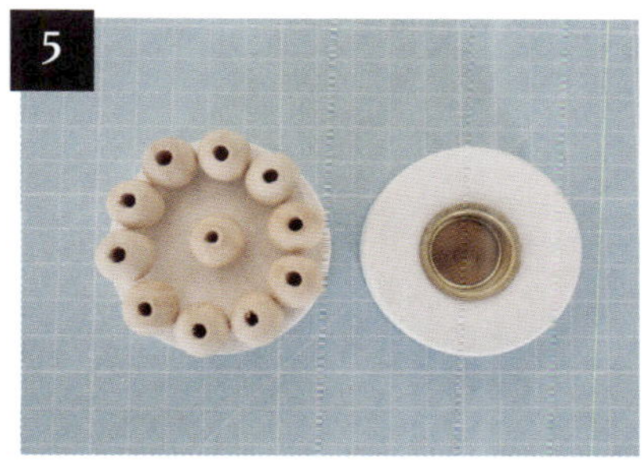

6
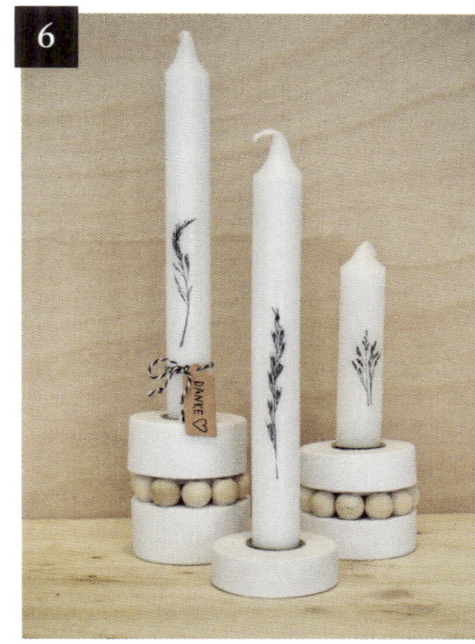

1. Beginne damit, die alte Kerze an der Hinterseite in Höhe der Kerzentülle in Scheiben zu schneiden.

2. Klebe 3 Kerzenstumpen mit der Heißklebepistole in die Mitte der Muffinform – keine Angst, diese lösen sich später wieder rückstandslos ab.

3. Mische das Raysin nach Packungsanleitung 1:2,5 mit Wasser und rühre es glatt. Gieße die drei Formen mit den Stumpen bis zu deiner gewünschten Höhe aus. Fülle zudem noch zwei weitere Formen ohne Stumpen. Nach einer halben Stunde löst du die Teile heraus.

4. Löse mit einem spitzen Gegenstand die Kerzenstumpen aus dem Loch. Sei vorsichtig, damit du den Rand nicht zu sehr beschädigst. Kleine Schäden sind unvermeidlich, diese deckt die Tülle aber ab.

5. Lass die Teile nun ein paar Tage trocken – sie werden dadurch noch ein wenig weißer. Schleife sie dann auf der Unterseite ein wenig glatt. Klebe die Tülle mit dem Heißkleber in das Loch des einen Teils. Klebe auf den Teil ohne Tülle die Holzkugeln um den Rand und zur Stabilisierung noch eine in der Mitte fest.

6. Klebe zum Schluss den Teil mit der Tülle mit Heißkleber oben auf und stecke eine Kerze in deinen Kerzenständer. Zum Verschenken kannst du noch ein kleines Kärtchen beschriften und es an einer der Kerzen anbringen.

Tipp

Achte beim Gießen darauf, dass die Form ganz gerade steht, damit du eine gerade Auflagefläche für die Kugeln bekommst.

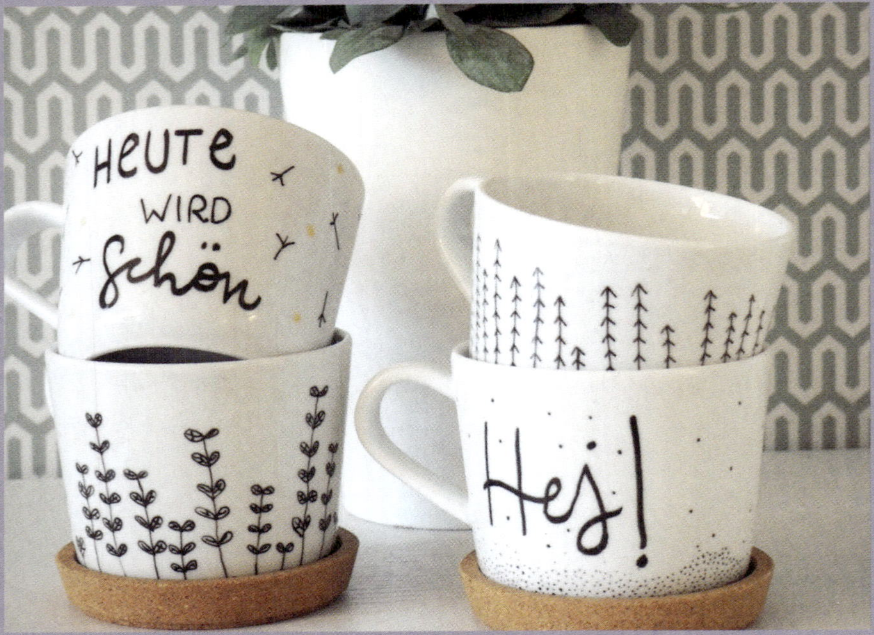

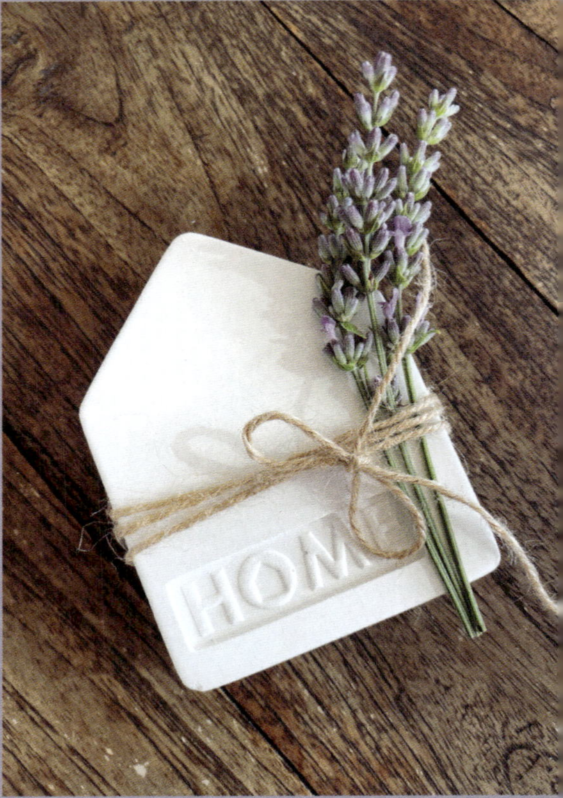

PORZELLAN & CO.
INSPIRATION

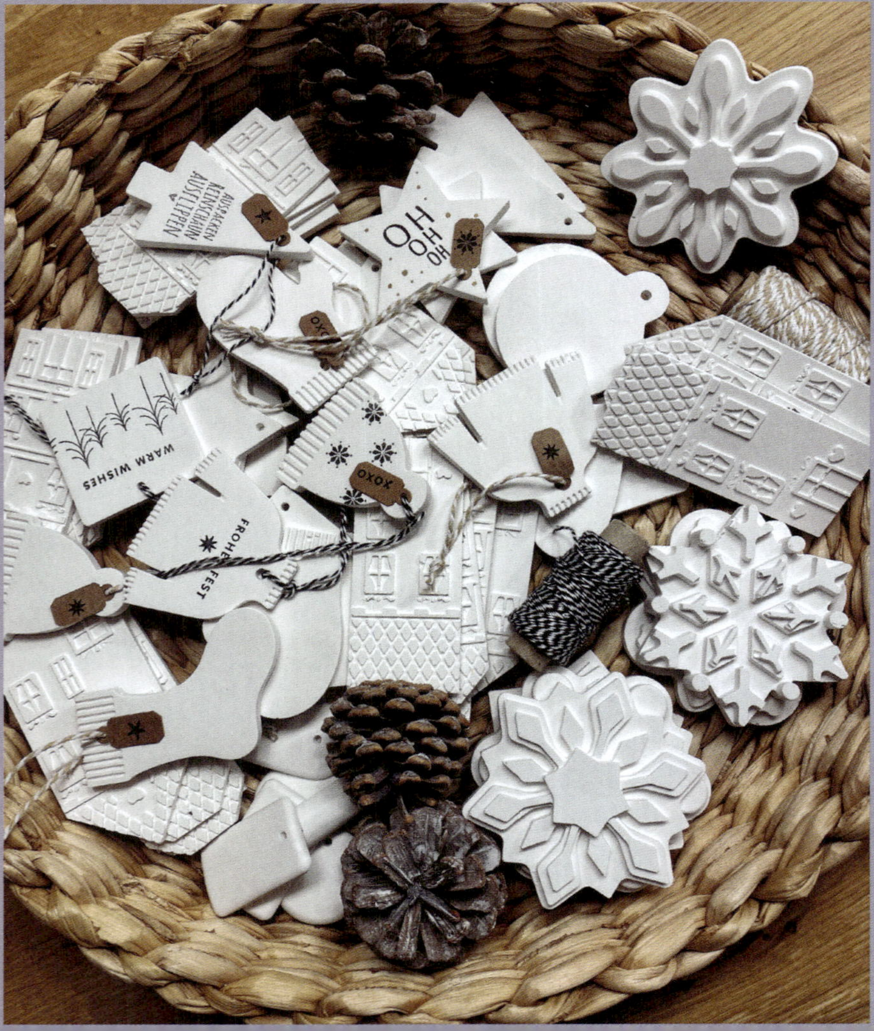

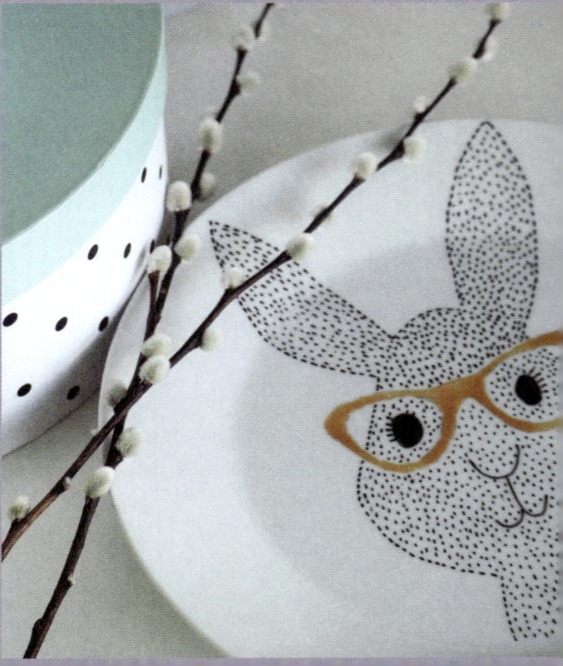

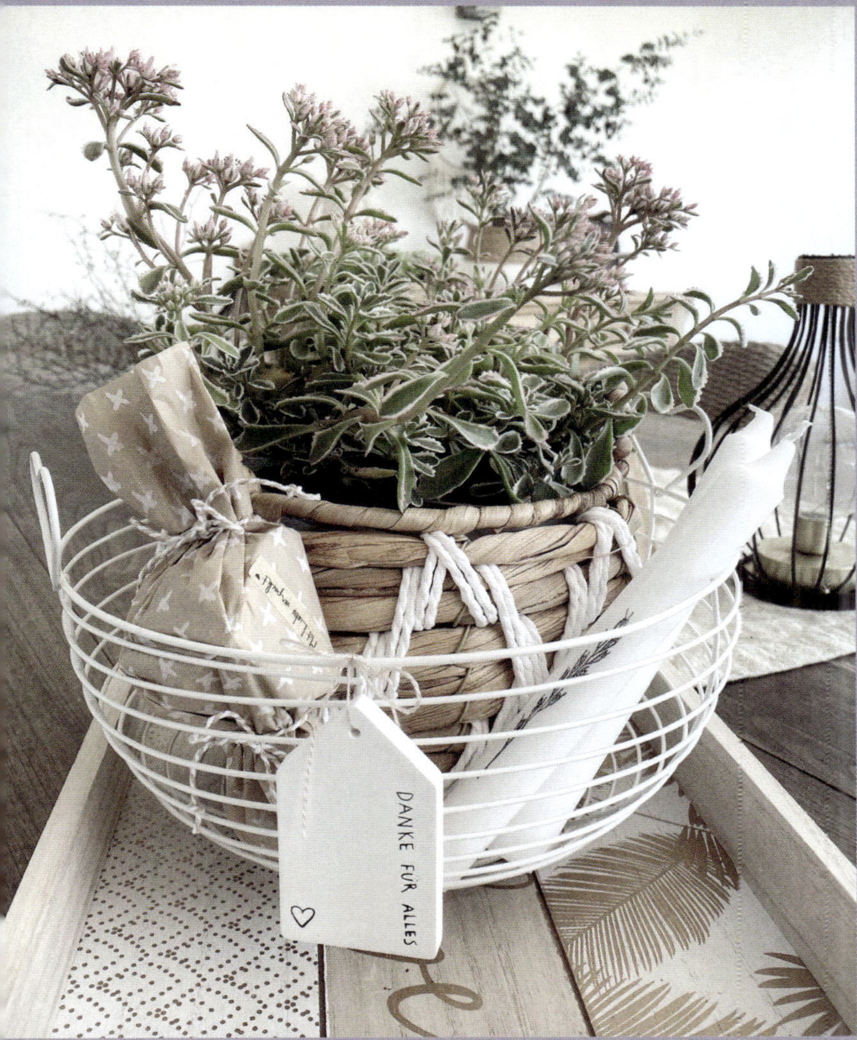
DANKE FÜR ALLES

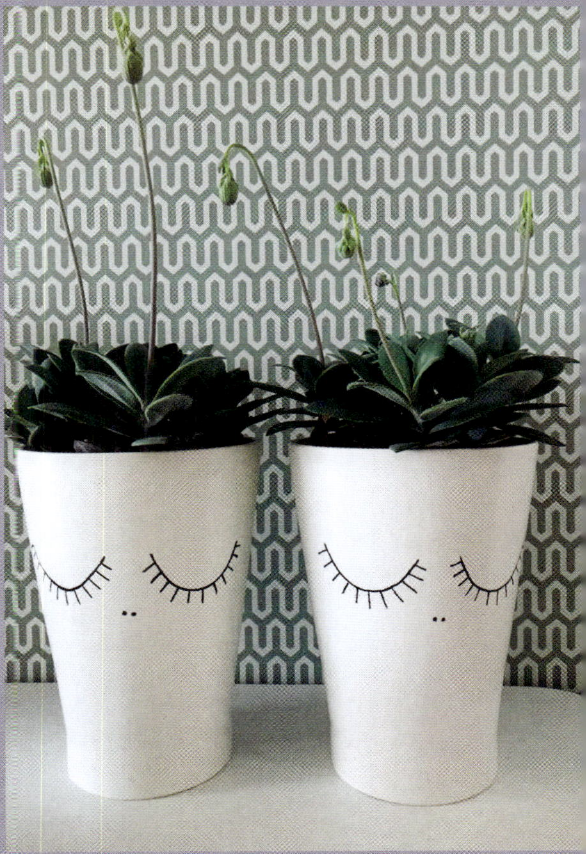

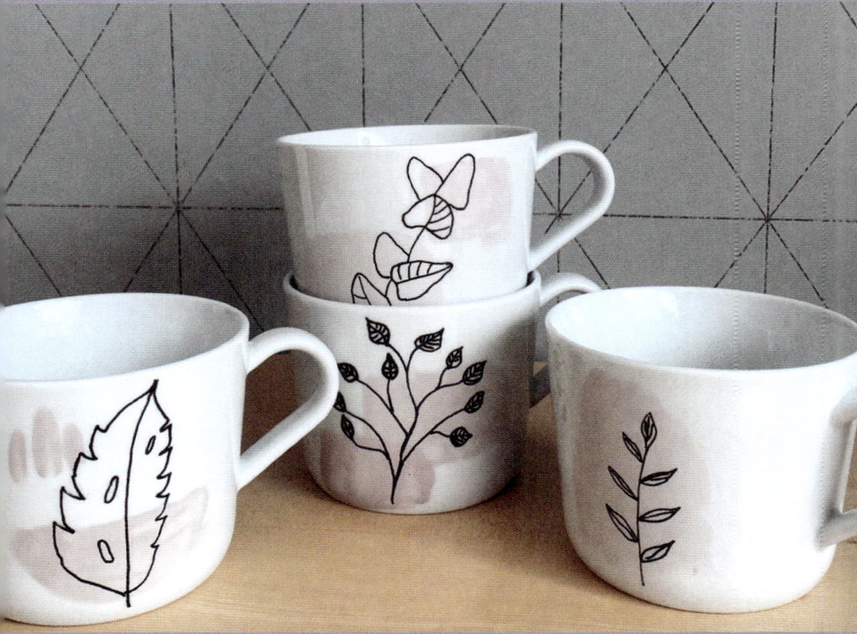

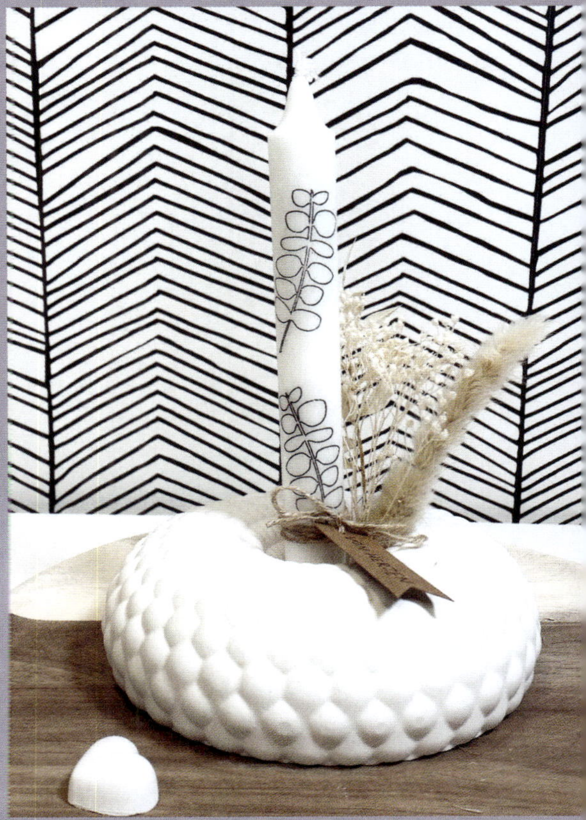

GEBLÜMTE TASSEN

Tassen kann man ja nie genug haben. Individuell gestaltet für jeden Anlass, eine bestimmte Person oder einfach für einen schön gedeckten Tisch bringen sie viel Freude.

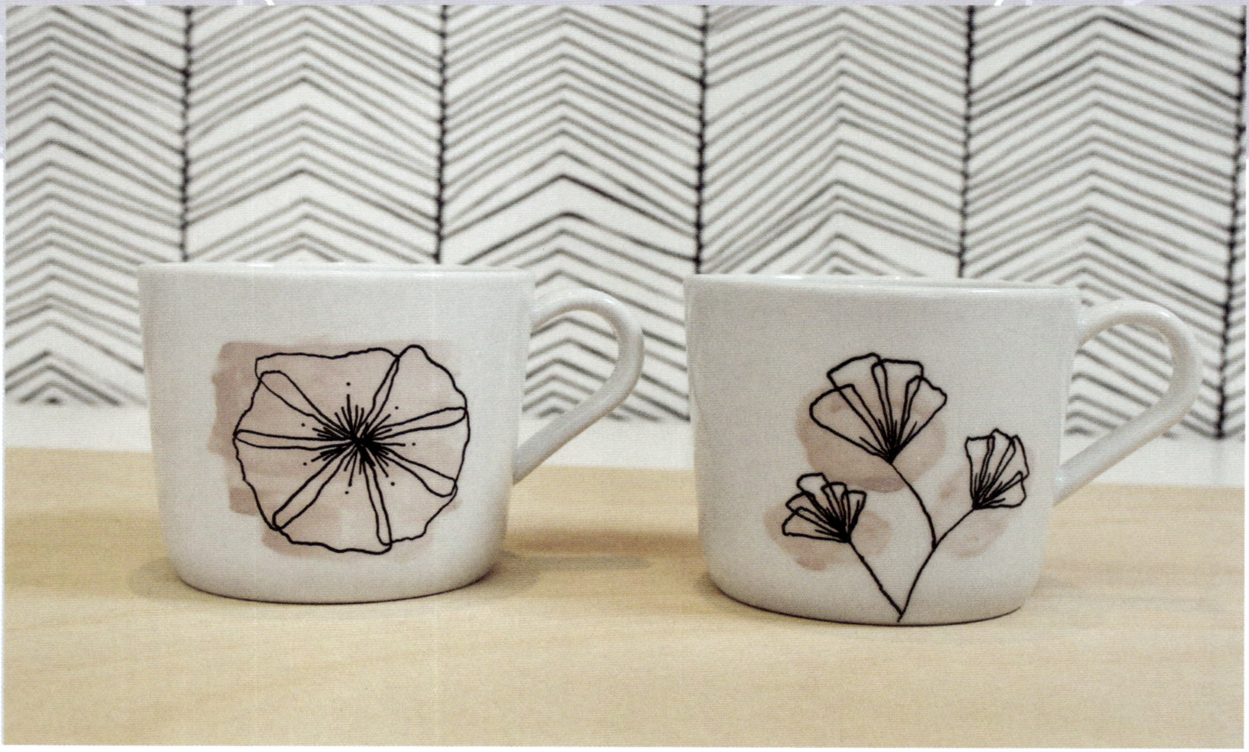

MATERIAL

- Tasse, weiß
- Porzellanfarbe, flüssig
- Porzellanmalstift

WERKZEUG

- Alkohol (zum Reinigen)
- Pinsel
- Backofen

SO GEHT'S

I

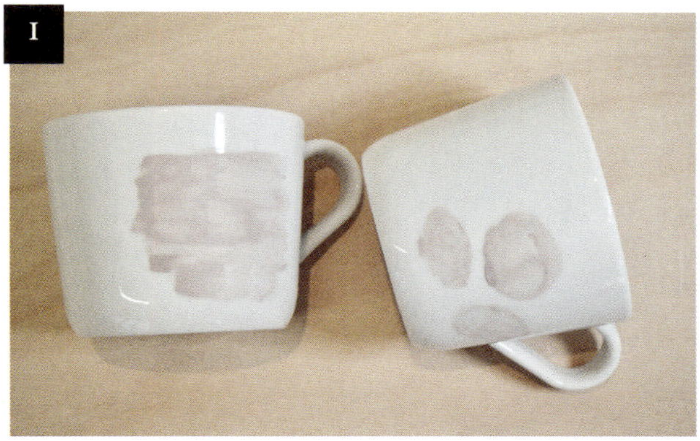

2

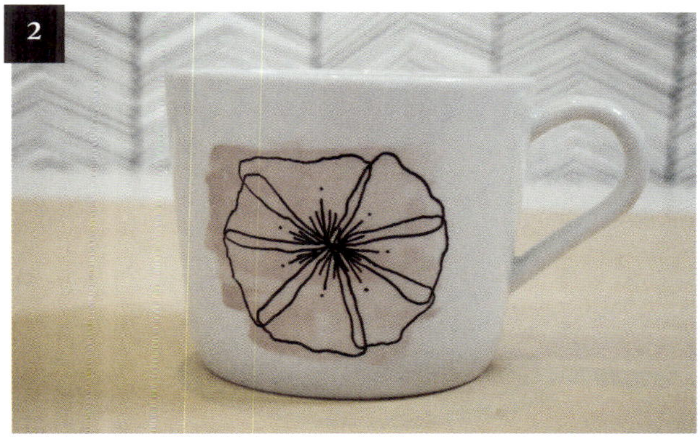

1. Als Erstes reinigst du die Tasse mit dem Alkohol, damit die Farbe besser hält. Danach kann die flüssige Farbe aufgetragen werden. Die Kleckse dürfen ein wenig unruhig aussehen. Lass die Farbe trocknen und überlege dir schon einmal, welches Blumenmotiv oder Muster du im Anschluss auftragen möchtest.

2. Male nun dein Motiv mit dem Porzellanstift auf. Probiere dies vielleicht vorher auf einem Zettel aus. Lass die Tasse dann einige Stunden trocknen. Stell sie anschließend in den kalten Backofen und richte dich mit der Temperatur nach den Infos auf Stift und Farbe. Lass die Tasse nach dem Erhitzen auch im Backofen abkühlen.

Hinweis

Spare beim Bemalen von Porzellan aus Sicherheitsgründen den Nutz- und Essbereich aus.

HOME SWEET HOME

Weiße Häuschen sind ja beim Thema Skandi immer willkommen. Diese hier sind ganz einfach zu machen und es gibt so unendlich viele Formen und Gestaltungsmöglichkeiten.

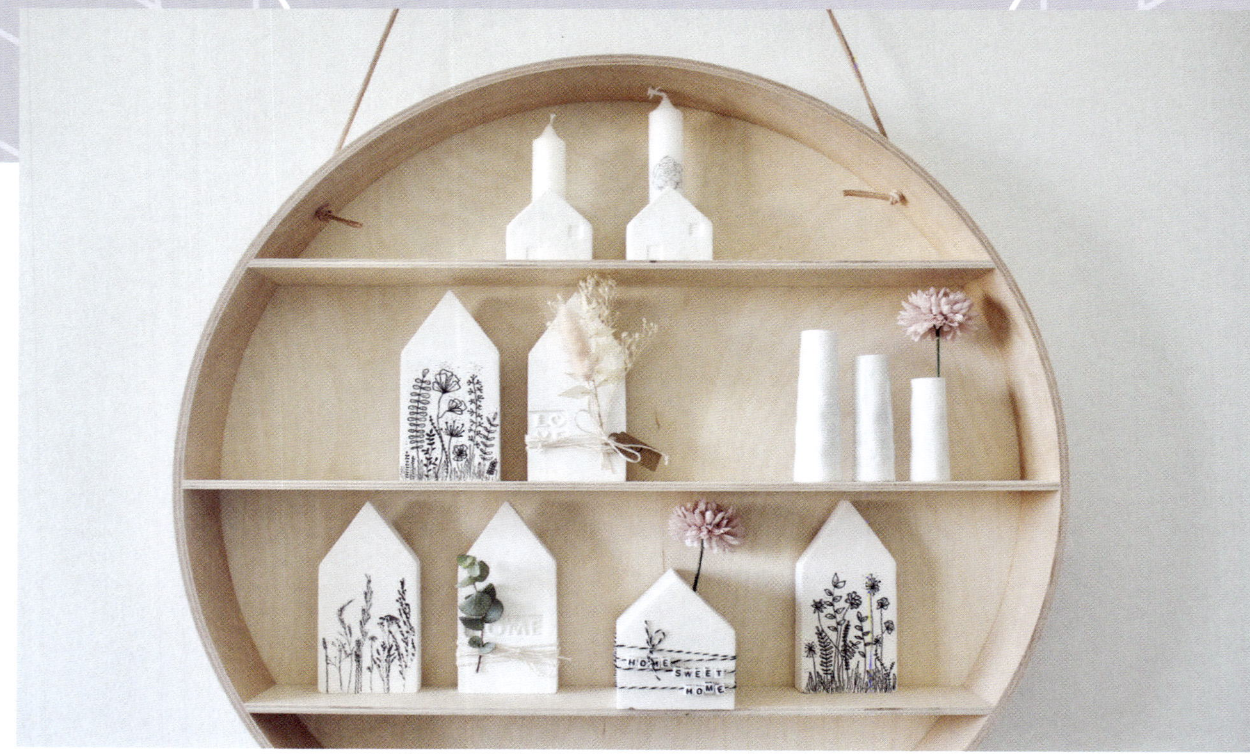

MATERIAL

- Gießpulver Raysin 100 von Rayher
- Formen aus Silikon oder Kunststoff
- Kerzen (optional)
- Buchstabenperlen (optional)
- Eukalyptus oder Trockenblume (optional)
- Labels zum Mitgießen (optional)
- Anhänger aus Karton
- Juteschnur/Bäckergarn

WERKZEUG

- Schüssel
- Kochlöffel zum Umrühren
- Waage
- Spitzer Gegenstand
- Holzspieß
- Schleifpapier, feinporig
- Schere

SO GEHT'S

1

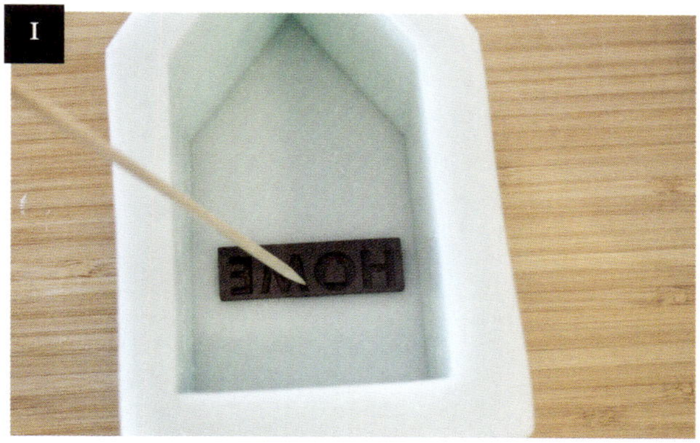

2

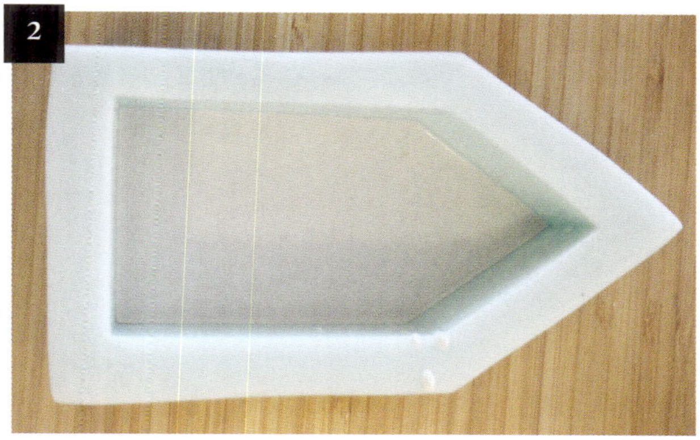

3

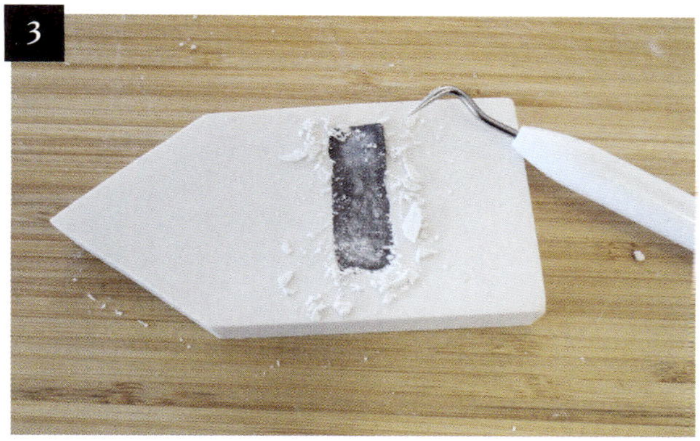

4

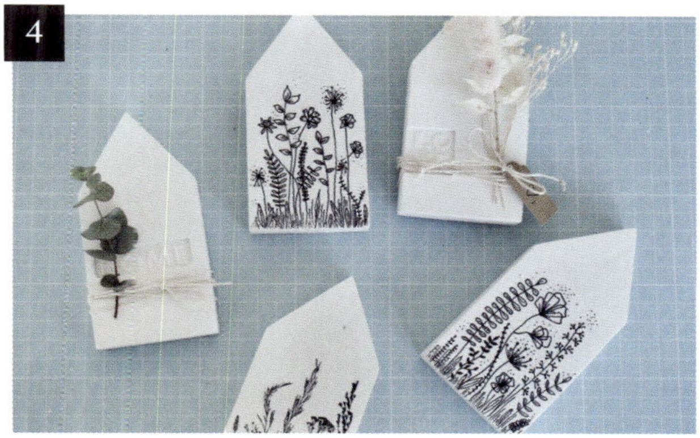

1. Solltest du ein Label haben, lege es in die Form. Halte es während des Eingießens mit einem Holzspieß an seiner Position.

2. Wiege das Raysin-Pulver ab und rühre es mit Wasser an. Nimm immer nur so viel Pulver, wie du verwerten kannst, da es schnell aushärtet. Stelle deine Form auf eine gerade Oberfläche und gieße die Masse hinein. Rüttle die Form noch ein wenig, sodass oben eine schöne glatte Oberfläche entsteht.

3. Löse das Label nach 30 Minuten mit einem spitzen Gegenstand heraus. Kratze falls nötig Unebenheiten am Rand ein wenig ab.

4. Lass die Häuser trocknen und schleife sie falls notwendig auch auf der Rückseite ein wenig ab, damit sie schön glatt werden. Nun kannst du die Häuser bemalen, bestempeln oder bekleben. Alternativ kannst du auch nur ein kleines Sträußchen aus Trockenblumen binden und es am Haus befestigen. Zum Verzieren eignen sich auch Eukalyptuszweige oder Buchstabenperlen.

Tipp

Wenn du dir keine Labels kaufen möchtest, aber trotzdem etwas in das Haus einprägen willst, kannst du dir aus Moosgummi ein Herz oder einen Stern ausschneiden und diese in die Form legen. Du kannst das Raysin auch einfärben oder die Häuser nachher bemalen.

LASS DICH FEIERN!

Das Raysin-Pulver eignet sich für dieses Projekt ausgezeichnet, da es auch die feinsten Konturen nachzeichnet und die kleinen Blümchen aus den Pralinenformen toll abbildet. Bunt bemalt oder schlicht weiß passen sie gut zum hellen Holz und auf jedes Regal.

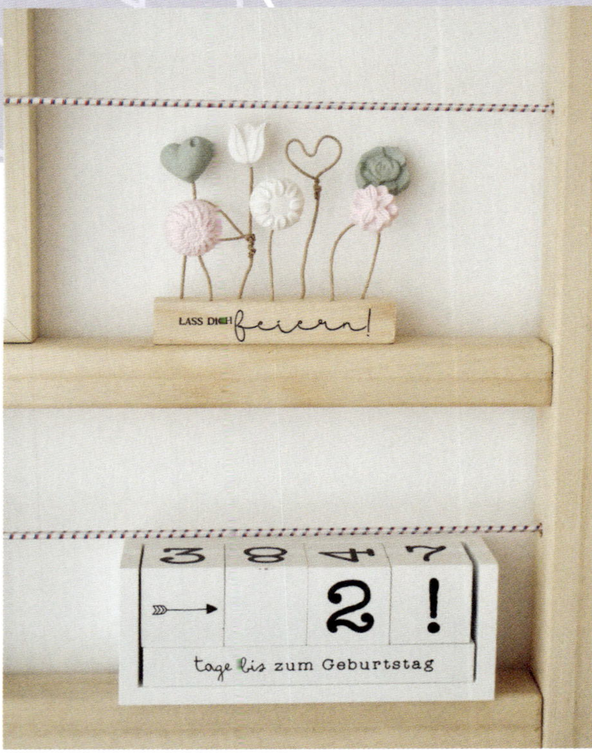

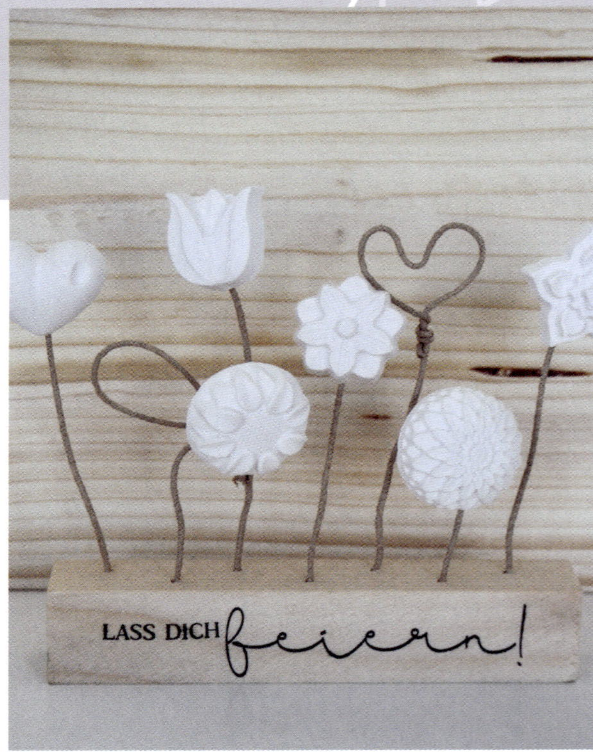

MATERIAL

- Raysin-Gießpulver 100
- Pralinen-Silikonformen
- Acryl- oder Kalkfarben
- Papierdraht
- Kantholz, ca. 2 x 2 cm x 11,5 cm (H x T x B)

WERKZEUG

- Schüssel
- Kochlöffel (zum Umrühren)
- Pinsel
- Zange
- Heißklebepistole
- Säge
- Stempel und Stempelkissen
- Bohrer

SO GEHT'S

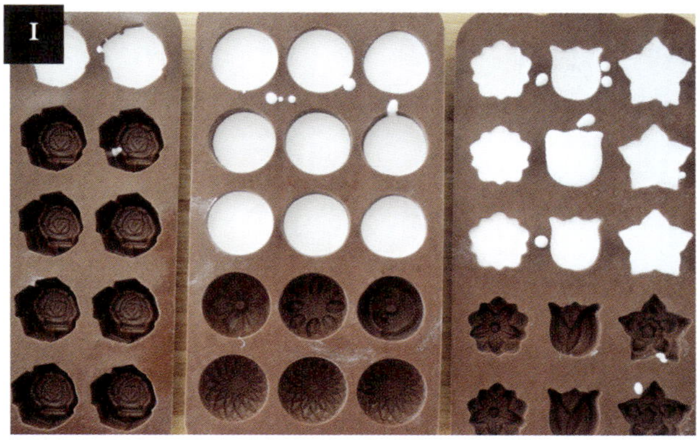

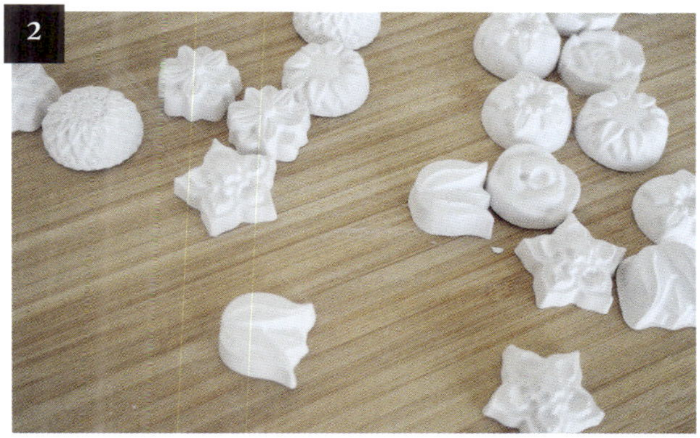

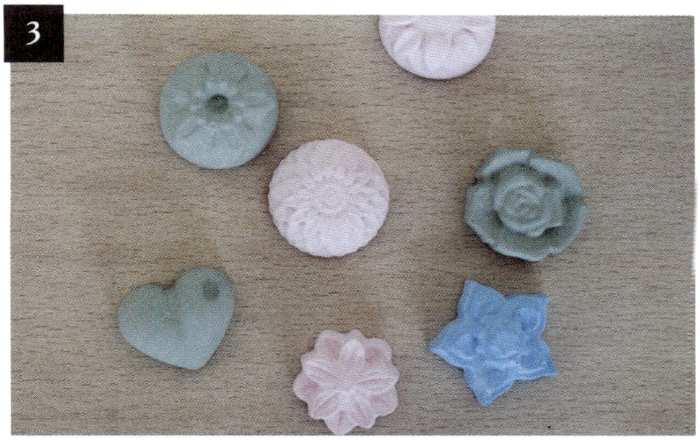

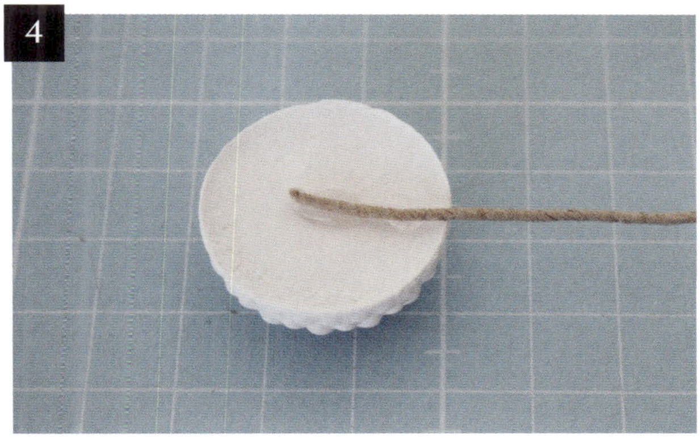

1. Rühre zunächst ca. 250g Raysin-Pulver nach Packungsanleitung an. Für eine Leiste braucht man nur eine sehr kleine Menge. Ich produziere in so einem Fall aber immer mehrere Blumen auf Vorrat. Gieße die Masse direkt in die Formen. Silikonformen sind unterschiedlich tief. Damit die Blumen nicht zu schwer und nicht zu dick werden, fülle bei Bedarf nur halb.

2. Nach 30 Minuten aus der Form lösen und gut durchtrocknen lassen.

3. Je nach Lust und Laune kannst du einige der Blüten bemalen oder auch schlicht in Weiß lassen.

4. Befestige den Papierdraht in unterschiedlichen Längen mit dem Heißkleber an den Blüten. →

SO GEHT'S WEITER

5

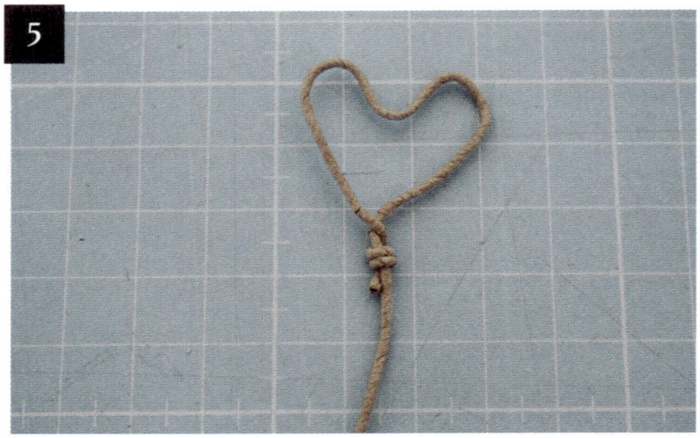

6

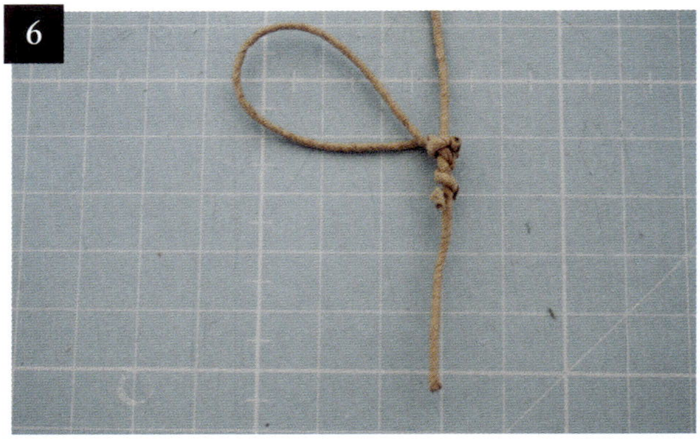

7

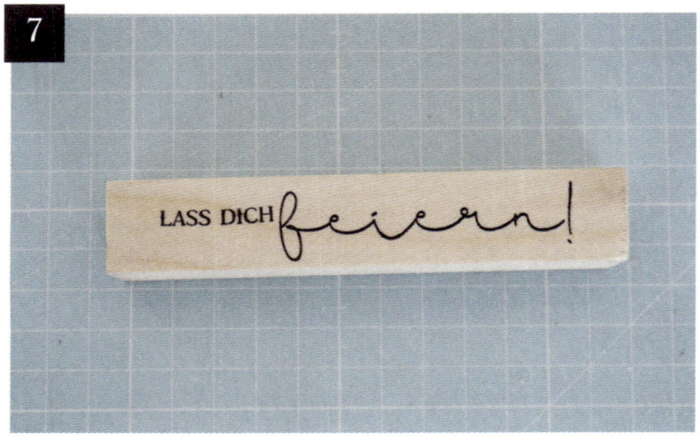

8

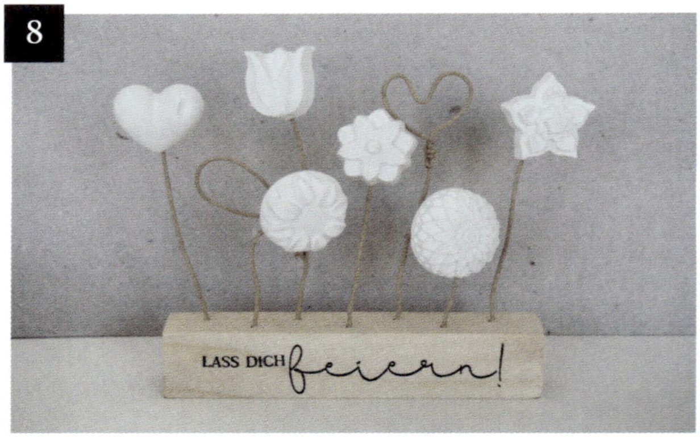

5. Man kann die gesamte Leiste mit Blumen füllen oder auch aus Draht ein Herz biegen.

6. Du kannst auch Blätter formen und an den Stängeln anbringen.

7. Nun das zugeschnittene Kantholz bestempeln.

8. An der Oberseite die gewünschte Anzahl an Löchern anbohren. Zum Schluss die Blümchen einstecken und zurechtbiegen.

Tipp

Wenn du gleich mehrere dieser Blüten angefertigt hast, kannst du sie auch als Streudeko verwenden oder als kleines Gastgeschenk auf jeden Platz deines gedeckten Tisches legen.

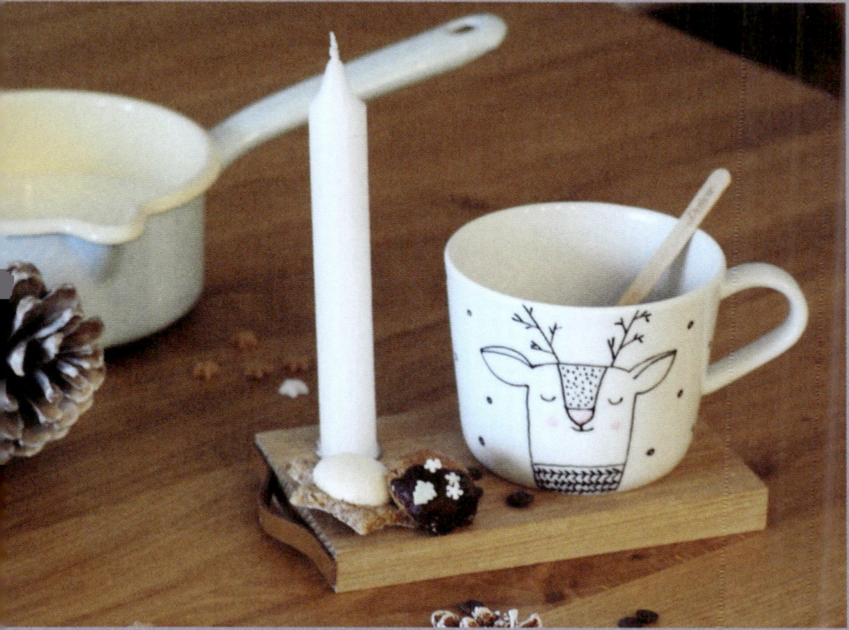

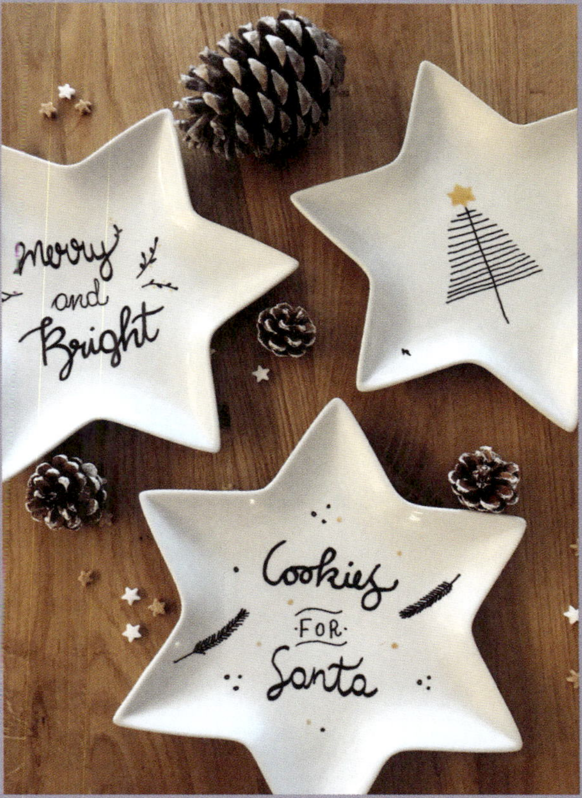

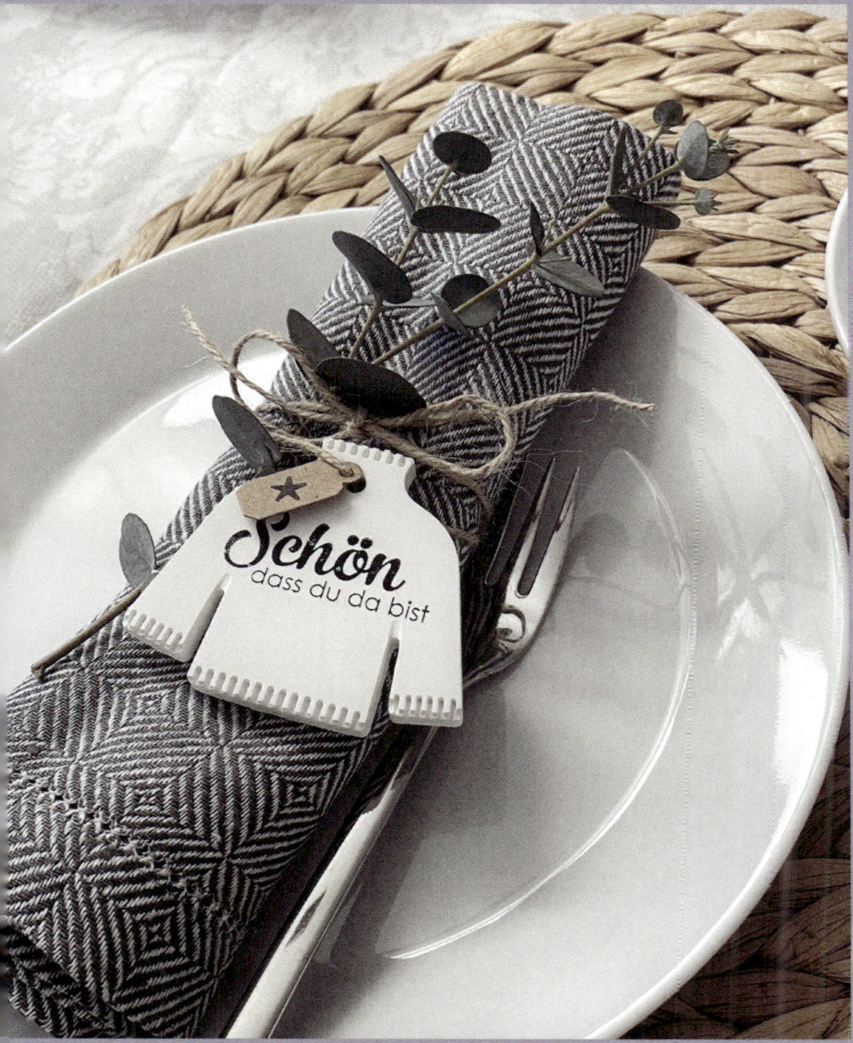

PORZELLAN & CO. INSPIRATION

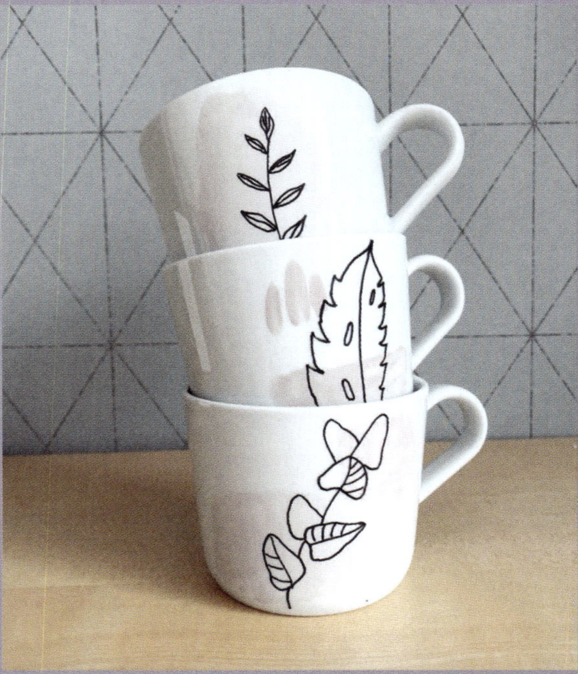

LIEBESANHÄNGER

Knete ist nicht nur etwas für Kinder. Aus der ofenhärtenden Masse kann man mit wenig Aufwand viele hübsche Kleinigkeiten basteln.

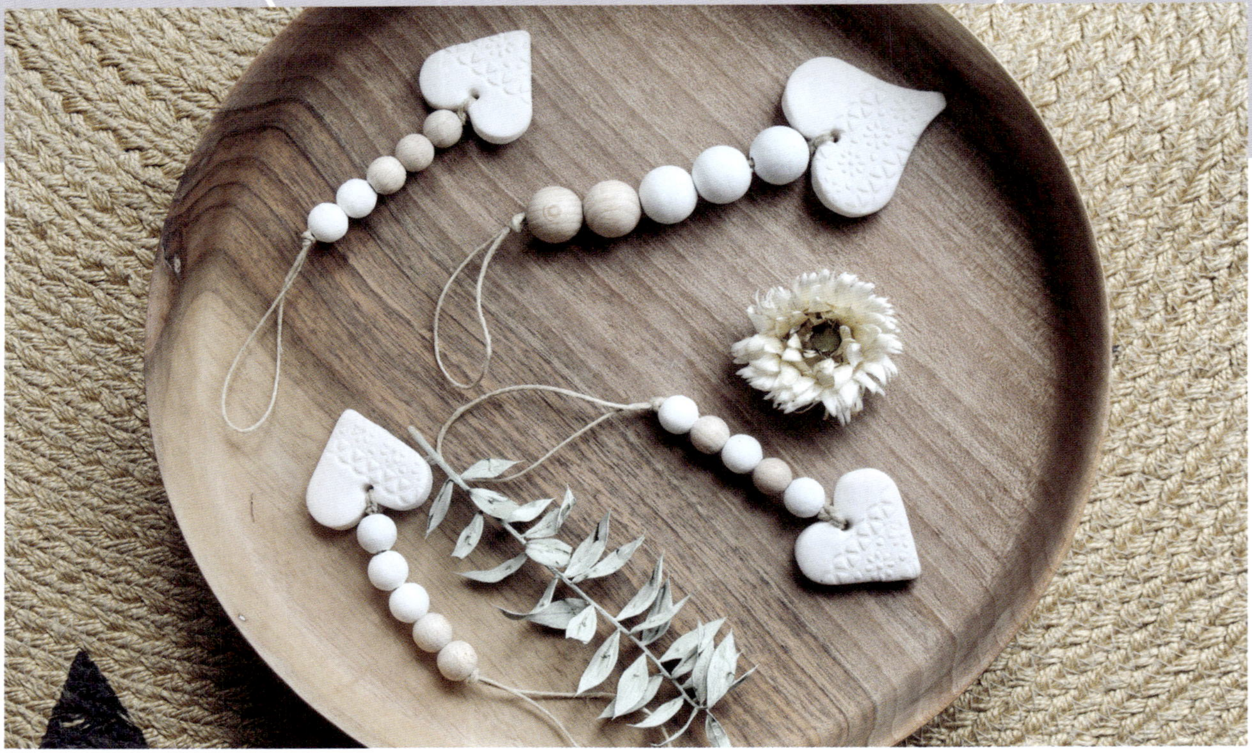

MATERIAL

- Holzkugeln in gewünschter Größe (hier Durchmesser 2 bzw. 0,8 cm)
- Weiße Acryl- oder Kalkfarbe
- Knetmasse, ofenhärtend
- Eisstäbchen oder andere Distanzhalter
- Spitzenborte
- Backpapier
- Juteschnur

WERKZEUG

- Pinsel
- Schaschlikspieß (Holz)
- Ausroller oder Nudelholz
- Herzausstecher
- Stricknadel
- Backblech/Backrohr
- Schere
- Heißklebepistole

SO GEHT'S

1
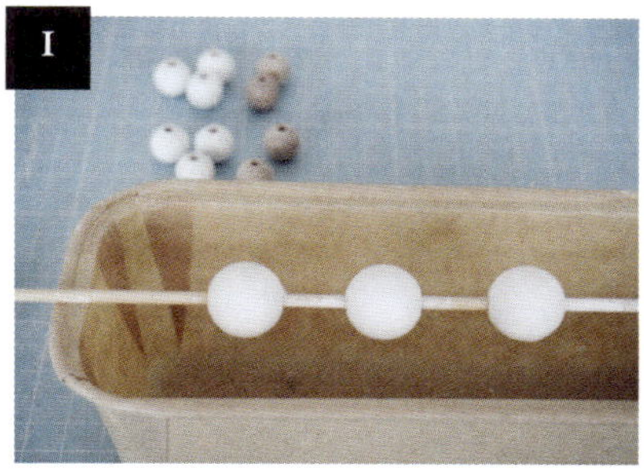

2
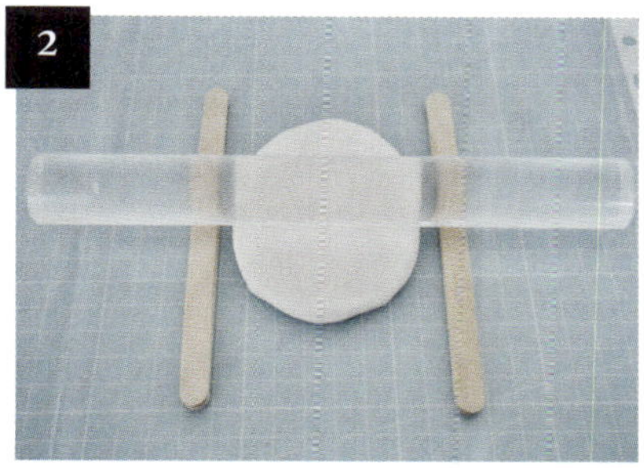

3
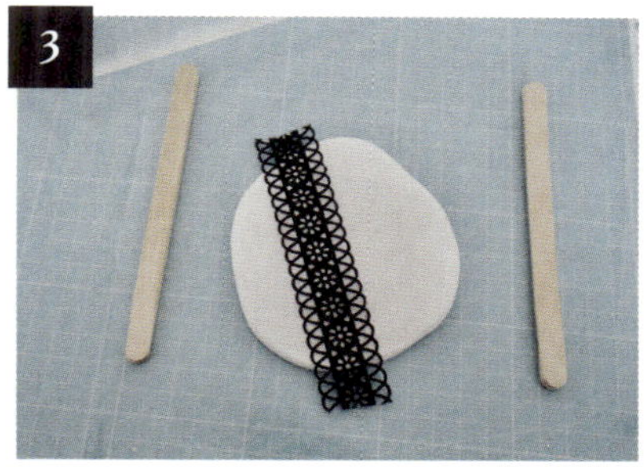

4
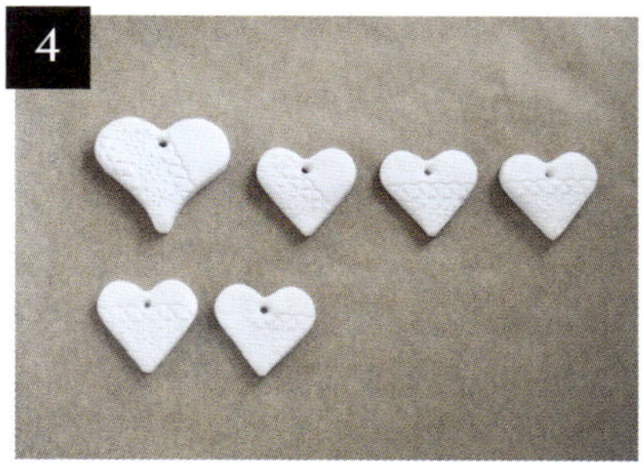

5
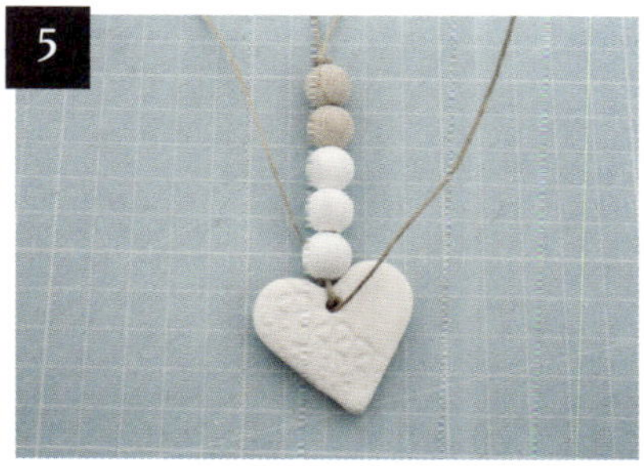

1. Bemale einige Kugeln in Weiß oder in deiner gewünschten Farbe. Ich fädle sie dafür auf einen Schaschlikspieß, so kommt man gut an alle Seiten und sie können schön trocknen.

2. Sorge als Nächstes für eine saubere Arbeitsfläche und knete die Masse ein wenig weich, damit sie sich gut ausrollen lässt. Um eine gleichmäßige Fläche zu bekommen, kannst du dir zwei Abstandshalter parat legen. Ich habe hier je zwei Eisstäbchen aufeinander geleimt. Rolle die Masse nun auf die gewünschte Höhe aus.

3. Lege deine Spitzenborte auf die ausgerollte Fläche und rolle nochmals darüber. Drück dabei nicht zu fest auf.

4. Stich nun deine Herzen aus. Dabei bleibt es deiner Fantasie überlassen, ob das Muster das ganze Herz oder nur einen Teil bedeckt. Stich mit der Stricknadel ein Aufhängeloch hinein. Lege die Herzen auf ein mit Backpapier ausgelegtes Blech und härte sie im Backofen nach Packungsanleitung. Lasse sie danach gut abkühlen.

5. Nimm ca. 50 cm Juteschnur und bilde eine Schlaufe. Stecke diese durch fünf deiner Holzkugeln und verknote sie. Dann fädelst du einen Teil der Schnur von hinten und einen von vorne durch das Loch. Verknote das Ganze unter der letzten Kugel zunächst vorne, wende es und mach noch zwei Knoten auf der Rückseite. Schneide die Schnur am Knoten ab und gib etwas Heißkleber darauf.

Tipp

Besonders helle Farben der Knetmasse nehmen sehr leicht Fussel auf. Knete deshalb immer vorab ein wenig auf einem Stück herum, das du dann nicht verwendest, und rolle auch damit über die Arbeitsfläche, die du vorher gut gereinigt hast. Ganz vermeiden lassen sich die Fussel nicht, aber das erste Stück Knetmasse nimmt zumindest ganz viel davon auf.

RAYSINBECHER

Für Raysin braucht es immer Gießformen. Wer gerne sparen möchte, kann natürlich auch Dinge aus dem Hausgebrauch verwenden. Joghurtbecher oder Trinkbecher zum Beispiel.

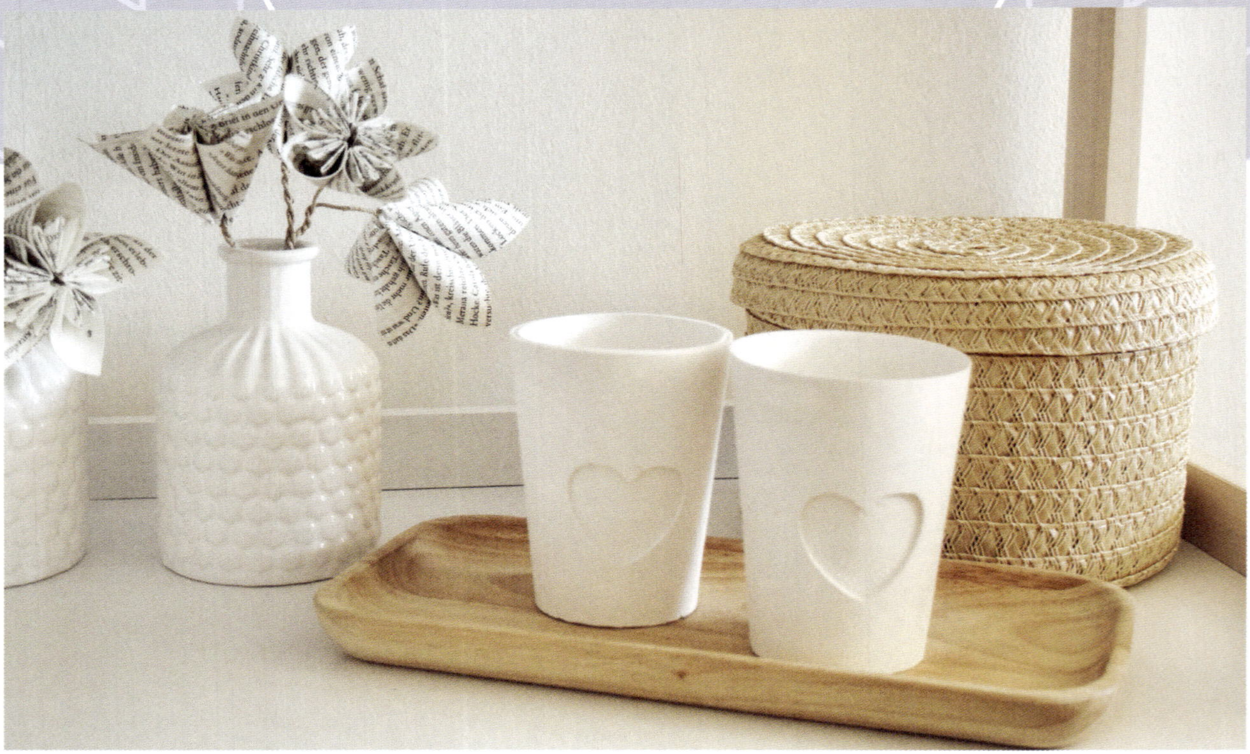

MATERIAL

- Gießpulver Raysin 100 von Rayher
- Becher, ca. 250 ml Fassungsvermögen, aus Papier
- Becher, ca. 170 ml Fassungsvermögen, aus Schaumstoff (Thermo)
- Moosgummi
- Steine (zum Beschweren)

WERKZEUG

- Schüssel
- Kochlöffel (oder Ähnliches zum Umrühren)
- Schere oder Stanzer
- Heißklebepistole
- Schleifpapier
- Stempel und Stempelkissen

SO GEHT'S

1
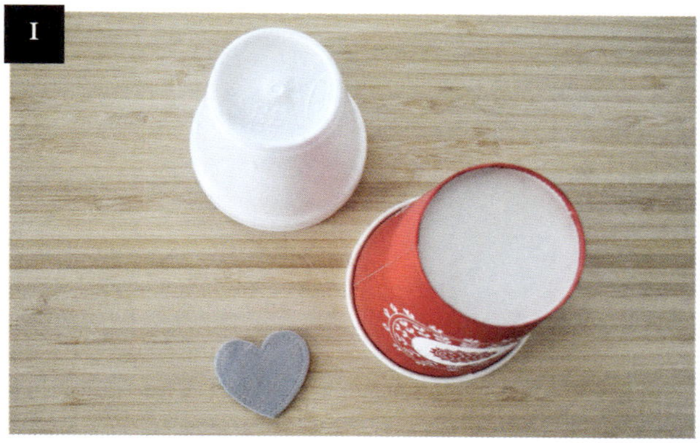

2
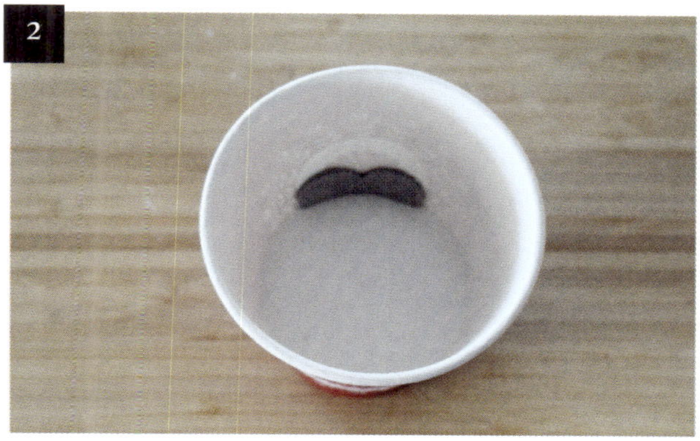

3
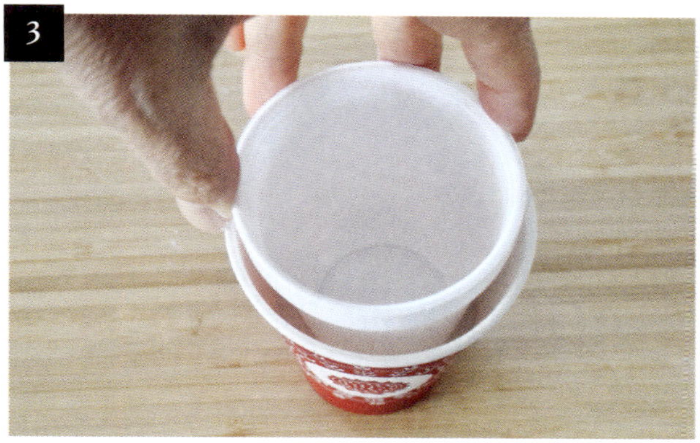

4
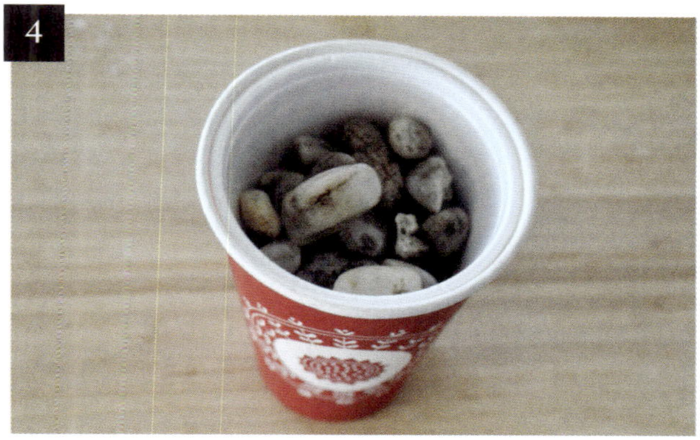

1. Zunächst ca. 400 g Raysin-Pulver nach Packungsanleitung anrühren. Das Herz aus Moosgummi ausschneiden oder stanzen und mit den beiden Bechern bereitstellen.

2. Das Herz mit Heißkleber im Inneren des Papierbechers an der Seitenwand ankleben. Platziere es nicht ganz mittig, sondern tendenziell eher unten. Fülle nun das Raysin ein. Beachte, dass beim Hineindrücken des zweiten Bechers das Raysin seitlich zwischen den Bechern nach oben kommt.

3. Nun den Thermobecher vorsichtig hineindrücken.

4. Steinchen oder etwas anderes zum Beschweren einfüllen. →

SO GEHT'S WEITER

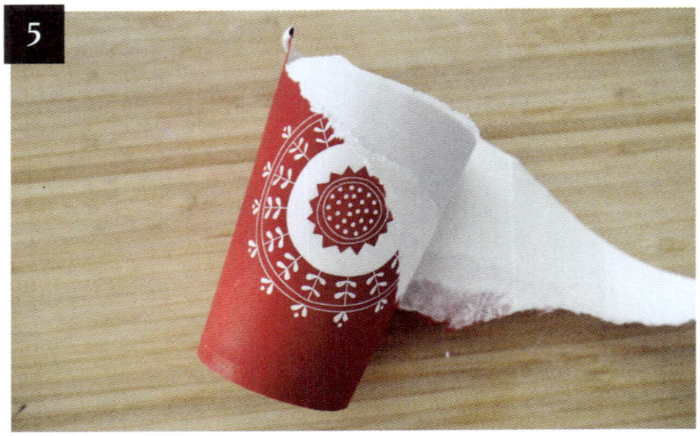

5. Nach ca. 30 Minuten den Thermobecher herausnehmen, dies sollte jetzt ganz leicht gehen. Dann vorsichtig auch den Papierbecher außen entfernen. Meist löst sich das Moosgummiherz gleich mit, ansonsten mit einem spitzen Gegenstand vorsichtig entfernen.

6. Die Oberkante ist nun noch ein wenig ausgefranst. Diese mit Schleifpapier glatt schleifen und auch beim Herz unebene Stellen noch glätten.

Tipp

Man kann diese Becher natürlich auch mit einem Weihnachtsbaum oder einem Osterhasen versehen und statt einem Teelicht eine Kerze hineinstellen. Wichtig ist, dass der Becher, der innen steckt, kein Papierbecher ist, sonst lässt er sich nicht herauslösen.

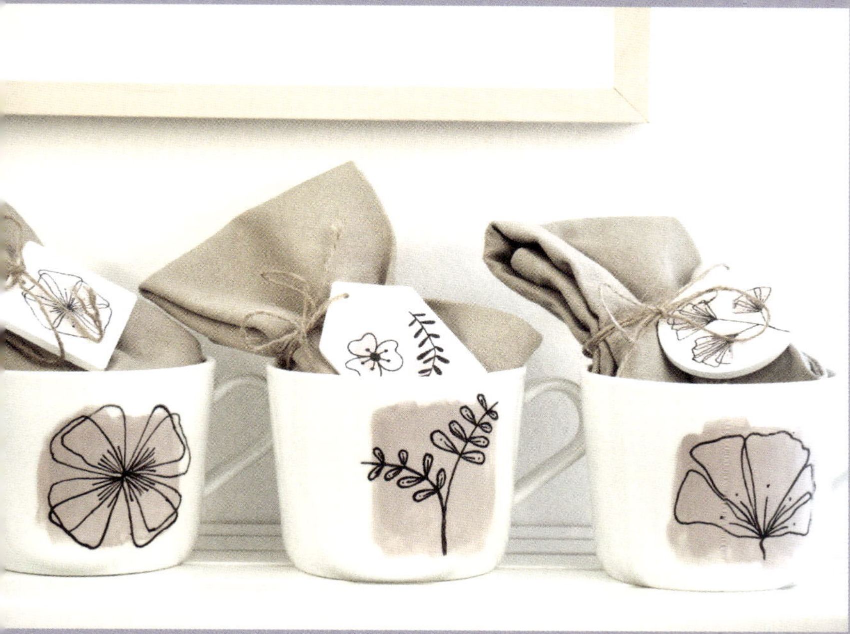

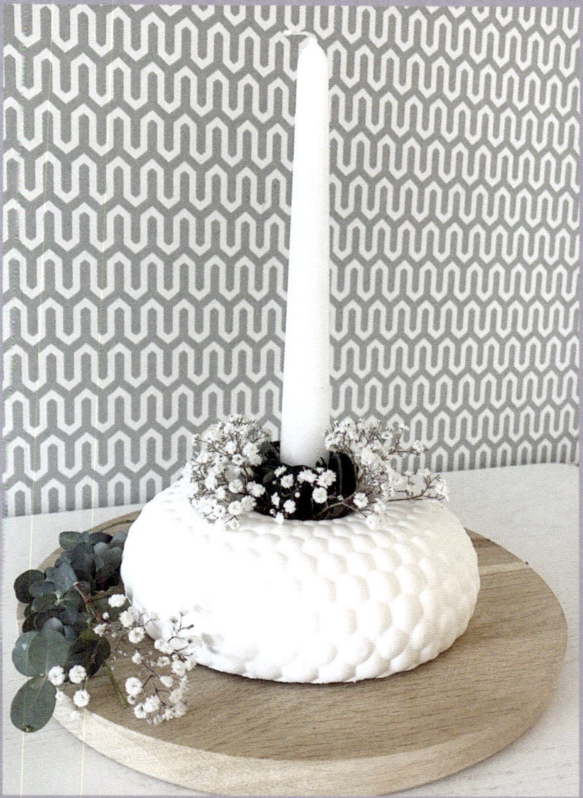

PORZELLAN & CO. INSPIRATION

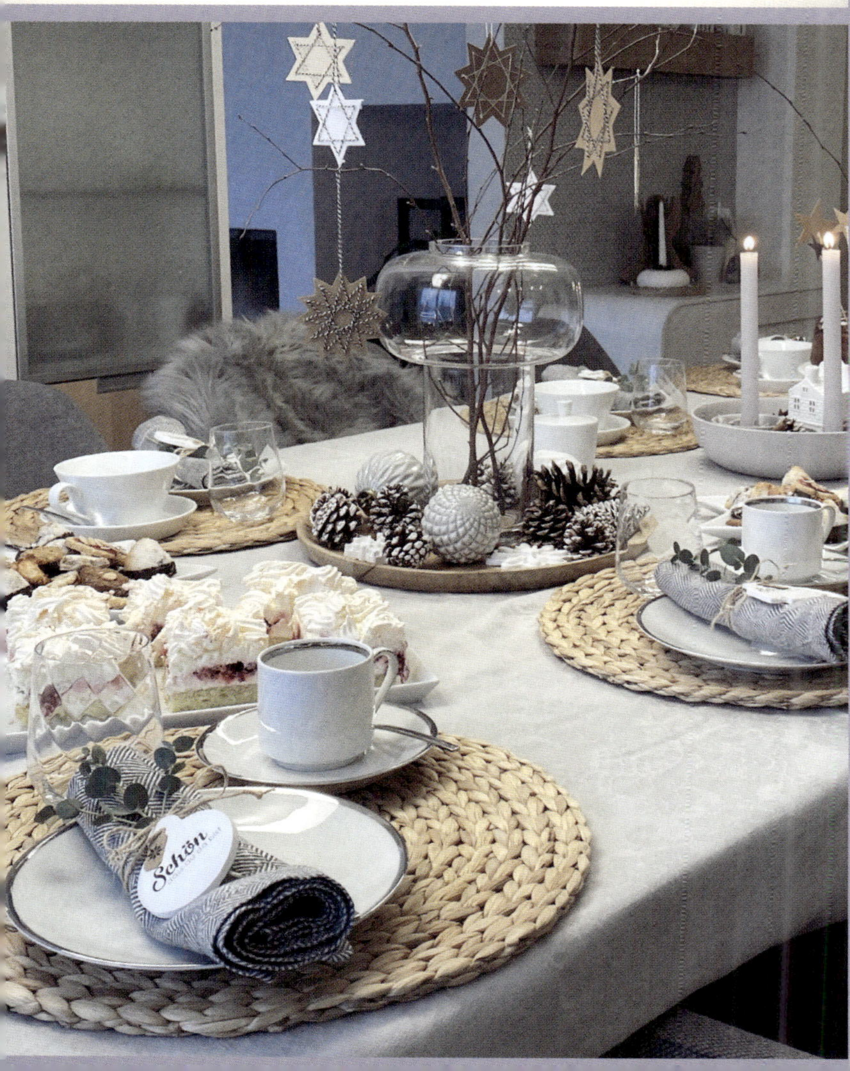

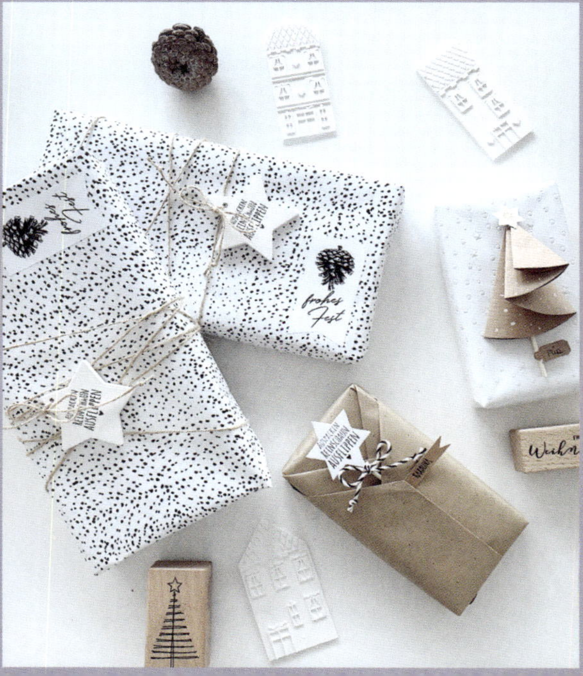

MERRY AND BRIGHT

Handlettering ist eine tolle Schreibtechnik, erfordert allerdings ein wenig Übung. Aber man kann ein wenig schummeln und dann geht es auch ohne große Vorkenntnisse.

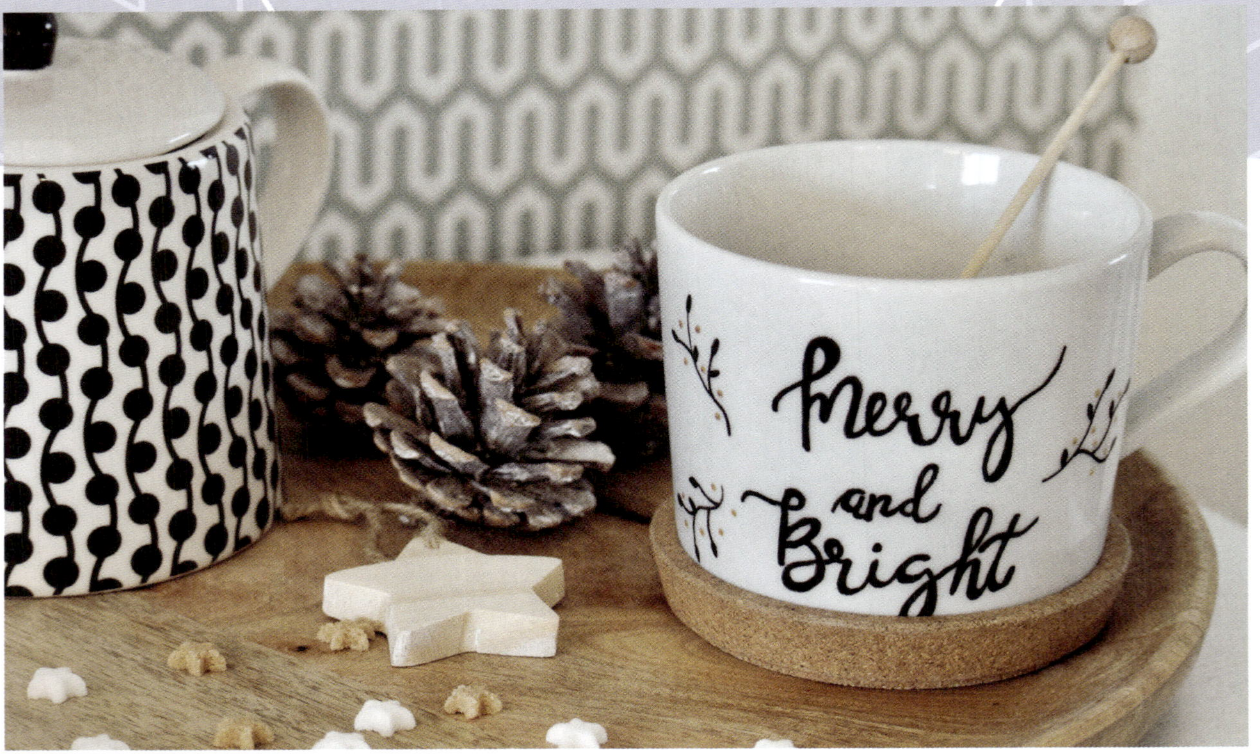

MATERIAL

- Schriftvorlage, Seite 171
- Transparentpapier
- Tasse
- Blaupapier
- Klebestreifen
- Porzellanstifte

WERKZEUG

- Stift
- Schere
- Bleistift

SO GEHT'S

1
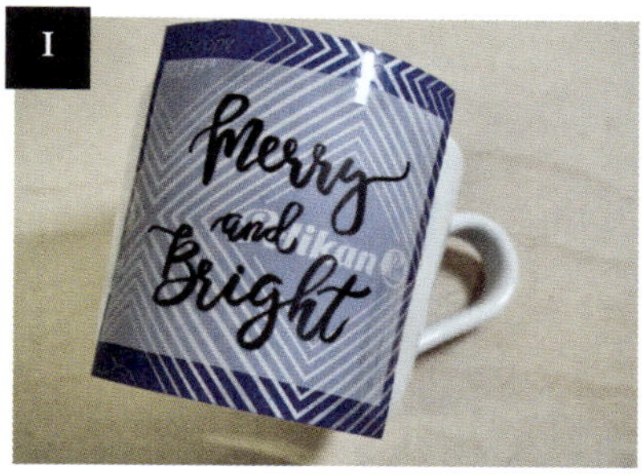

2
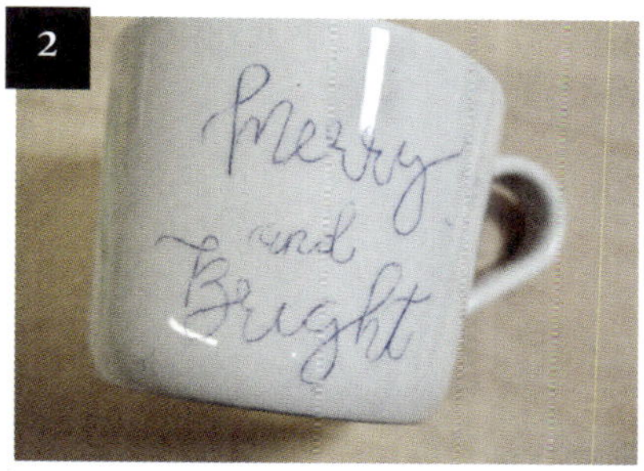

3
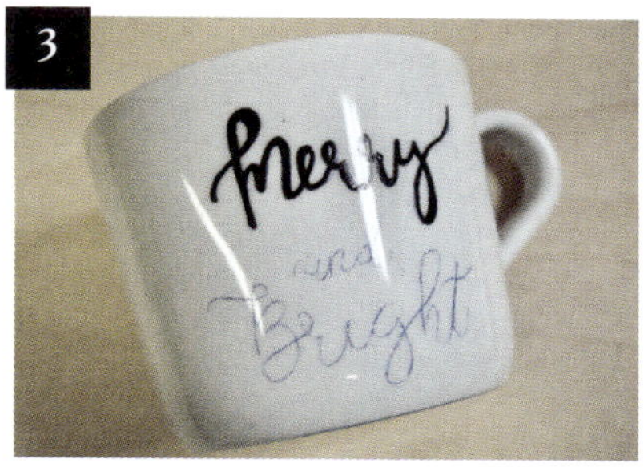

4
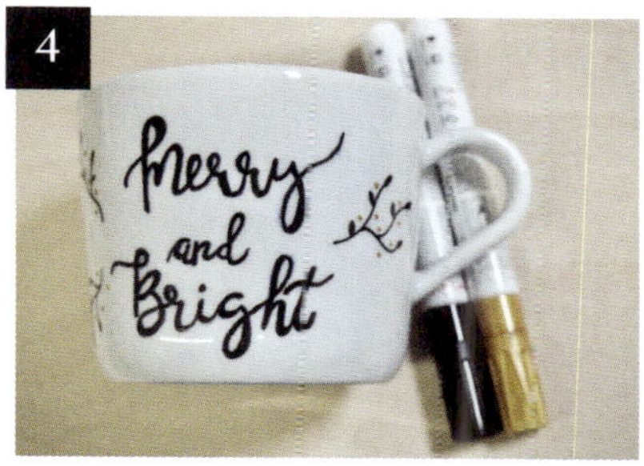

Tipp

Das bemalte Geschirr ist meist spülmaschinenfest (je nach Stiften), allerdings anfällig für Kratzer. Deshalb sollte man Teller nicht auf der Innenfläche bemalen, auf der man schneidet.

1. Pause zunächst deinen Wunschtext oder die Schriftvorlage von Seite 171 auf das Transparentpapier und schneide es auf die ungefähre Größe zu. Schneide dir dann ein Stück Blaupapier zurecht. Befestige das Transparentpapier am Blaupapier und dieses wiederum an der gewünschten Position der Tasse.

2. Ziehe nun den Text mit dem Bleistift nach. Es reicht, wenn du das mit einer Linie machst, die Verstärkungen machst du dann später mit dem Porzellanstift. Ziehe die Papiere anschließend von der Tasse.

3. Nun ziehst du einmal den Schriftzug nach. Verstärke die Linien, die nach unten führen, wodurch die Handletteringoptik entsteht. Du kannst das vorher am Papier ausprobieren.

4. Ergänze, wenn du möchtest, ein paar Verzierungen oder Pünktchen auf deiner Tasse. Dies mache ich frei Hand, du kannst dir natürlich vorher auch das Muster mit auf das Transparentpapier vorskizzieren. Mach dir keine Gedanken über die blaue Farbe, die lässt sich nach dem Brennen problemlos abwaschen. Auch kann man eine missglückte Tasse jederzeit einfach abwaschen und von Neuem starten.

5. Halte dich beim Brennen an die Anleitung auf deinen Stiften. Meist lässt man die Tassen ein paar Stunden trocknen, ich mache das immer über Nacht und stelle sie dann ins kalte Backrohr, heize es auf die gewünschte Temperatur auf und brenne die Schrift ein. Ich lasse sie auch im Backrohr auskühlen. Danach kann man sie spülen und die blauen Farbreste des Blaupapiers entfernen.

ANHÄNGER AUS RAYSIN

Kleine Geschenkanhänger sollte man immer auf Vorrat haben. So kann man ein Geschenk auch individuell gestalten, wenn wenig Zeit ist.

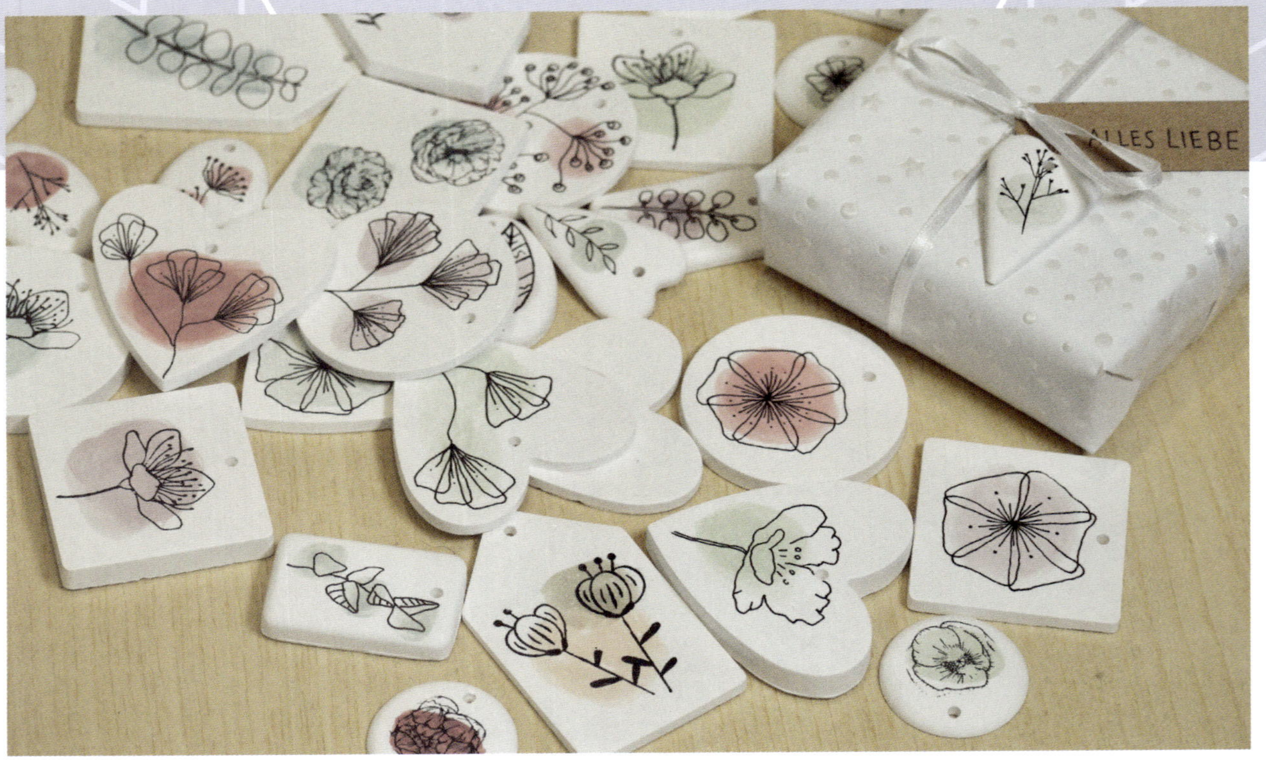

MATERIAL

- Gießpulver Raysin 100 von Rayher, 500 g
- Silikonformen für Anhänger
- Aquarell- oder Wasserfarben

WERKZEUG

- Gefäß und Rührlöffel
- Feines Schleifpapier
- Pinsel und Wasserglas
- Stempel und Stempelkissen oder Fineliner

SO GEHT'S

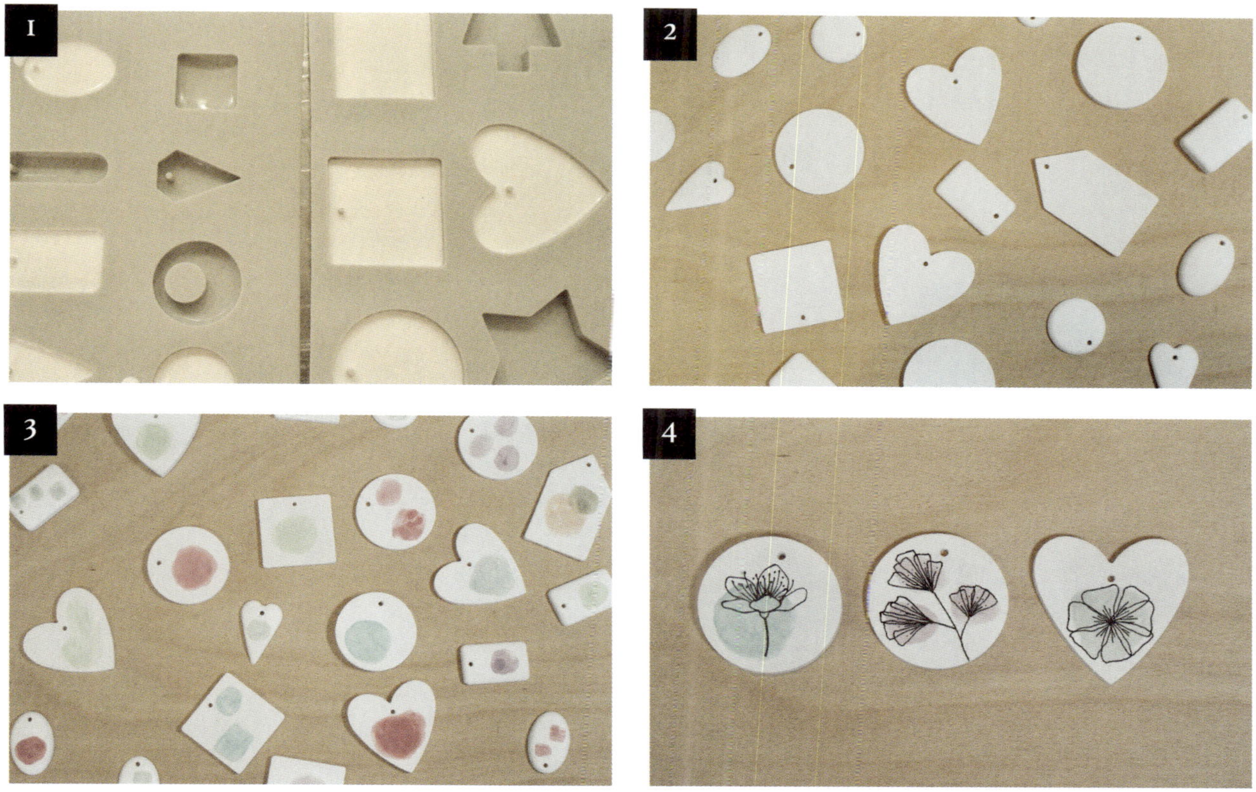

1. Bereite das Raysin-Pulver nach Packungsanleitung zu und gieße es in deine gewünschten Formen. Wenn du magst, kannst du die Formen unterschiedlich hoch befüllen, je nach gewünschter Dicke der Anhänger.

2. Nimm sie nach 30 Minuten heraus und lass sie ein paar Tage durchtrocknen. Schleife eventuell die Rückseite mit dem Schleifpapier glatt.

3. Bemale nun deine Anhänger in den gewünschten Farben mit Farbklecksen in rund oder eckig. Diese können ruhig ein wenig unförmig sein. Verwende nicht zu viel Farbe und mach deinen Pinsel schön nass, damit du einen verwaschenen Effekt erzielst. Lass die Farbe trocknen.

4. Zum Schluss kannst du die Anhänger mit Blumen oder anderen floralen Motiven bemalen oder bestempeln.

Tipp

Wenn man die Anhänger nicht zu dick gießt, machen sie sich auch gut am Osterstrauch. An etwas dickere Exemplare kann man ein Namenskärtchen hängen und sie auf der Kaffeetafel verteilen.

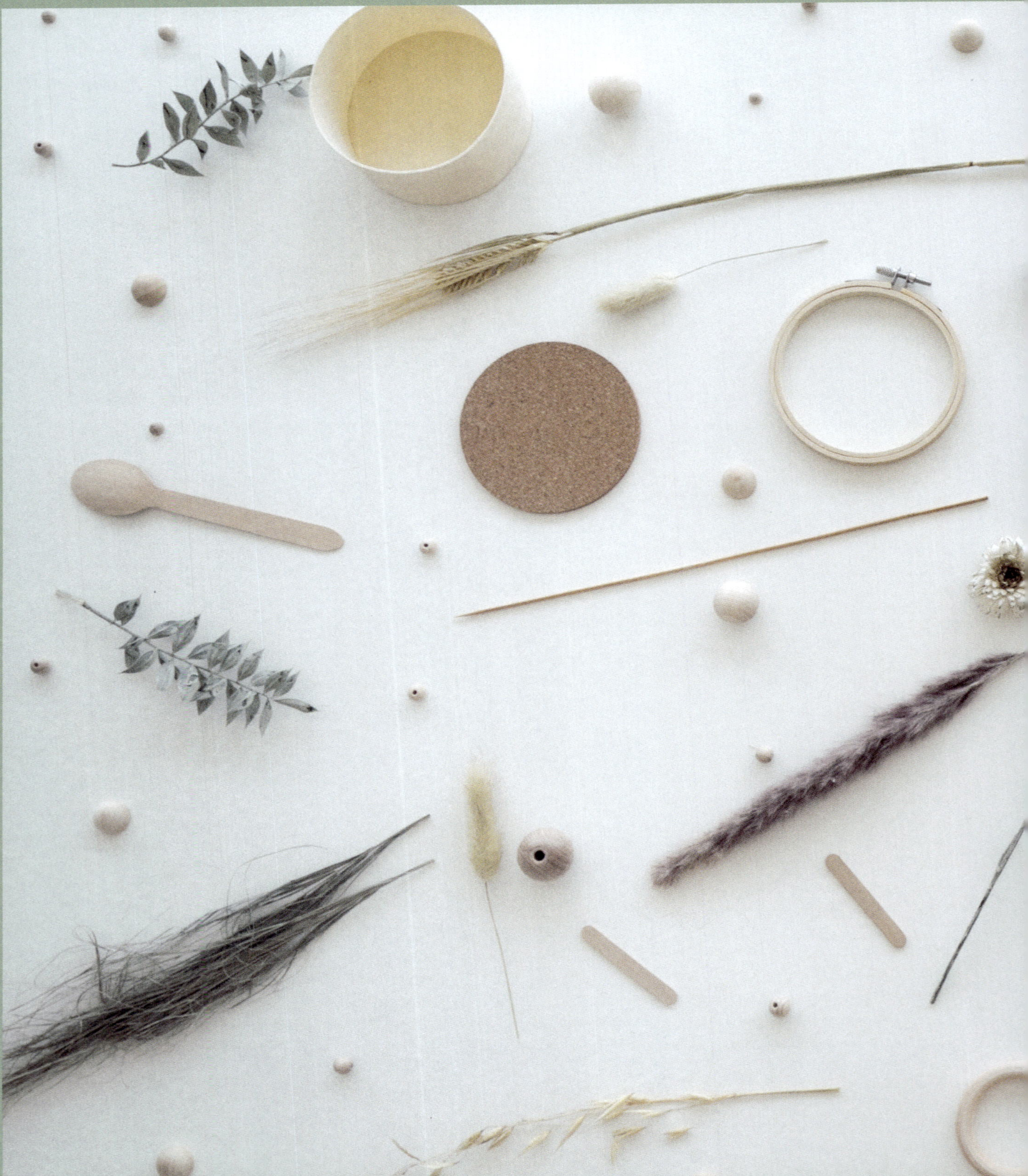

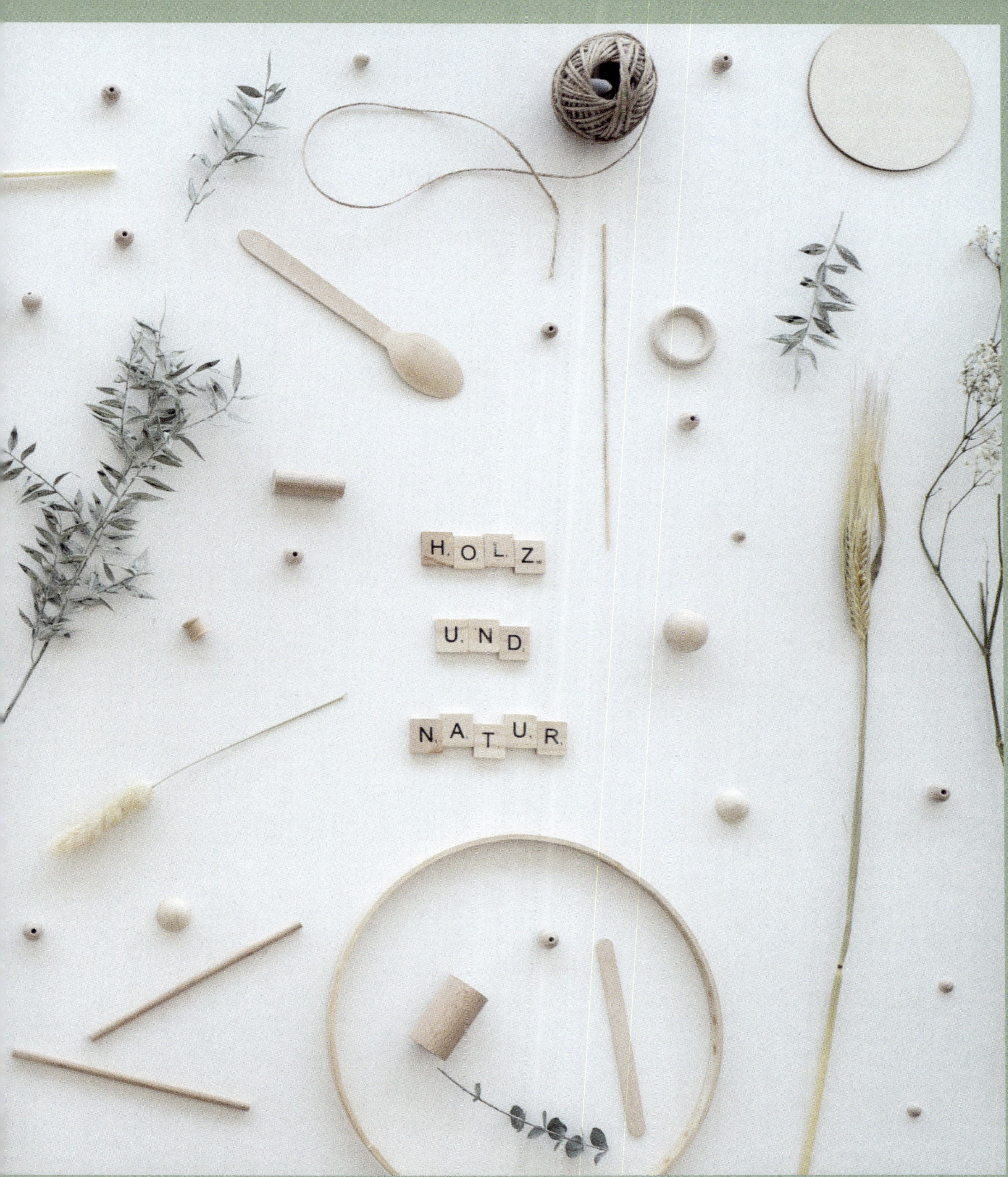
HOLZ
UND
NATUR

MESSAGE IM STICKRAHMEN

Statt der „Message in a bottle“, gibt es hier einen Spruch in Omas Stickrahmen. Die maximale Länge deiner Botschaft hängt natürlich von der Größe des Rahmens ab.

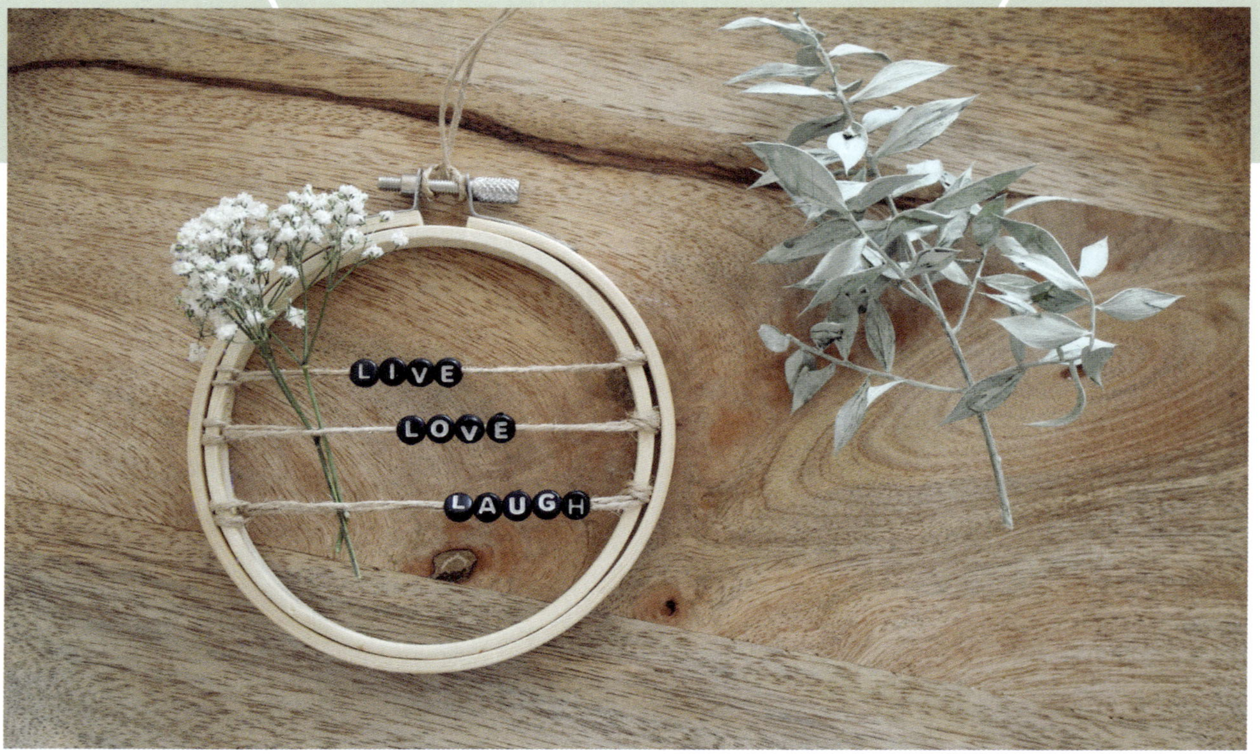

MATERIAL

- Stickrahmen, 10 cm
- Juteschnur
- Buchstabenperlen
- Trockenblumen

WERKZEUG

- Schere
- Klebstoff

SO GEHT'S

1
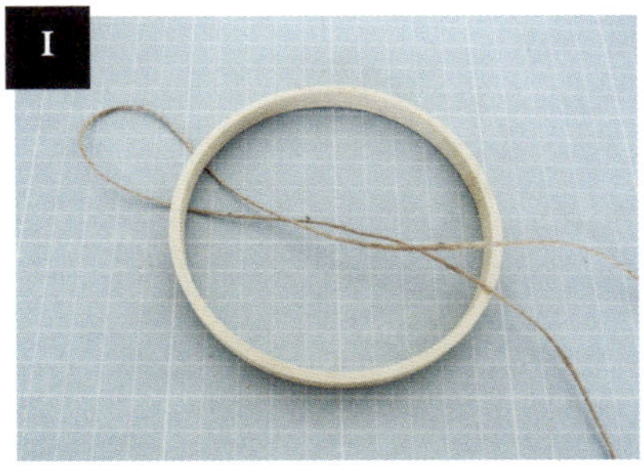

2
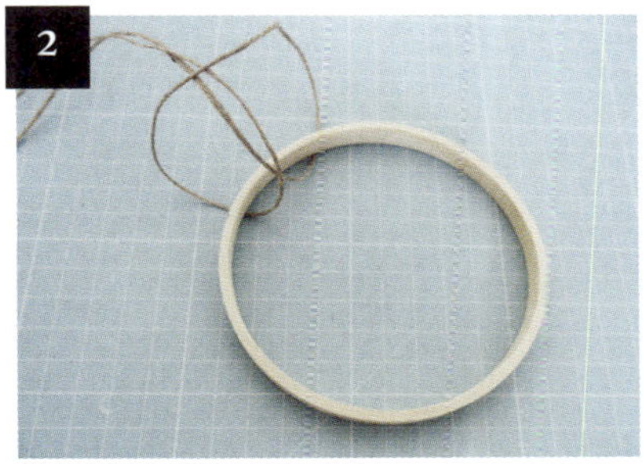

3
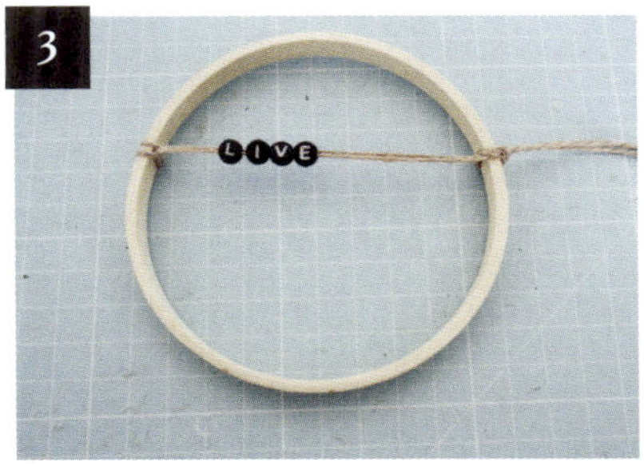

4
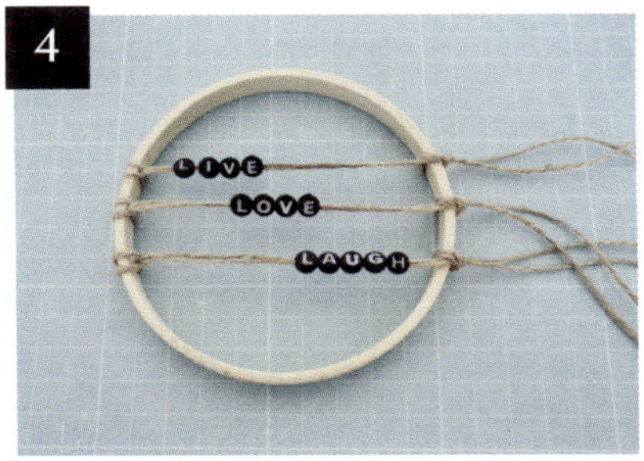

5
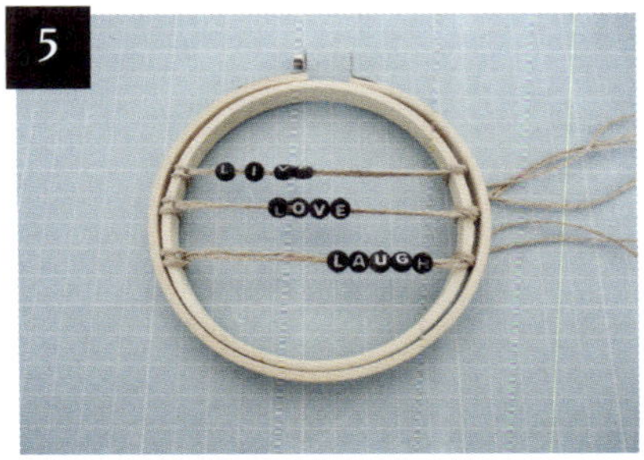

6
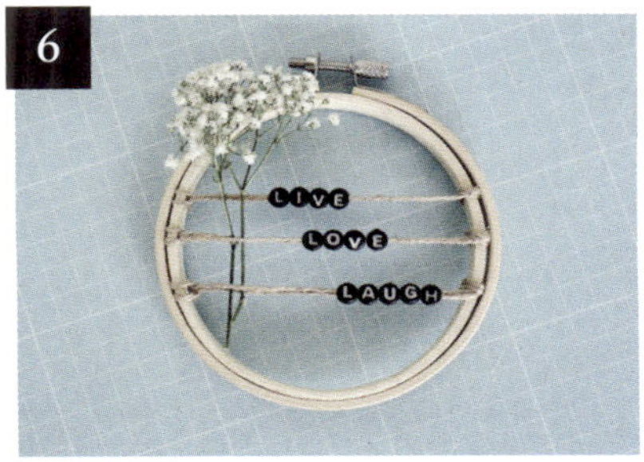

1. Schraube den Stickrahmen auseinander und schneide ein Stück Juteschnur ab. Die Schnur sollte so lang sein, dass sie zweimal um deinen Rahmen passt und sich noch gut verknoten lässt. Knote eine Schlaufe und lege diese unter den Rahmen.

2. Fädle die beiden Enden um den Stickrahmen durch die Schlaufe und ziehe den Knoten fest.

3. Fädle die Perlen des ersten Wortes auf die doppelte Schnur auf und verknote sie auf der gegenüberliegenden Seite. Zurre die Schnur fest, schneide aber den Faden noch nicht ab, damit du später noch justieren kannst.

4. Fahre entsprechend mit Zeile zwei und drei fort.

5. Richte die drei Zeilen nochmals ein wenig aus, ziehe die Knoten fest und ein wenig auf die Seitenkante des Stickrings. Lege nun den zweiten Ring darüber. Wenn deine Buchstaben sehr locker sitzen, kannst du ein wenig Kleber auf die Schnur geben und die Buchstaben dann darüber schieben.

6. Schraube den Ring jetzt richtig fest und schneide die überstehenden Fäden auf der Rückseite eng am Ring ab. Zum Schluss kannst du noch eine Trockenblume oder einen Zweig in den Schnüren verweben.

Tipp

Buchstabenperlen gibt es in verschiedenen Farben, Formen und Größen. Wenn du einen längeren Spruch in einen größeren Rahmen stecken möchtest, kannst du größere Perlen verwenden, damit der Rahmen schön gefüllt aussieht.

TISCHKÄRTCHEN EINMAL ANDERS

Holzkugeln- und perlen sind aus den Basteleien im Skandi Style kaum wegzudenken. Hier werden daraus Tischkärtchen. Statt der Namen der Gäste kann man sie auch mit anlassbezogenen Botschaften beschriften, wie „Frohe Ostern".

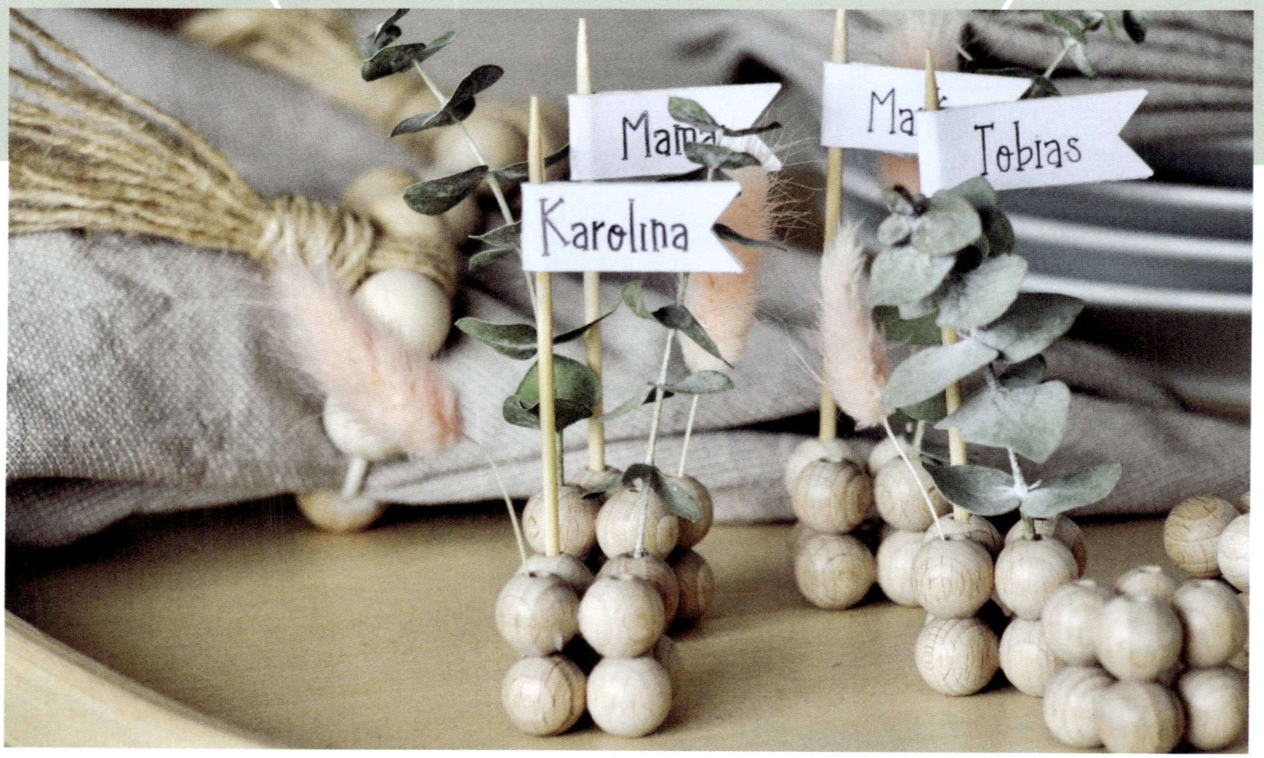

MATERIAL

- Holzperlen, 8 Stück je Tischkärtchen
- Papierfähnchen
- Holzstäbchen, die durch die Perlen passen

WERKZEUG

- Leim oder Heißkleber
- Stift
- Klebstoff

SO GEHT'S

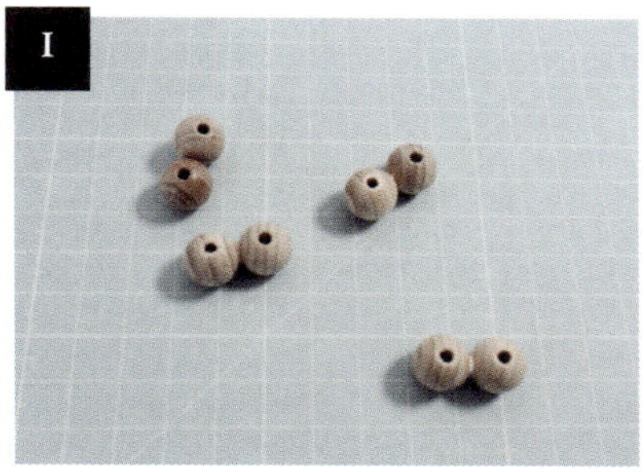

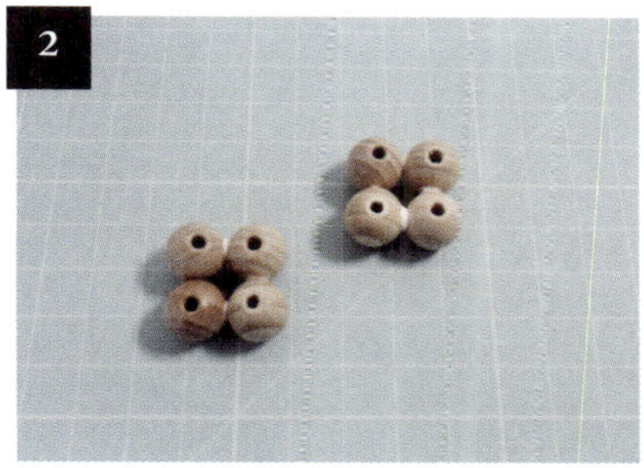

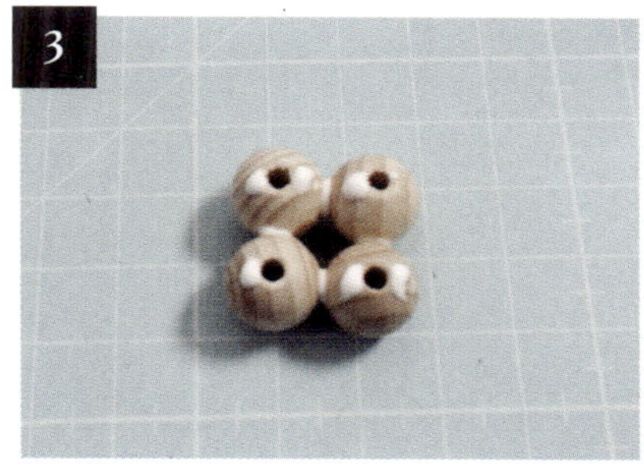

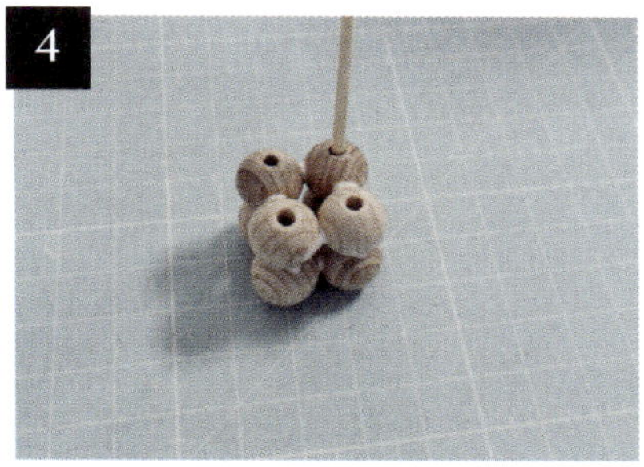

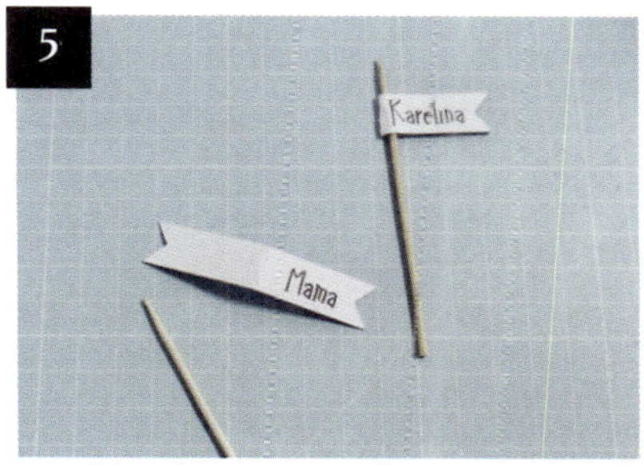

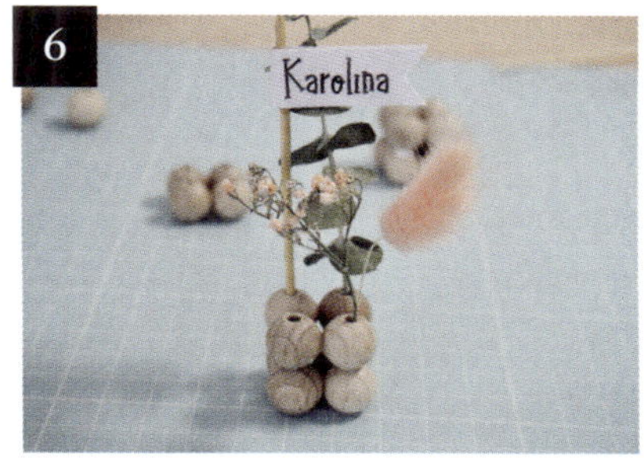

1. Klebe zunächst 2 Kugeln zusammen, und zwar so, dass die Löcher nach oben zeigen und die Kugeln schön gerade verklebt sind. Wiederhole das Ganze viermal pro Tischkärtchen.

2. Nun verklebst du jeweils zwei zu einem Viererteil. Achte auch hier wieder darauf, dass die Löcher alle nach oben zeigen.

3. Gib nun rund um die Löcher ein wenig Leim oder Heißkleber. Achte darauf, dass du die Löcher nicht zuklebst.

4. Setze jetzt zwei Vierer so aufeinander, dass die vier Löcher jeweils übereinander sind. Stecke zur Überprüfung kurz eines der Stäbchen in jedes Loch.

5. Schneide dir nun dein Papierfähnchen zurecht und beschrifte es. Halbiere es und klebe es um dein Stäbchen.

6. Nun kannst du deine Blümchen und das Namensschildchen in die Löcher stecken. Ob du zwei, drei oder alle vier Löcher füllst, kommt ein wenig auf die Größe der Blumen an.

Tipp

Dieses Projekt lässt sich auch sehr gut mit großen Kugeln umsetzen und mit getrockneten Gräsern befüllen. In diesem Fall würde ich allerdings 3 Ebenen empfehlen und mit drei Kugeln pro Reihe und 9 Kugeln pro Ebene arbeiten.

SCHLÜSSELANHÄNGER

Verschiedene Holzperlen, Pompons, ein wenig Farbe, Schlüsselringe – mehr braucht es nicht für diese süßen Schlüsselanhänger.

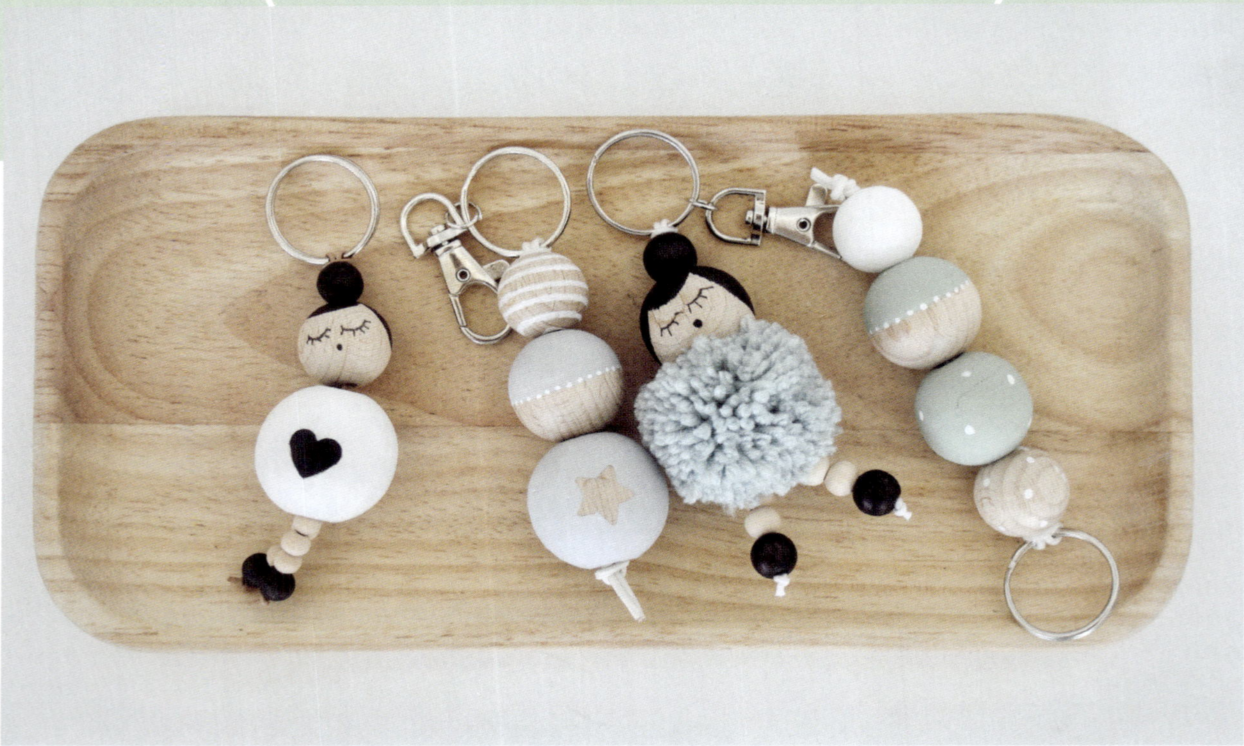

MATERIAL

- Holzkugeln, verschiedene Größen
- Motivsticker für die Muster (optional)
- Klebestreifen
- Pompon
- Schlüsselring (mit oder ohne Karabiner)
- Lederbänder (ca. 40 cm je Anhänger)
- Kalkfarbe
- Überlack (optional)

WERKZEUG

- Pinsel
- Stifte, schwarz und weiß
- Schere
- Cuttermesser

SO GEHT'S

1
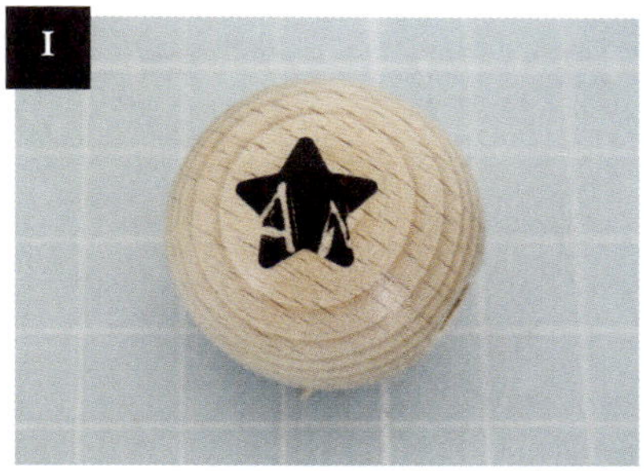

2
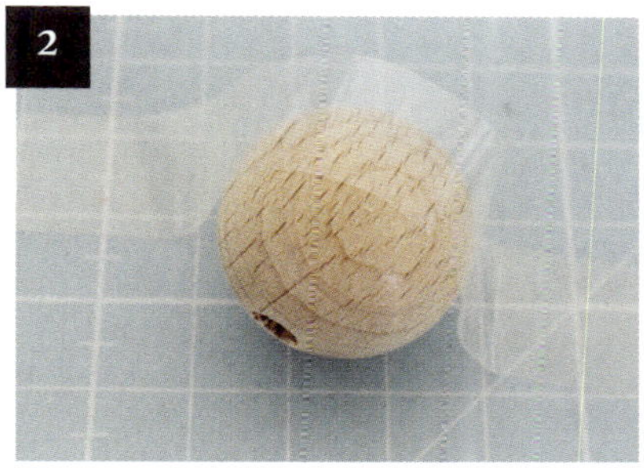

3
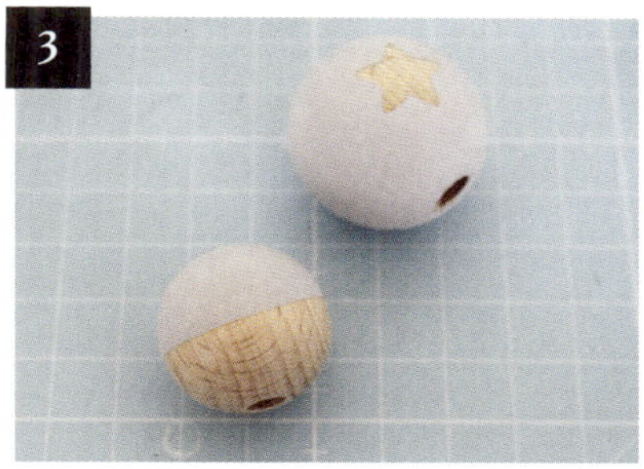

4
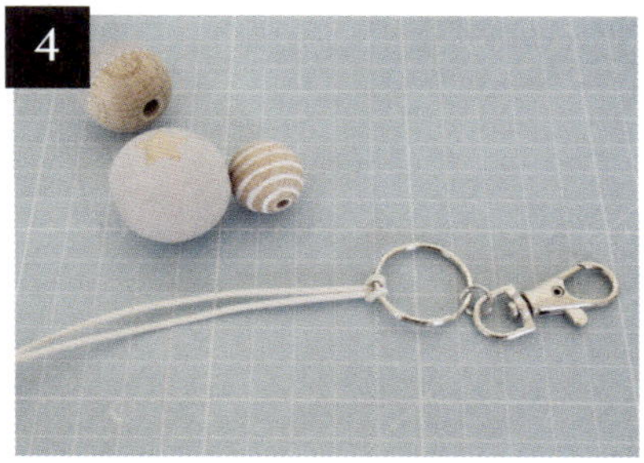

5
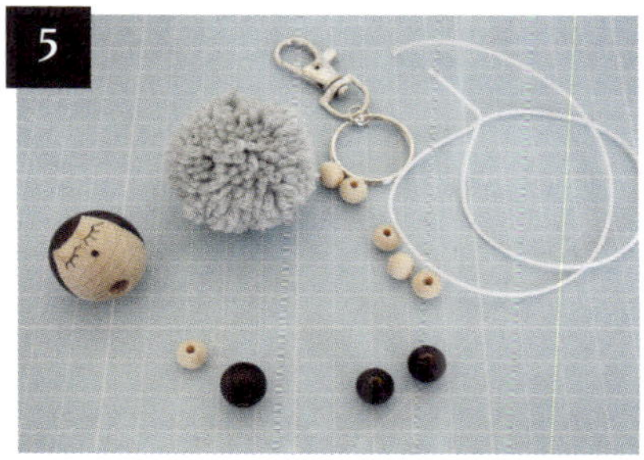

6
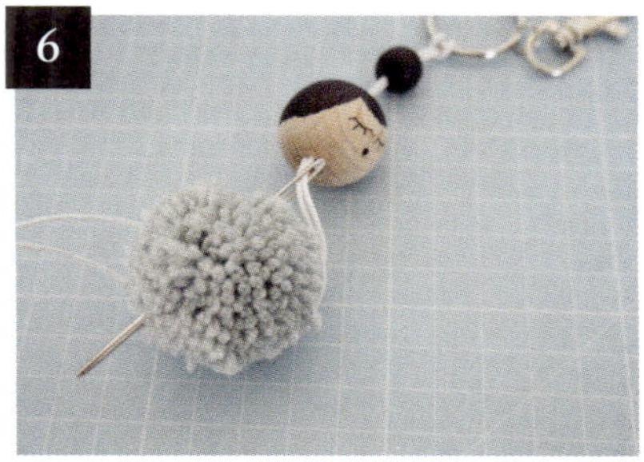

Gemusterte Anhänger

1. Klebe zum Beispiel einen kleinen Stern oder ein Herz auf deine Holzkugel.

2. Nimm für eine halbseitige Bemalung ein Stück Klebestreifen und klebe es rund um deine Kugel. Drücke auch hier die Ränder gut an und bemale die andere Hälfte.

3. Ziehe nach dem Trocknen den Kleber bzw. den Klebestreifen ab. Sollte dir etwas unter die Kante geronnen sein, kratze es mit einem Cuttermesser vorsichtig ab.

4. Verziere das Ganze, wenn du möchtest, noch mit ein paar Pünktchen oder Streifen. Fädle dann die Kugeln auf und verknote die Bänder.

Das Püppchen

5. Für das Püppchen kannst du eine der Kugeln mit einem Gesicht und Haaren sowie zwei der Kugeln für Schuhe und eine für den Dutt schwarz bemalen.

6. Knote nur das Band am Schlüsselanhänger fest und fädle zunächst die Haare und den Kopf und dann den Pompon auf, indem du mit einer dicken Nadel mittendurch stichst.

7. Teile das Band, fädle auf jede Hälfte 3 neutrale Holzkügelchen und am Schluss jeweils eine schwarze, knote das Ganze knapp unter der letzten Kugel zu.

7
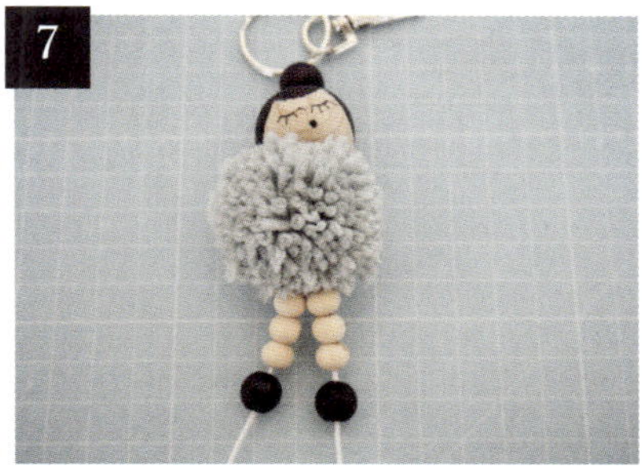

Tipp

Damit die Farbe gut hält, kannst du sie noch mit einem matten Lack besprühen. Die Anhänger sehen auch als Geschenkanhänger sehr hübsch aus.

HOLZHERZ

Für den Tischschmuck einer Hochzeitsfeier, als Valentinsgeschenk oder einfach für jemanden, dem man gern sein Herz schenken möchte: Dieses Holzherz ist ein tolles Geschenk aus natürlichen Materialien. Es braucht zwar etwas Geduld dafür, der Aufwand lohnt sich aber.

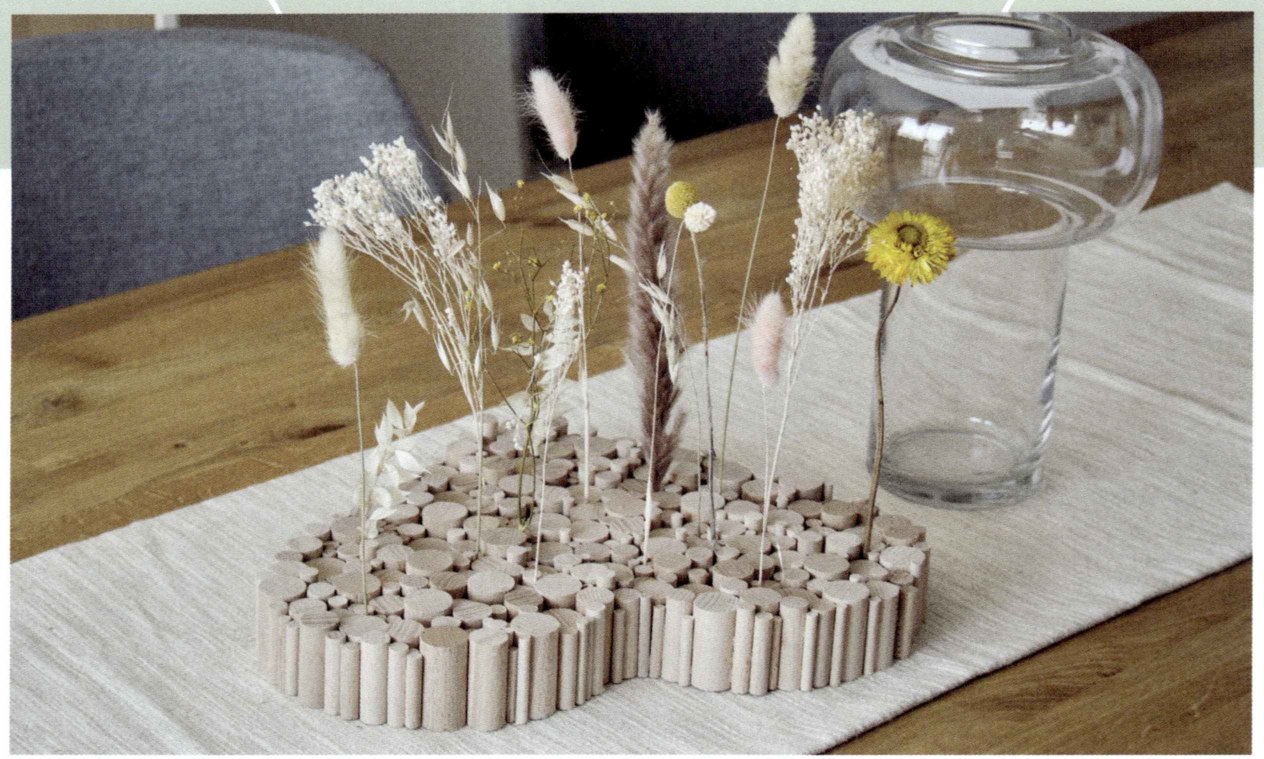

MATERIAL

- Rundholzstäbe in verschiedenen Durchmessern
- Papier (für die Vorlage)
- Plastikfolie (zum Unterlegen)
- Holzleim

WERKZEUG

- Säge
- Schleifpapier
- Papier
- Klebestreifen

SO GEHT'S

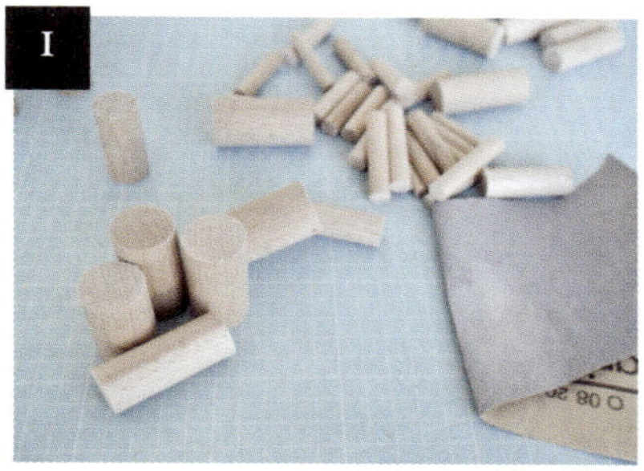

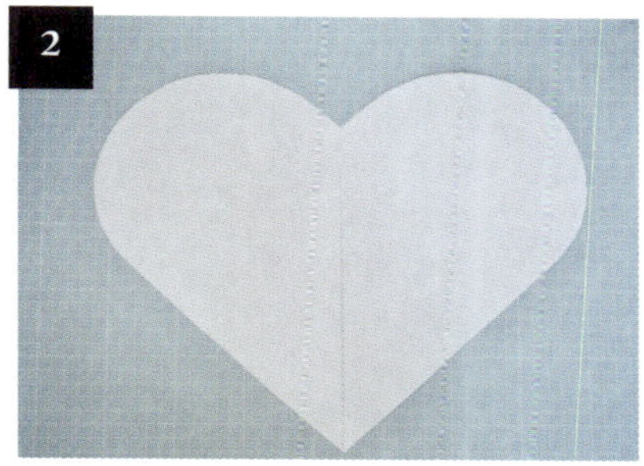

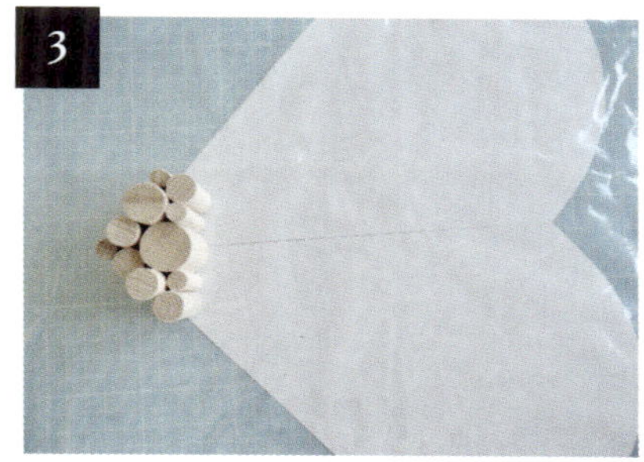

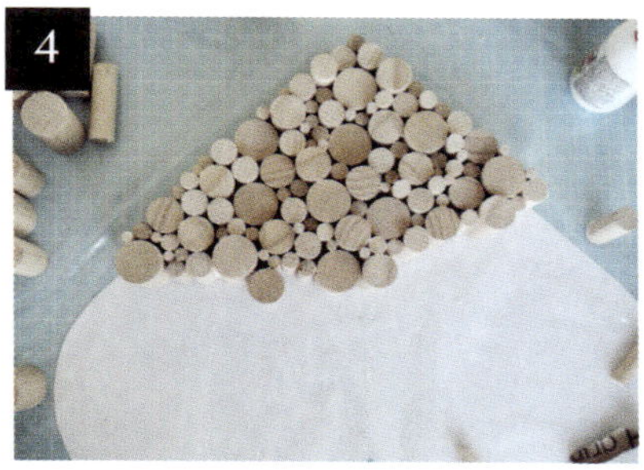

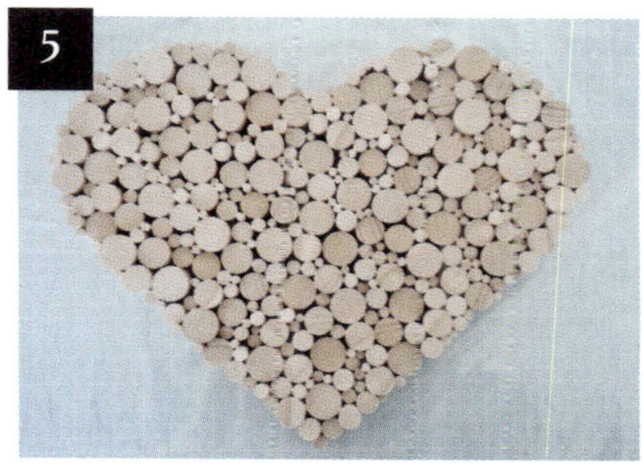

1. Säge die Rundholzsstäbe in ca. 4,5 bis 5,2 cm lange Teile. Schneide zum Beispiel pro Durchmesser einen Stab in 4,5, einen Stab in 4,8 und einen Stab in 5,2 cm große Stücke, damit es nachher ein wenig zufällig angeordnet wirkt. Schleife die Kanten der Hölzer ein wenig ab.

2. Schneide dir aus Papier deine Herzform aus und klebe sie auf eine Unterlage, sodass sie nicht verrutschen kann.

3. Lege eine durchsichtige Folie darüber, damit das Holz nicht am Papier kleben bleibt, und beginne die Form mit den Holzstäbchen nachzubauen und die kurzen Hölzer miteinander zu verleimen. Beginne mit dem unteren Spitz des Herzen.

4. Fülle die Vorlage nach und nach auf. Versuche die Längen und Stärken gut durchzumischen und die Lücken so gut es geht zu füllen, damit keine zu großen Löcher entstehen. Überprüfe dabei immer wieder, ob alle Hölzer fest sitzen.

5. Wenn du mit dem Herz fertig bist, lass es gut durchtrocknen.

6. Nun kannst du die Zwischenräume mit Trockenblumen oder Ähnlichem befüllen. Entweder du klebst sie ein wenig an oder du legst zum Transport etwas unter, so lässt sich die Deko immer wieder durch das Einsetzen neuer Blumen verändern.

Tipp

Ich stelle mir immer ein paar Hölzchen in Position und klebe sie erst fest, wenn sie alle gut ineinandergreifen. Du kannst auch eine Sternenform umsetzen und diese weihnachtlich dekorieren. Für Ostern eignet sich beispielsweise ein Hasenkopf oder ein großes Ei.

Hinweis

Dieses Herz ist 36 x 29,5 cm groß. Ich habe dafür je 3–4 Rundhölzer von 1 m Länge mit folgenden Durchmessern verwendet:

- 0,5 cm
- 0,8 cm
- 1 cm
- 1,5 cm
- 2 cm
- 2,5 cm

EISSTÄBCHENREGAL

Ein kleines Möbelstück aus Eisstäbchen – klingt seltsam, funktioniert aber super. Als Ensemble, dekoriert mit ein paar netten Kleinigkeiten, wird daraus eine hübsche Wandgestaltung.

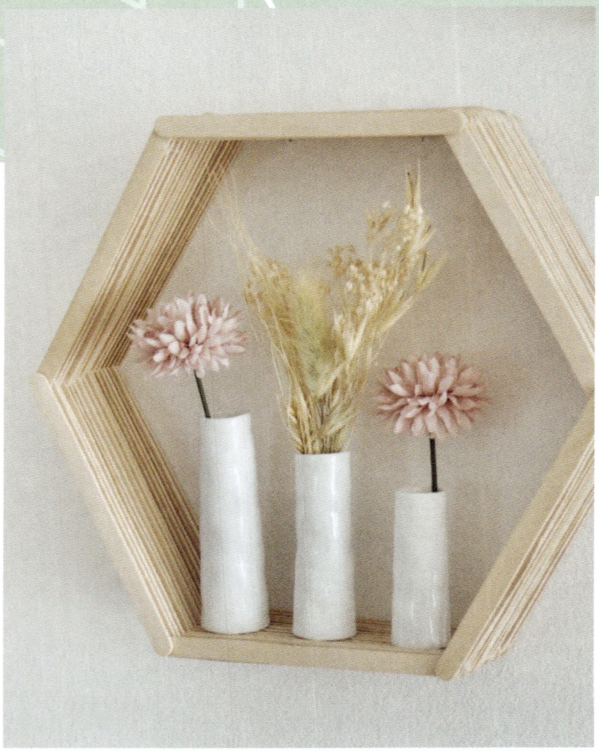

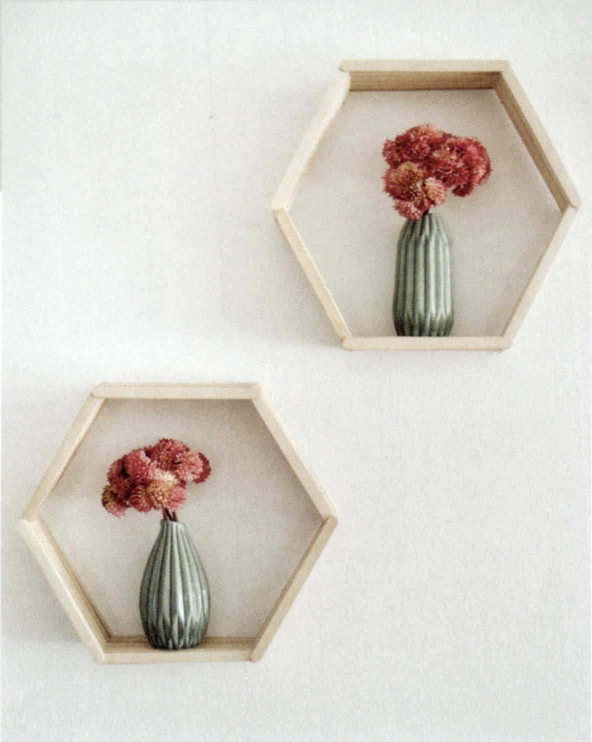

MATERIAL

- Eisstäbchen (ca. 80 Stück mit 14 cm Länge) (für eine Tiefe von 6,5 cm)
- Holzleim

WERKZEUG

- Lineal

SO GEHT'S

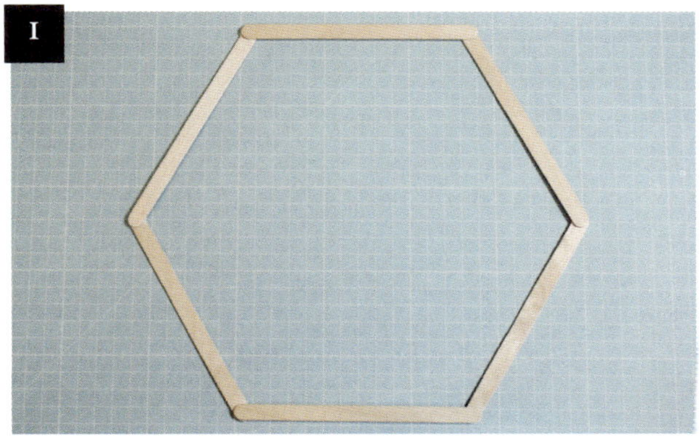

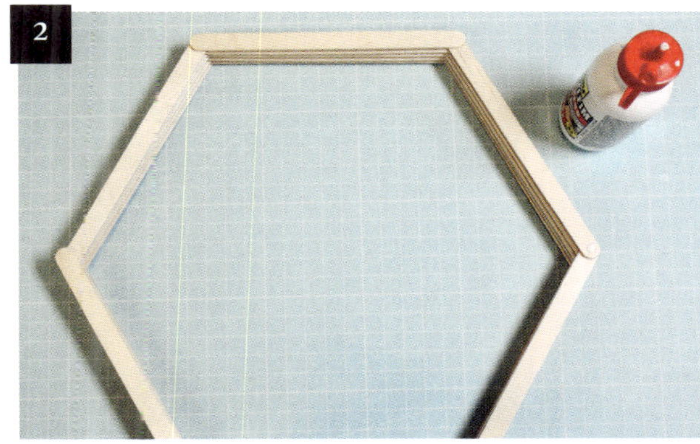

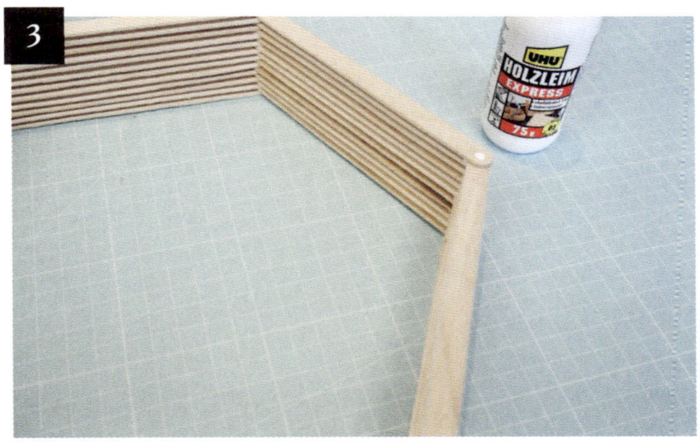

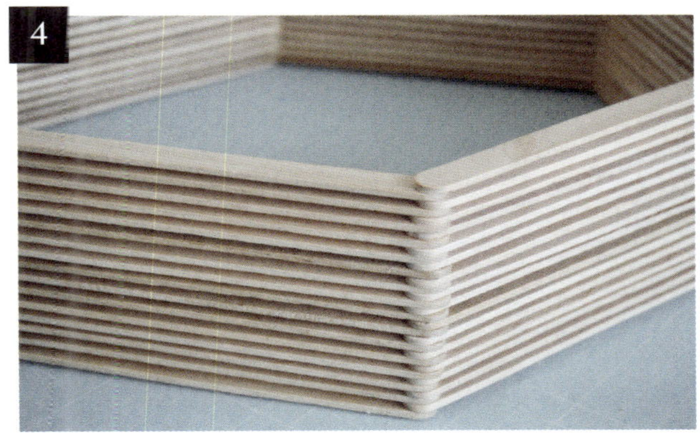

1. Die Eisstäbchen in Form eines Sechsecks legen. Dabei das obere und untere waagrechte Stäbchen mit dem Lineal parallel ausrichten. Der Abstand ergibt sich aus der Länge der schrägen Stäbchen. Achte darauf, dass die Neigung auf beiden Seiten gleich ist und sie sich an den Enden bündig überlappen. Verklebe die Teile mit dem Holzleim, die beiden horizontalen Stäbchen liegen dabei obenauf.

2. Fahre nun Runde für Runde genauso fort. Trage immer nur einen Tupfer Leim auf die Außenseiten auf.

3. Achte darauf, dass die Stäbchen ordentlich übereinanderliegen.

4. Arbeite dich bis zur gewünschten Höhe vor, die dann die Tiefe deines Regals ergibt.

Tipp

Eisstäbchen gibt es in unterschiedlichen Längen und Breiten. Du kannst also auch mehrere Regale in verschiedenen Größen basteln.

KORKUNTERSETZER

Glasuntersetzer aus Kork müssen nicht langweilig sein. Mit ein wenig Farbe und ein paar Stempeln lassen sich daraus kleine Hingucker machen. Diese sind zusammen mit einer Flasche Wein auch wunderbar als kleines Mitbringsel geeignet.

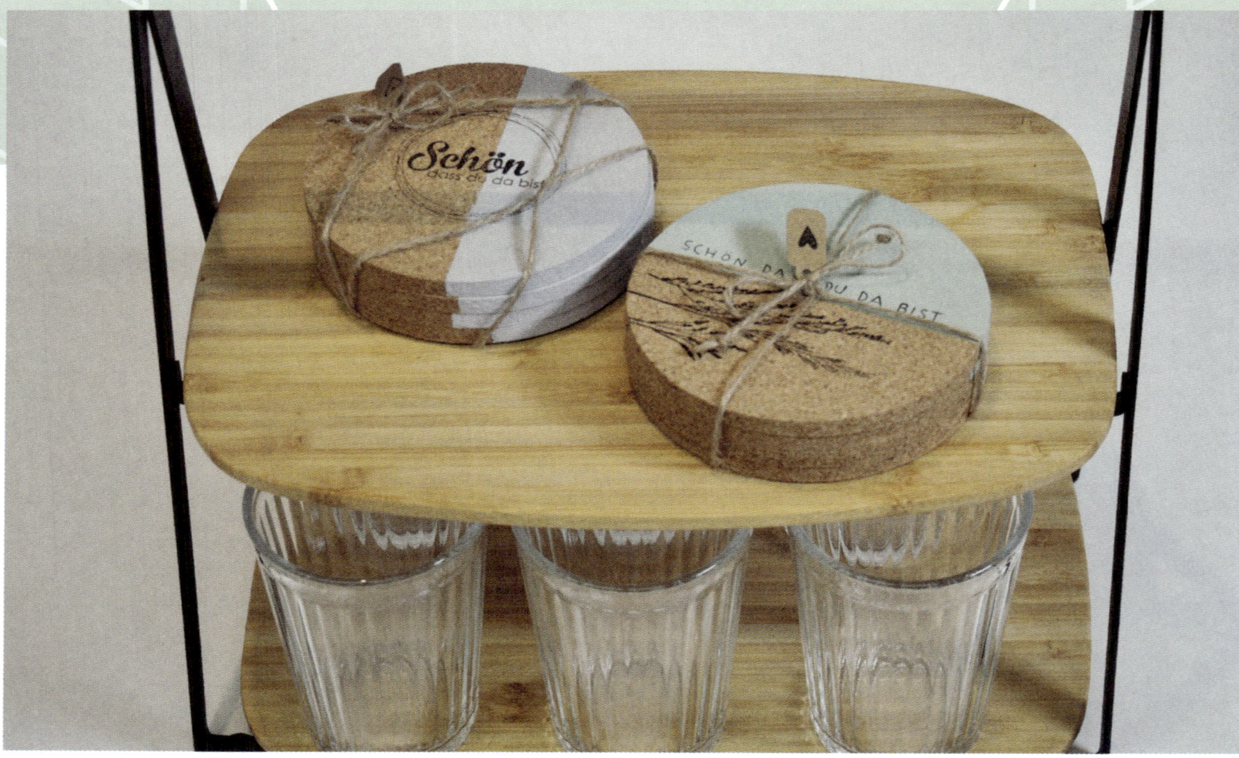

MATERIAL

- Korkuntersetzer (eher feinporig)
- Masking Tape oder Klebeband
- Chalk- oder Acrylfarbe
- Juteschnur
- Anhänger

WERKZEUG

- Pinsel
- Stempel und Stempelkissen (für alle Untergründe)
- Schere

SO GEHT'S

1
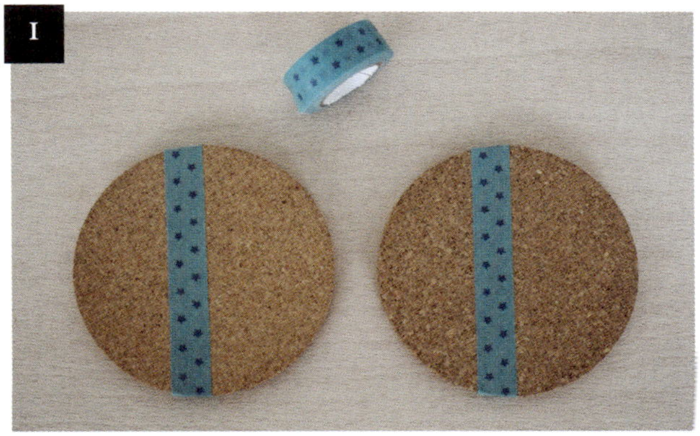

2
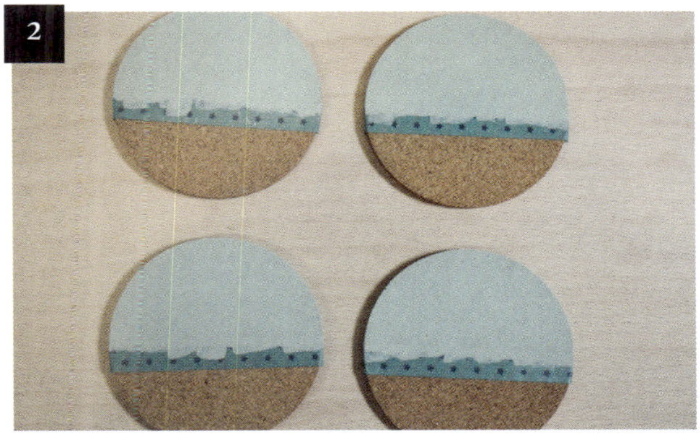

3
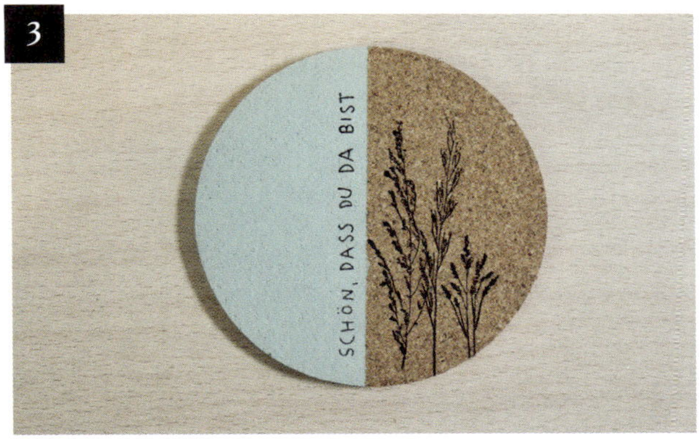

4
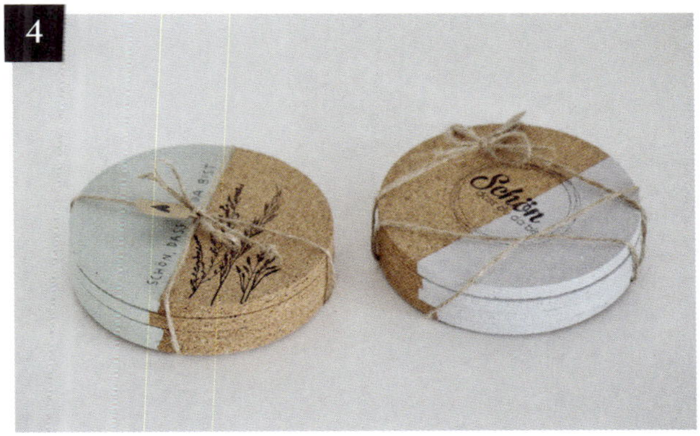

1. Die Korkuntersetzer mit Masking Tape mittig abkleben.

2. Eine Hälfte sowie die Kante mit der Farbe einpinseln. Trage dabei zunächst etwas weniger Farbe auf, lass die erste Schicht trocknen und male dann ein zweites oder auch drittes Mal darüber.

3. Sobald die Farbe vollständig getrocknet ist, kannst du das Klebeband abziehen. Nun die Untersetzer nach Belieben bestempeln.

4. Fasse je vier oder sechs der Untersetzer zu einem Set zusammen, binde sie mit der Juteschnur zusammen und bringe als I-Tüpfelchen noch einen hübschen Anhänger an.

Tipp

Du kannst auch Untersetzer mit Namen bestempeln und sie als Platzkarten verwenden oder sie mit Motiven für einen Weihnachts- oder Ostertisch gestalten.

HOLZRING MIT TROCKENBLUMEN

Trockenblumen sind ja wieder voll im Trend. In Holzperlen gesteckt zieren sie diesen hübschen Holzring, der an einer Wand oder der Wohnungstür eine großartige Figur macht.

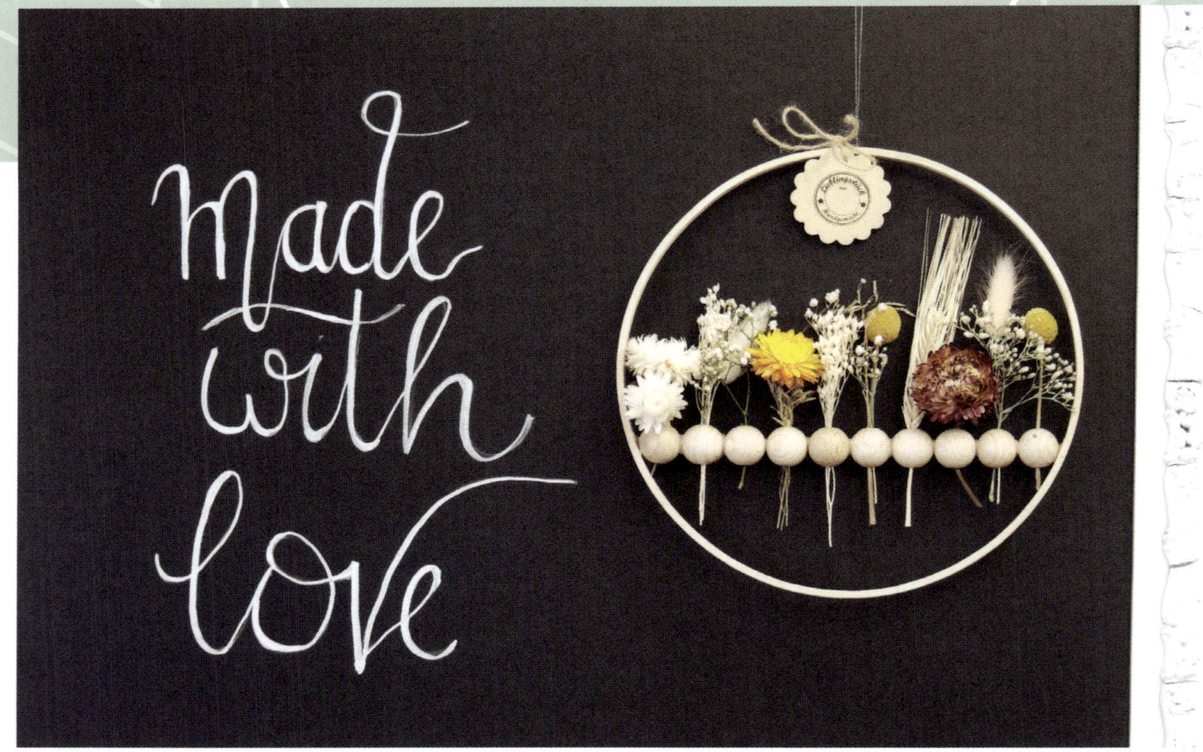

MATERIAL

- Holzring (hier 22 cm)
- Holzperlen, 10 Stück, 2 cm Durchmesser
- Trockenblumen, Schleierkraut
- Anhänger
- Juteband

WERKZEUG

- Unterlage oder Blatt Papier mit Orientierungslinie
- Heißklebepistole
- Bleistift
- Stifte oder Stempel und Stempelkissen
- Schere

SO GEHT'S

1

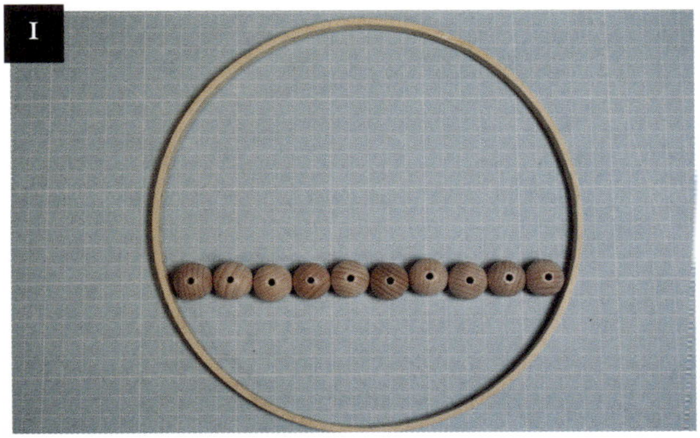

2

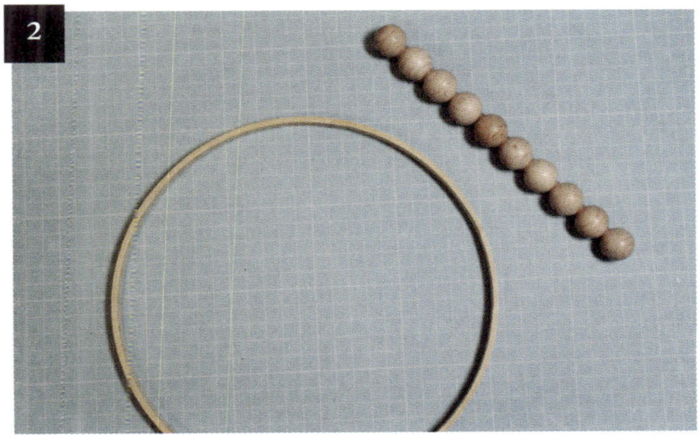

3

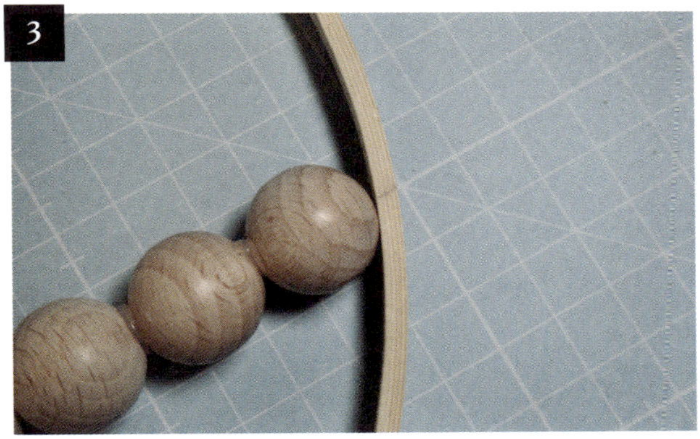

4

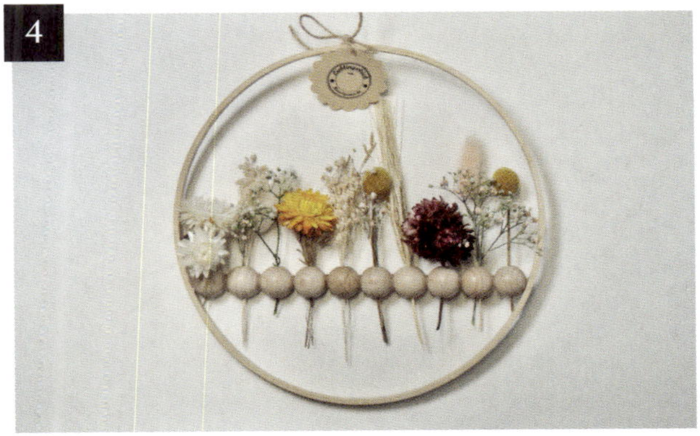

1. Platziere den Holzring vor dir auf der Unterlage mit der waagerecht gezogenen Orientierungslinie. Lege die Kugeln entlang der Linie in den Ring und suche die Stelle im Kreis, an der die Perlenreihe beide Innenseiten des Ringes berührt. So siehst du, wie viele Kugeln du tatsächlich benötigst. Die Kugeln sollten eng aneinander liegen, kalkuliere aber auch noch etwas Puffer für den Heißkleber ein.

2. Klebe die Holzperlen nun mit der Heißklebepistole aneinander. Achte darauf, dass die Löcher immer gerade nach oben zeigen.

3. Die Kugelreihe in den Ring einpassen, waagerecht ausrichten und die Endpunkte rechts und links am Ring mit Bleistift markieren. Den Kleber dort auftragen und die Kugelreihe befestigen.

4. Blumen in die Löcher stecken, eventuell ein wenig kürzen, damit sie alle die gleiche Länge haben, und eventuell einen kleinen Papieranhänger beschriften oder bestempeln und mit der Juteschnur befestigen.

Tipp

Du kannst die Trockenblumen auch mit Kleber befestigen. Ich versuche aber immer eher so viele in ein Loch zu stecken, dass sie von selbst halten, so kann man sie hin und wieder nach Gusto austauschen.

BLUMENGRUSS

Doppelt gemoppelt – wenn die Geschenkverpackung auch gleich der Blumenstrauß wird. Geht ganz easy und es braucht nicht viel dafür.

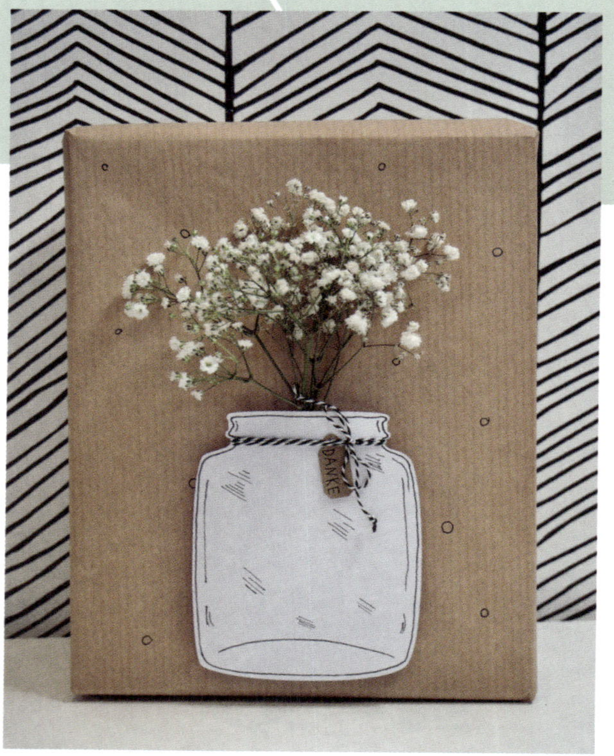

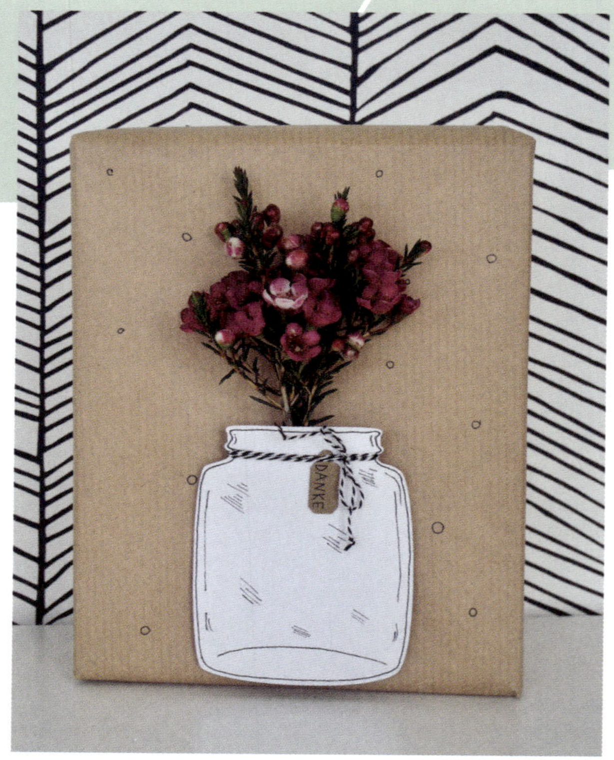

MATERIAL

- Geschenk (mit einer geraden Oberfläche)
- Packpapier
- Klebestreifen
- Karton, weiß
- Bändchen, ca. 50 cm
- Mini-Geschenkanhänger
- Kleines Blumensträußchen

WERKZEUG

- Bleistift
- Selbstklebende Abstandhalter
- Schere
- Klebestreifen
- Stift oder Fineliner, schwarz

SO GEHT'S

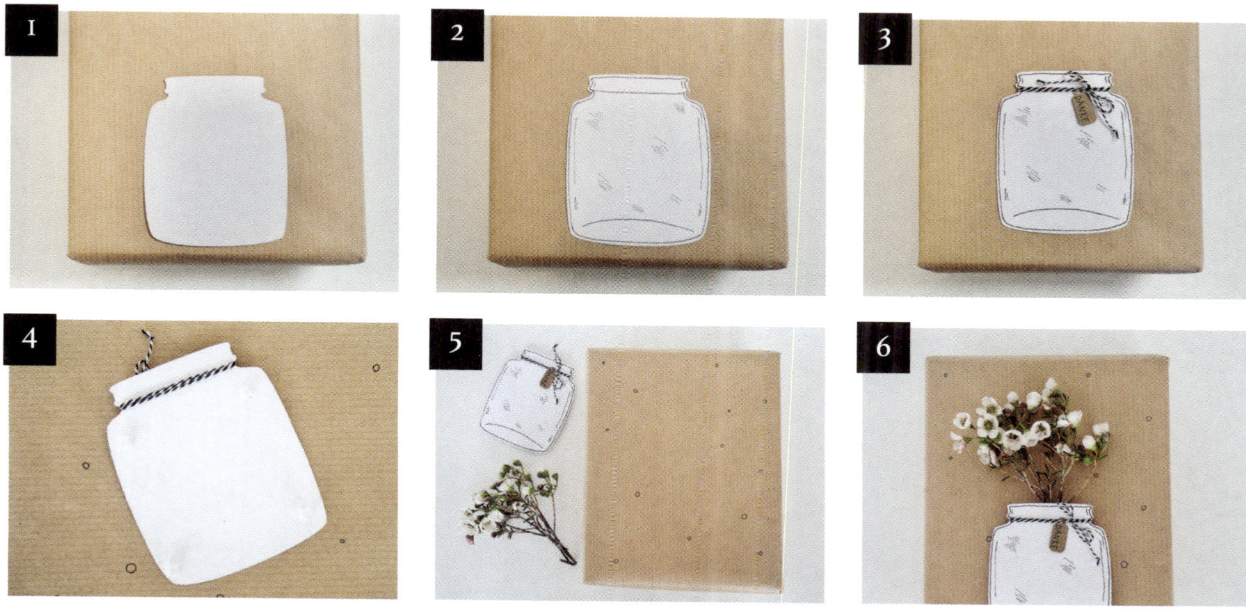

1. Verpacke zunächst dein Geschenk, und zwar so, dass eine schöne gerade Oberfläche entsteht. Zeichne nun eine Blumenvase auf den weißen Karton und schneide diese aus.

2. Nun zeichnest du mit dem schwarzen Fineliner die Outline der Vase ca. 2 mm vom Rand weg nach. Ergänze ein paar Schattierungen, damit die Vase dreidimensionaler wirkt.

3. Beschrifte den kleinen Anhänger und fädle ihn auf die Schnur, wickle diese um den Vasenhals und binde vorne eine Schleife.

4. Bringe auf der Rückseite einige Abstandhalter an. Wenn sie sehr flach sind, kannst du auch zwei übereinander kleben, damit die Vase ein wenig weiter absteht und das Blumensträußchen mehr Platz hat.

5. Wenn du magst, kannst du auch das Päckchen noch mit Punkten oder kleinen Kreisen verzieren.

6. Klebe die Vase auf das Paket und stecke das Sträußchen ein. Wenn du das Gefühl hast, dass es nicht gut genug hält, kannst du das Sträußchen vorher mit einem Stück Klebestreifen festkleben.

Tipp

Du kannst die Vase auch einfach auf das Paket zeichnen und den Anhänger und die Schnur direkt am Sträußchen anbringen. Klebe den kleinen Strauß dann mit einem hübschen Masking Tape fest.

FLORALES FADENBILD

Das Basteln von Fadenbildern bereitet mir persönlich besonders viel Freude. Als Geschenk oder besondere Wandgestaltung für das eigene Zuhause – hierfür findet sich ganz sicher eine erstklassige Verwendung.

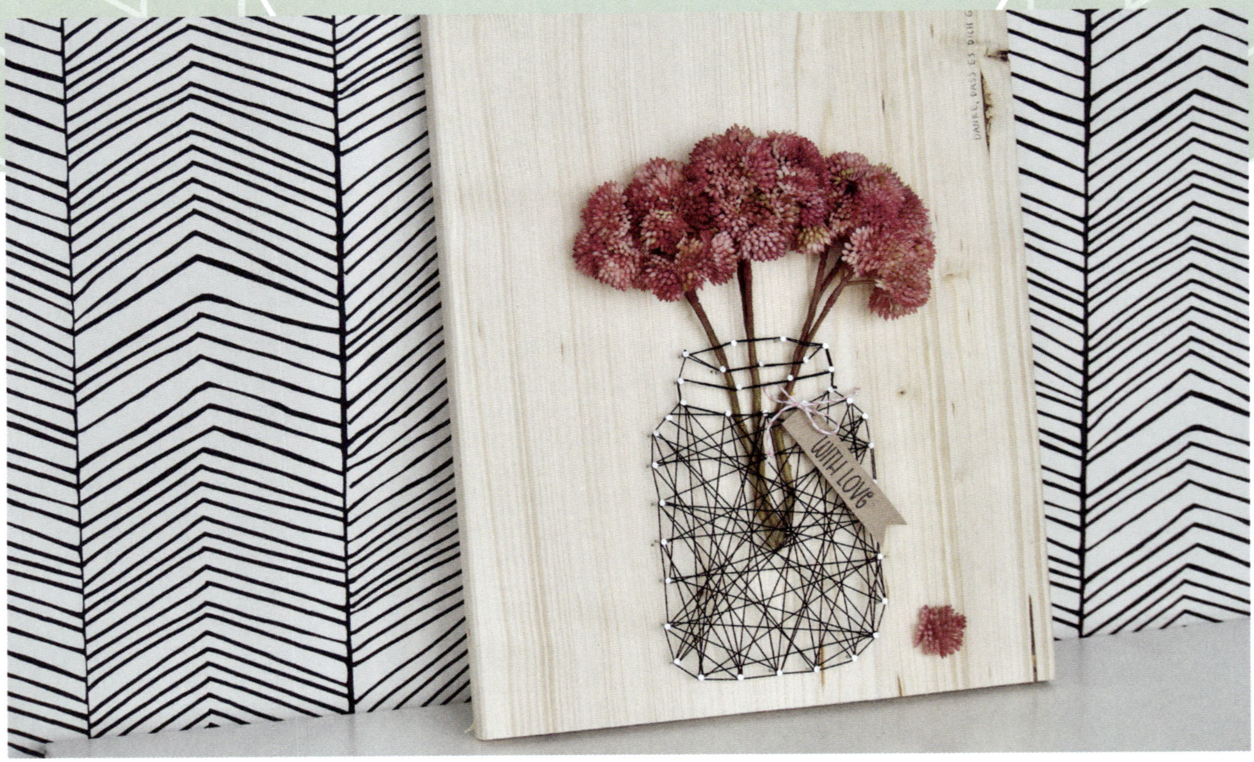

MATERIAL

- Motiv-Schablone eines Glases, 2 mal
- Holzplatte, ca. 1 cm Stärke
- Klebestreifen
- Nägel, ca. 1,2 cm Länge
- Dünnes Baumwollgarn (farblich hoher Kontrast zur Holzplatte)
- Kunst- oder Trockenblumen
- Kärtchen oder Anhänger
- Schleife/Bäckergarn

WERKZEUG

- Schere
- Hammer
- Heißklebepistole
- Stift
- Locher
- Stempel und Stempelkissen (optional)

SO GEHT'S

1
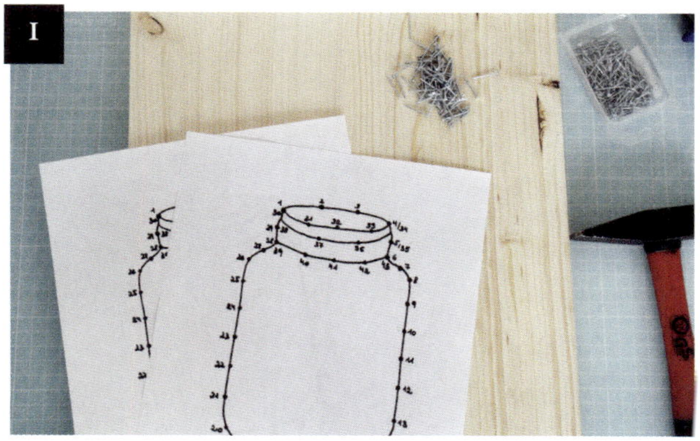

2
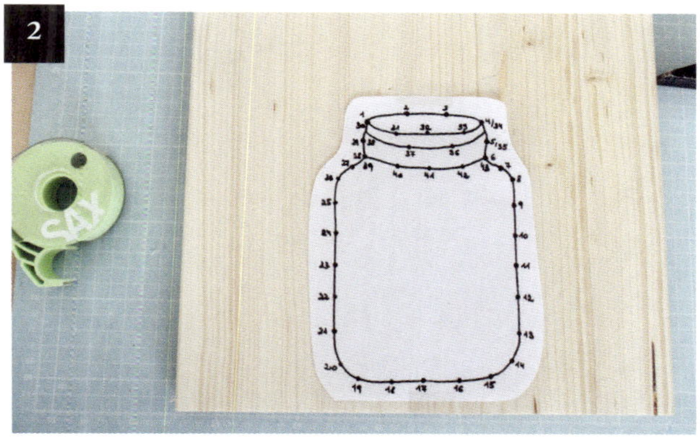

3
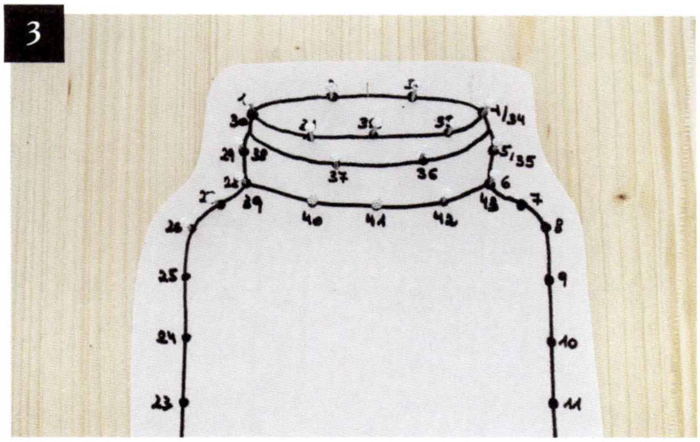

4
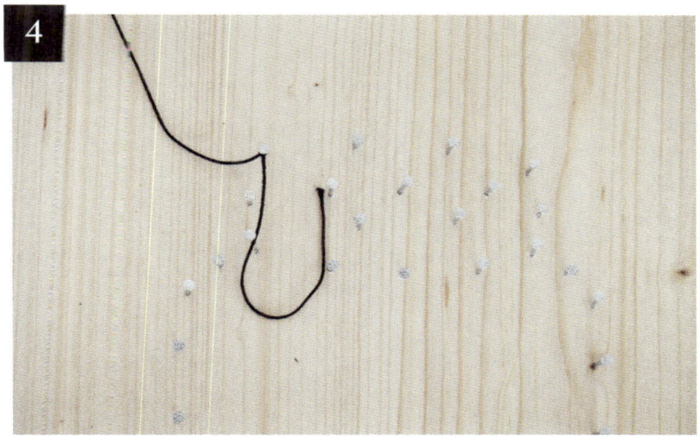

1. Zeichne dir ein Glas als Vorlage auf ein Blatt Papier, kopiere es oder drucke dir dein gewünschtes Glasmotiv zweimal aus. Zeichne dir die Punkte für die Nägel in gleichmäßigem Abstand auf der Kontur ein und nummeriere die Punkte in der Reihenfolge, in der der Faden geführt werden soll. Du benötigst eine Vorlage für die Nägel auf der Holzplatte und eine zum Führen des Fadens, nachdem du das Blatt entfernt hast.

2. Schneide nun deine Vorlage grob aus. So kannst du das Motiv positionieren und auch noch mal prüfen, ob die Größe so passt. Klebe es mit ein oder zwei Klebestreifen fest.

3. Nun beginne die Nägel in alle dafür vorgesehenen Punkte einzuschlagen. Wenn alle Nägel eingeschlagen sind, entferne das Papier von der Platte.

4. Anschließend bindest du den Faden am Nagel 1 mit einem Knoten unter dem Köpfchen fest. →

SO GEHT'S WEITER

5

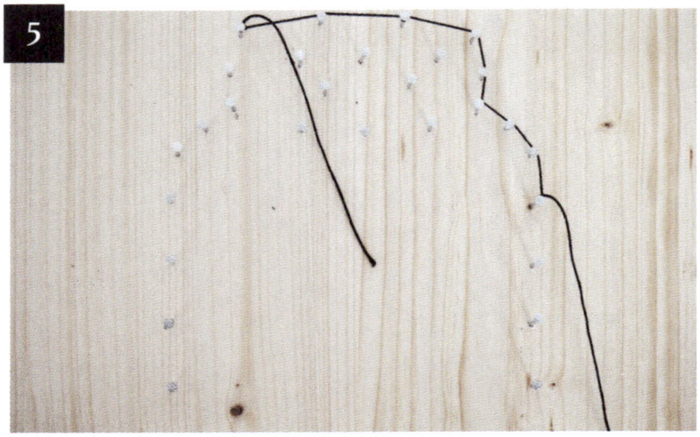

6

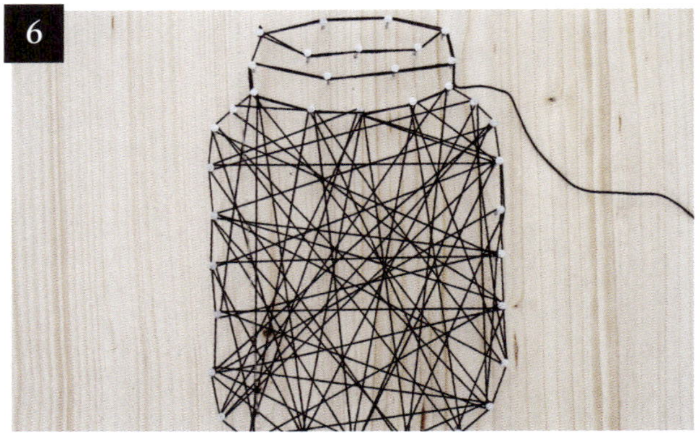

7

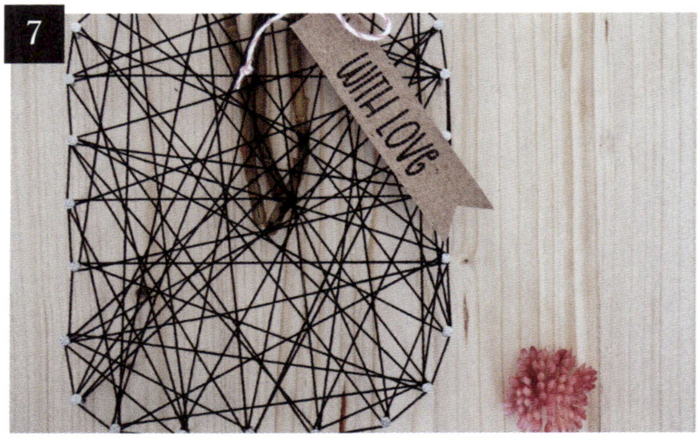

Tipp

Mit dieser Technik lassen sich viele verschiedene Bilder zu allen möglichen Anlässen basteln. Einfache Formen, wie ein Tannenbaum, ein Osterhase oder ein Herz sind sehr dekorativ und auch großartige Geschenke.

5. Nun gehst du nach den Zahlen einmal um das ganze Glas, indem du den Faden jeweils zweimal um den Nagelkopf wickelst. Halte das Baumwollgarn stets straff und lasse beim Wickeln nicht locker. Manche Stellen beim Schraubverschluss (Hals) des Glases musst du zweimal umwickeln. Achte dabei darauf, dass die Richtung des Fadens immer gleich ist, damit die Fäden schön übereinander liegen.

6. Wenn du einmal herum bist, sollte das Glas schon erkennbar sein. Nun wickelst du beim Bauch des Glases den Faden kreuz und quer. Wickle so lange, bis dir dein Glas gefällt und keine großen Löcher mehr vorhanden sind. Verknote das Fadenende an einem der Nägel.

7. Nun kannst du deinen Blumenstrauß einfach von oben hineinstecken. Schneide dein Kärtchen in Form, beschrifte es und loche es an einer Stelle. Befestige es mit dem Schleifchen oder dem Bäckergarn an einem der Nägel. Wenn du magst, kannst du noch eine Blüte abschneiden und diese neben dem Glas anbringen, als ob sie abgefallen wäre.

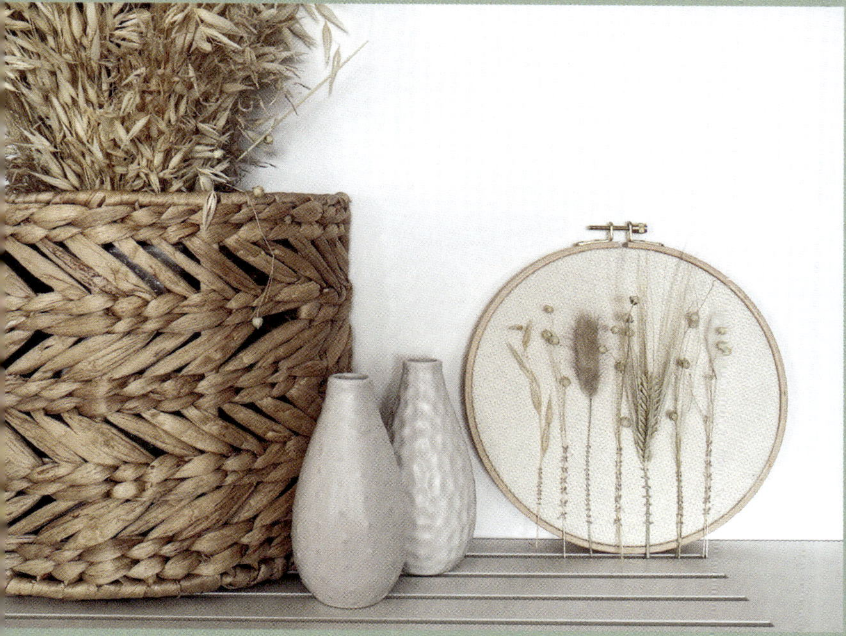

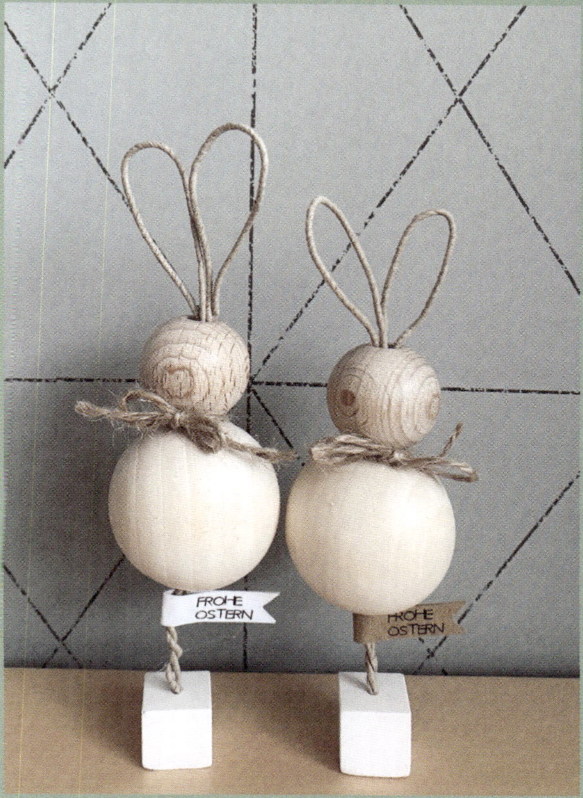

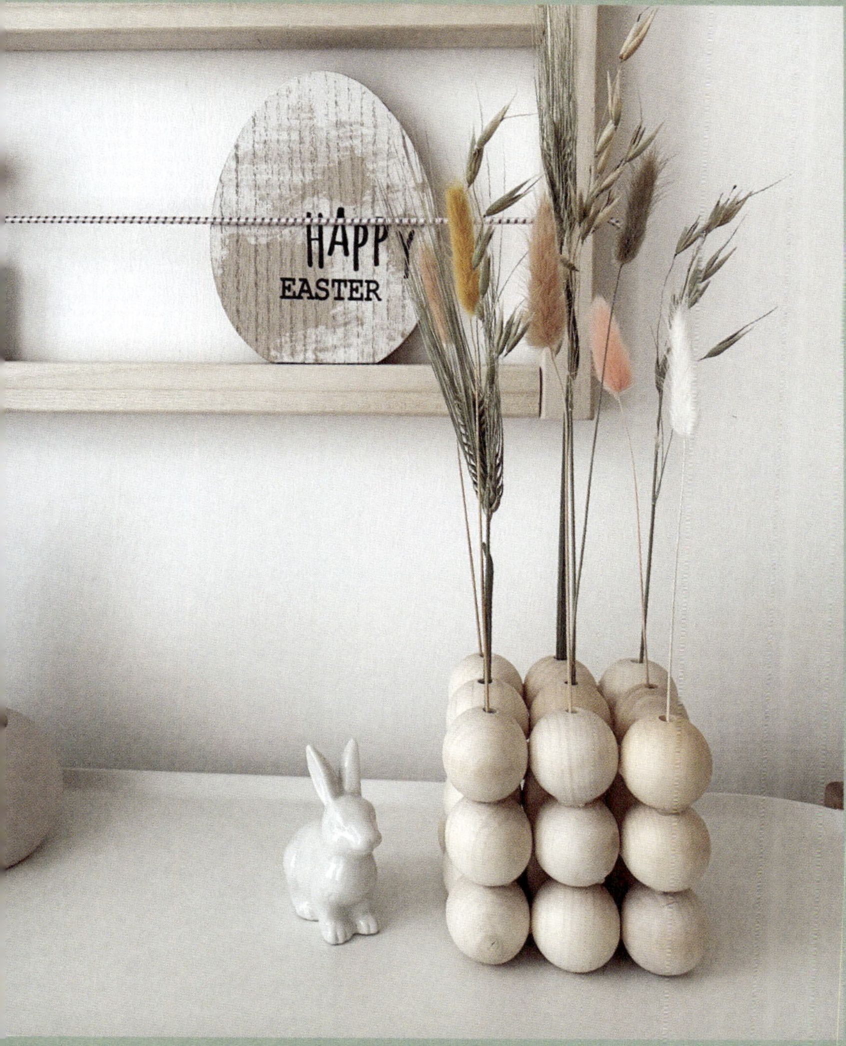

HOLZ & NATURMATERIALIEN INSPIRATION

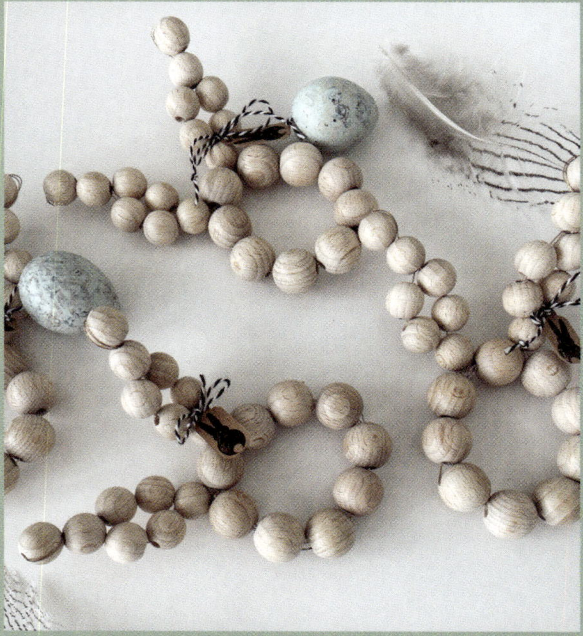

ÜBERTOPF AUFGEHÜBSCHT

Übertöpfen, die dir nicht mehr gefallen oder an irgendeiner Stelle abgeschlagen sind, kannst du mit dieser Idee neues Leben einhauchen. Mit Rundhölzern lässt sich daraus wieder ein richtiges Deko-Highlight machen. Die Holzoptik passt perfekt zu Grünpflanzen.

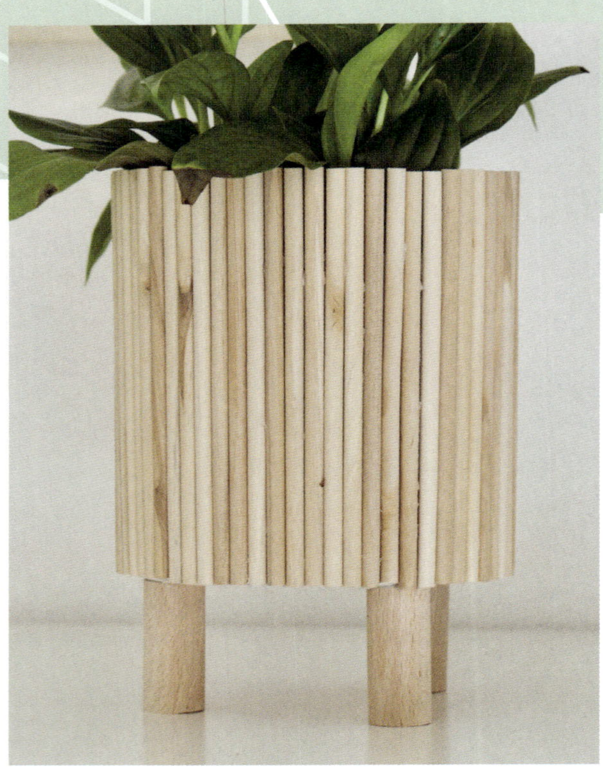

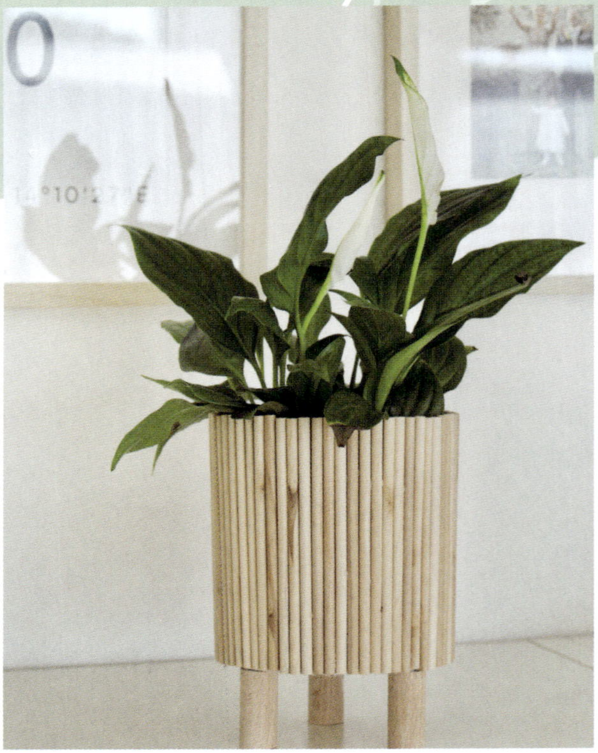

MATERIAL

- Alter Topf, hier ca. 11 cm Durchmesser (nicht konisch)
- Rundhölzer
- 3 oder 4 Rundhölzer für die Beinchen

WERKZEUG

- Lineal
- Heißklebepistole
- Cuttermesser

SO GEHT'S

I
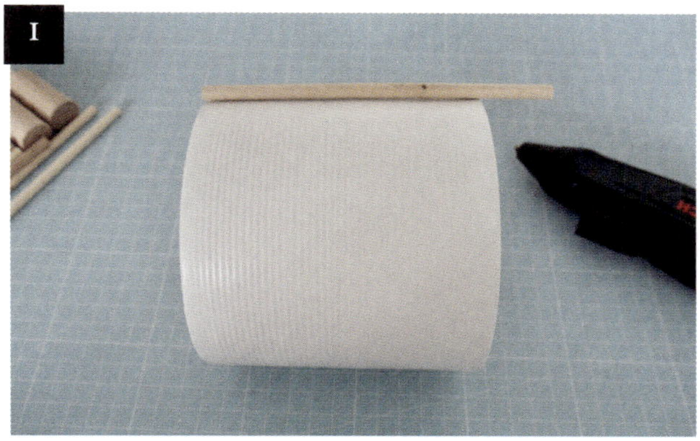

2
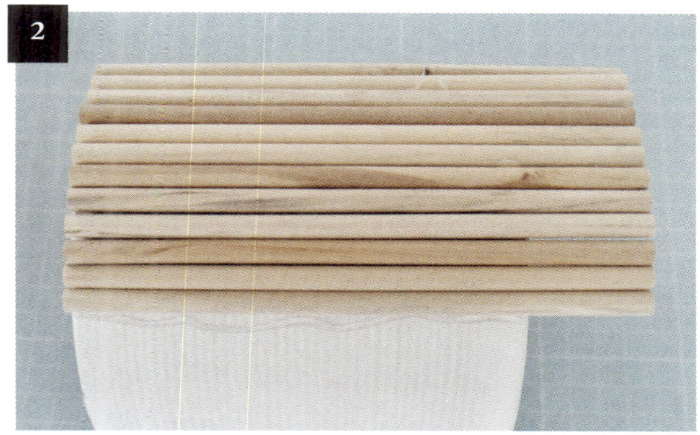

3
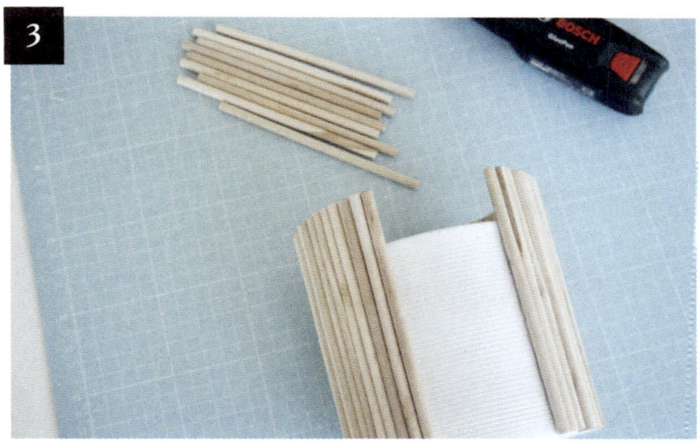

4
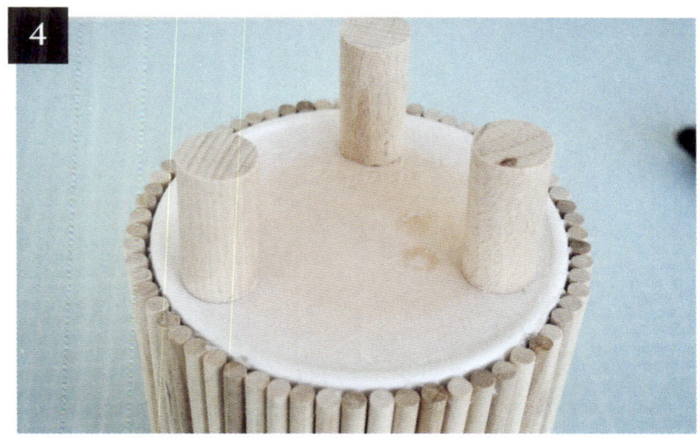

1. Wichtig ist, dass du das erste Rundholz so gerade wie möglich anbringst. Verwende dafür ein Lineal oder einen anderen geraden Gegenstand.

2. Klebe dann eine Leiste nach der anderen auf. Orientiere dich für die Ausrichtung an der Unterkante. Achte darauf dass du immer wieder prüfst, ob du noch gerade arbeitest.

3. Gegen Ende solltest du die letzten Rundhölzer einmal nur in die Spalte legen, um zu sehen, wie es sich ausgeht. Vermutlich wird es nicht ganz genau passen, deshalb passe dies bei den letzten Hölzern an, indem du minimal mehr Platz zwischen den Hölzern lässt, damit nicht am Schluss eine große Lücke bleibt.

4. An einigen Stellen, werden vielleicht Klebereste sein, kratze diese mit dem Cuttermesser vorsichtig ab. Klebe nun noch deine Füßchen auf die Topfunterseite, damit der Topf gut steht.

Tipp

Du kannst auch halbe Holzkugeln verwenden, um einen alten Topf in ein neues Outfit zu stecken. Klebe dafür die erste Reihe auf und versetze die Kugeln dann immer. Dadurch entsteht eine schöne Regelmäßigkeit.

ÜBERRASCHUNGSBOX

Hier zieren kleine halbe Holzperlen eine Spanschachtel. Die Box oder auch die Perlen können bemalt werden, damit ein schöner Kontrast zwischen den beiden Holzprodukten entsteht.

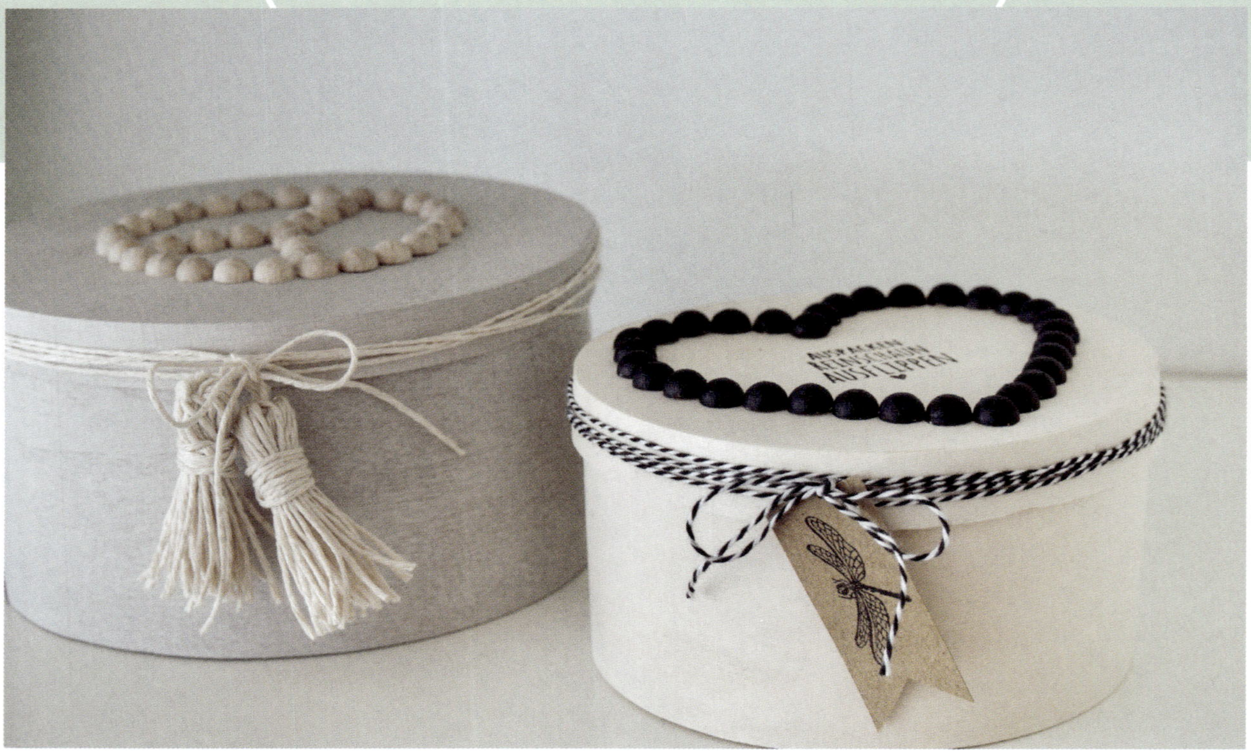

MATERIAL

- Spanschachtel mit Durchmesser nach Wahl (hier 11 cm)
- Halbe Holzkugeln, 8 mm
- Acrylfarbe
- Karton für Herzform
- Bäckergarn, Makramee- oder Juteschnur
- Kärtchen als Anhänger

WERKZEUG

- Pinsel
- Schere
- Bleistift
- Stempel und Stempelkissen oder Stift
- Holzleim

SO GEHT'S

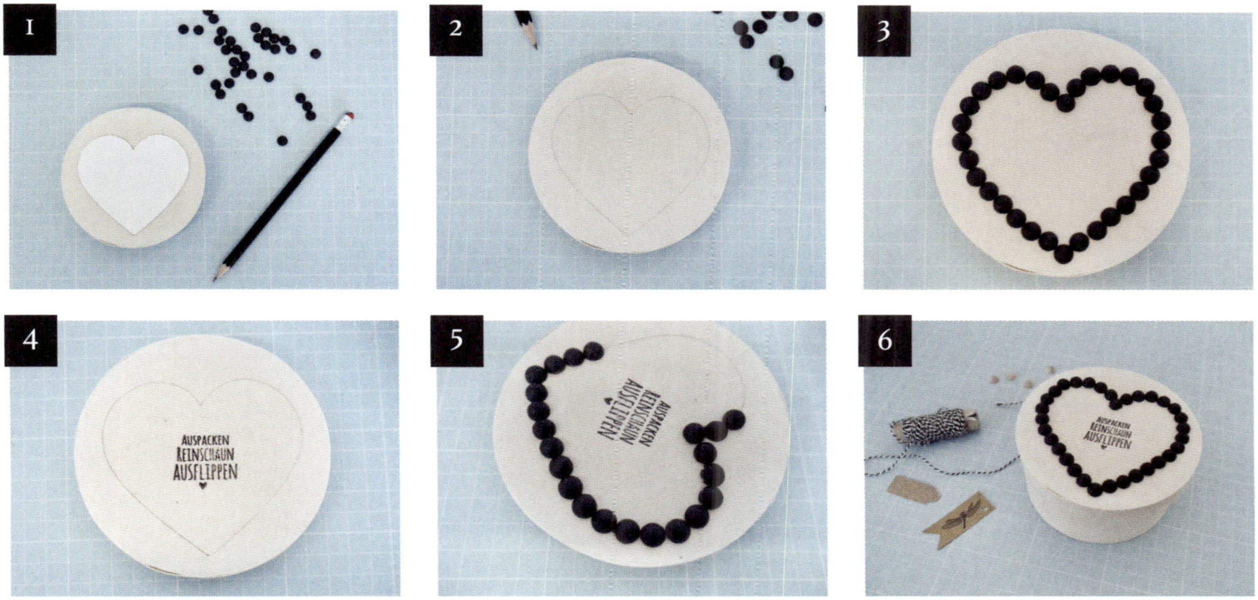

1. Bemale zunächst die halben Holzkugeln und lasse sie trocknen. Schneide dir aus dem Karton ein Herz oder ein anderes Symbol als Vorlage aus und richte es mittig am Deckel aus.

2. Zeichne die Herz-Kontur auf dem Deckel mit Bleistift nach.

3. Lege nun zur Probe die Holzperlen auf, um zu sehen, in welchem Abstand du legen musst, damit es sich gut ausgeht.

4. Wenn du magst, schreibe oder stemple eine Botschaft in die Mitte.

5. Klebe nun die Halbkugeln nacheinander mit ein wenig Holzleim auf die vorgezeichnete Linie.

6. Schneide einen kleinen Anhänger zurecht und beschrifte oder bestemple ihn. Wenn du fertig bist, umwickle den Deckel mit einer Schnur und hänge den kleinen Anhänger daran.

Tipp

Du kannst die Box natürlich auch farbig streichen und die Perlen in Natur lassen. Zu einem Peace-Zeichen könntest du kleine Quasten an die Box binden. Diese fertigst du genau wie die Bäumchen von Seite 74 an.

SUPERSCHNELLE TISCHDEKO

Trockenblumen sind im Moment ein Riesenthema und man kann so allerhand damit anstellen. Eine ganz schnelle Nummer sind diese Windlichter.

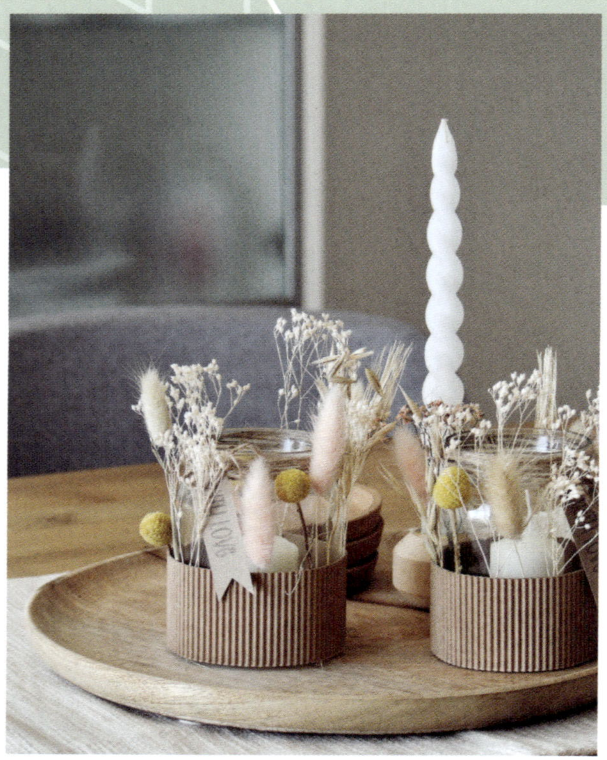

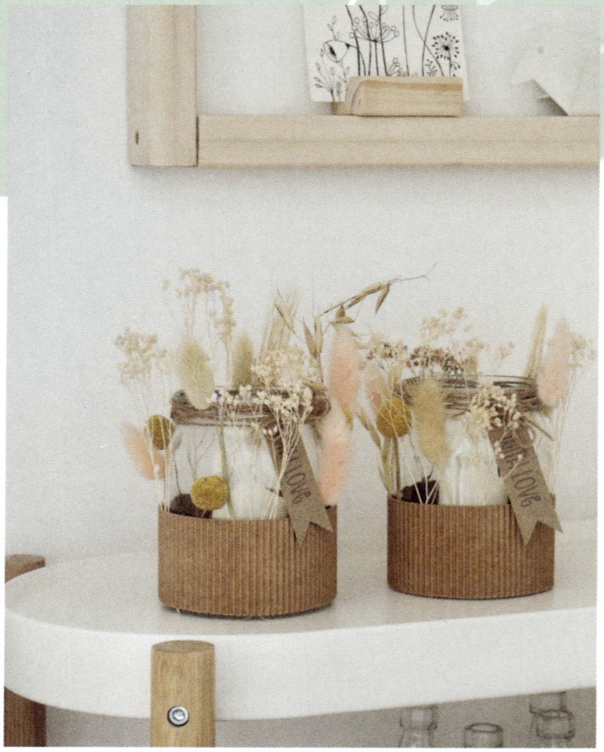

MATERIAL

- Glas
- Wellpappe, (1x DIN A4)
- Trockenblumen
- Kartonanhänger
- Juteschnur
- LED-Teelicht

WERKZEUG

- Cuttermesser
- Büroklammer
- Klebstoff oder Heißklebepistole
- Stift
- Schere
- Locher

SO GEHT'S

1

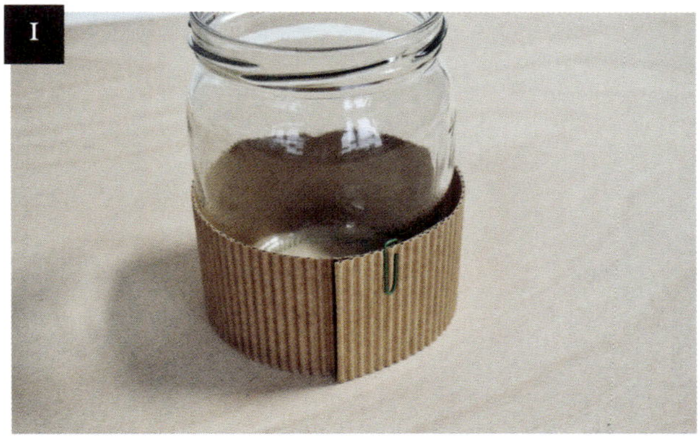

2

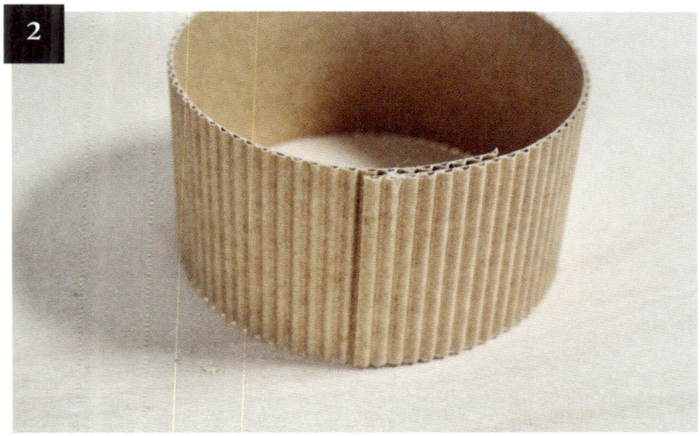

3

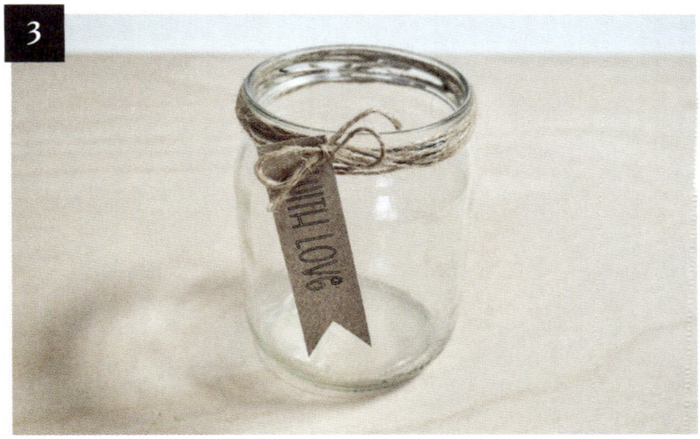

4

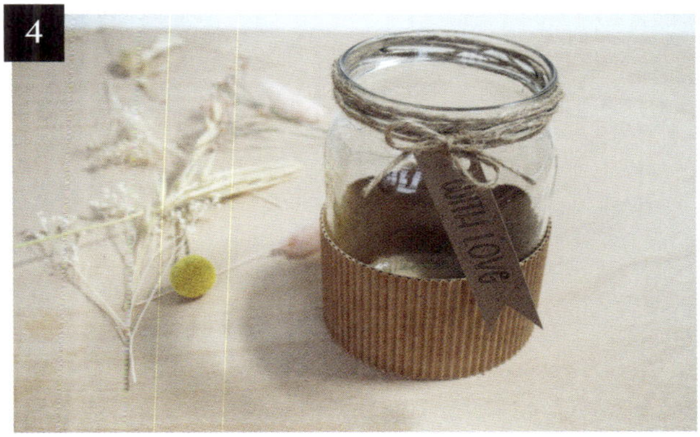

1. Schneide dir von deiner Wellpappe zunächst einen 5 cm breiten Querstreifen mit dem Cuttermesser ab, lege ihn um dein Gefäß und stecke ihn lose mit der Büroklammer fest.

2. Nimm den Ring ab und verklebe ihn an der Überlappung. Er soll mit ein klein wenig Abstand locker am Glas sitzen.

3. Schneide dir einen länglichen Anhänger zurecht und beschrifte ihn. Nun wickle die Juteschnur ein paarmal um den oberen Glasrand und hänge den Anhänger daran.

4. Schiebe den Ring wieder über das Glas. Nun kannst du mit dem Stecken der Trockenblumen beginnen. Am Anfang wird der Ring noch rutschen, mit der Zeit sitzt er aber immer fester. Stecke zuerst die Trockenblumen mit den dickeren Stielen und am Schluss die mit den dünnen.

Achtung

Wenn du die Blumen oben überstehen lässt, solltest du in einem entsprechend tiefen Glas nur Teelichter oder ganz kleine Kerzen verwenden. Wenn du gerne größere Kerzen hineinstellen möchtest, sollten die Trockenblumen nicht über den Glasrand schauen. Zudem besteht bei einem sehr hohen Glas unten die Gefahr eines Hitzestaus, sodass sich das flüssige Wachs im Teelicht entzünden kann.

Greife zur Sicherheit auf LED-Kerzen zurück.

FURNIERVÖGEL

Kleine Frühlingsboten aus Furnierholz eignen sich für den Osterstrauch, dürfen aber gerne auch das ganze Jahr über hängen bleiben.

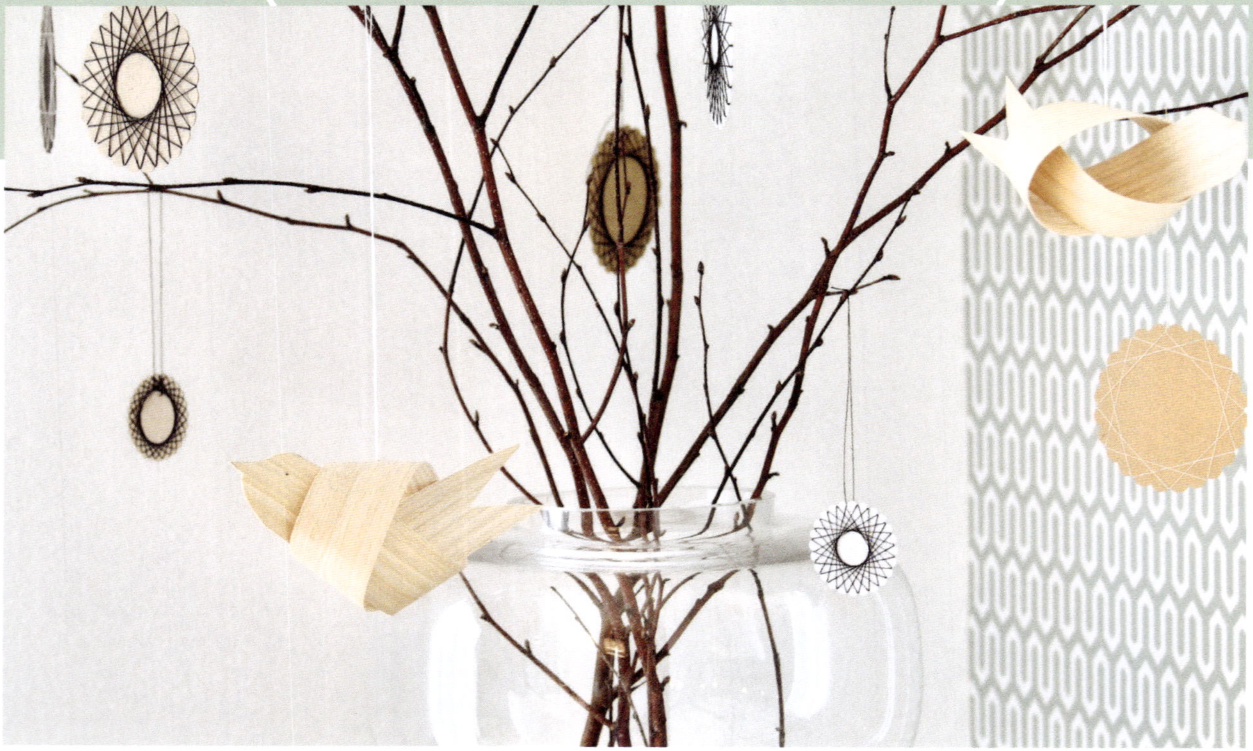

MATERIAL

- Holzfurnier ohne Kleberückseite
- Bindfaden, Nähgarn oder Silkfaden

WERKZEUG

- Cuttermesser
- Schale mit Wasser
- Schere
- Spitze Nähnadel

SO GEHT'S

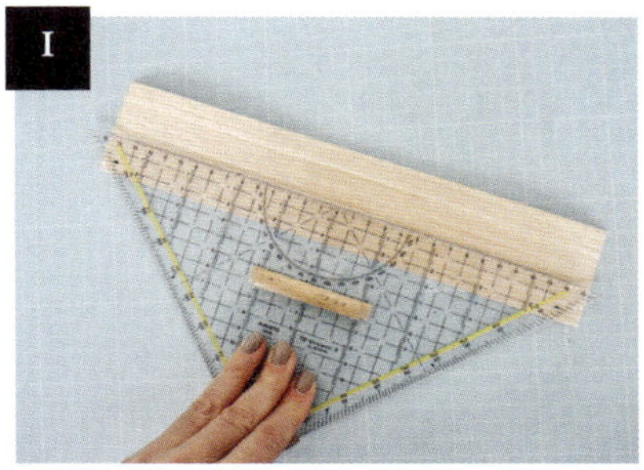

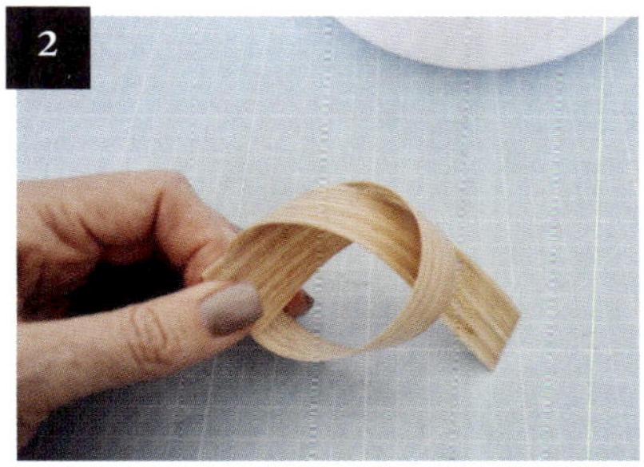

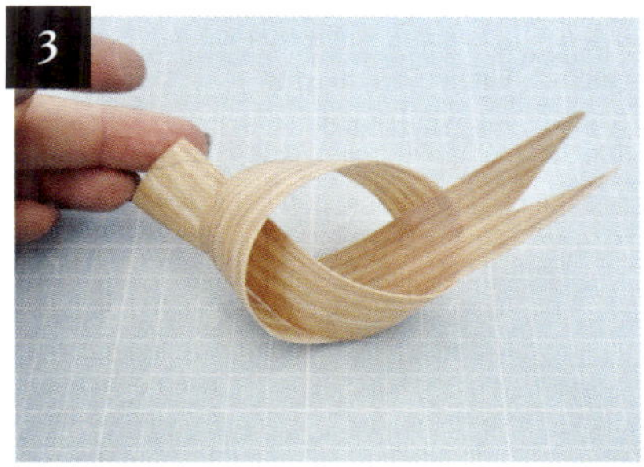

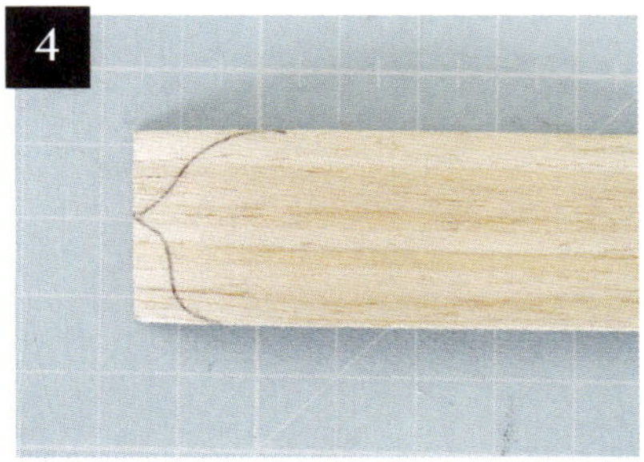

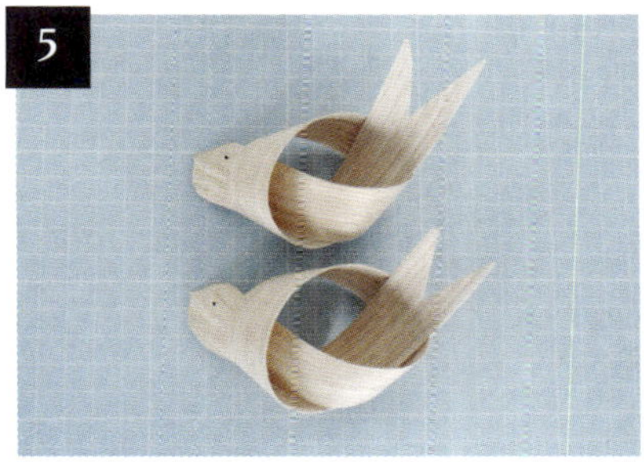

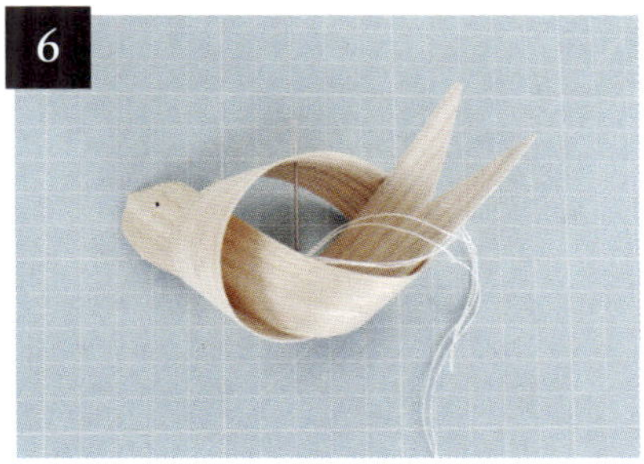

1. Schneide mit dem Cutter vom Holzfurnier einen Streifen von 2,5 x 30 cm ab.

2. Lege den Streifen für ca. 20 Minuten in eine Schüssel mit Wasser. Verknote ihn dann noch nass, sodass die Seite mit dem Köpfchen ein wenig kürzer ist als die für den Schwanz. Zieh vorsichtig, aber fest zu. Solange das Holzfurnier nass ist, lässt es sich noch gut formen.

3. Schneide am längeren Ende ein Dreieck heraus, das ergibt das Schwänzchen des Vogels.

4. Dann schneide das Köpfchen aus und lasse das Holz trocknen.

5. Male mit einem Faserstift ein Auge auf das Köpfchen.

6. Zum Schluss nimmst du den Bind- oder Silkfaden doppelt und fädelst ihn durch eine spitze Nähnadel. Bohre von unten vorsichtig ein Loch durch den Rücken, ziehe die Schlaufe durch und verknote den Faden auf der Unterseite in der gewünschten Länge. Dies ist der Faden zum Aufhängen.

Tipp

Dekoriere deine Vögel an Ästen oder Zweigen und kombiniere sie mit den Mandala-Anhängern von Seite 18. Die Naturfarben und filigranen Vögel passen gut zu den kleinen Fadenblumen.

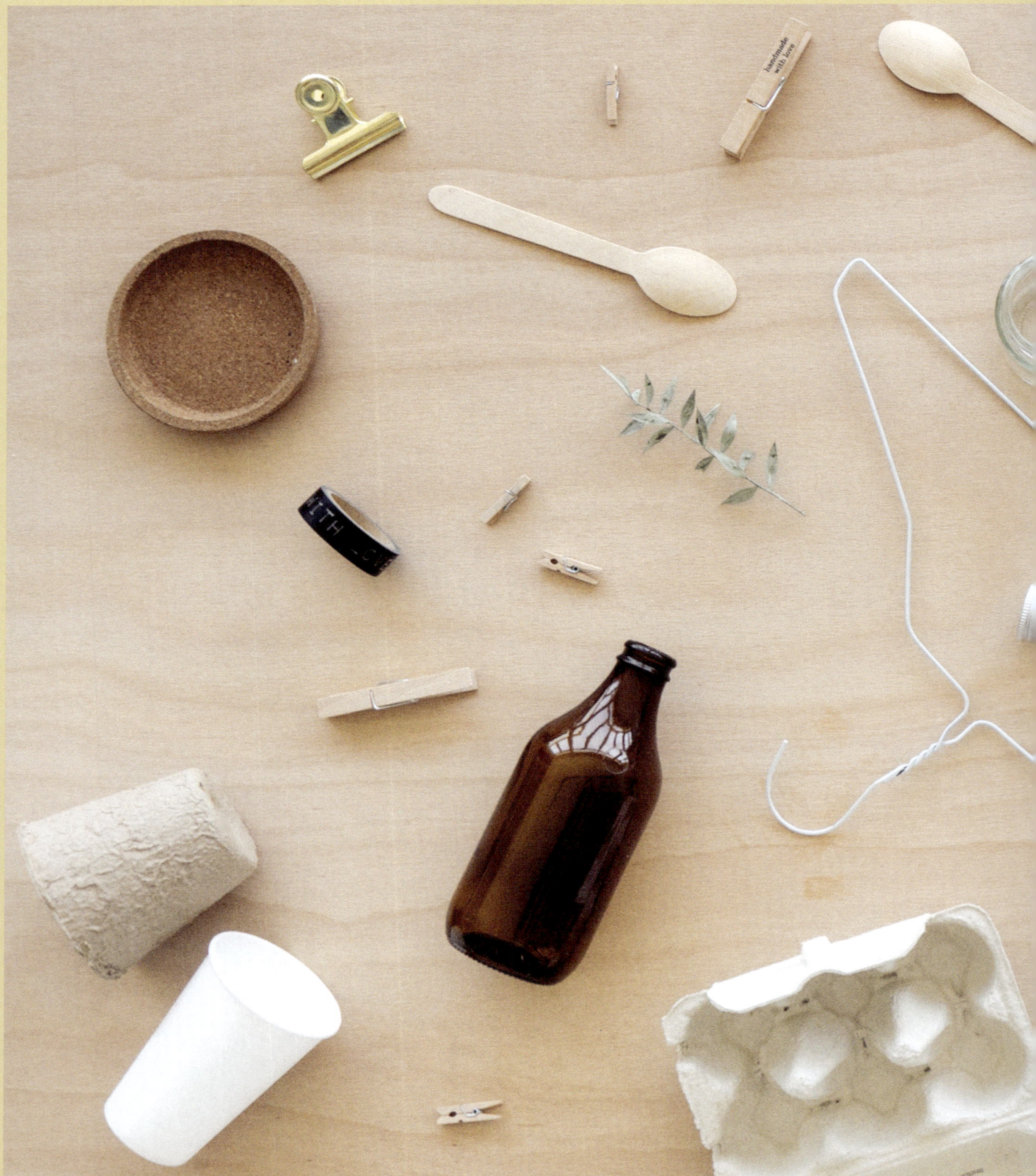
handmade
with love

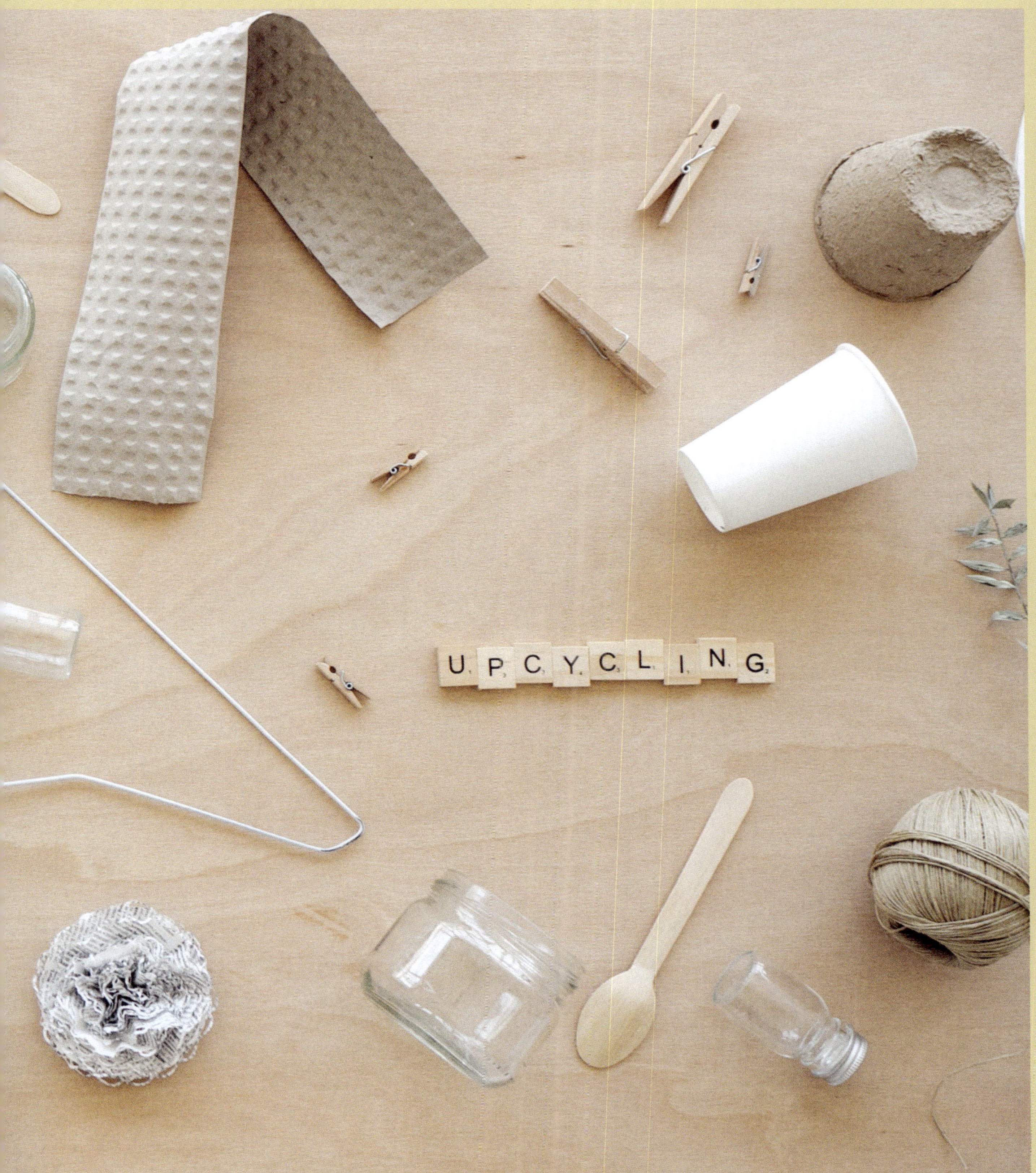
UPCYCLING

HAPPY NEW YEAR

Verschenk doch statt Schweinchen und Schornsteinfeger mal Glück in kleinen, bestickten Aufzuchtbechern.

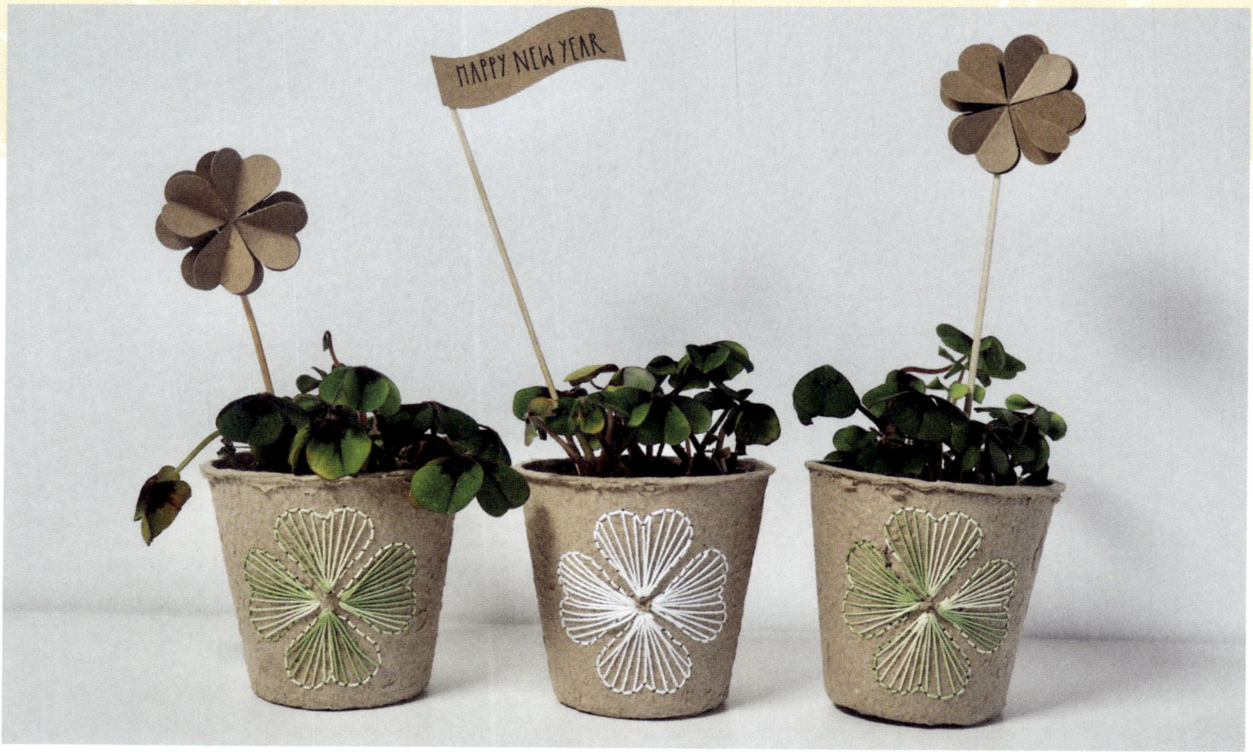

MATERIAL

- Vorlage (Seite 170)
- Aufzuchtbecher, 8 x 7,5 cm (H x D)
- Dünnes Baumwollgarn
- Klebestreifen
- Papier
- Kraftpapier
- Schaschlikspieße (Holz)
- Frischhaltefolie

WERKZEUG

- Nähnadel
- Heißklebepistole oder Bastelkleber

SO GEHT'S

1

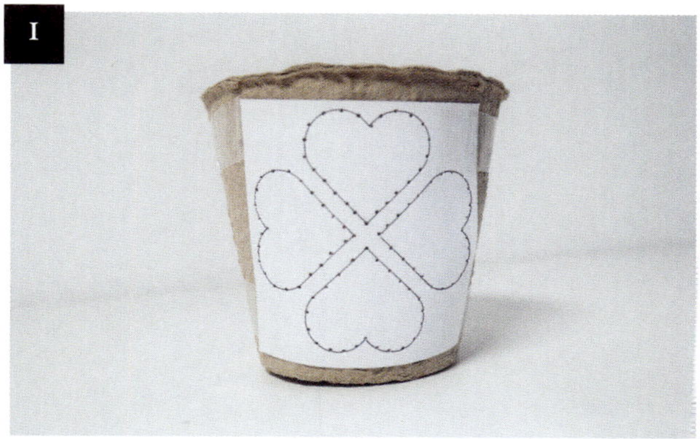

2

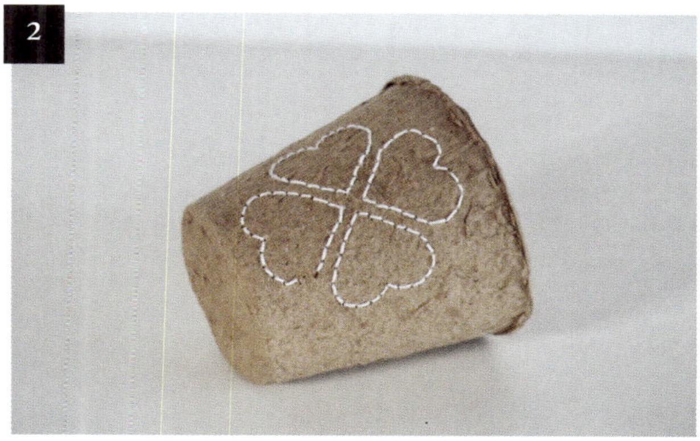

3

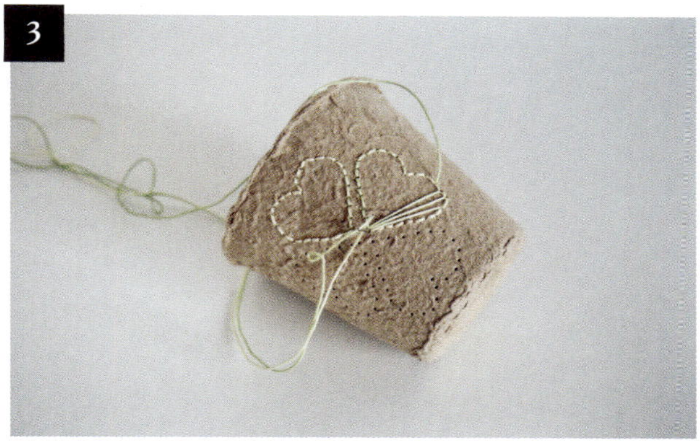

4

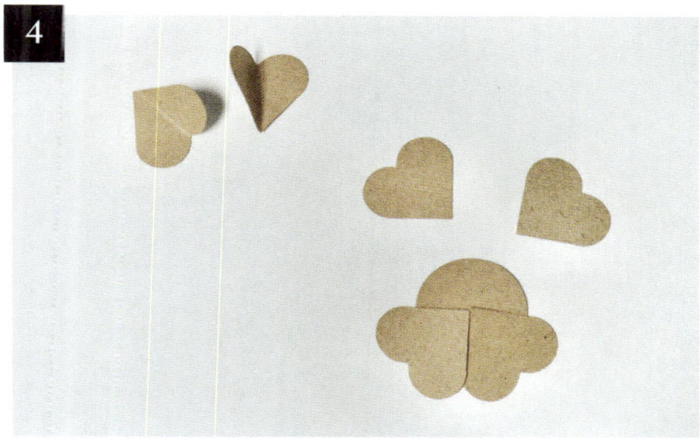

1. Zeichne das Kleeblatt frei Hand in der gewünschten Größe auf ein Blatt Papier oder pause die Vorlage aus dem Buch ab (Seite 170). Schneide deine Schablone aus und klebe sie auf den Anzuchtbecher. Stich mit der Nadel in einem Abstand von ca. 4 mm Löcher durch das Kleeblatt.

2. Faden einfädeln und mit dem Rückstich die Außennaht des Kleeblatts nachnähen. Wenn der Faden endet, einfach innen eng verknoten und mit neuem Faden starten.

3. Dann ausgehend von der unteren Spitze der einzelnen Herzen die Löcher nach oben verbinden. Achte darauf, dass die Füllfäden die Outline nicht überdecken.

4. Umwickele die Kleeblattblumentöpfe mit Frischhaltefolie, damit die Töpfchen nicht nass werden. Zum Schluss nochmals 8 Herzchen, einen Kreis und ein Fähnchen ausschneiden und das Fähnchen beschriften. 4 Herzchen auf den Kreis kleben, die restlichen 4 in der Mitte falten und ebenfalls festkleben. Klebe nun die Kleeblätter und das Fähnchen auf die Spieße und stecke sie in die Töpfchen.

Tipp

Verwende keinen zu langen Faden, da dieser sich leicht verknotet. Zudem solltest du die Löcher nicht zu eng stechen, da das Material sonst ausreißen könnte.

HOLZLÖFFELBLUME

Wie wäre es mal mit einer einzelnen Blume aus Einweglöffeln? Diese Variante ist länger haltbar als Frischblumen, und eignet sich wunderbar als Wanddekoration.

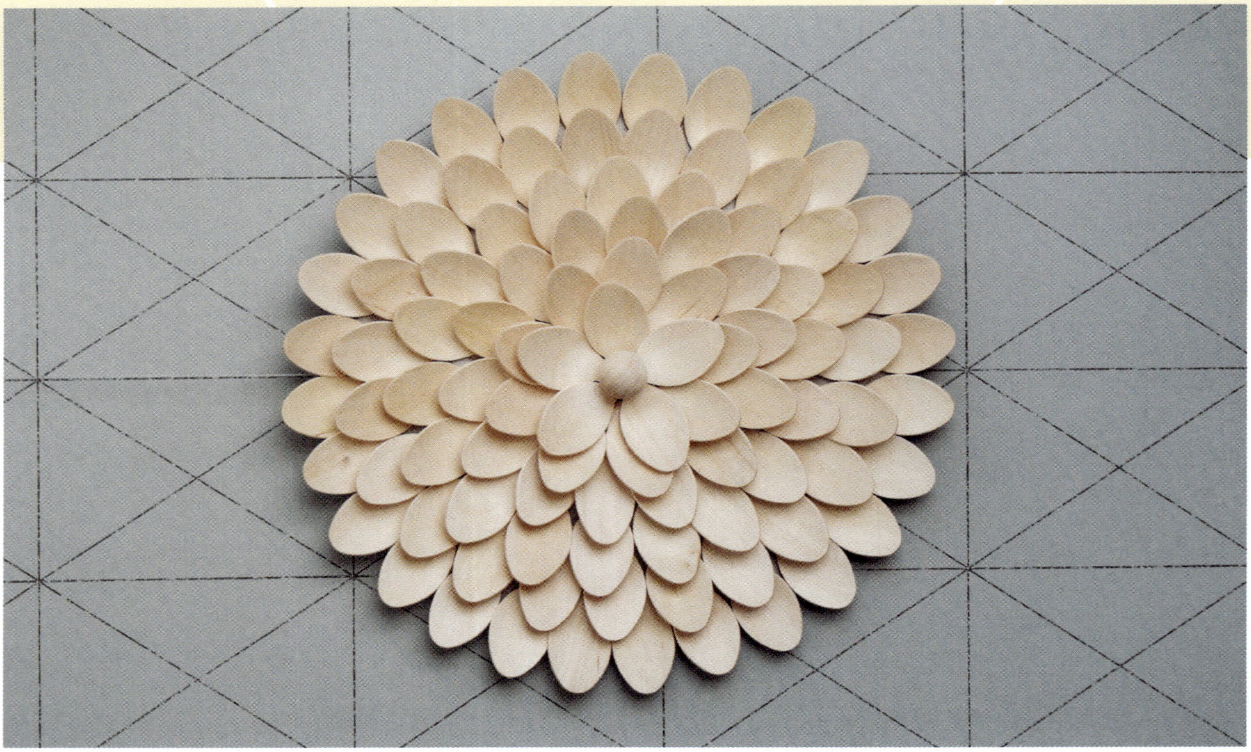

MATERIAL

- Holzlöffel (ca. 100 Stück)
- Einen Kartonkreis (ca. 30 cm Durchmesser)
- Holzkugel (2 cm Durchmesser)
- Aufhänger (optional)
- Silkfaden (optional)

WERKZEUG

- Schere oder Cutter für den Kreis
- Bleistift
- Zirkel oder Schüssel/Teller
- Seitenschneider
- Heißklebepistole
- Spitzes Werkzeug für die Aufhängung

SO GEHT'S

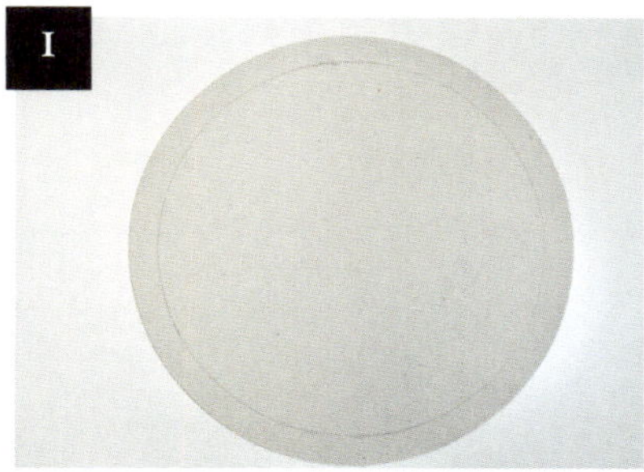

1

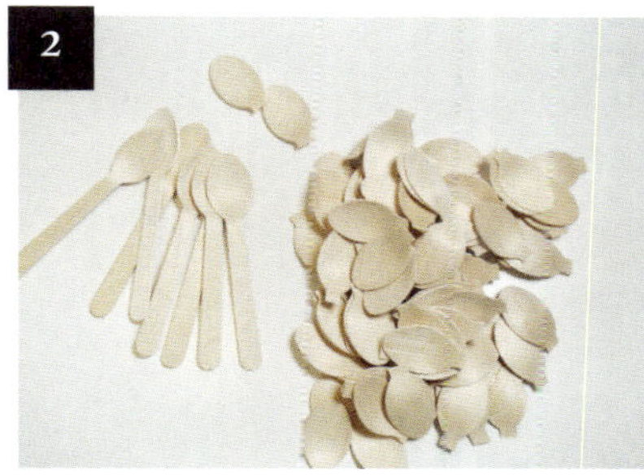

2

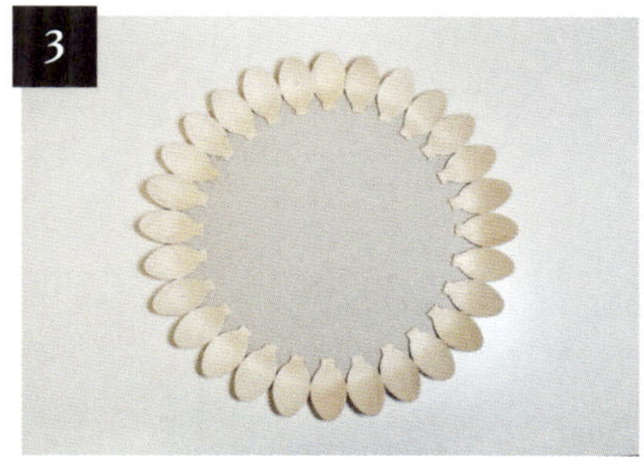

3

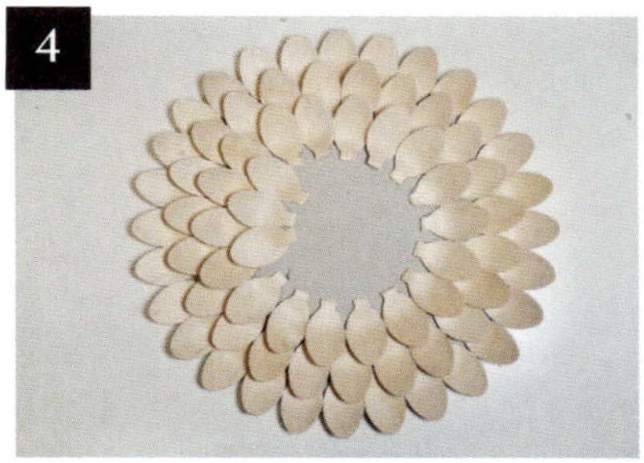

4

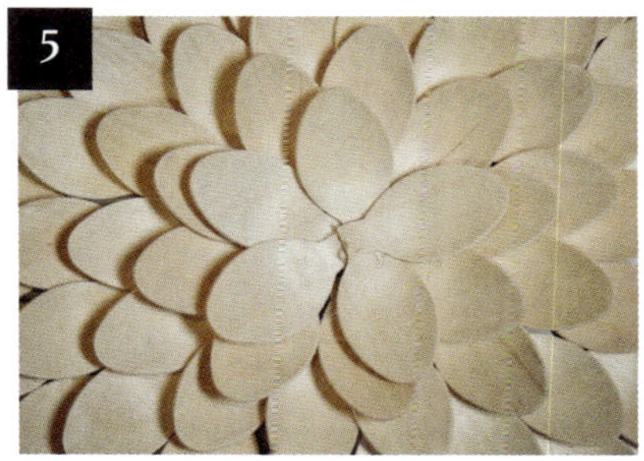

5

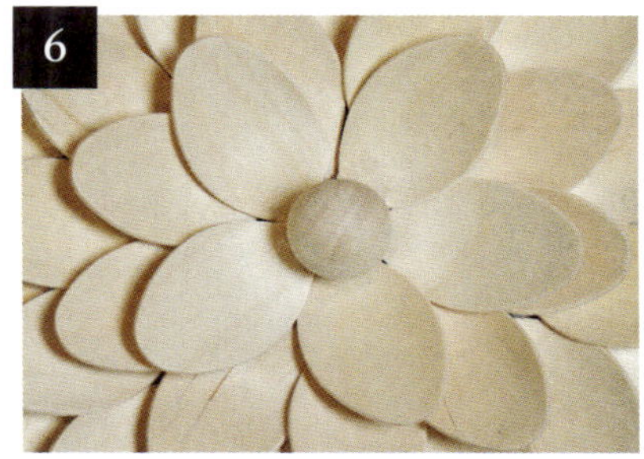

6

1. Schneide zunächst den Karton zurecht. Du kannst entweder einen Zirkel oder einen Teller verwenden, damit du eine schöne runde Form bekommst. Zeichne dir dann für die erste Kleberunde auch noch einen ca. 1,5 bis 2 cm kleineren Kreis darauf.

2. Knapse mit dem Seitenschneider die Griffe der Löffel ein wenig unter der Löffelschaufel ab.

3. Beginne nun mit dem Kleben. Orientiere dich an der Linie und bringe Löffel für Löffel eng aneinander an. Wenn es sich beim Zusammenschluss nicht gut ausgeht, kannst du dies ausgleichen, indem du die Seiten der Löffel ein wenig unter die anderen schlüpfen lässt.

4. In der nächsten Reihe füllst du die Zwischenräume, sodass möglichst kein Karton oder Löffelansatz der vorherigen Reihe zu sehen ist. Auch hier muss man zum Teil ein wenig schummeln.

5. In der Mitte angekommen, legst du 4 oder 5 Löffel ein wenig überlappend übereinander.

6. Nun noch die Kugel auf die überlappenden Löffel kleben und bei Bedarf Klebereste entfernen. Für die Aufhängung hinten ein Loch bohren und mit Silkfaden aufhängen oder einen Aufhänger befestigen.

Tipp

Ganz lässt es sich nicht vermeiden, dass der Karton ein wenig durchblitzt, wobei das, sobald die Blume hängt, fast nicht mehr auffällt.

BUCHSEITENHERZEN

Aus alten Büchern oder Zeitschriften kann man viel Neues basteln. Diese Herzen sind schnell umgesetzt und machen mit ein paar Eukalyptuszweigen gleich richtig was her.

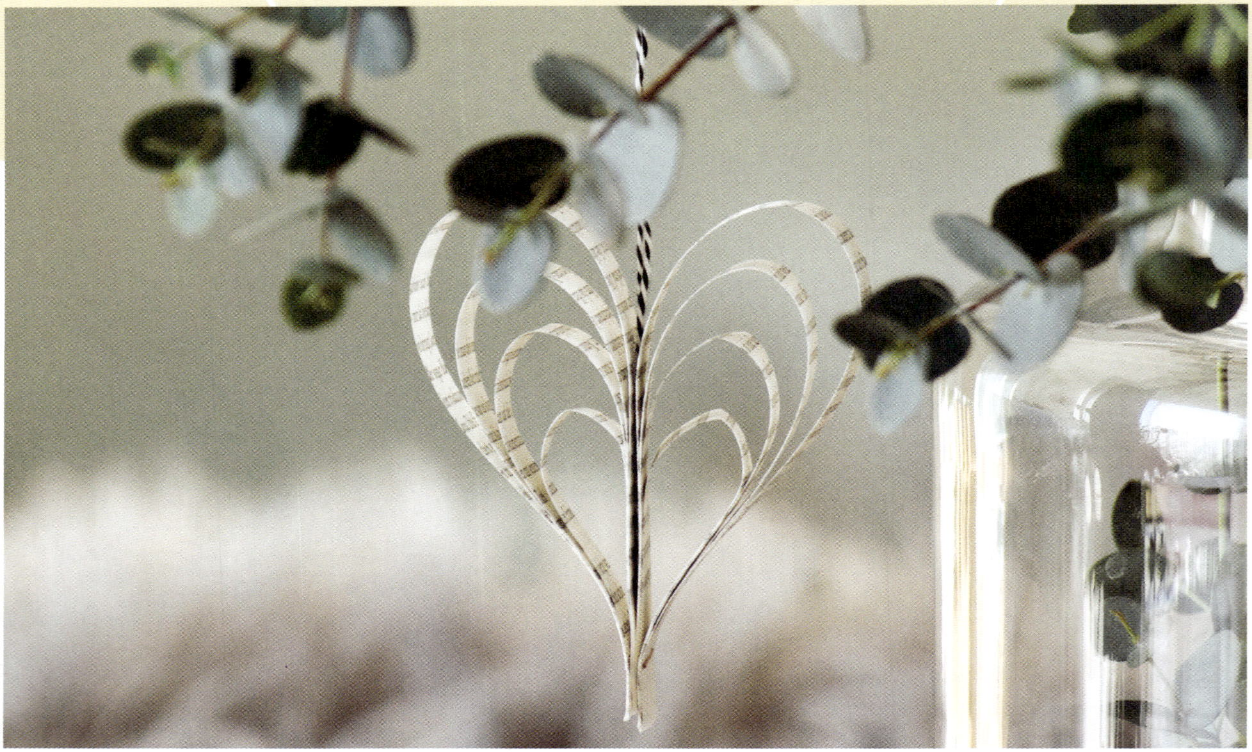

MATERIAL

- Alte Bücher oder Zeitschriften
- Öse (optional)
- Bäcker- oder auch Jutegarn

WERKZEUG

- Cutter
- Schere
- Tacker inklusive Klammern
- Bastelkleber oder Heißklebepistole

SO GEHT'S

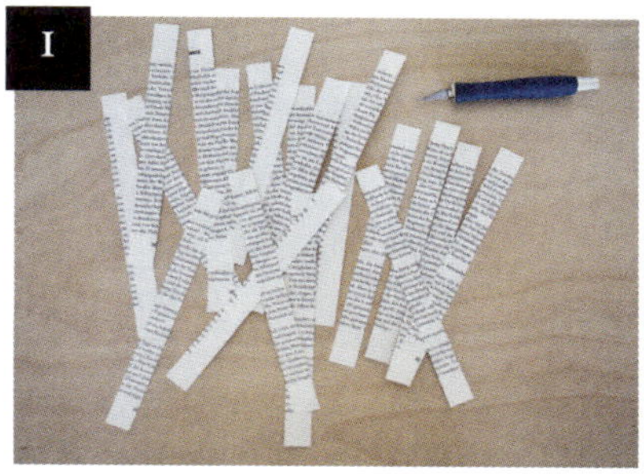

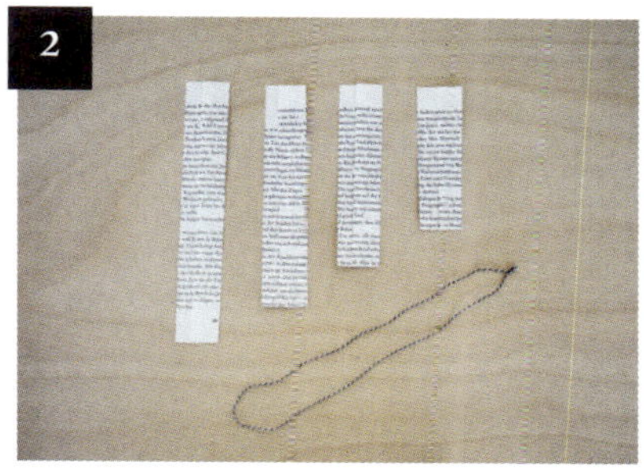

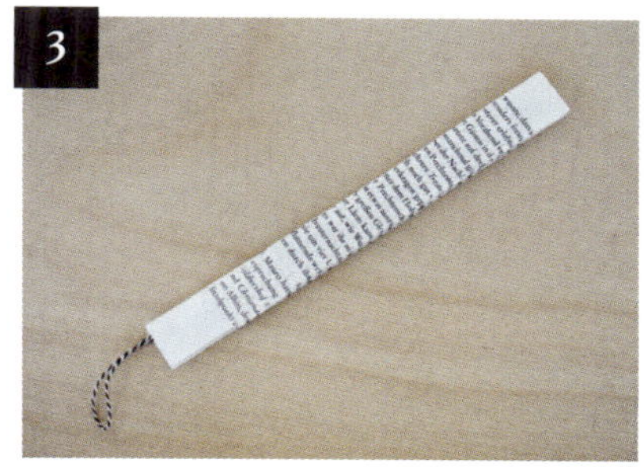

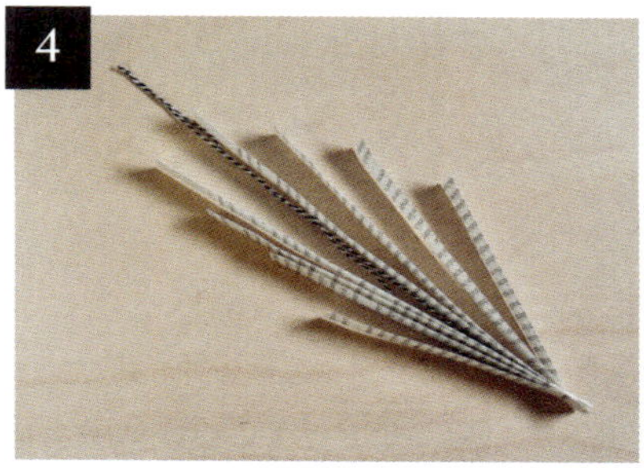

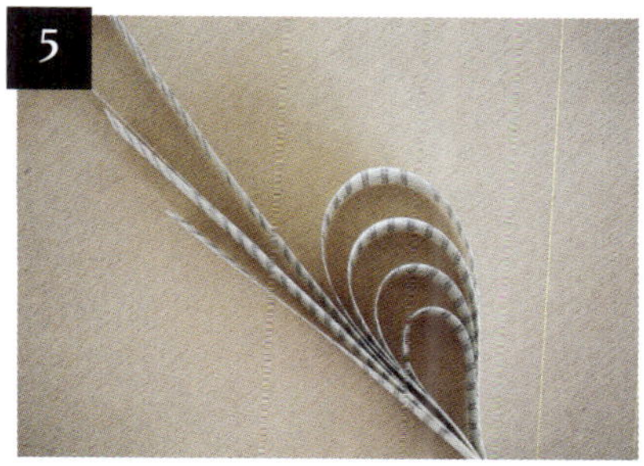

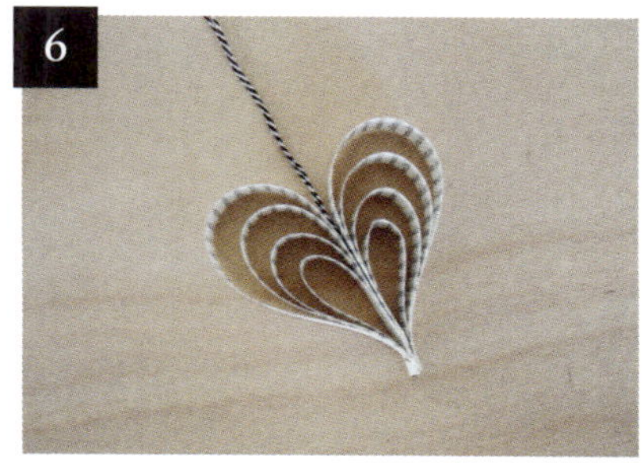

1. Schneide das Altpapier in acht gleich große Streifen zu je 2 x 20 cm zurecht.

2. Von zwei der Streifen schneidest du 3 cm, von zwei 6 und von zwei der Streifen 9 cm ab. Das vierte Paar bleibt, wie es ist. Schneide außerdem einen ca. 50 cm langen Faden ab und verknote ihn am Ende.

3. Schichte jeweils einen Streifen jeder Länge so übereinander, dass der längste Streifen unten und der kürzeste ganz oben liegt. Lege die beiden Päckchen aufeinander, die langen Streifen sind innen. Dazwischen fügst du das Bändchen ein.

4. Tackere das Werk nun mitsamt dem Bändchen zusammen.

5. Nun musst du noch jeweils 4 Streifen auf jeder Seite zur Unterkante biegen und es ergibt sich das gewünschte Herz. Tackere jetzt beide Seiten unten zusammen.

6. Zum Schluss gibst du zwischen den beiden innenliegenden (längsten) Streifen ungefähr auf Höhe des zweiten Herzens einen kleinen Klebepunkt. So klebst du den Faden ein wenig fest und die beiden Herzen drückst du aneinander. Dadurch stellst du sicher, dass die Aufhängung schön in der Mitte bleibt.

Tipp

Die Herzen können auch gut für eine Girlande aneinandergehängt oder an ein Geschenk gebunden werden. Auch mit einem Namensschild daran machen sie sich auf dem Teller als Platzkarten ganz wunderbar.

BUBBLEVASEN

Es müssen nicht immer Designervasen sein: Ein paar halbe Holzkugeln, Marmelade- oder Gurkengläser und ein wenig Farbe und schon hat man die Klassiker aus dem Skandi Style einfach nachgebaut.

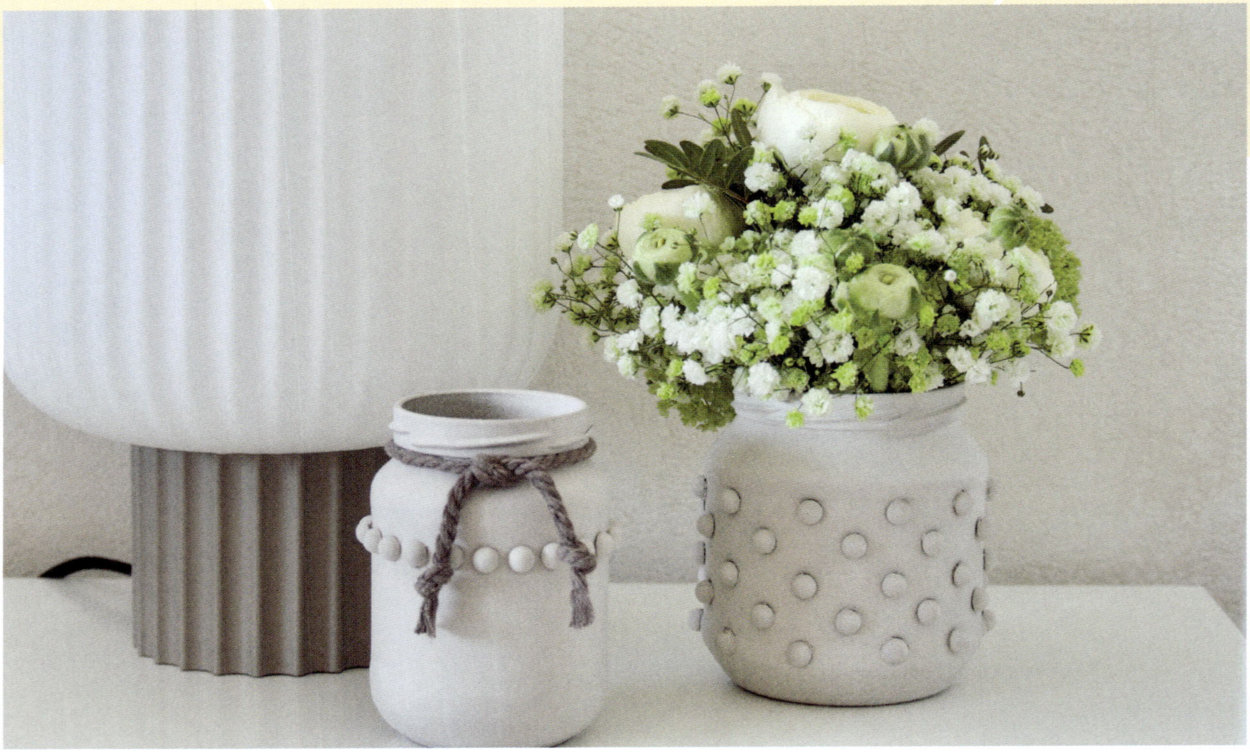

MATERIAL

- Gläser
- Halbe Holzkugeln 8 mm
- Papierstreifen als Abstandhalter
- Papierstreifen für Klebehöhe
- Sprühfarbe

WERKZEUG

- Schere
- Gummiring
- Klebestreifen
- Heißklebepistole
- Pinzette/Pinsel

SO GEHT'S

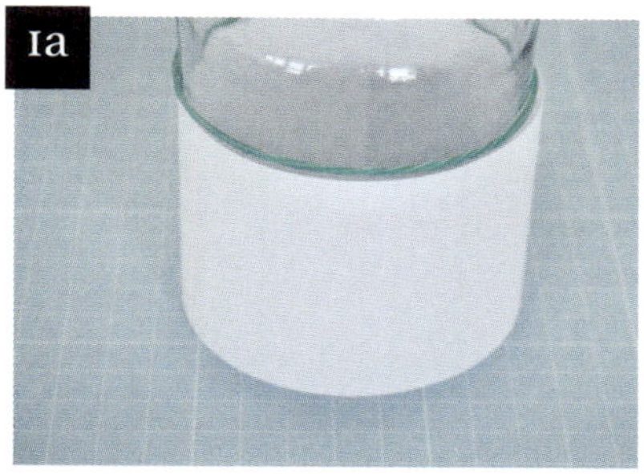

1a

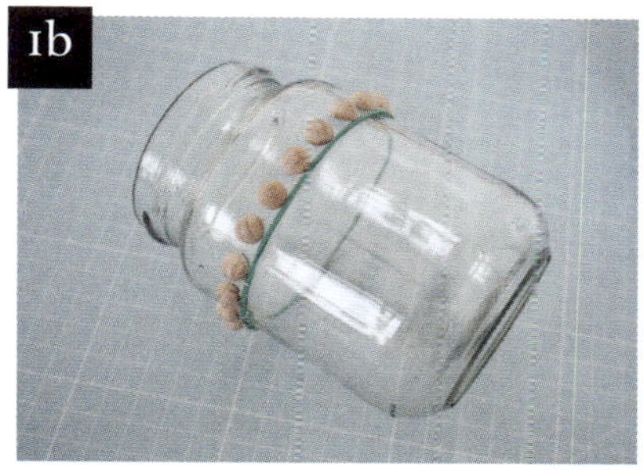

1b

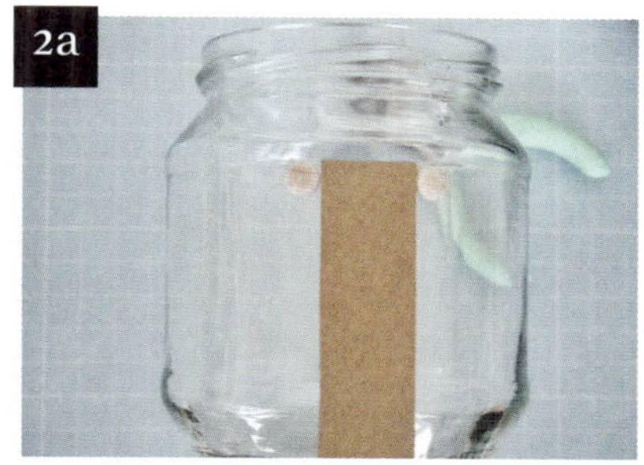

2a

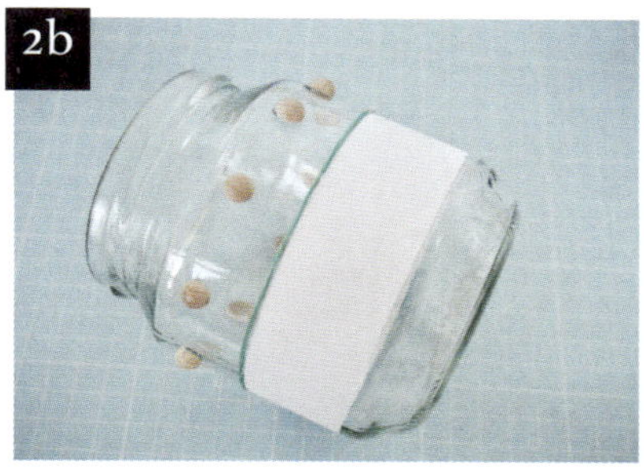

2b

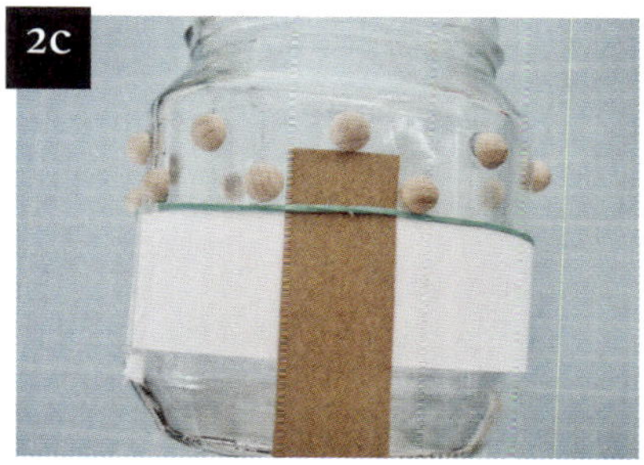

2c

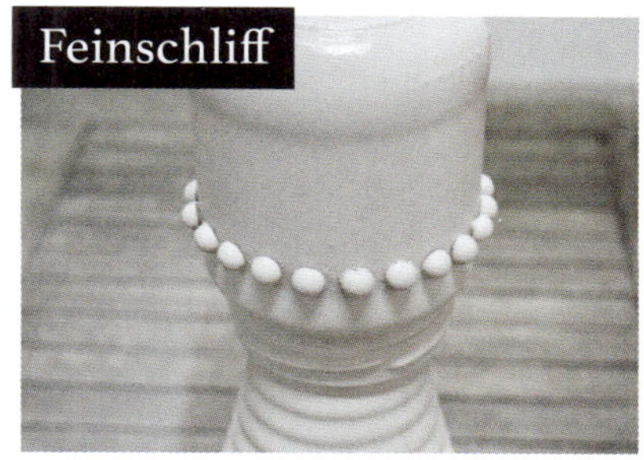

Feinschliff

1a. Für Vase Nummer 1 (links) schneidest du einen Papierstreifen in der Höhe, in der deine Bubbles sein sollen, zurecht und legst ihn um dein Glas. An der Kante bringst du den Gummiring an. So hast du eine Linie, an der du dich beim Kleben der Holzkugeln orientieren kannst.

1b. Dann klebst du die Holzkugeln in gleichmäßigem Abstand mit der Heißklebepistole an.

2a. Für Vase Nummer 2 (rechts) klebst du die Holzperlen an der Glaslinie entlang. Damit du immer den gleichen Abstand zwischen den Holzperlen hast, schneide dir ein Stück Karton zurecht und lege es immer zwischen zwei Kugeln. Sollte dein Glas keine Glaslinie haben, befestige einfach wieder ein Gummiband.

2b. Schneide dir für die zweite Reihe wieder einen Papierstreifen zurecht, lege ihn um das Glas und befestige das Gummiband an der Oberkante.

2c. Klebe nun über dem Gummiring mittig zwischen den beiden oberen Holzkugeln die erste Kugel und fahre dann wieder mit Hilfe des Abstandhalters fort.

Feinschliff Entferne noch den Gummiring, die Klebefäden und den überschüssigen Heißkleber, da diese sonst den Lack ruinieren würden. Ziehe die Fäden mit einer Pinzette ab und entferne die Fussel mit einem kleinen Pinsel. Lackiere nun dein Glas in mehreren dünnen Schichten.

Tipp

Du kannst auch eine alte Vase zur Bubblevase umgestalten. Verwende bei Bedarf und je nach Größe der Vase einfach größere halbe Holzperlen. So wird aus einer langweiligen Vase ein richtiges Designerstück.

DRAHTKLEIDERBÜGEL IN NEUEM GEWAND

Mit den schlichten Drahtkleiderbügeln, die man mit der Kleidung aus der Reinigung bekommt, kann man so einiges anstellen. Daraus lassen sich Kränze oder Herzen formen oder eben mit ein wenig Makramee-Garn ein schönes Stück für die Garderobe zaubern.

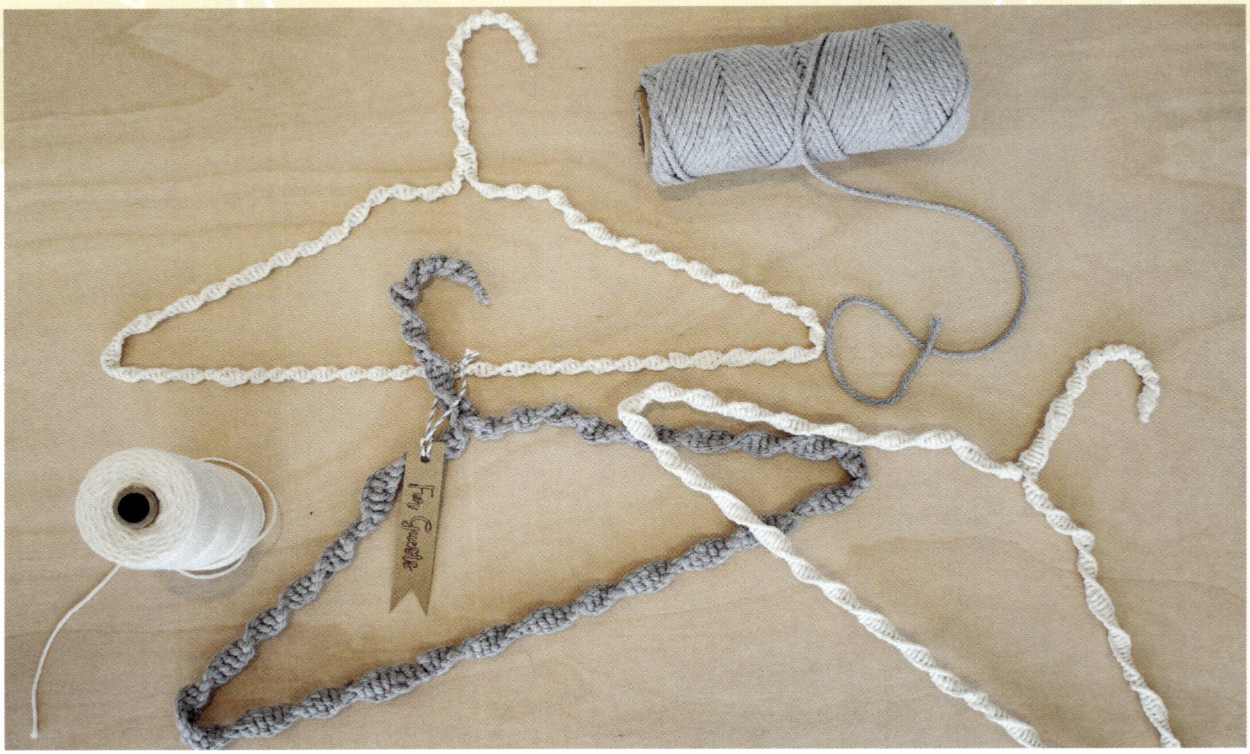

MATERIAL

- Drahtkleiderbügel
- Makramee-Garn, 4 mm

WERKZEUG

- Schere
- Heißklebepistole

SO GEHT'S

1
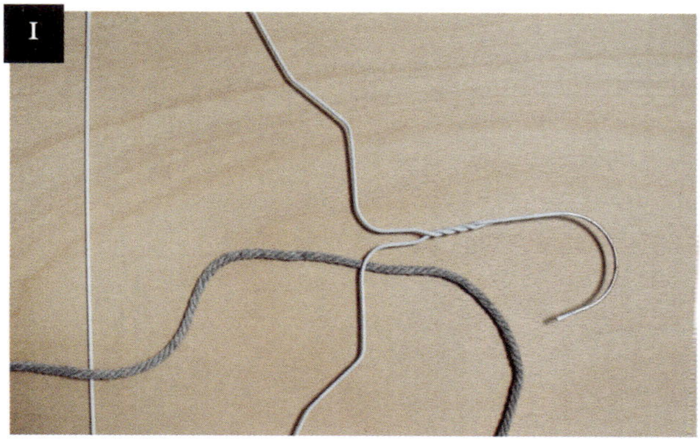

2
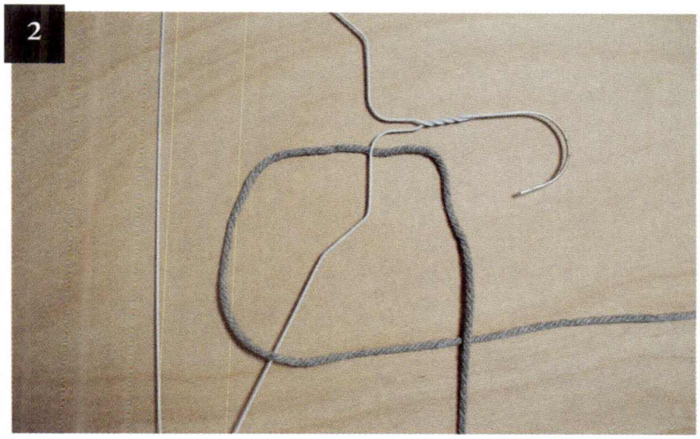

3
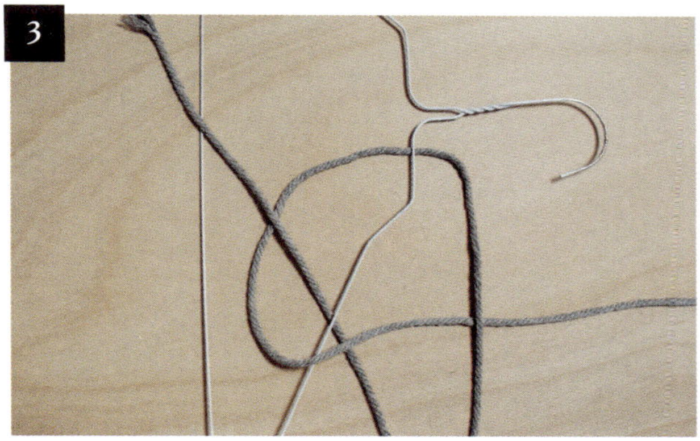

4
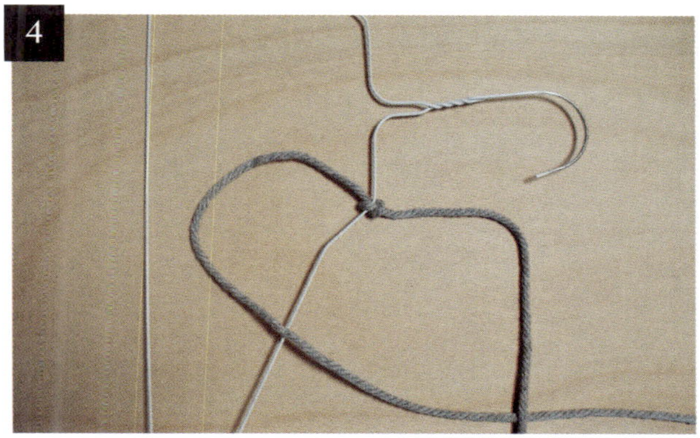

1. Schneide eine Schnur in Länge von ca. 3 m ab und lege die Mitte unter den Bügel. Du kannst auch eine längere Schnur verwenden, dann musst du nicht so oft anknüpfen, es erschwert das Arbeiten aber etwas.

2. Fädle das linke Ende der Schnur über den Kleiderbügel und platziere das rechte unter dem linken Ende.

3. Ziehe nun die rechte Schnur unter den Bügel und in das Loch der rechten Schnur.

4. Ziehe nun den Knoten von beiden Seiten gleichmäßig zu. Wiederhole diesen Knoten bis zum Ende der Schnur.

→

SO GEHT'S WEITER

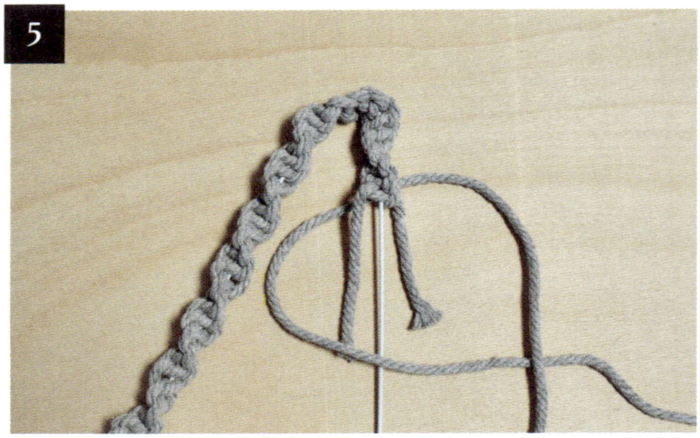

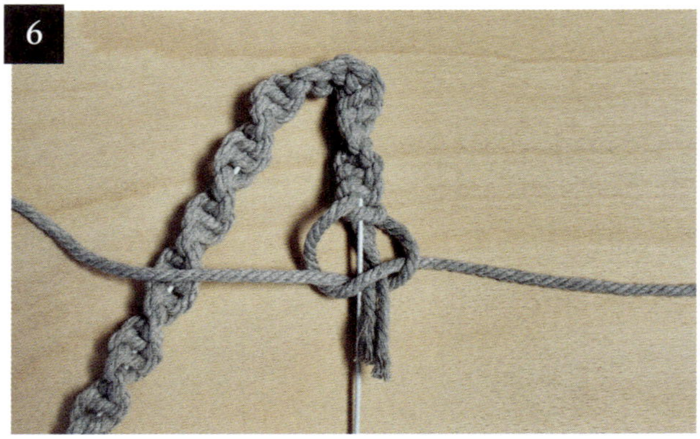

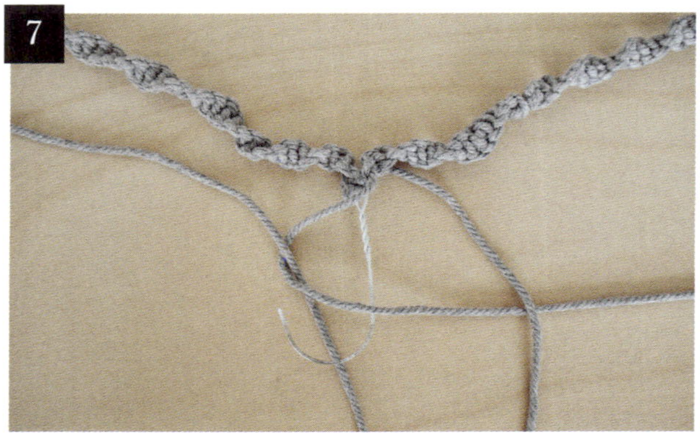

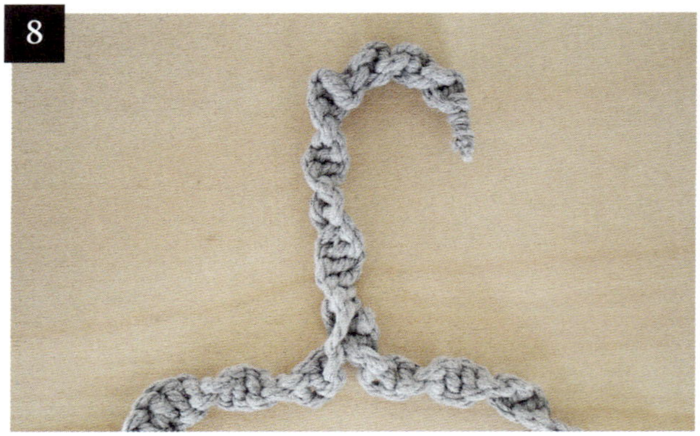

5. Das gedrehte Muster ergibt sich von selbst. Wenn du ca. 10 cm vor dem Ende der Schnur angekommen bist, schneidest du dir wieder eine 3 m lange Schnur ab und legst diese unter die beiden Enden der ersten Schnur.

6. Mache wieder denselben Knoten und knüpfe den Restfaden einfach mit ein.

7. Arbeite so weiter, bis du auf der anderen Seite beim Haken angekommen bist. Drehe dann die Arbeit zu dir und umknote den Haken wieder in der gleichen Weise bis ca. 1 cm vor Ende.

8. Schneide einen der beiden Fäden ganz knapp ab und fixiere ihn mit einem Heißklebepunkt. Gib auch Heißkleber auf das letzte Stückchen Drahtbügel und umwickle es ganz straff mit der Schnur. Schneide sie knapp ab und fixiere wieder mit etwas Heißkleber.

Tipp

Du kannst auch andere Gegenstände mit diesem Knoten verschönern, wie zum Beispiel ein Lampen- oder Ladekabel (siehe Seite 62).

TETRAPACK-VASEN

Ich versuche zwar, keine Tetrapacks zu kaufen, aber manchmal lässt es sich nicht vermeiden. Wie schön, wenn diese Verpackungen eine neue Aufgabe bekommen. Als Blumenvasen oder -töpfe eignen sie sich perfekt, da sie natürlich gut dicht halten können.

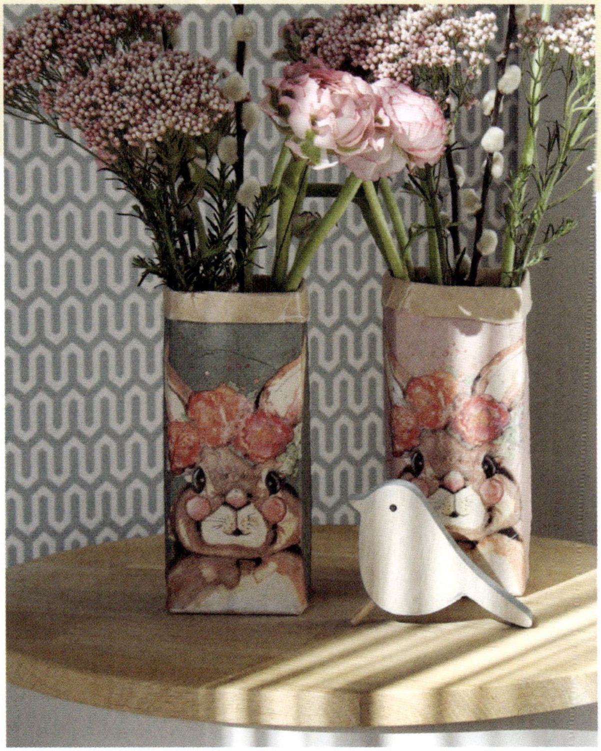

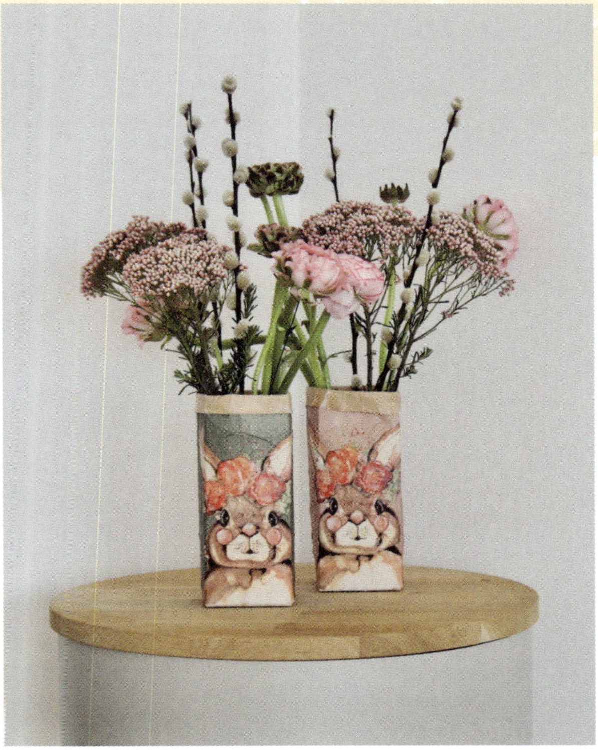

MATERIAL

- Tetrapack
- Servietten
- Serviettenkleber

WERKZEUG

- Cuttermesser
- Schere
- Pinsel

SO GEHT'S

I

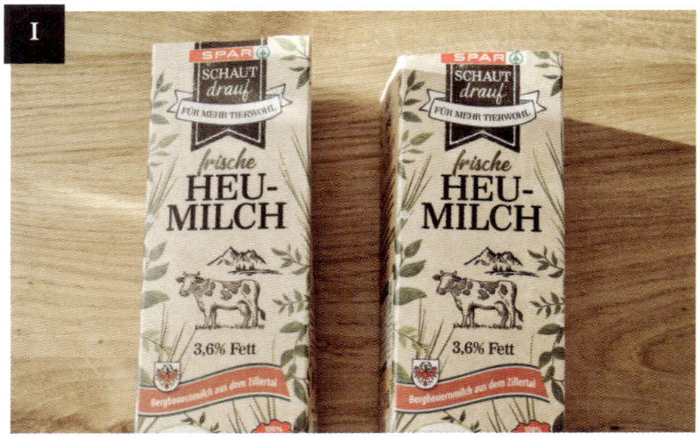

2

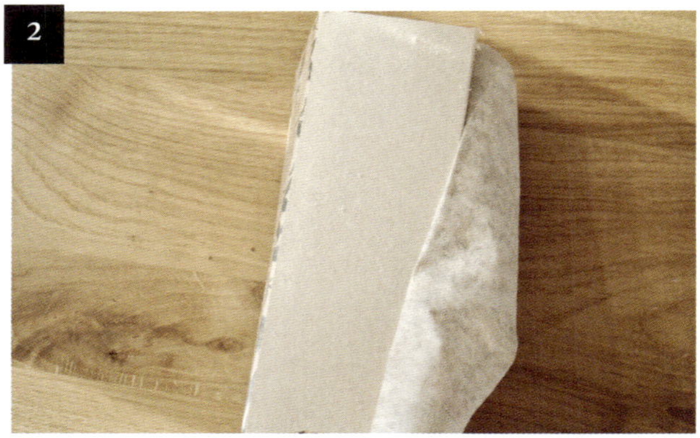

3

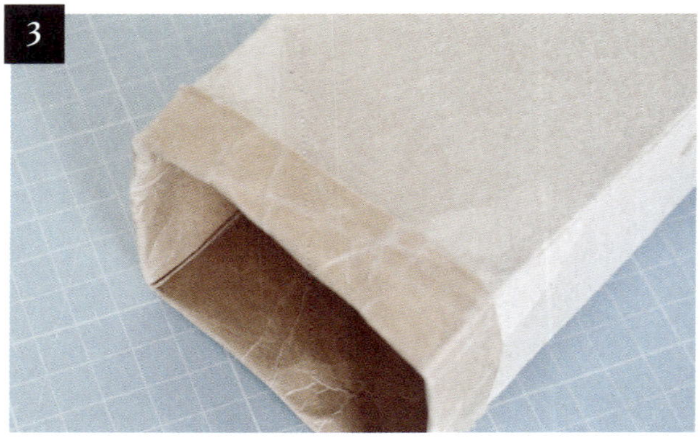

4

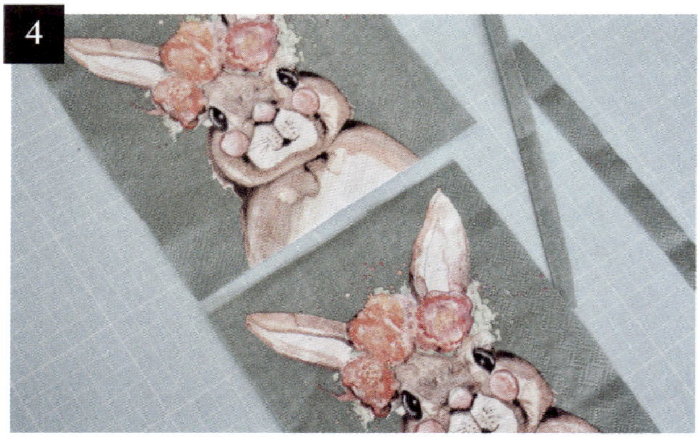

1. Schneide zunächst den oberen Teil des Tetrapacks mit dem Cuttermesser ab. Je nachdem, wie hoch deine Vase werden soll, schneidest du mehr oder weniger weg. Plane einen kleinen Rand ein, der umgekrempelt wird.

2. Versuche nun die bedruckte Schicht von der Packung abzuziehen. Das geht bei manchen Tetrapacks sehr leicht und bei anderen ist es eine Fusselarbeit. Versuche, langsam und vorsichtig größere Teile abzuziehen.

3. Um die Krempe umschlagen zu können, muss man den Tetrapack zerknüllen. Biege vorsichtig den Rand Ecke für Ecke um und gib acht, dass die Packung nicht einreißt. Kremple dann wieder zurück.

4. Schneide dann das Vorder- und Hinterteil der Serviette zurecht. Es sollte in der Höhe so weit hinaufreichen, dass der Rand unter der Krempe verschwindet und seitlich nicht zu weit überlappt.

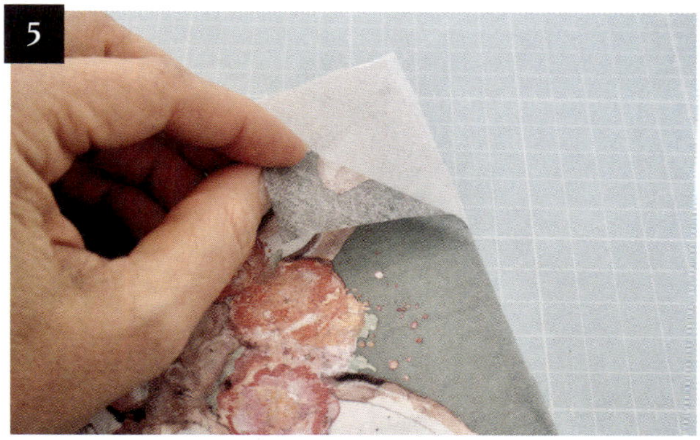

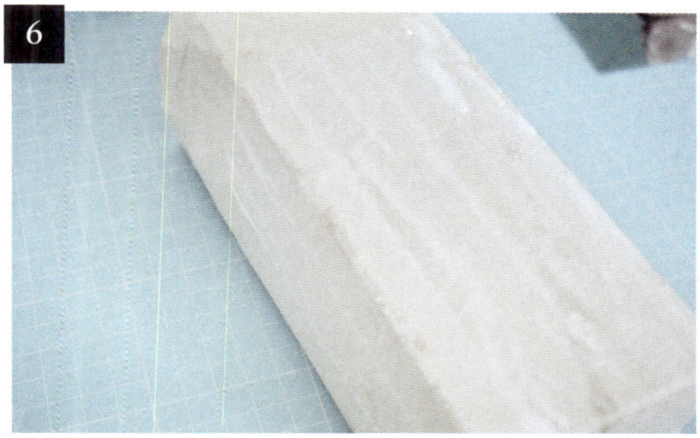

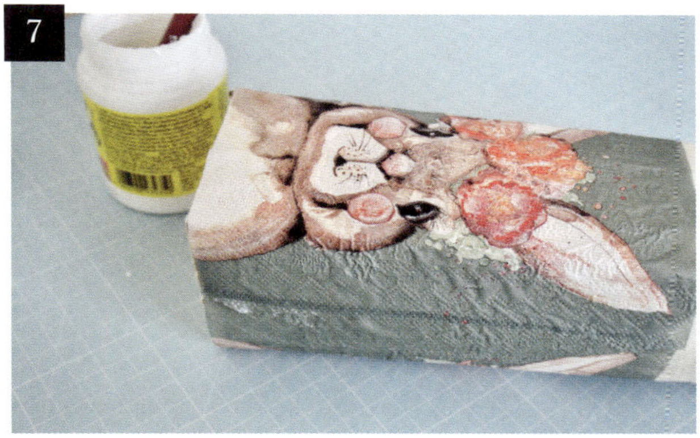

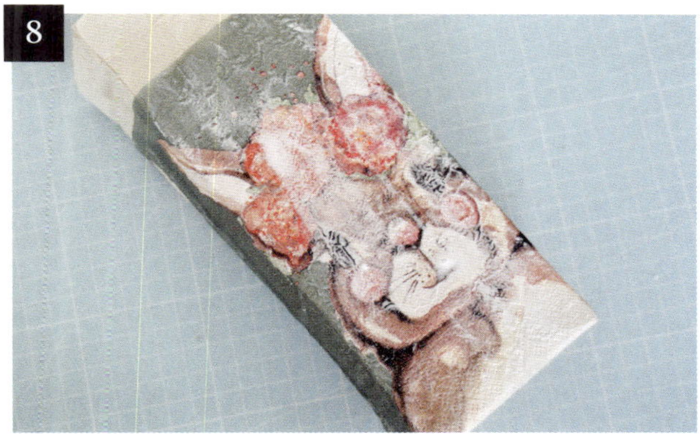

5. Als Nächstes löst du die oberste Schicht von der Serviette ab, die unteren zwei oder drei Schichten brauchst du nicht mehr.

6. Kleistere nun mit dem Pinsel und dem Serviettenkleber eine Vorderseite und eines der beiden Seitenteile ein.

7. Nun legst du die erste Serviette darauf und streichst sie vorsichtig glatt. Verfahre auf der anderen Seite genauso. Achte darauf, dass die beiden Servietten nur ein klein wenig überlappen.

8. Kleistere nun nochmals vorsichtig die gesamte Serviettenfläche ein und lasse alles gut durchtrocknen. Erst wenn die Vasen ganz trocken sind, krempelst du den oberen Rand um.

Tipp

Du kannst die Tetrapacks auch mit einer Farbe bemalen und sie beispielsweise mit einem geletterten Spruch verzieren.

WEIHNACHTSBÄUME AUS ALTEN BÜCHERN

Jeder hat irgendwo ein paar alte Bücher, vielleicht welche, die schon ein wenig vergilbt sind. Diese eignen sich am besten für diese Weihnachtsbäumchen. Auch hierfür hat man das Meiste ohnehin zu Hause.

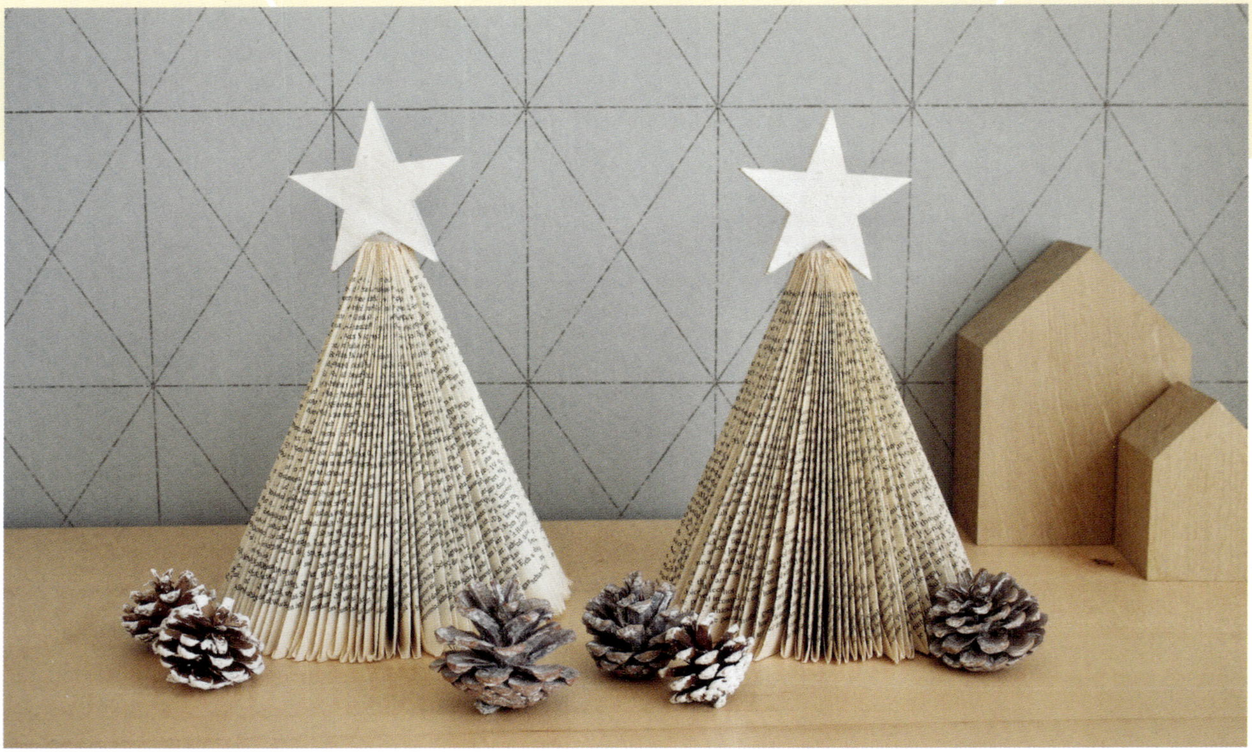

MATERIAL

- Altes Buch (mit ca. 200–300 Seiten)
- Stern für die Spitze

WERKZEUG

- Cuttermesser
- Heißklebepistole

SO GEHT'S

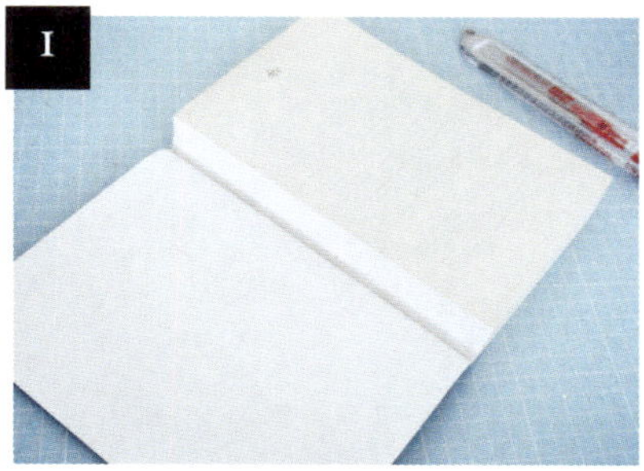

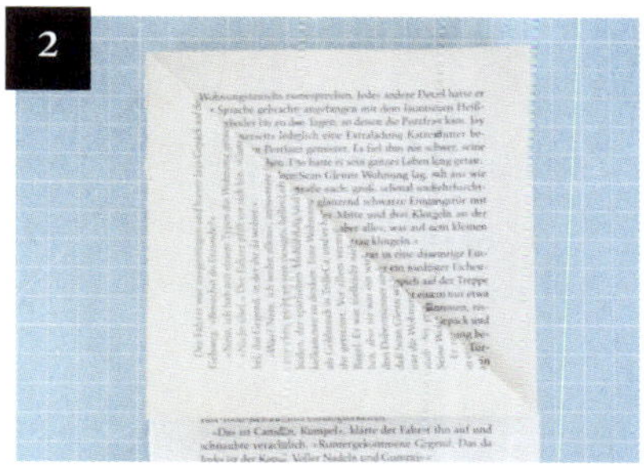

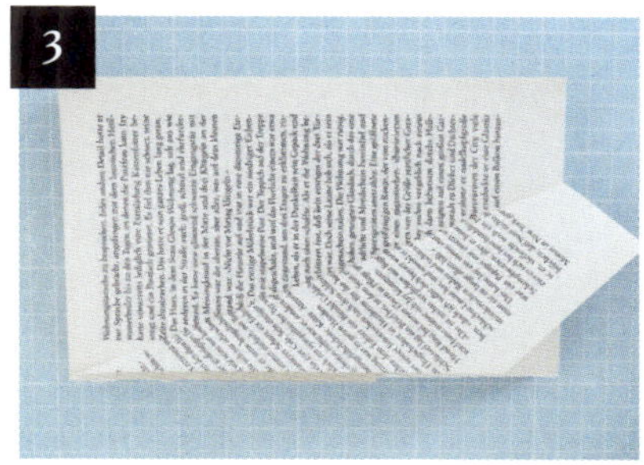

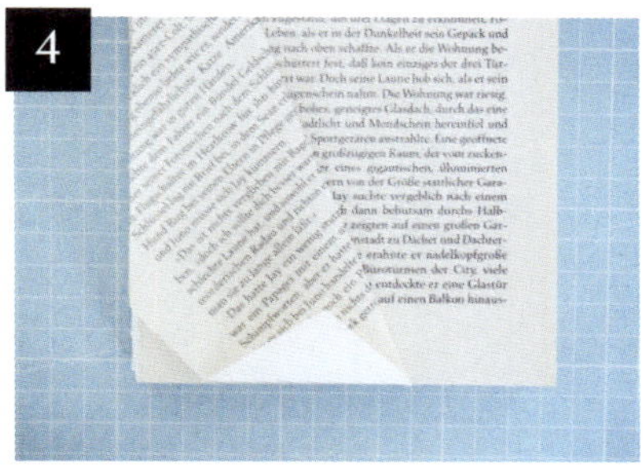

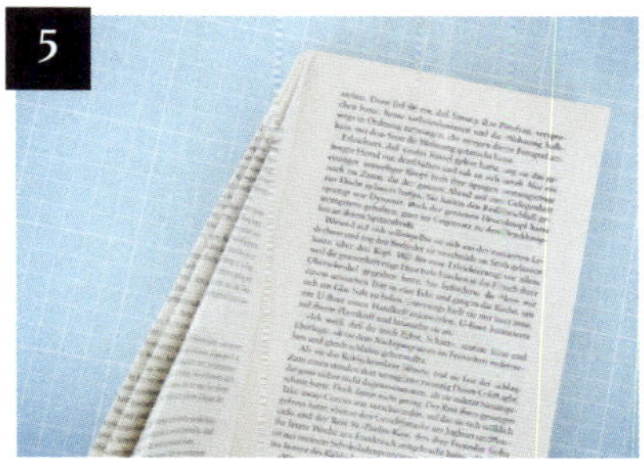

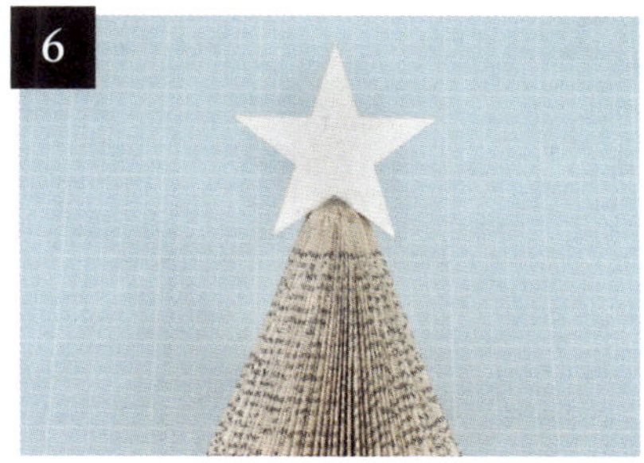

1. Trenne mit dem Cuttermesser vorsichtig den Umschlag ab. Bei alten Büchern löst sich dieser oft auch ohne Messer ganz leicht. Ich entferne oft auch noch die ersten Seiten, weil die meist wenig bedruckt sind.

2. Falte nun die rechte obere Ecke bis zur linken Außenseite des Blatts.

3. Danach nimmst du das Dreieck und schlägst es noch mal bis zur linken Außenseite ein.

4. Nun musst du nur noch das kleine Dreieck, das jetzt am unteren Rand übersteht, so nach oben falten, dass du eine gerade Kante erhältst.

5. Falte Blatt für Blatt weiter, bis du entweder keine Seiten mehr hast oder du das Gefühl hast, dass der Kegel sich schließen lässt.

6. Du musst das Bäumchen nicht verkleben. Der Kegel sollte, wenn du genügend Seiten gefaltet hast, von alleine schließen und rundherum schön gefaltet sein. Klebe zum Schluss noch mit der Heißklebepistole oben einen Stern auf.

Tipp

Achte beim Falten darauf, dass dir die Seiten nicht einreißen. Mit der Zeit musst du die bereits gefalteten Seiten mit der einen Hand immer ein wenig zurückbiegen, damit du noch falten kannst. Das kann ein wenig mühsam sein, aber die Arbeit lohnt sich.

SCHMUCKABLAGE AUS KORK

Die Korkuntersetzer sind aus dem schwedischen Möbelhaus. Sie machen sich nicht nur gut unter einer Teetasse, sondern auch als kleine Schmuckablage.

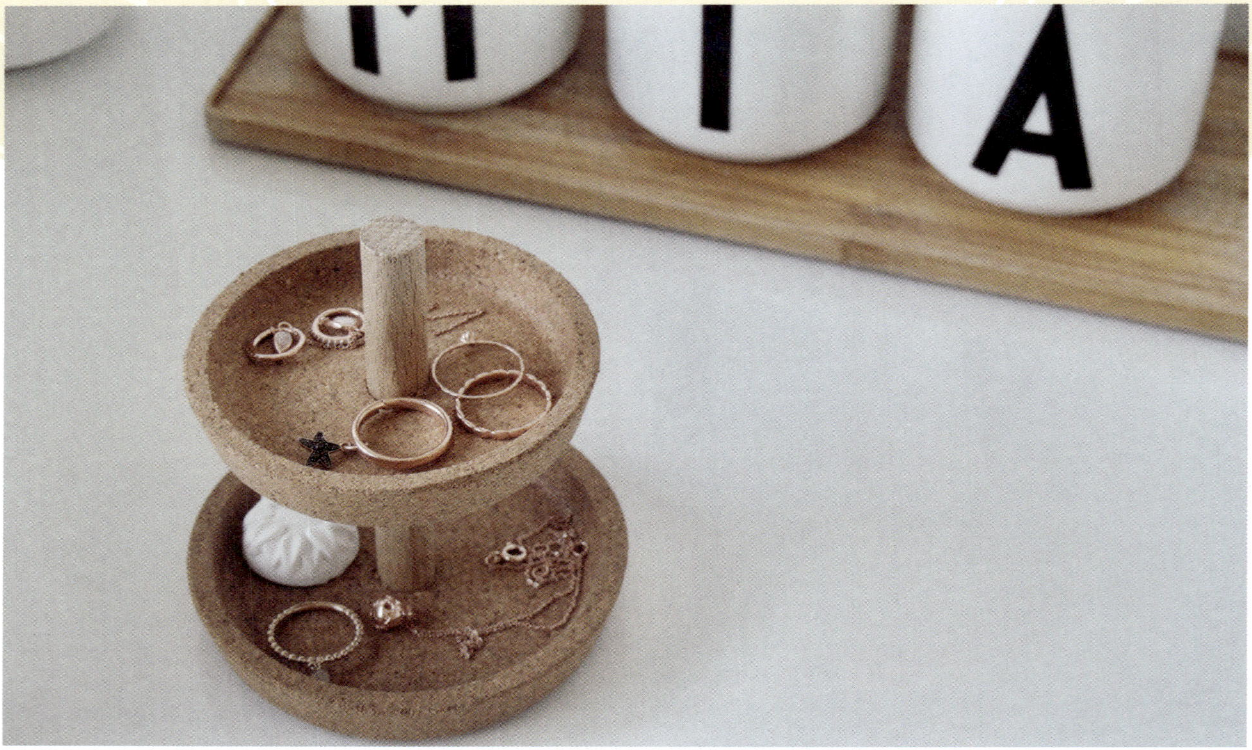

MATERIAL

- 2 Korkuntersetzer mit Rand (unterschiedliche Durchmesser)
- Rundholz, 1,5 cm Durchmesser

WERKZEUG

- Bohrmaschine
- Säge
- Heißklebepistole (optional)

SO GEHT'S

1

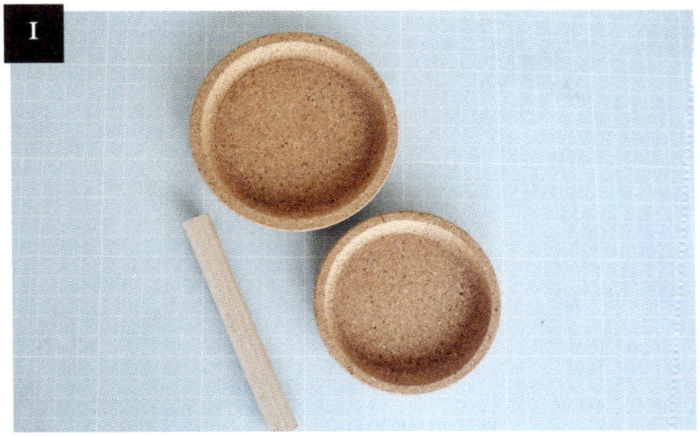

2

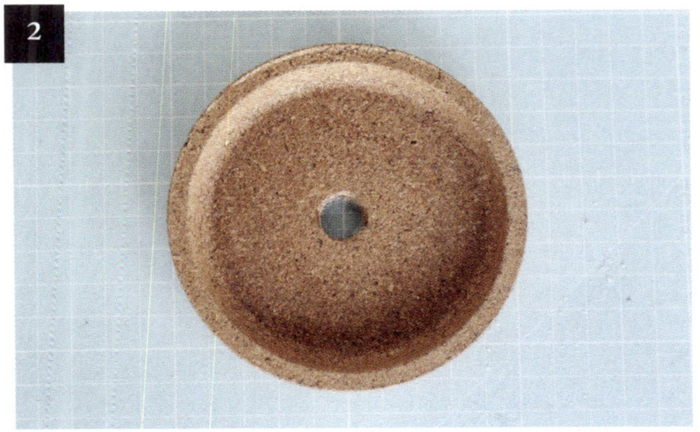

3

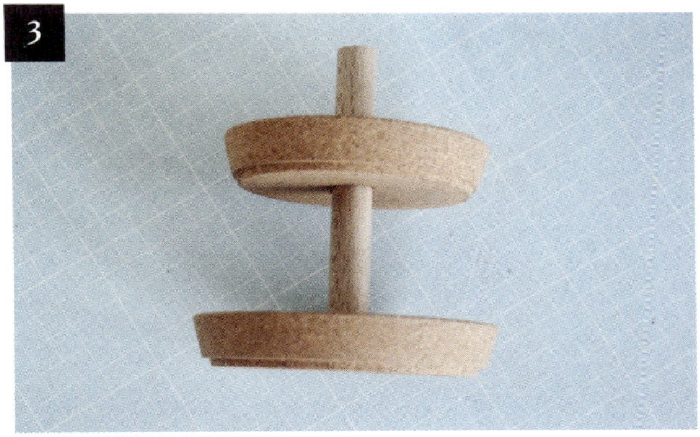

4

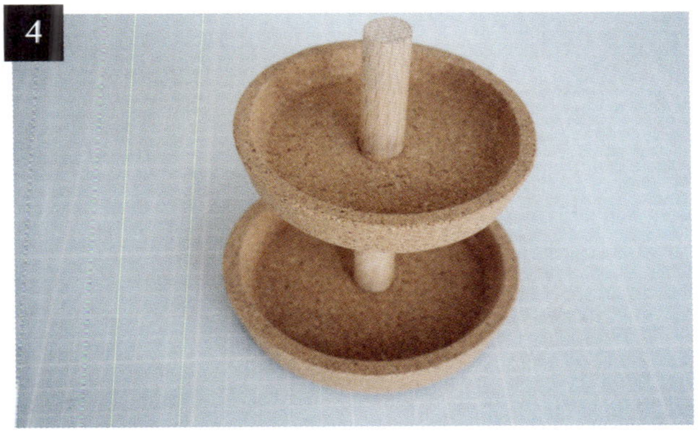

1. Miss die Mitte der Korkuntersetzer aus und schneide das Rundholz auf die gewünschte Länge zu. Meines ist 11 cm lang.

2. Bohre mittig ein Loch in beide Untersetzer. Achte darauf, dass das Loch eher zu knapp ist, sodass sich der Kork nur schwer auf das Rundholz schieben lässt.

3. Stecke nun zuerst den größeren und in einigem Abstand den kleineren Untersetzer auf das Holz. Der untere schließt mit dem Ende des Rundholzes ab. beim oberen steht es etwas über und das Gesamtwerk sieht somit aus wie eine kleine Etagere.

4. Je nachdem, wie fest dein Korkuntersetzer auf dem Rundholz sitzt, kannst du noch etwas Heißkleber anbringen.

Tipp

Wenn du einen Farbtupfer möchtest, kannst du das Rundholz farbig streichen.

EI-ÜBERRASCHUNG

Aus den Verpackungen des Alltags eine schöne Geschenkverpackung zu fertigen, macht viel Freude und kostet wenig Geld.

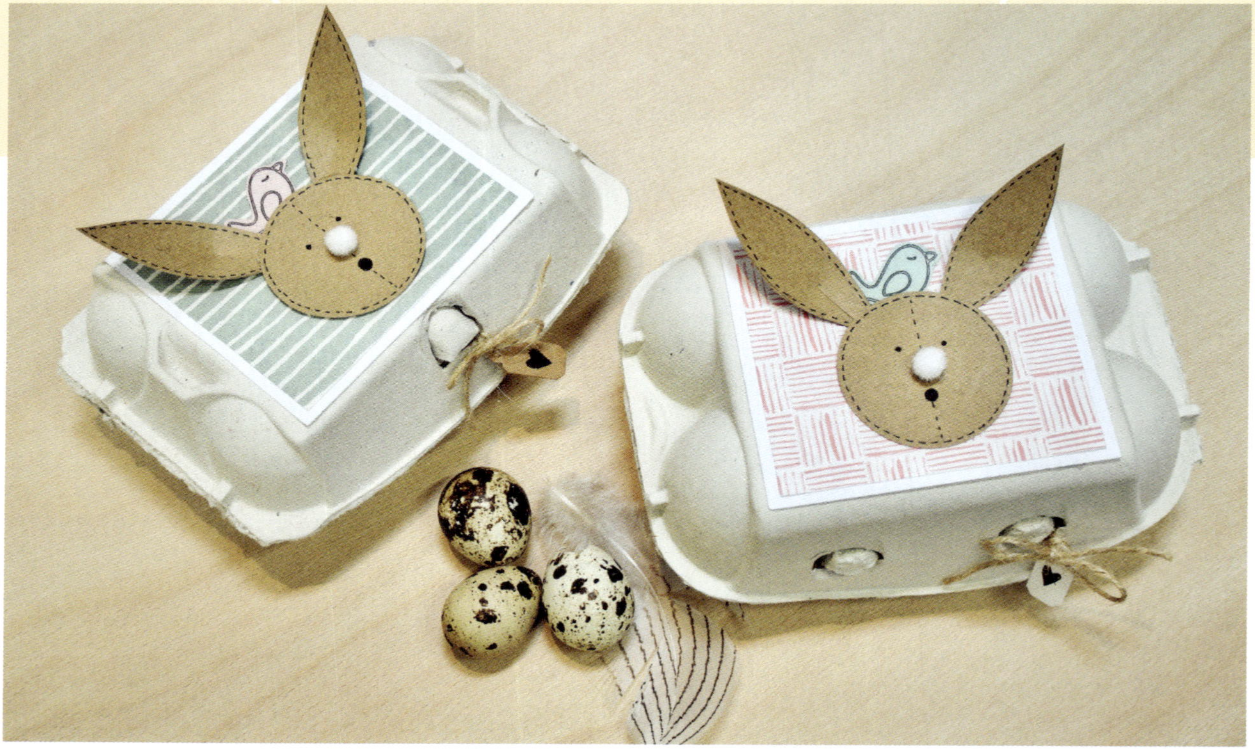

MATERIAL

- Papier, weiß (1x DIN A6)
- Papier, gemustert (1x DIN A6)
- Papier, braun (1x DIN A6)
- Vorlage (Seite 171)
- Papier, einfarbig (ca. 5 x 5 cm)
- Minipompon, weiß, ca. 0,5 cm
- Eierkarton
- Juteschnur

WERKZEUG

- Schere
- Fineliner schwarz
- Näh- oder Wäscheklammer
- Klebstoff

SO GEHT'S

1
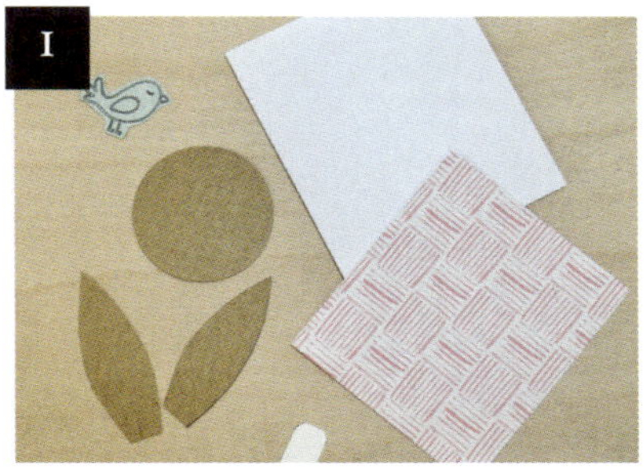
2
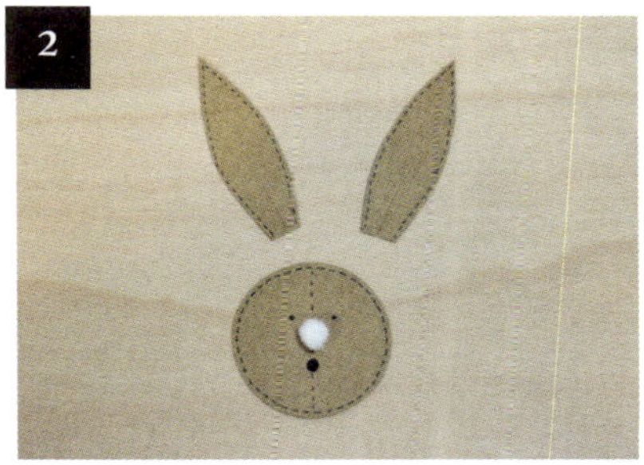
3
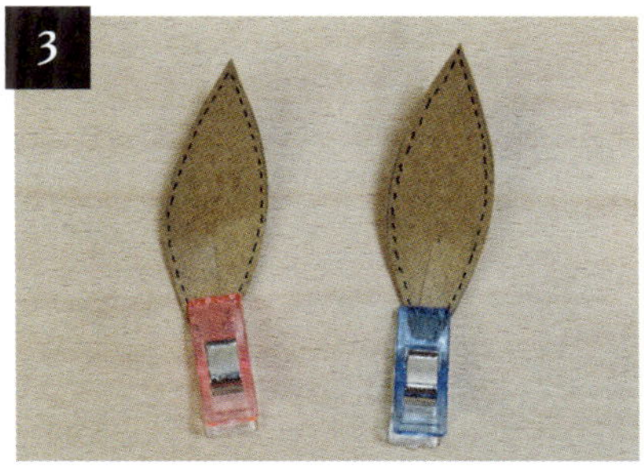
4
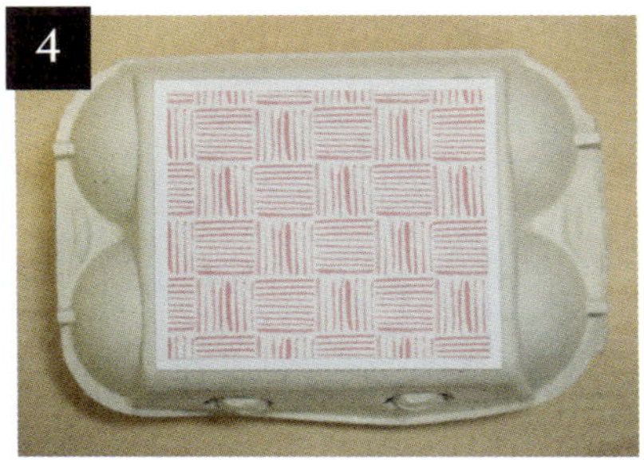
5
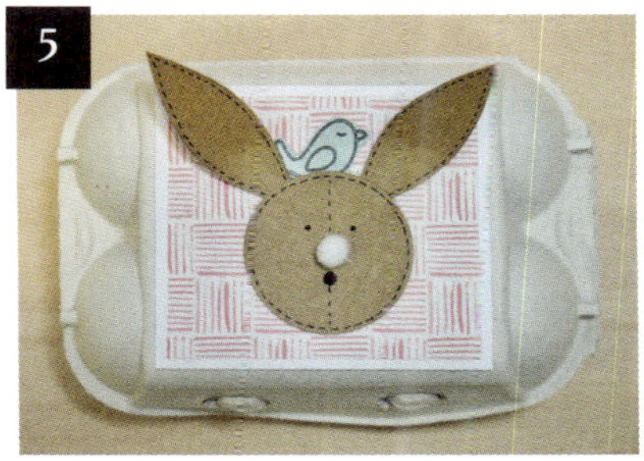
6
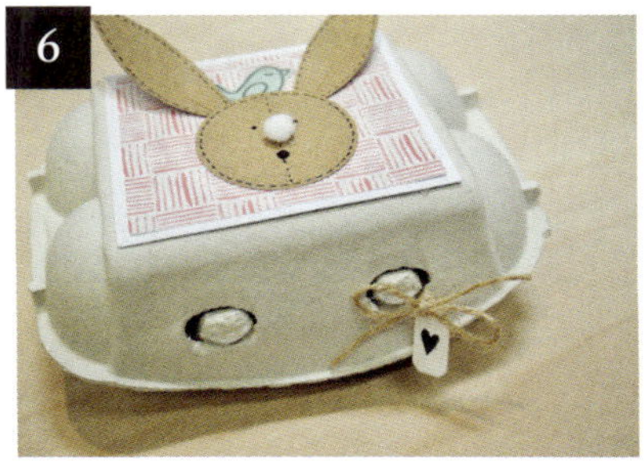

1. Schneide zunächst aus dem weißen Papier ein Rechteck im Format 9 x 8 cm zu. Schneide dann aus dem Musterpapier ein Rechteck im Format 8,4 x 7,4 cm aus. Zeichne die Ohren frei Hand in der gewünschten Größe auf das braune Papier oder pause die Vorlage aus dem Buch ab (Seite 171). Genauso verfährst du mit dem Vogel auf dem einfarbigen Papier und dem Anhänger auf dem weißen Papier. Außerdem brauchst du einen Kreis mit einem Durchmesser von 4,5 cm aus dem braunen Papier. Nun schneide die Ohren, den Vogel, den Anhänger und den Kreis aus. Schneide zudem beide Ohren von der Unterkante her ca. 2 cm zur Spitze hin ein.

2. Zeichne das Gesicht und die gestrichelte Linie um Ohren und Gesicht. Klebe außerdem den Minipompon als Nase auf.

3. Nimm nun die Ohren an der eingeschnittenen Stelle und klebe einmal die linke über die rechte Seite und einmal umgekehrt, sodass die Ohren sich ein wenig wölben. Damit das gut hält, kannst du sie mit Klammern kurz fixieren.

4. Klebe nun den weißen Karton auf den Eierkarton und dann das gemusterte Papier darauf.

5. Dann klebe den Vogel mit den Füßchen fest und ergänze links und rechts davon die Ohren. Zuletzt den Kopf ankleben.

6. Zum Schluss befestige den kleinen Anhänger noch mit der Juteschnur am Verschluss des Eierkartons. Du kannst einen Namen darauf schreiben oder auch ein Herzchen malen.

Tipp

Wenn du gebrauchte Eierkartons verwendest, solltest du keinesfalls unverpackte Süßigkeiten oder Ähnliches hineingeben.

BUCHSEITENBLUMEN

Ich bin hellauf begeistert, was man aus alten Büchern oder Zeitungen so alles zaubern kann. Mit wenig Material etwas tolles Neues zu erschaffen, bringt einfach immer wieder ganz viel Freude.

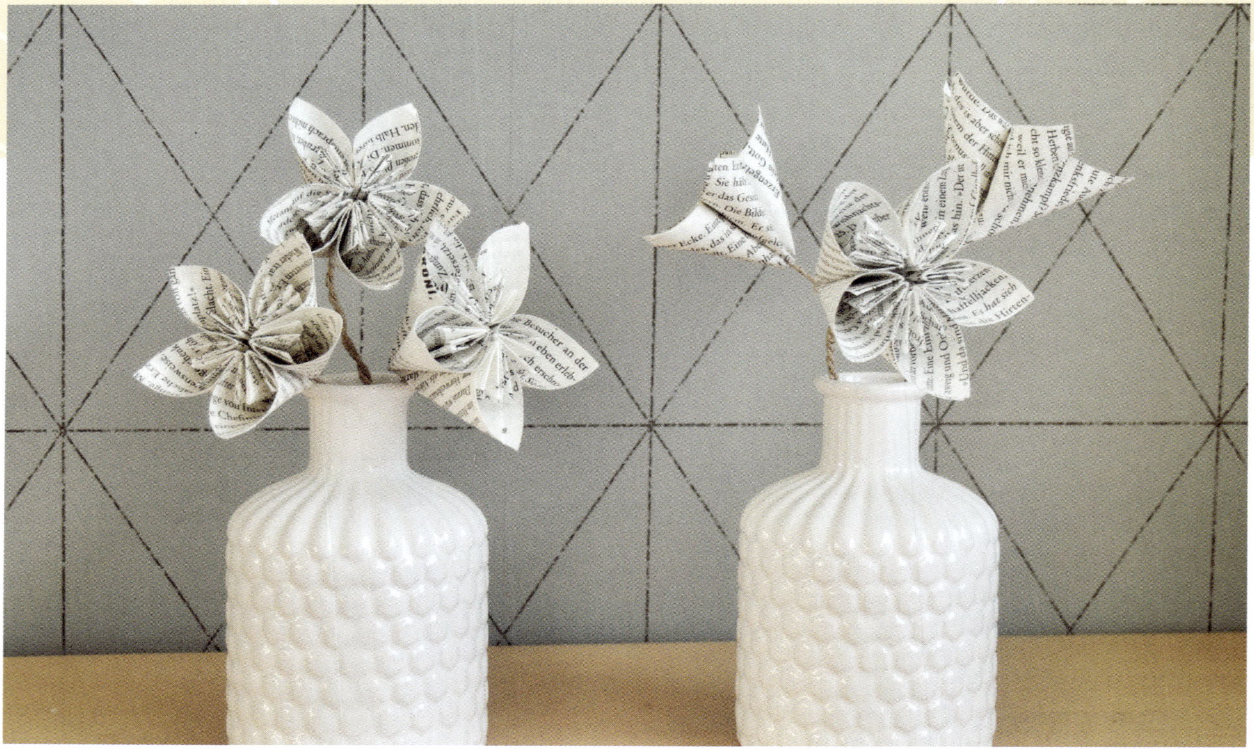

MATERIAL

- Altes Buch oder Zeitschrift
- Papierdraht

WERKZEUG

- Cutter
- Falzbein
- Heißkleber oder Bastelkleber

SO GEHT'S

1

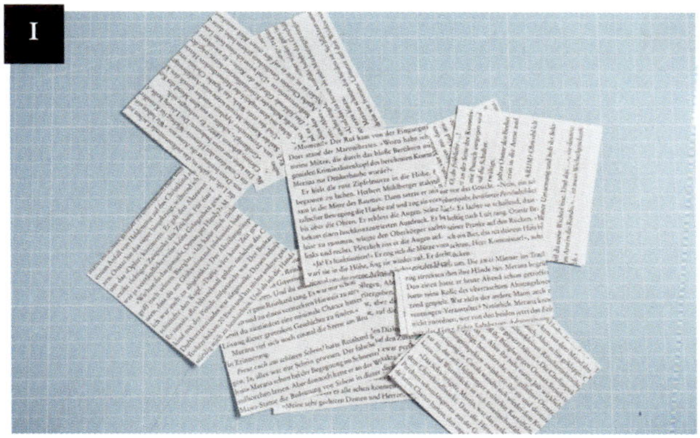

2

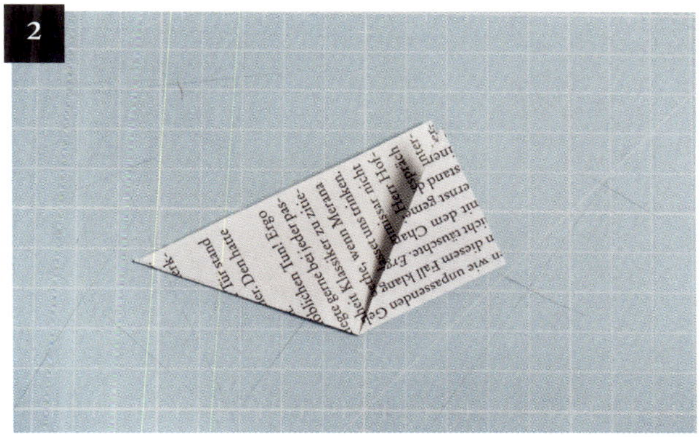

3

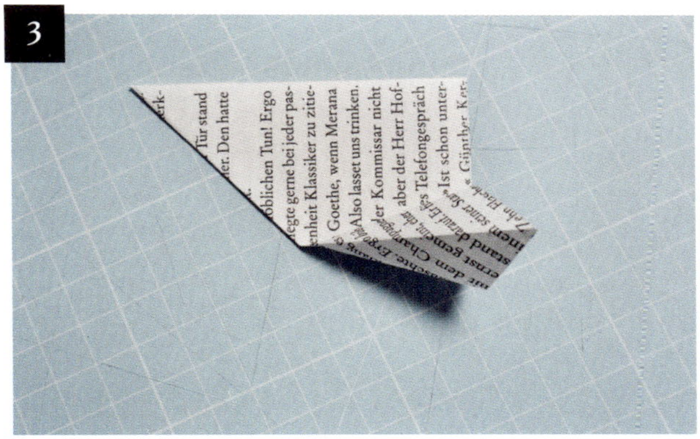

4

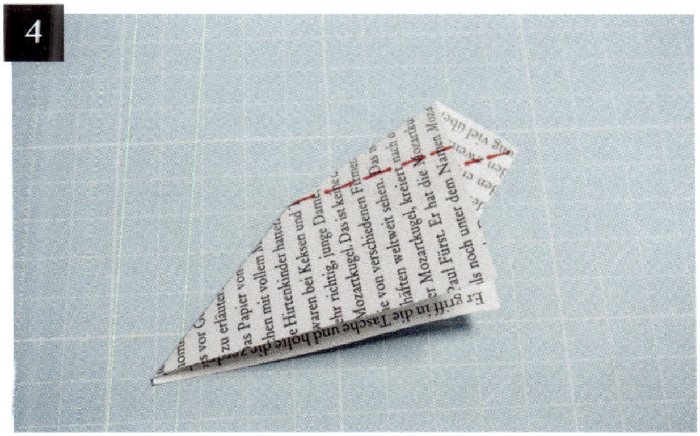

1. Schneide dir pro Blume jeweils 5 Quadrate mit den Maßen 7 x 7 cm, 8 x 8 cm und 9 x 9 cm zu.

2. Starte mit einer Größe, falte das Quadrat diagonal und dann eine äußere Ecke nach oben.

3. Nun öffne das entstandene Tütchen so, dass der Falz nach oben zeigt.

4. Falze es flach und achte beim Wenden darauf, dass die beiden Falzlinien auf einer Linie sind. →

SO GEHT'S WEITER

5

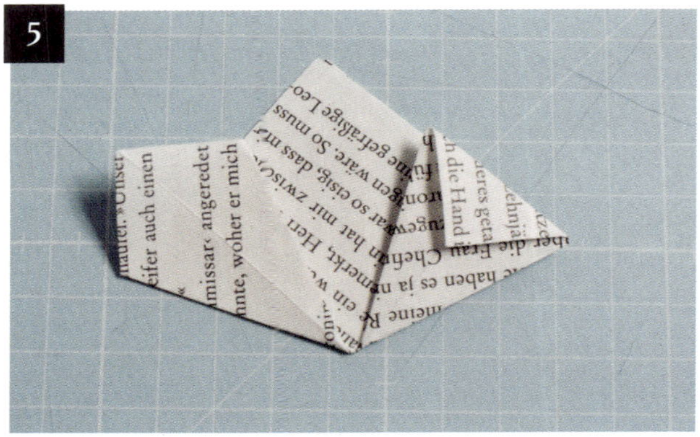

6

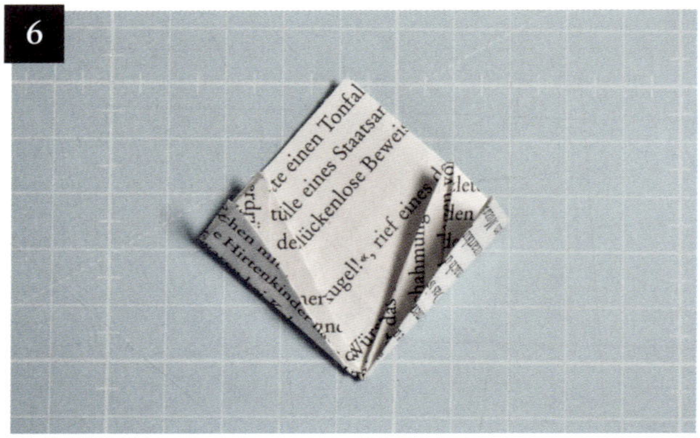

7

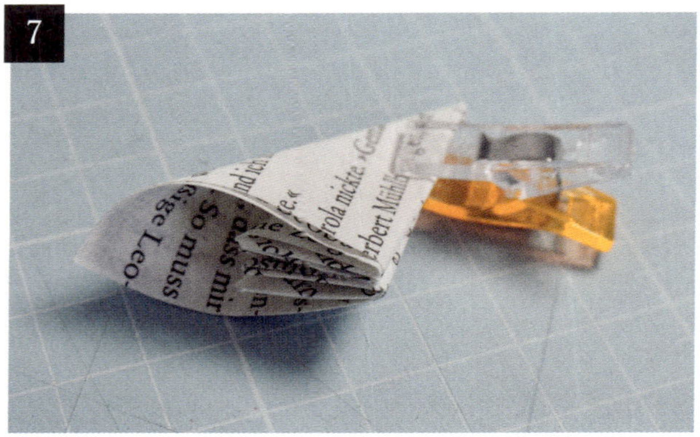

8

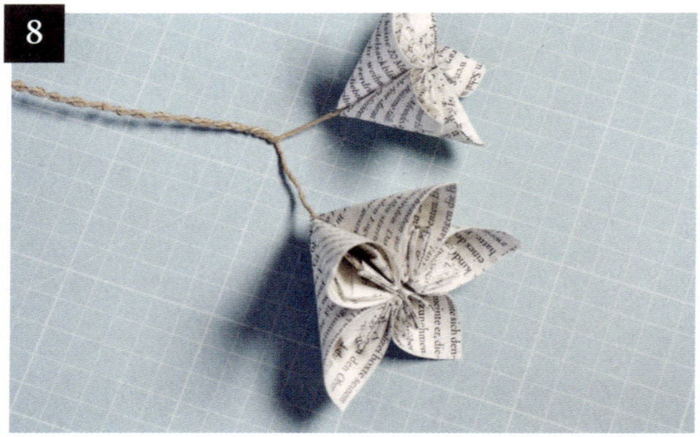

5. Wiederhole dies auch auf der anderen Seite und falze das Dreieck oben beiderseits so nach unten, dass es nicht mehr übersteht.

6. Nun noch die beiden Außenflügel nach innen falten.

7. Jetzt verklebst du die beiden Seitenteile und wiederholst alle Schritte mit den weiteren 4 Zuschnitten.

8. Klebe nun Blütenblatt an Blütenblatt. Zum Schluss fügst du die beiden Seiten zu einer Blume zusammen. Nun nimmst du den Papierdraht doppelt für deine gewünschte Länge und verzwirbelst ihn. Wenn du zwei Blüten an einer Blume haben möchtest, lässt du oben ein wenig Draht auseinanderstehen. Gib nun etwas Kleber auf die Drahtenden, stecke diese von unten in die Blumen und drapiere den Draht, wie du ihn brauchst.

Tipp

Du kannst die Blüten natürlich auch auf echte Ästchen stecken. Vielleicht machst du sie dann noch etwas größer und klebst den Ast schon vor dem Schließen der Blüte ein, da du diesen nicht mehr nachträglich durch die kleine Öffnung schieben kannst.

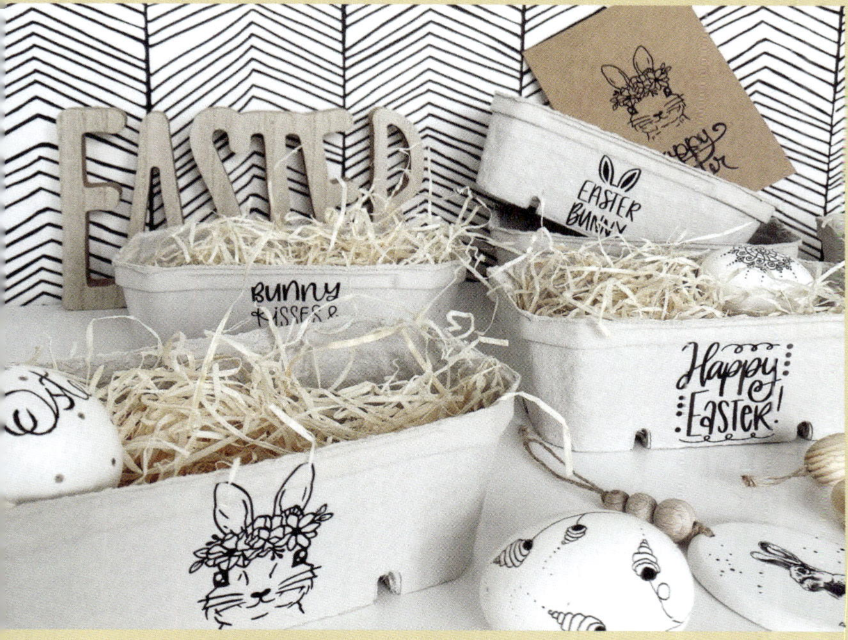

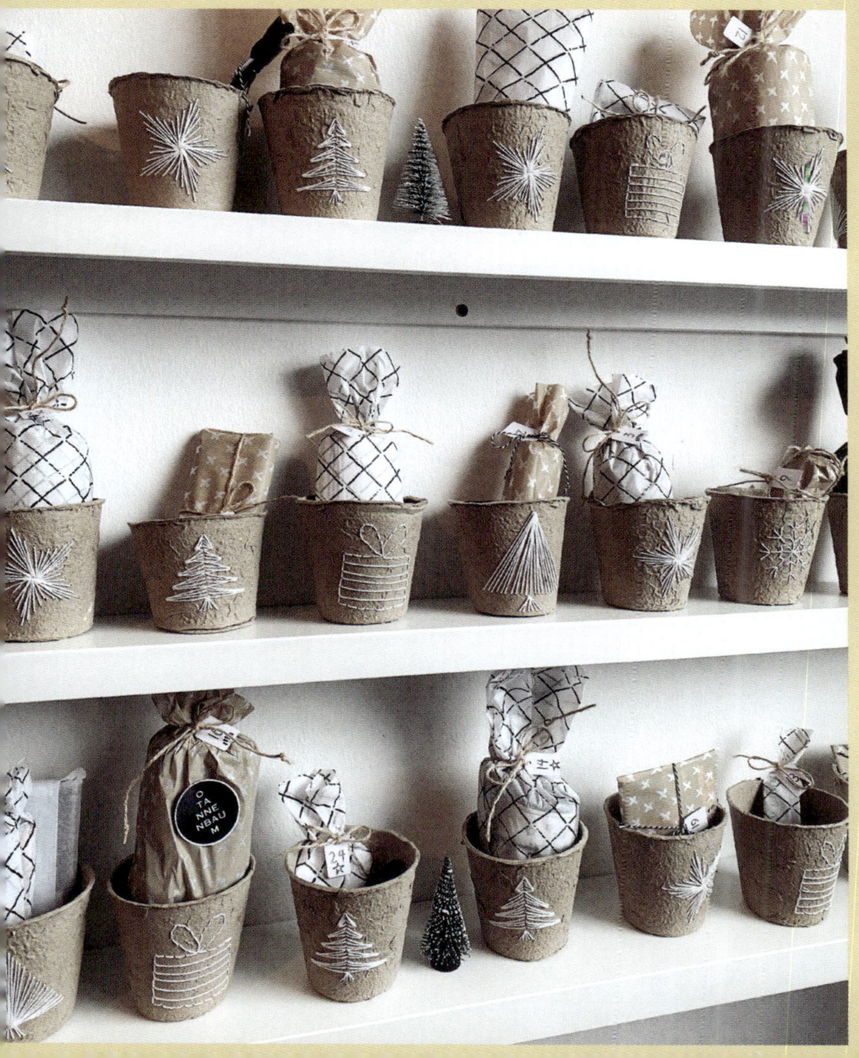

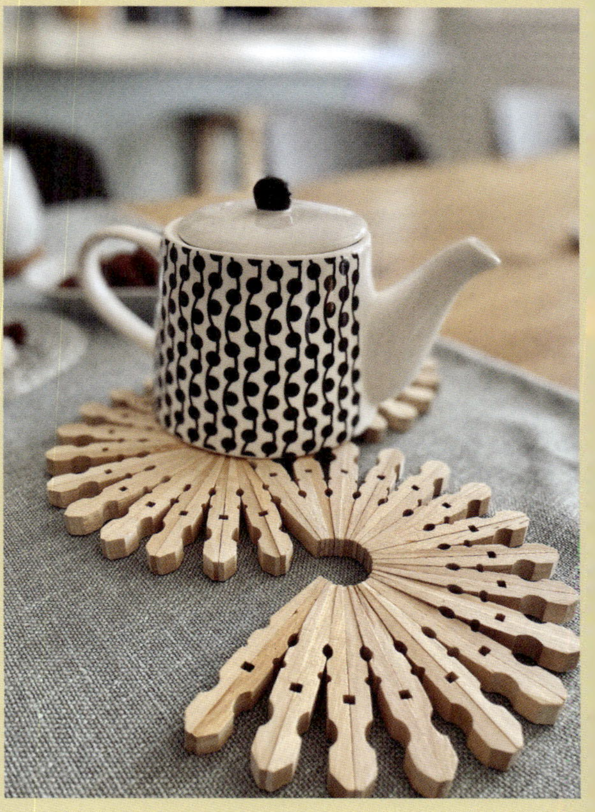

UPCYCLING INSPIRATION

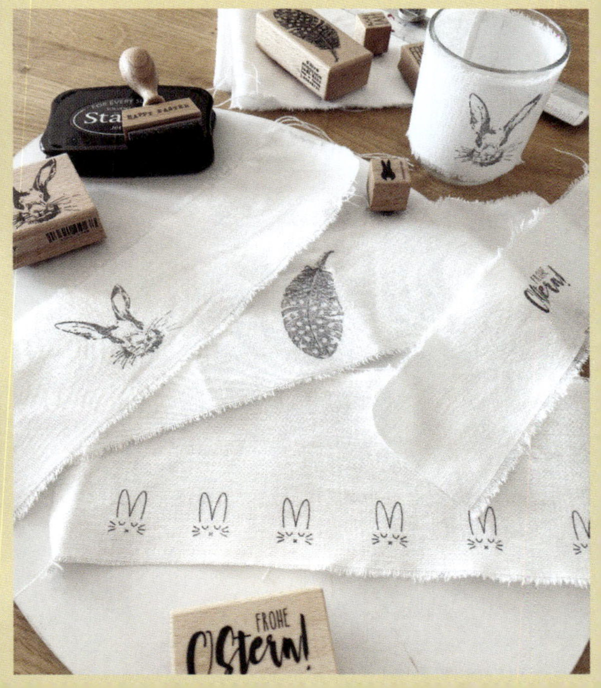

BESTEMPELTE SPÜLTÜCHER

Wenn nützliche Dinge auch noch hübsch aussehen, ist das eine großartige Sache. Mit einfachen Mitteln kann man aus langweiligen Spültüchern ein richtig hübsches Geschenk für jeden Anlass schaffen.

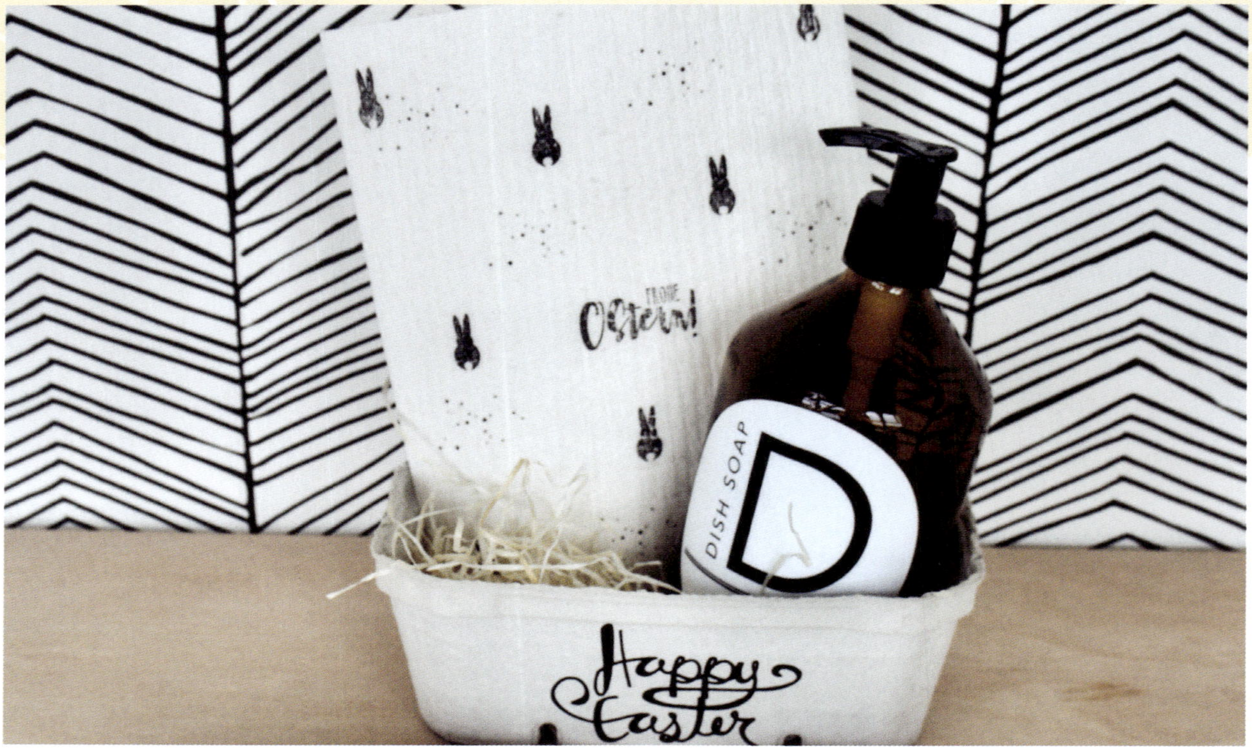

MATERIAL

- Spültücher zum Bemalen (aus 70 % Cellulose und 30 % Baumwolle)

WERKZEUG

- Bügeleisen
- Stempelkissen (für Textildruck geeignet)
- Stempel aller Art

SO GEHT'S

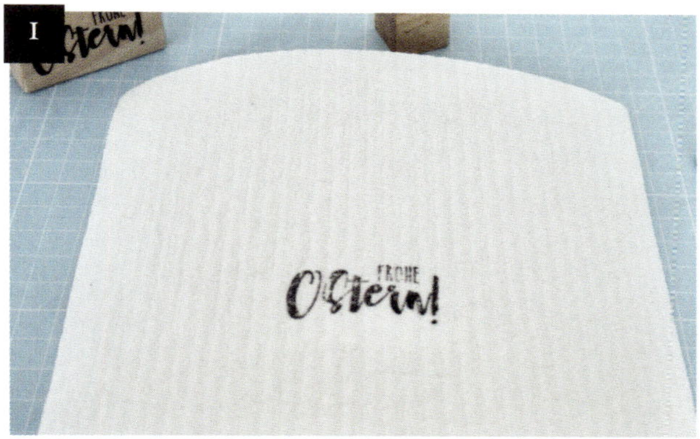

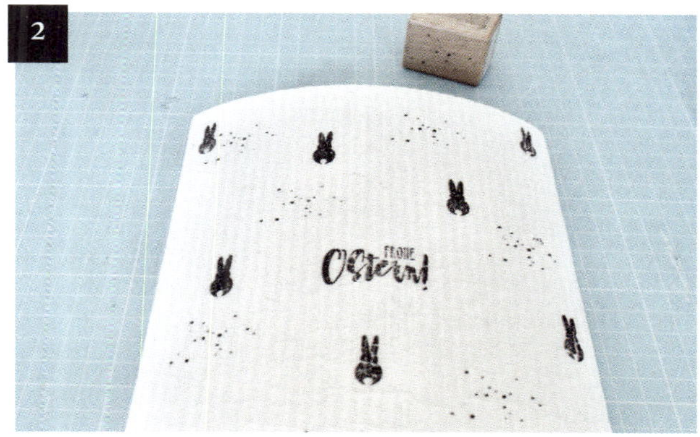

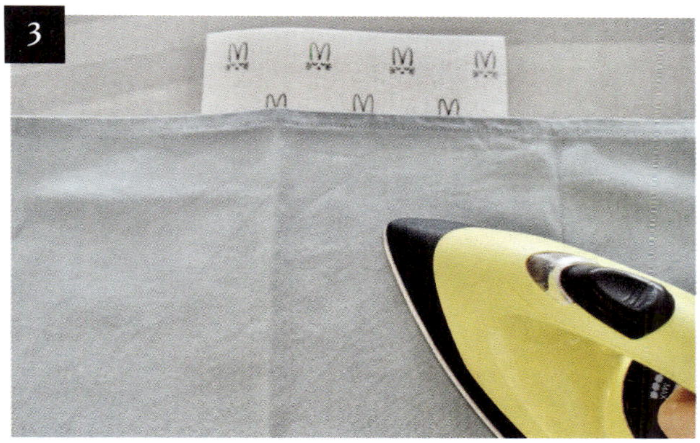

Tipp

Wenn du keine Stempel hast, kannst du auch einfache Motive aus Kartoffeln stanzen, beispielsweise mit einem Tannenbaum-Ausstecher. Bei der halbierten Kartoffel den Rand um das Bäumchen wegschneiden, sodass ein Tannenbaumstempel entsteht, und losstempeln.

1. Überlege dir vorab, ob du dein Spültuch in der Mitte oder allover (mit Streumotiven) bestempeln möchtest. Probiere es vielleicht sogar vorher auf einem Zettel in der Größe des Spültuchs aus und stemple dann drauflos.

2. Lass alles nach jedem Durchgang kurz antrocknen, damit nichts verwischt. Achte darauf, dass du den Stempel gerade aufsetzt, damit nicht Farbe an der Unterseite des Stempels (außerhalb des Motivs) mit auf dein Spültuch gerät.

3. Lass die Spültücher über Nacht trocknen und bügle die Farbe am nächsten Tag ein. Lege zur Sicherheit ein Tuch über deine Spültücher.

WÄSCHEKLAMMERN IM XMAS STYLE

Schon als Kind habe ich gerne Sterne gebastelt. Man kann sie aus vielen Dingen fertigen: aus Stroh, aus Papier, aus Holzspießen, Bügelperlen oder eben aus Holzwäscheklammern.

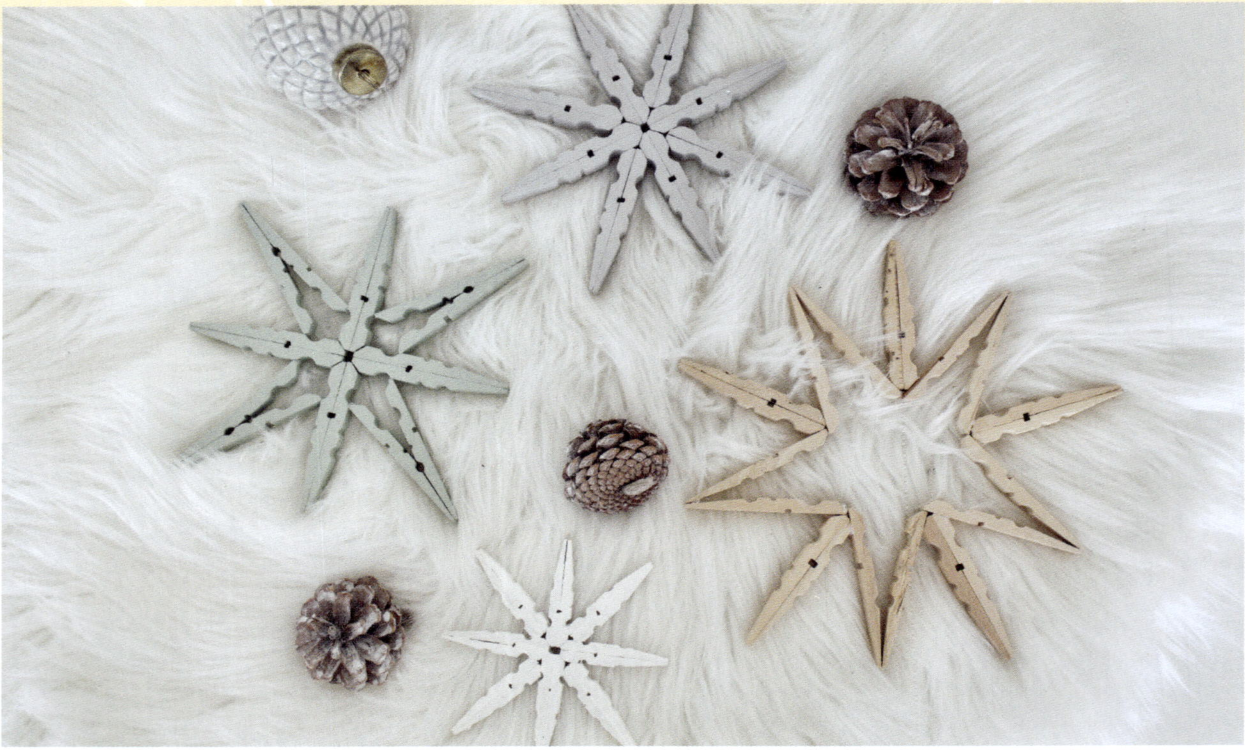

MATERIAL

- Holzwäscheklammern
  - Je 8 Stück für den weißen, den mintfarbenen und den grauen Stern
  - 10 Stück für den naturfarbenen Stern
- Acryl- oder Kalkfarben
- Schnur oder Band zum Aufhängen

WERKZEUG

- Pinsel
- Leim- und/oder Heißklebepistole

SO GEHT'S

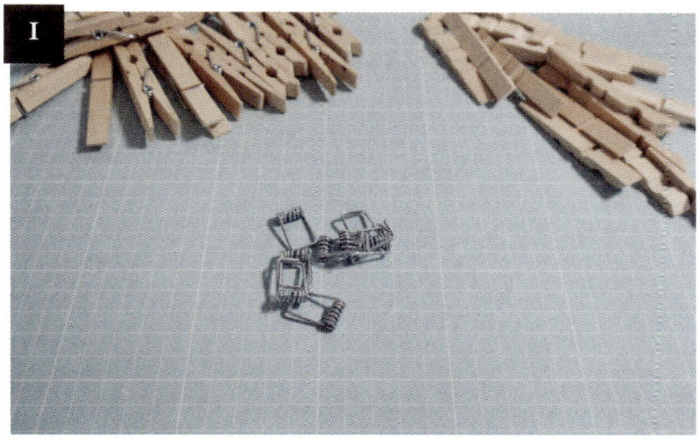

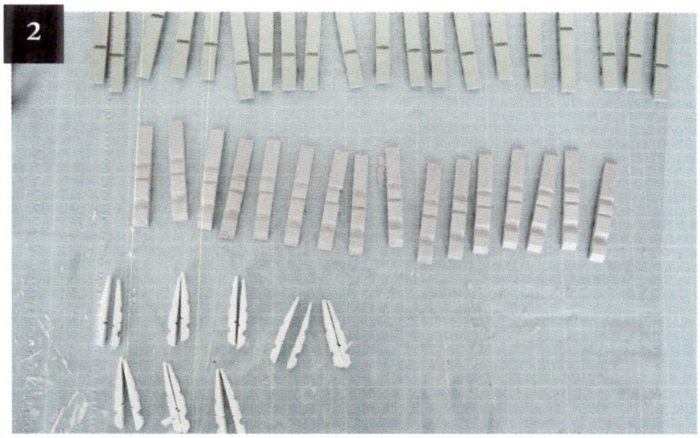

1. Zerlege zunächst alle deine Wäscheklammern, indem du die Metallspiralen entfernst. Das geht am einfachsten, wenn du die beiden Holzteile gegengleich auseinander drehst.

2. Wenn du deine Sterne farbig möchtest, streiche die jeweils benötigte Anzahl der Klammern (8 x grau, 8 x mint und 8 x weiß) an. Theoretisch kannst du den Stern auch am Ende bemalen, man kommt dann aber nicht mehr in alle Ecken und Ritzen der Klammern. →

SO GEHT'S WEITER

1

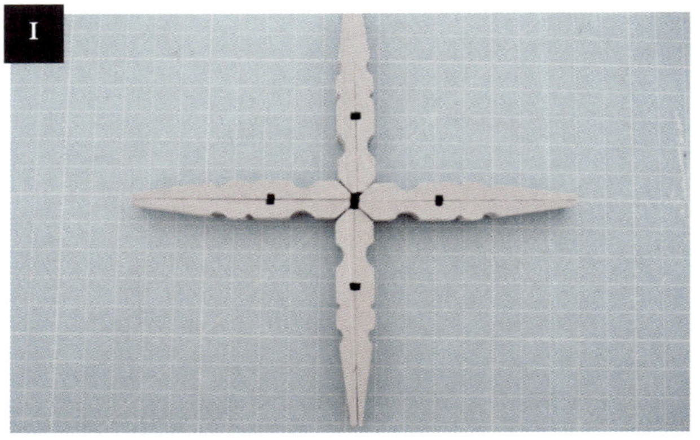

1

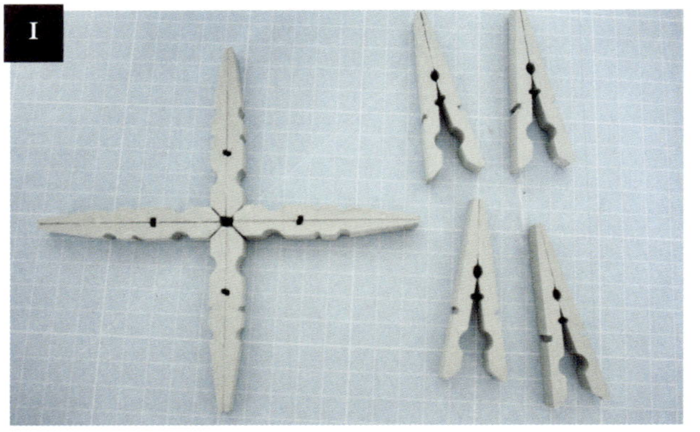

2

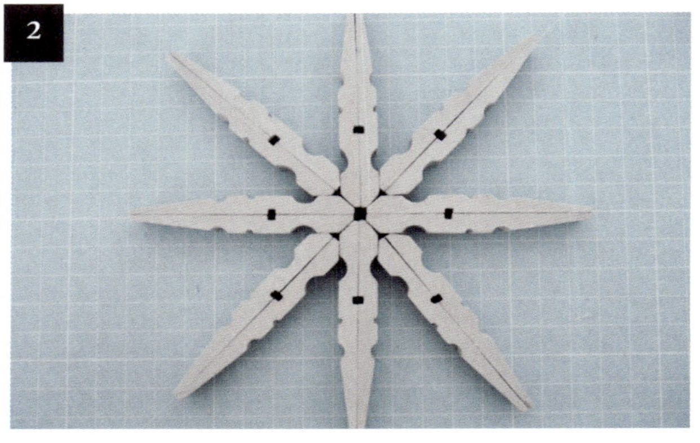

2

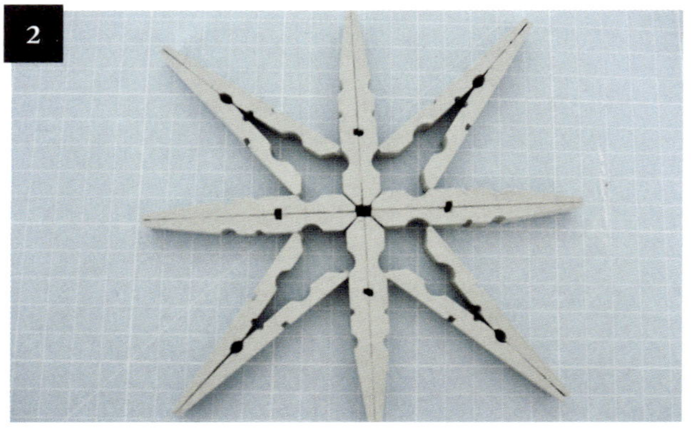

Grauer und weißer Stern

1. Für den grauen und den weißen Stern verklebst du nun jeweils 2 der Klammern auf der Innenseite, du hast dann also acht Teile. Das kannst du mit Heißkleber oder Leim machen. Lege vier der Klammern nun kreuzförmig auf und verklebe sie an den unteren schrägen Flächen. Dies geht mit Heißkleber ein wenig leichter als mit Leim, weil es sofort hält und nicht mehr aus der Form gerät.

2. Danach fügst du die anderen vier Klammern schräg in die Zwischenräume ein. Auch hier ist Heißkleber wieder die einfachere Lösung.

Stern in Mint

1. Für den mintfarbenen Stern verklebst du vier der Klammern wie beim grauen Stern und bildest ebenfalls wieder ein Kreuz. Die anderen vier klebst du verkehrt herum an der oberen langen Seite zusammen.

2. Auch hier am Schluss wieder die Zacken in die Zwischenräume des Kreuzes einkleben. Sieh zu, dass du dies immer ungefähr an der gleichen Stelle tust.

1

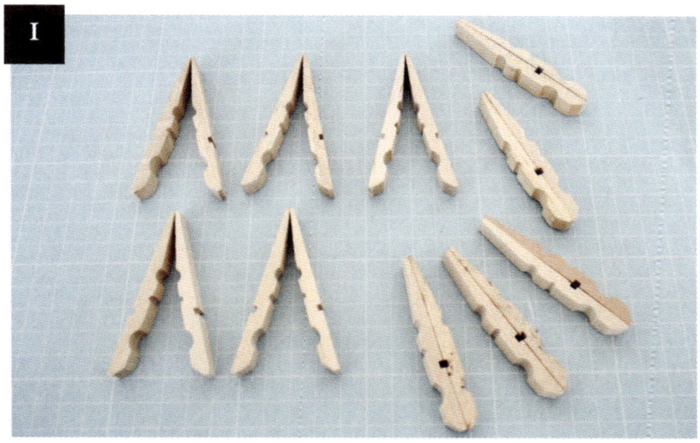

2

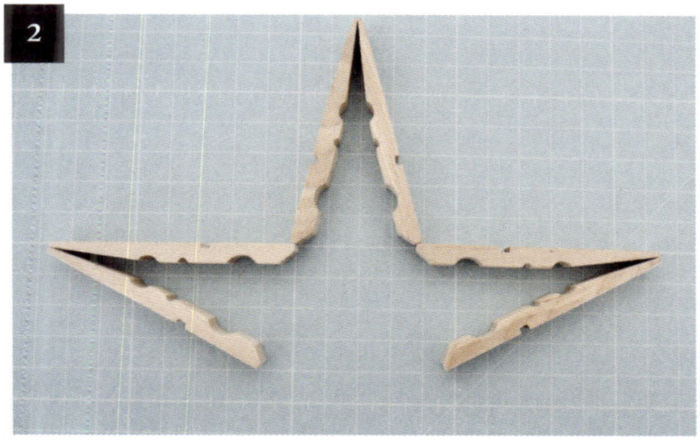

3

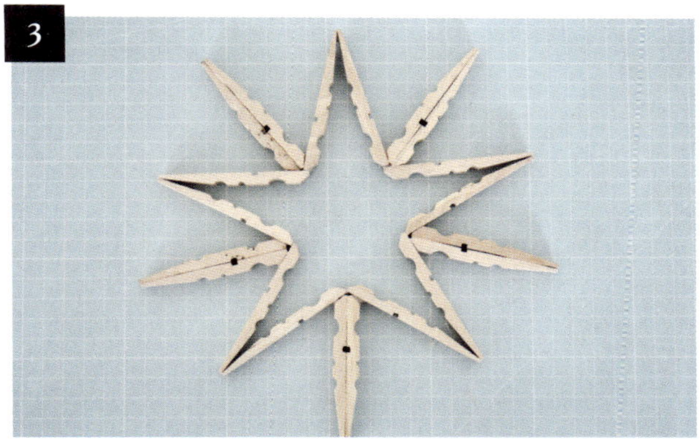

Tipp

Man kann auf ähnliche Weise auch Untersetzer basteln. Hier würde ich allerdings alles verleimen, da man ja dann einen heißen Topf oder eine Teekanne daraufstellt und da ist Heißkleber keine so gute Idee.

Unbemalter Stern

1. Für den unbemalten Stern verklebst du fünf der Klammern auf der Innenseite und fünf außen an der obersten Spitze. Sieh zu, dass die Klammern alle unten gleich weit geöffnet sind.

2. Als Nächstes legst du eine Sternspitze auf und jeweils eine links und eine rechts davon. Diese beiden sollten an der Oberseite eine waagrechte Linie bilden.

3. Füge nun die beiden unteren Zacken ein. Der Stern ist noch ein wenig instabil. Wenn du aber dann die anderen 5 verklebten Teile in die Zwischenräume einfügst, wird er stabiler. Auch hier empfiehlt es sich, wieder Heißkleber zu verwenden, da die Klebeflächen sehr klein sind.

FLORALE ÜBERTÖPFE

Aus ganz billigen Terrakotta-Pflanztöpfen kann man mit ein wenig Farbe farblich abgestimmte Übertöpfe gestalten. Sie fügen sich dann wunderbar in das Wohnambiente ein.

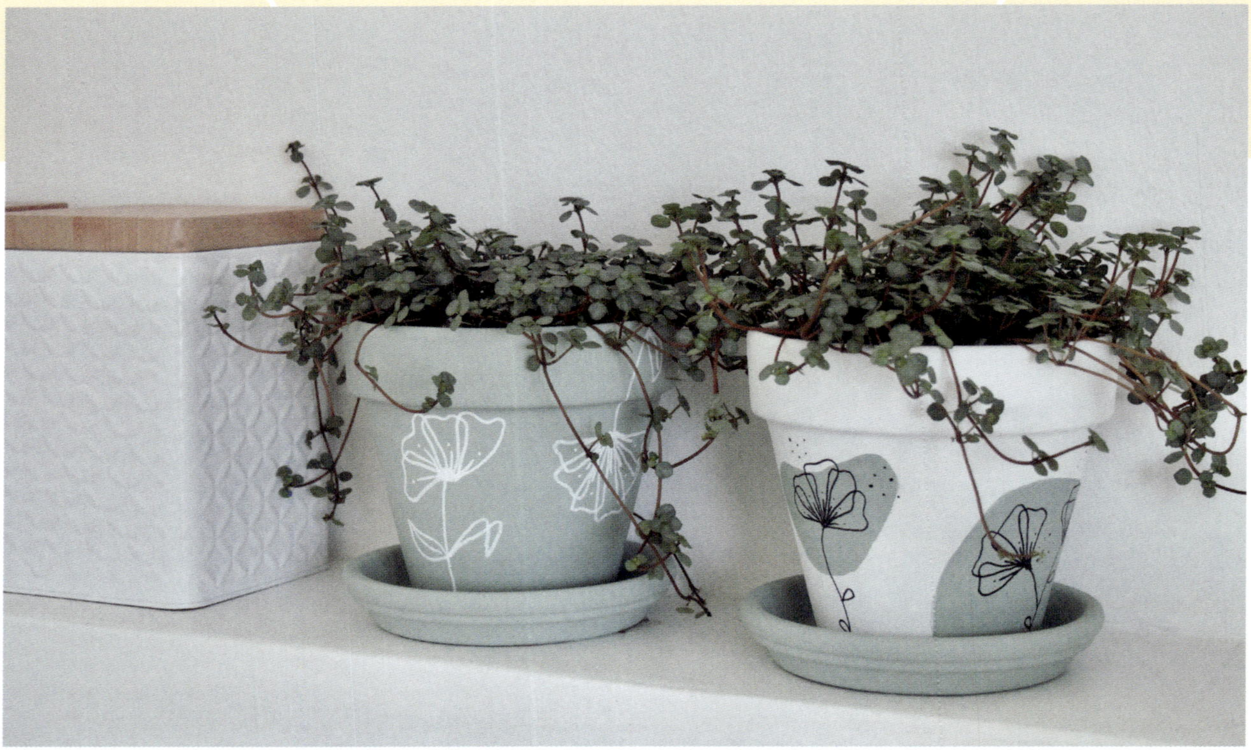

MATERIAL

- Übertöpfe
- 2 Chalky Chic-Farben oder Acrylfarbe

WERKZEUG

- Pinsel
- Schwarzer und weißer Stift
- Bleistift

SO GEHT'S

1
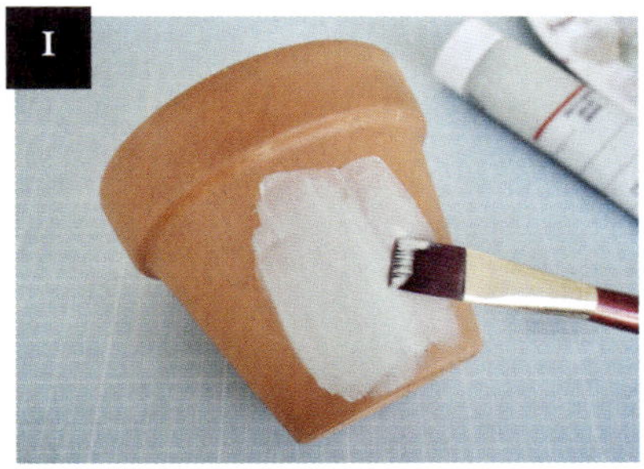

2
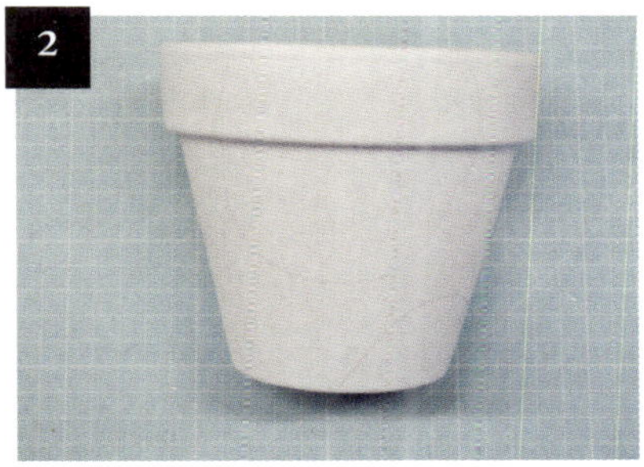

3
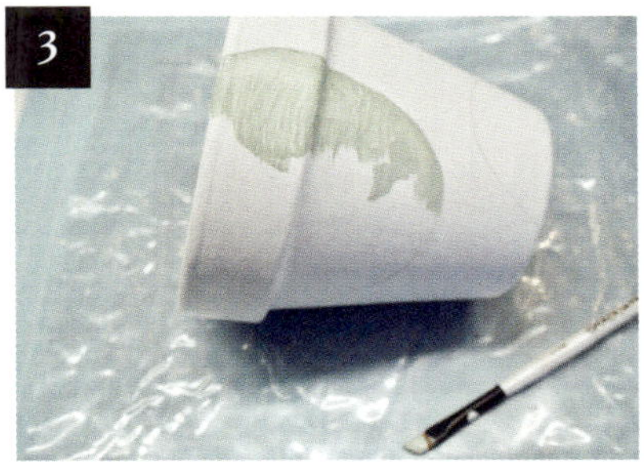

4
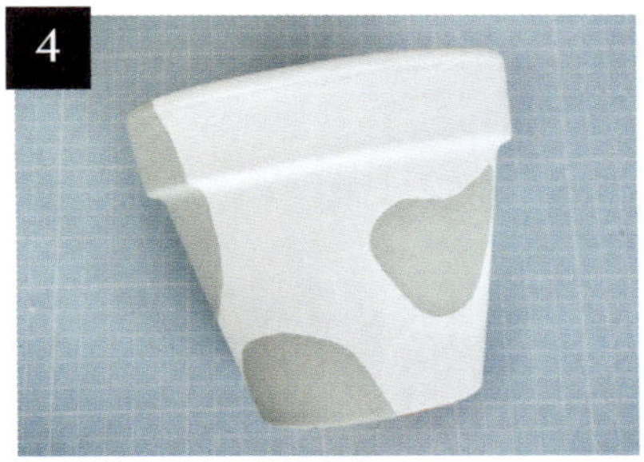

5
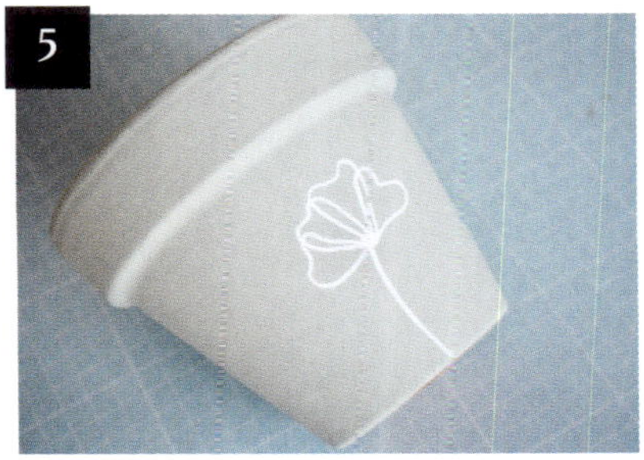

6
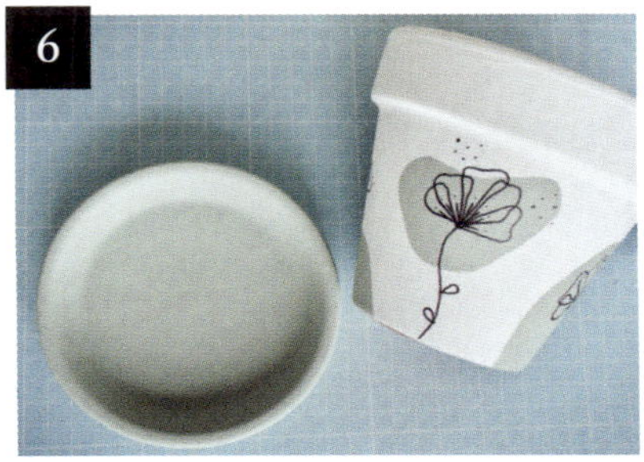

1. Bemale die sauberen Töpfe zunächst mit jeweils einer Grundfarbe. Lasse sie trocknen und wiederhole den Vorgang, damit du einen schönen Untergrund hast.

2. Skizziere nun mit dem Bleistift auf einem der Töpfe Kringel oder unregelmäßige Kleckse vor.

3. Male diese Kleckse mit der zweiten Farbe aus.

4. Wiederhole auch das ein zweites Mal, damit es gut deckt. Lass die Farbe wieder gut durchtrocknen.

5. Nun kannst du mit dem Stift Blumen oder Blätter auf die bemalten Flächen zeichnen.

6. Wenn dein Topf unten ein Loch zum Abfließen des Wassers hat, bemale auch den Unterteller des Topfes.

Tipp

Beim Unterteller empfiehlt sich matter Lack, beim Topf ist dies nicht unbedingt nötig.

BUCHSEITENKRANZ

Hier kommt noch eine Idee, wie du alten Taschenbüchern neues Leben einhauchen kannst. Besonders, wenn sie schon ein wenig vergilbt sind, schenken die Seiten diesem Kranz einen unvergleichlichen Look.

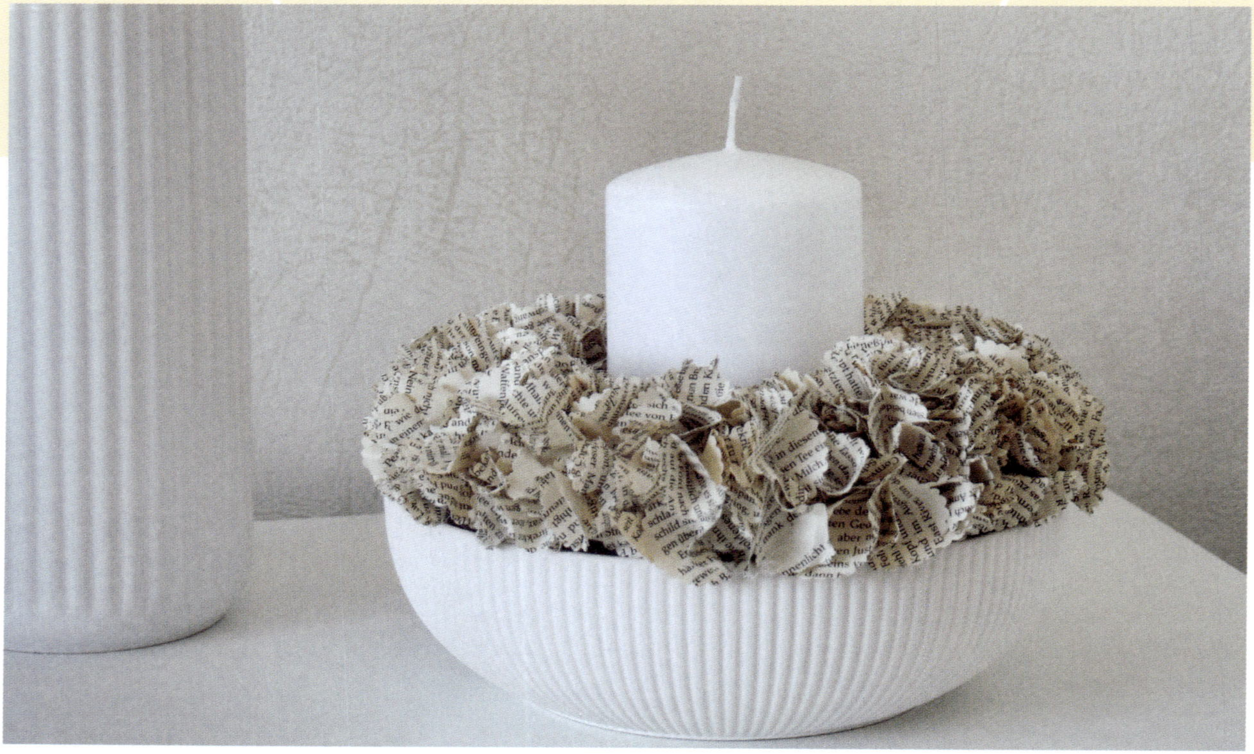

MATERIAL

- Taschenbuch, ca. 200 Seiten
- Styropor-Ring, flach, 25 cm Durchmesser
- Bildaufhänger (optional)
- Kerze

WERKZEUG

- Stanzer, rund mit Zackenrand (Durchmesser 3,5–4 cm)
- Bleistift
- Heißklebepistole

SO GEHT'S

1
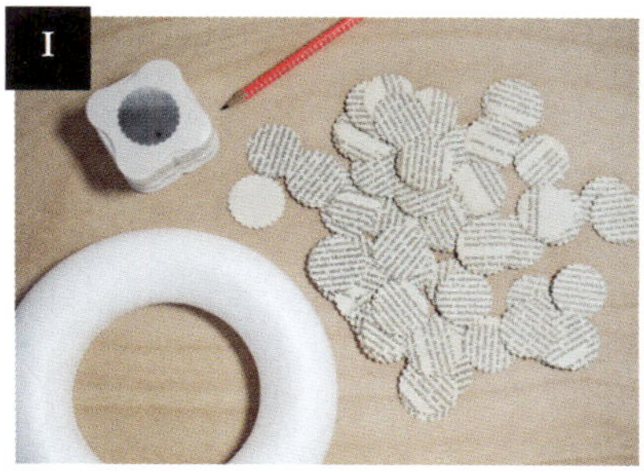

2
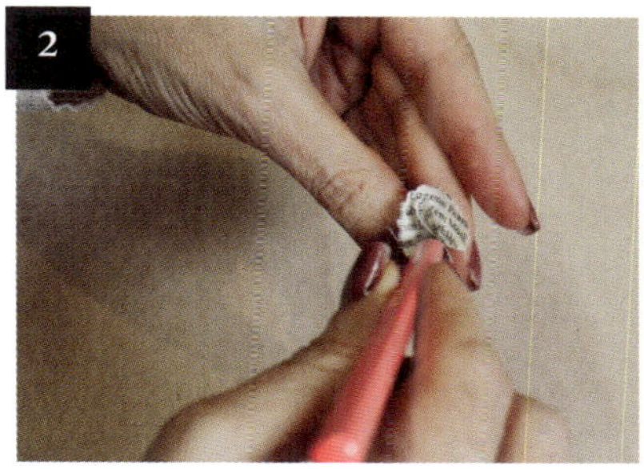

3
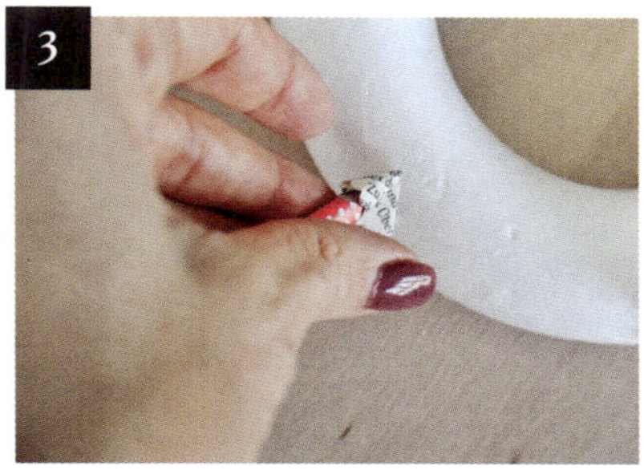

4
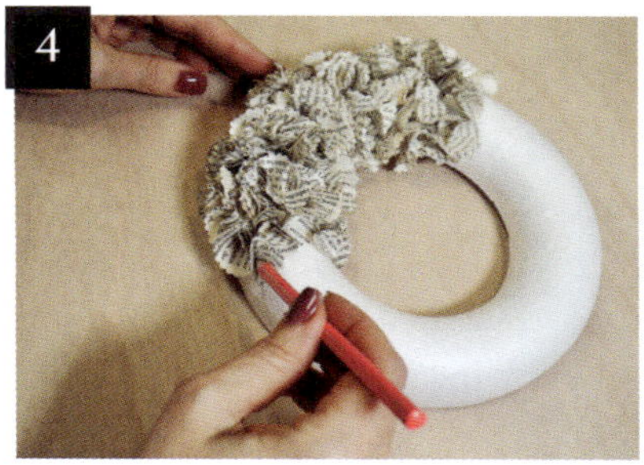

5
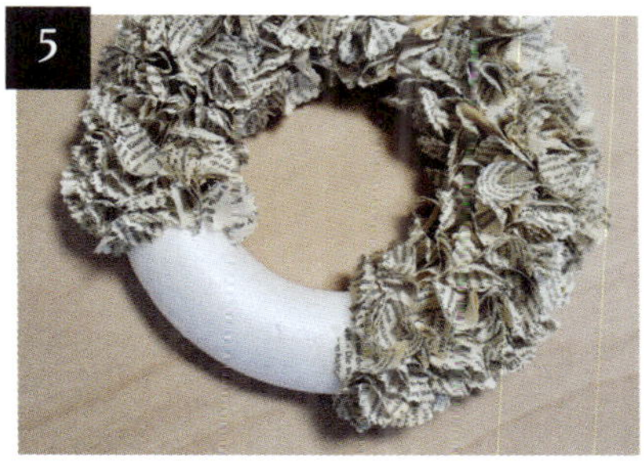

6
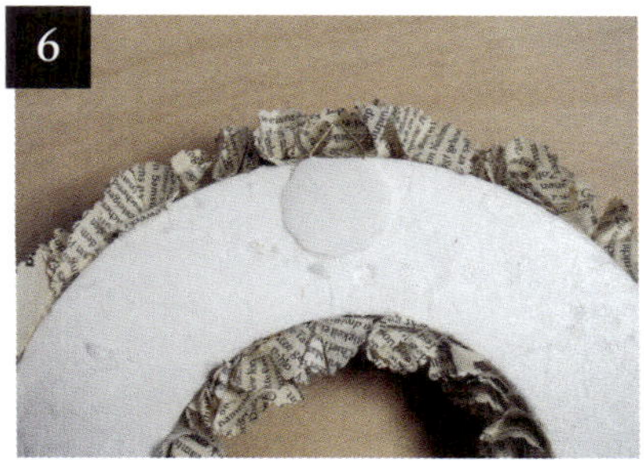

1. Stanze zunächst die Kreise aus. Wie viele man braucht, sieht man mit der Zeit. Stanze einfach immer wieder welche nach.

2. Nimm nun den Bleistift, platziere seine Spitze auf der Mitte eines Kreises und falte alle Ränder nach oben um die Spitze. Es ergibt sich ein kleines Tütchen.

3. Klebe das Tütchen mit der Spitze auf den Styropor-Ring, indem du es mit der Bleistiftspitze in den Heißkleber tauchst.

4. Klebe nun ein Tütchen neben das andere, sodass keine weißen Flächen des Rings mehr durchleuchten. Achte auch auf die Innenseite und den unteren Rand.

5. Achte darauf, dass die Tütchen ganz dicht geklebt sind. Schließe die Runde zu einem harmonischen Kranz.

6. Wenn du den Kranz aufhängen magst, befestige auf der Rückseite einen Aufhänger, oder aber dekoriere den Kranz mit einem Windlicht oder einer Kerze in einer Schale.

Tipp

Wenn du ein wenig Farbe möchtest, kannst du den Rand der Kreise ganz leicht einfärben (z. B. mit Stempeln oder Aquarellfarbe).

Behalte die angezündete Kerze in der Mitte gut im Blick und lass sie nicht zu weit herunterbrennen.

VORLAGEN

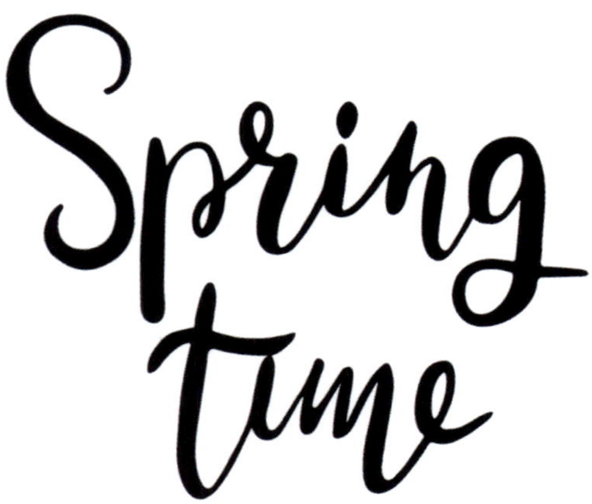

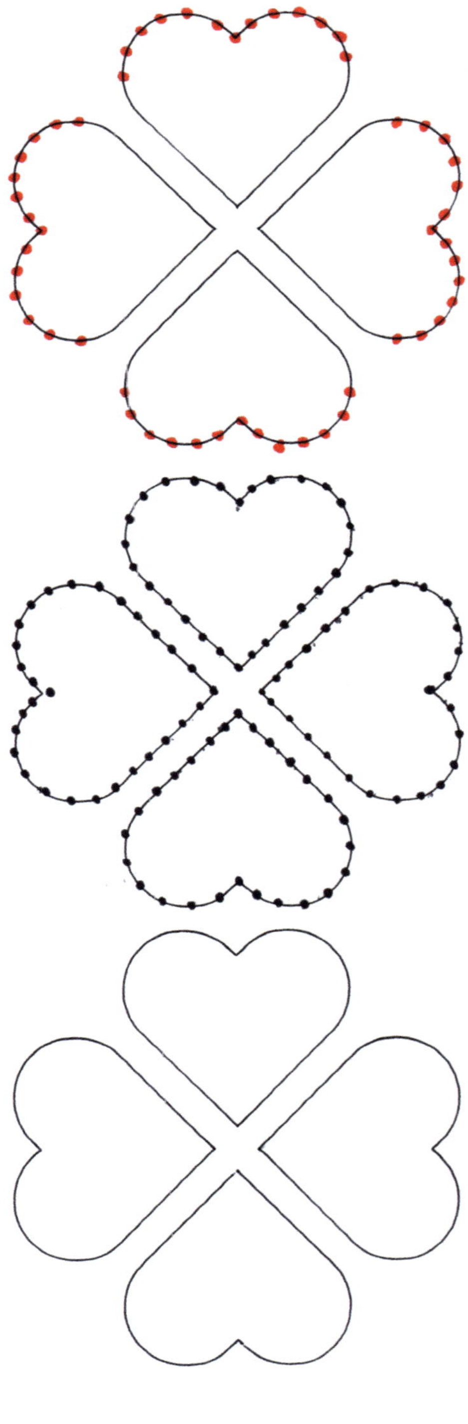

HAPPY NEW YEAR **S.136**

MERRY AND BRIGHT S.100

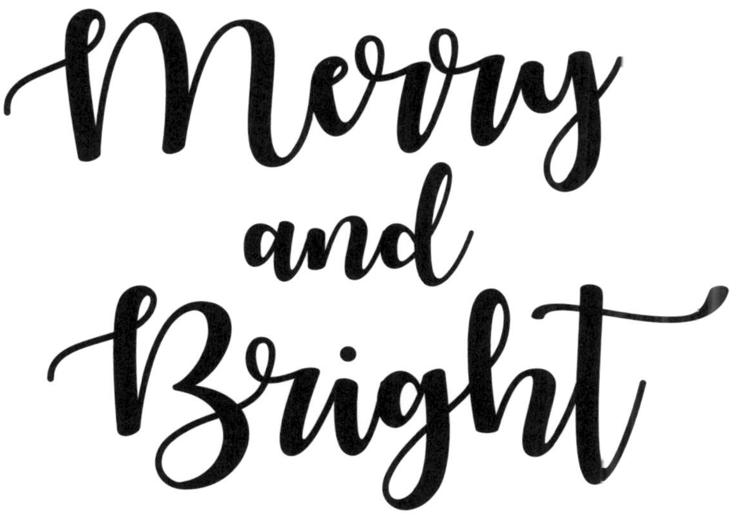

EI-ÜBERRASCHUNG S.154

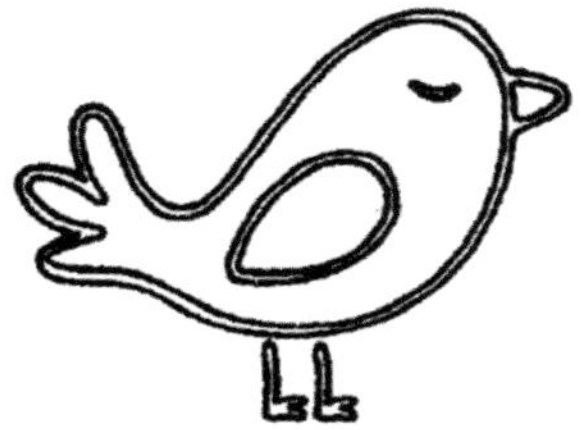

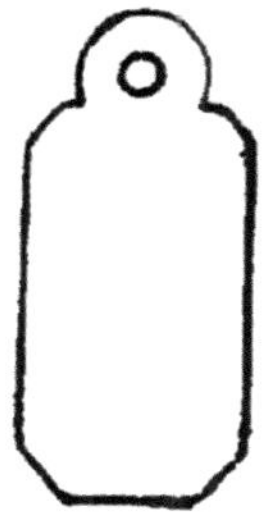

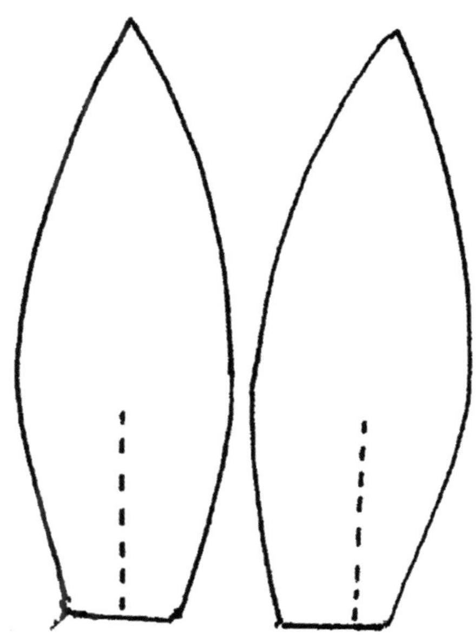

ÜBER DIE AUTORIN

Angelika Putz liebt Selbstgemachtes. Mit Leidenschaft und Gespür für Materialien und Trends ist sie stilsicher in vielen verschiedenen Bereichen der DIY-Welt zuhause. Ihr Herz verschenkte die leidenschaftliche Kreative jedoch ans Papier. Ein facettenreiches Medium, mit dem sie sich auch als Producerin in einer Werbeagentur beruflich intensiv auseinandersetzt. Die Oberösterreicherin lebt mit ihrer Familie in der Nähe von Linz. Mit ihrem Blog „aufgeputzt“ inspiriert sie auf Instagram ihre ständig wachsende Community mit kreativen DIY-Ideen, die einfach nachzumachen sind und Freude schenken.

Instagram: @aufgeputzt

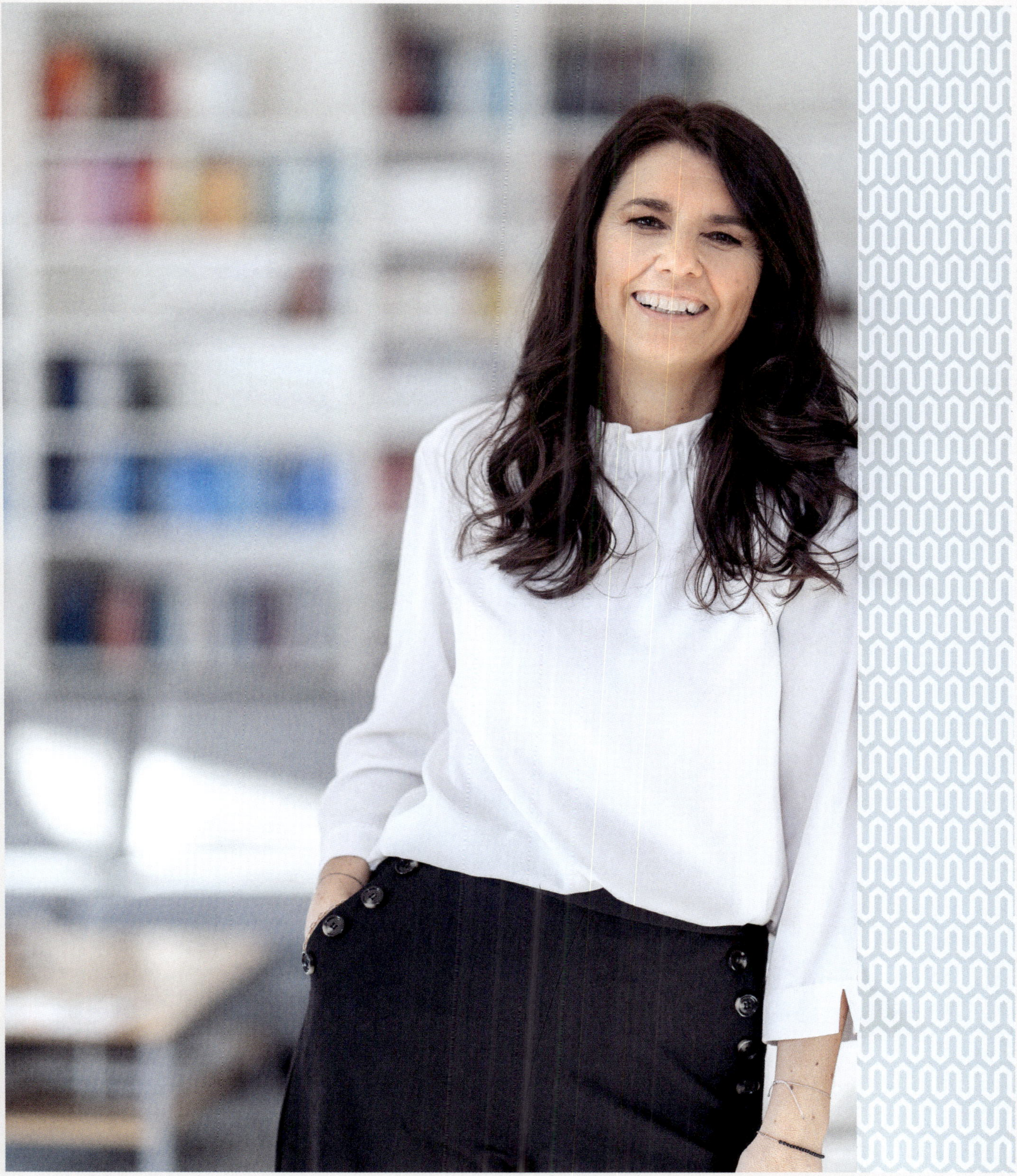

NOCH MEHR BÜCHER

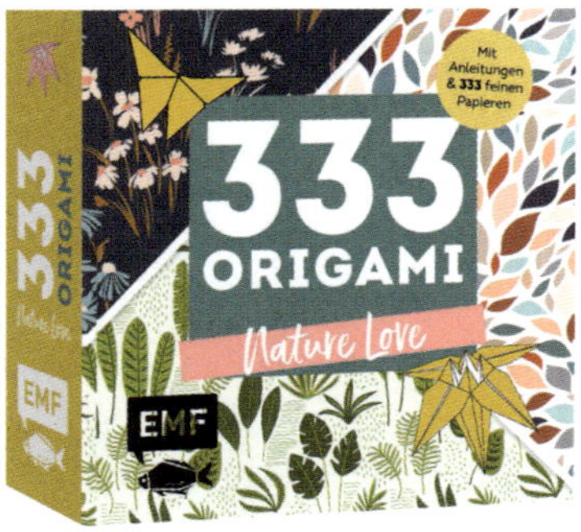

333 Origami Nature Love

ISBN 978-3-7459-1005-6
9,99 € (DE) / 10,30 € (AT)

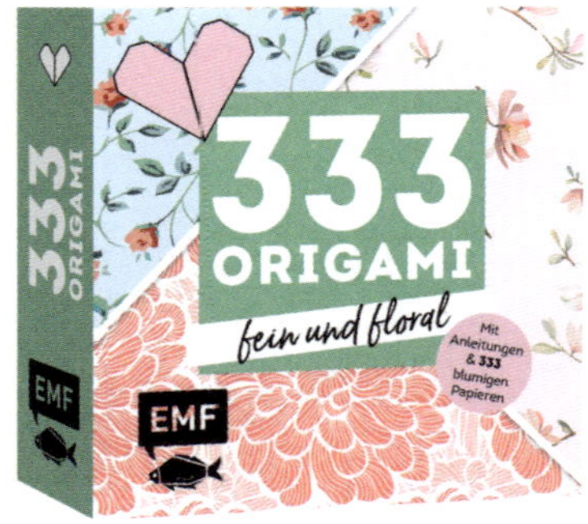

333 Origami – fein und floral

ISBN 978-3-7459-0271-6
9,99 € (DE) / 10,30 € (AT)

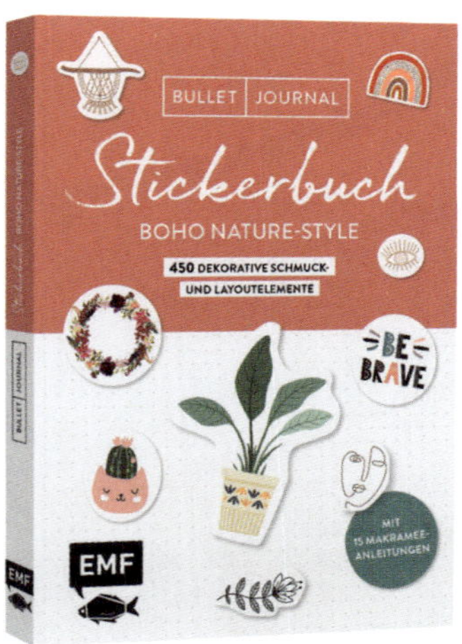

Bullet Journal Stickerbuch – Boho Nature-Style

ISBN 978-3-7459-0607-3
9,99 € (DE) / 10,30 € (AT)

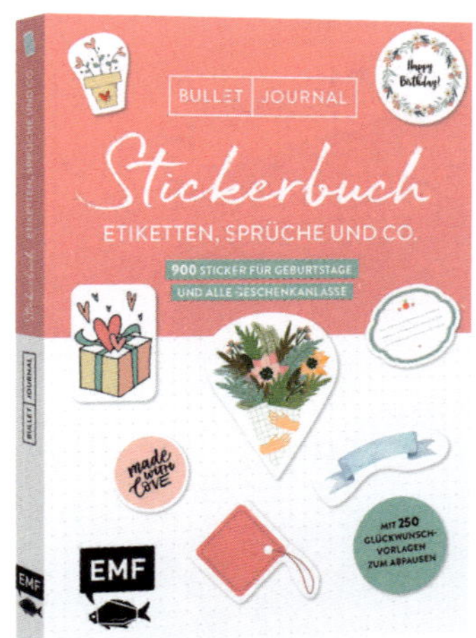

Bullet Journal – Stickerbuch – Etiketten, Sprüche und Co.

ISBN 978-3-7459-0099-6
9,99 € (DE) / 10,30 € (AT)

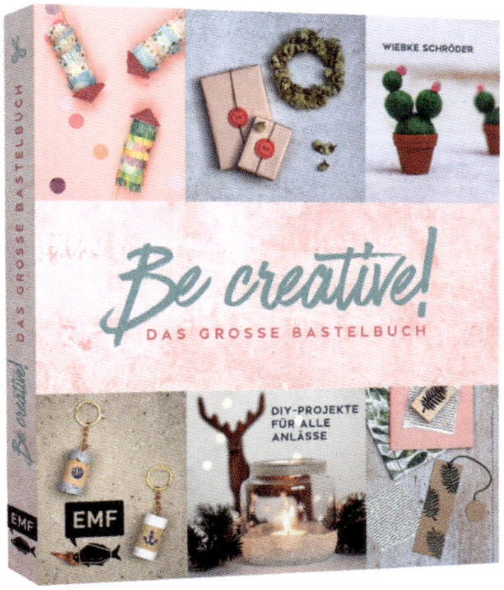

Be creative! Das große Bastelbuch

ISBN 978-3-7459-0318-8
20,00 € (DE) / 20,60 € (AT)

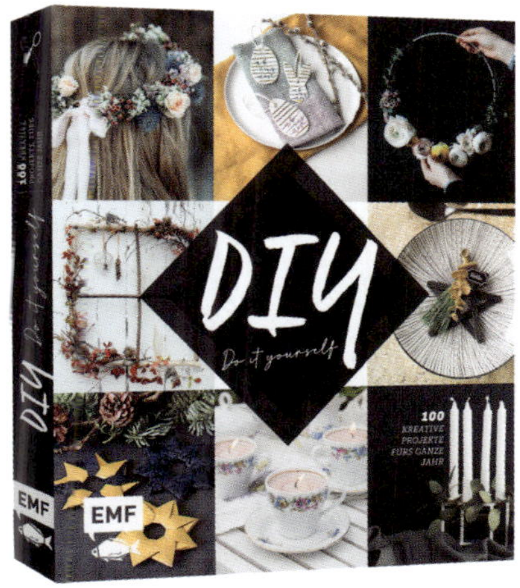

DIY – Do it yourself

ISBN 978-3-96093-644-2
22,00 € (DE) / 22,70 € (AT)

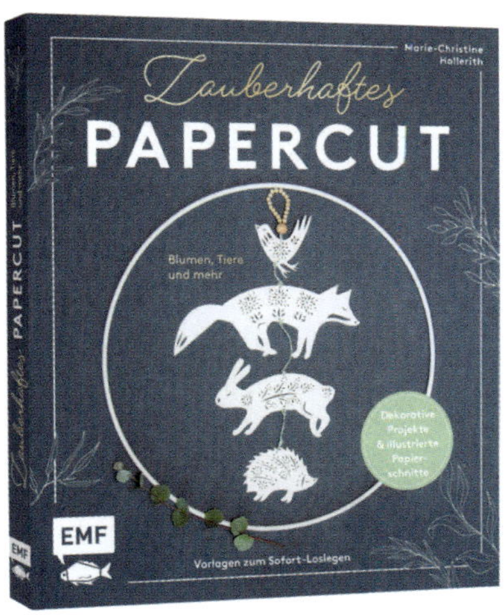

Zauberhaftes Papercut

ISBN 978-3-7459-0765-0
15,00 € (DE) / 15,50 € (AT)

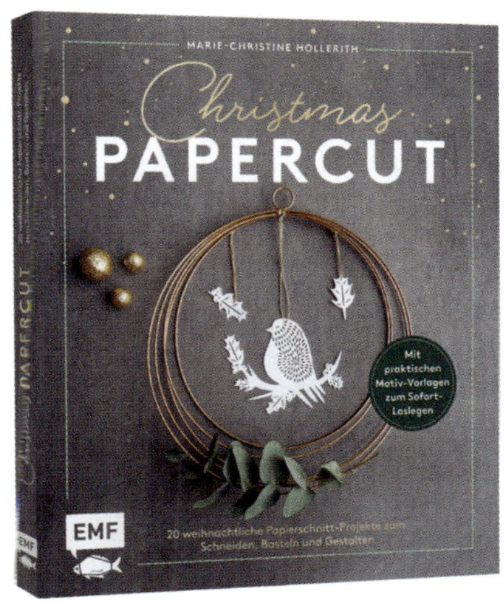

Christmas Papercut

ISBN 978-3-96093-888-0
12,99 € (DE) / 13,40 € (AT)

IMPRESSUM

Bibliografische Information der Deutschen Bibliothek.

Die Deutsche Bibliothek verzeichnet diese Publikation in der Deutschen Nationalbibliografie. Detaillierte bibliografische Daten sind im Internet über http://www.dnb.de/ abrufbar.

EIN BUCH DER EDITION MICHAEL FISCHER

1. Auflage 2022

Covergestaltung: Suparada Ströbel
Layout: Suparada Ströbel, Anna-Maria Köperl
Satz: Anna-Maria Köperl
Redaktion und Lektorat: Anne Schäfer-Hörr
Fotos: Angelika Putz
Illustrationen: © mistletoe/Shutterstock (florale Elemente), © Ezhevika (geometrische Muster)

ISBN 978-3-7459-0954-8

Gedruckt bei PNB Print SIA „Jansili“, Silakrogs, Ropazu novads, LV-2133, Lettland

www.emf-verlag.de